CRAZY SHO-TIME

IN DODGERS 2024

COLLECTOR'S
EDITION
SHOHEI OHTANI

超永久保存版

大谷翔平

2024年シーズン全本塁打
ベストショット&データ分析

[監修]
福島良一

宝島社

INTRODUCTION

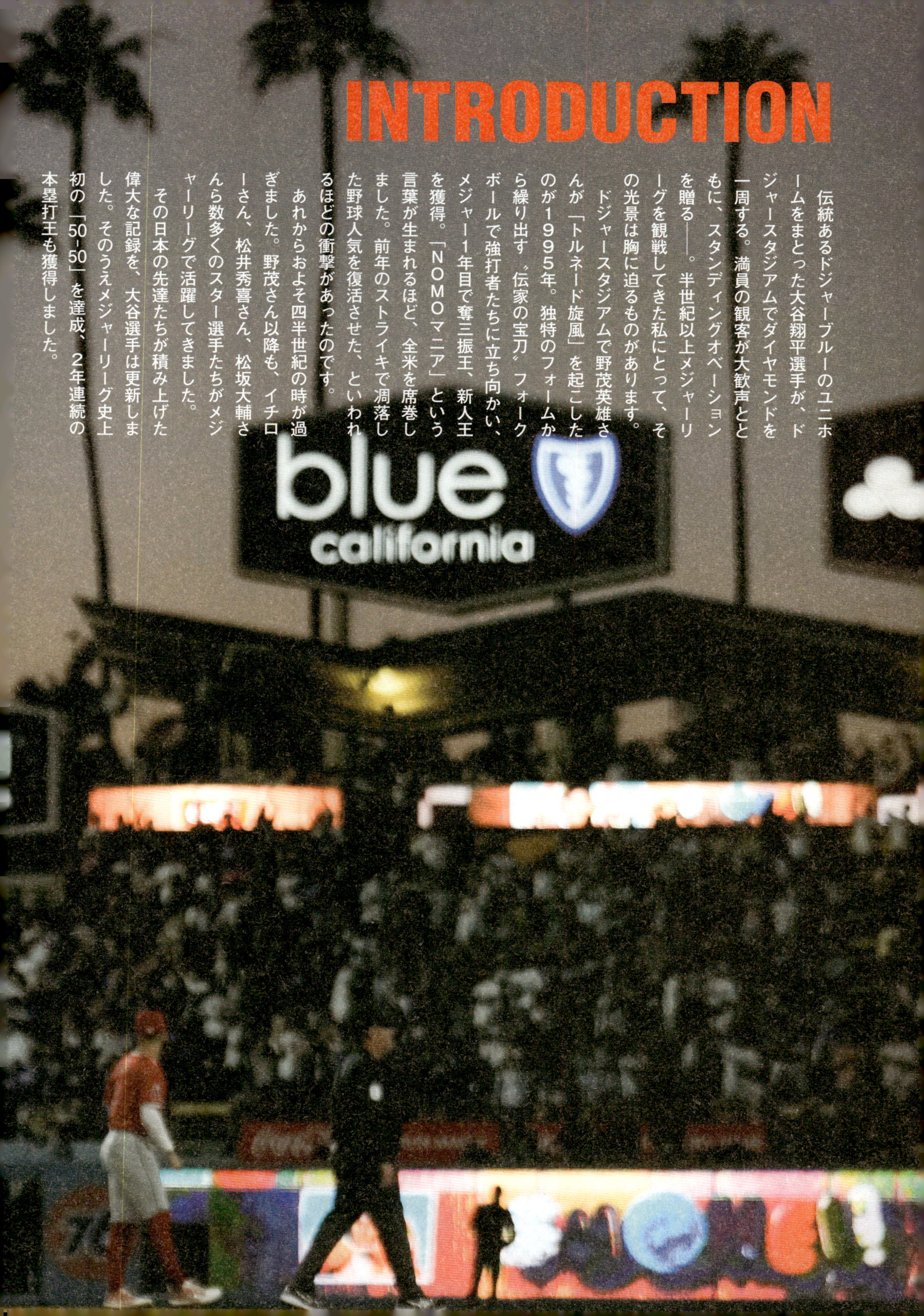

伝統あるドジャーブルーのユニホームをまとった大谷翔平選手が、ドジャースタジアムでダイヤモンドを一周する。満員の観客が大歓声とともに、スタンディングオベーションを贈る――。半世紀以上メジャーリーグを観戦してきた私にとって、その光景は胸に迫るものがあります。

ドジャースタジアムで野茂英雄さんが「トルネード旋風」を起こしたのが1995年。独特のフォームから繰り出す〝伝家の宝刀〟フォークボールで強打者たちに立ち向かい、メジャー1年目で奪三振王、新人王を獲得。「NOMOマニア」という言葉が生まれるほど、全米を席巻しました。前年のストライキで凋落した野球人気を復活させた、といわれるほどの衝撃があったのです。

あれからおよそ四半世紀の時が過ぎました。野茂さん以降も、イチローさん、松井秀喜さん、松坂大輔さんら数多くのスター選手たちがメジャーリーグで活躍してきました。

その日本の先達たちが積み上げた偉大な記録を、大谷選手は更新しました。そのうえメジャーリーグ史上初の「50-50」を達成、2年連続の本塁打王も獲得しました。

もはや大谷選手は一人の日本選手という次元を超え、メジャーリーグを代表する存在になったと言えます。観客動員数などを考えると、メジャーリーグは大谷選手の活躍で確実に活性化している。「ショーヘイ・オータニ」は現在のメジャーリーグに欠くことができない選手なのです。

ちょうど半世紀前の1974年4月8日。メジャーで今も語り継がれる「世紀の一瞬」が訪れました。当時ブレーブスのハンク・アーロンが、不滅の大記録と呼ばれたベーブ・ルースの通算本塁打記録714本を上回る715号を放ったのです。その当時FEN（在日米軍のラジオ放送）で聴いた本塁打のことを、私は昨日のことのように覚えています。

そして今季、大谷選手は同じ4月8日、球場こそ違いますが、その歴史的な本塁打とほぼ同じ時刻、同じ方角、同じ放物線、同じ飛距離の本塁打を放ったことに強く感動しました。

そのアーロンと同じく、大谷選手もすでに投打の二刀流としてルースを超える活躍ぶり。今度はルースが打った史上初の年間「60本塁打」も超える日を思い描いています。

メジャーリーグ評論家　福島良一

ドジャーブルーの「SHO-TIME 2024」

特別グラビア

WS制覇への道

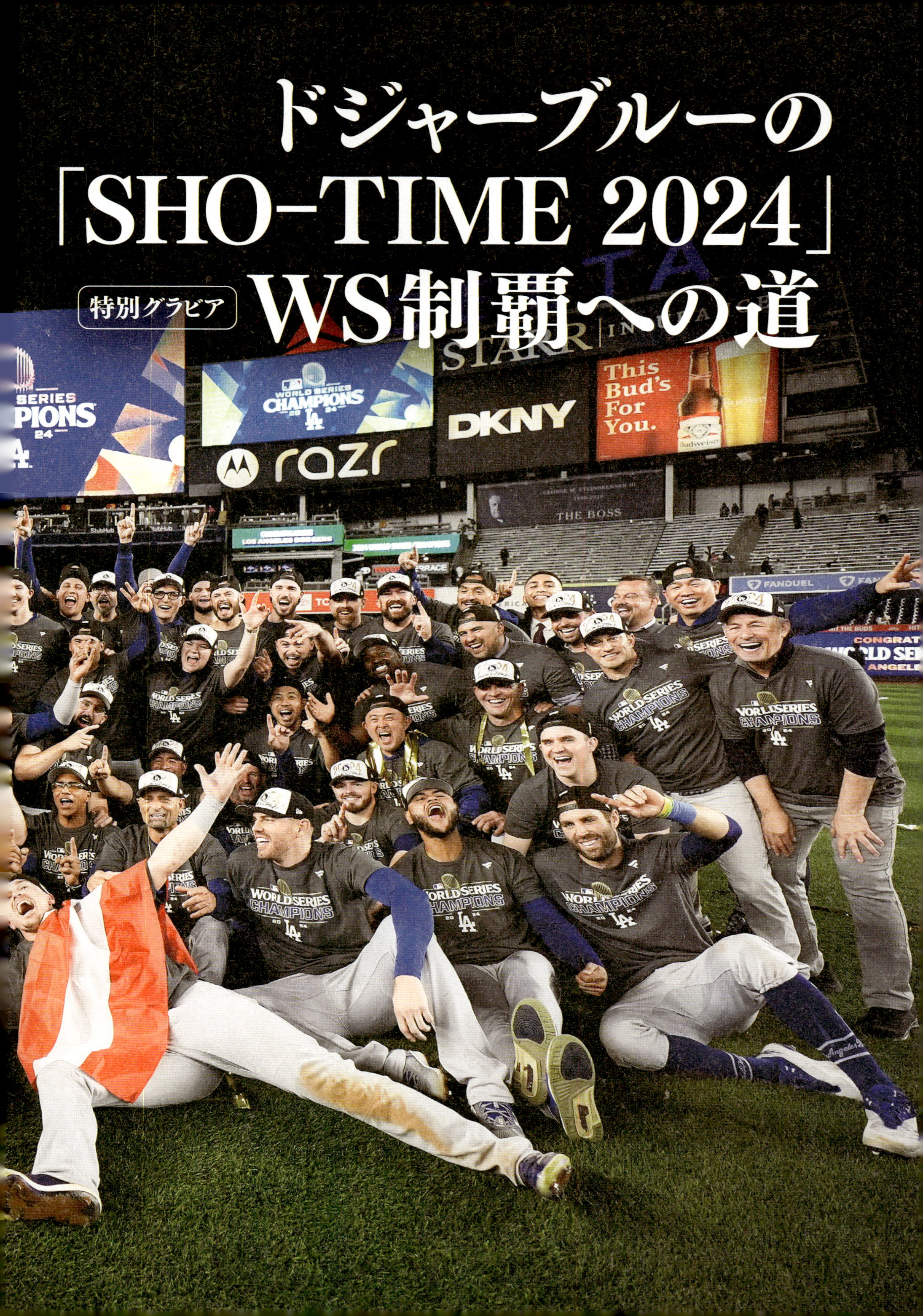

エンゼルスからドジャースへ移籍1年目。
大谷翔平は数々の記録を樹立し、自身初のポストシーズンへ臨んだ。
ワールドシリーズ制覇までの名場面をプレーバック。

ニューヨーク・ヤンキースを下し 4年ぶり8度目の世界一！

PS(ポストシーズン)の流れを決めた初戦の弾丸同点3ラン

ポストシーズン
第1号

10月5日
地区シリーズ第1戦
パドレス戦
（ドジャースタジアム）

3点を追う2回裏、高めの直球を捉えて同点3ラン。打球速度118.9マイル（約191キロ）の超高速アーチを右翼席へ運んだ。メジャー7年目で自身初進出のポストシーズン、その初戦で第1号を放った。日本選手のポストシーズン本塁打は史上7人目。チームは先勝し、その後地区シリーズを3勝2敗としてリーグ優勝決定シリーズへ駒を進めた

ニューヨークの夜空に
特大ムーンショット弾

ポストシーズン
第2号

10月16日
リーグ優勝決定シリーズ第3戦
メッツ戦（シティ・フィールド）

4点リードの8回表、カウント0-1から内角低めのカットボールを右翼席へ。打球角度37度、滞空時間6.2秒のムーンショットでダメ押しの3ランを放り込んだ。日本選手がポストシーズンで複数の本塁打を放ったのは松井秀喜（ヤンキース）、田口壮（カージナルス）以来3人目。チームはメッツに8-0で大勝。対戦成績を2勝1敗とした

超高速ライナー弾でリーグ優勝へ王手

ポストシーズン 第3号

10月17日
リーグ優勝決定シリーズ第4戦
メッツ戦（シティ・フィールド）

1回表、カウント1-0からシンカーを右中間へ運ぶ先頭打者ソロアーチ。前日の最終打席からの２打席連続弾は打球速度117.8マイル（約189.6キロ）、打球角度22度の高速ライナー弾だった。ポストシーズンの年間3本塁打は、日本選手では2009年松井秀喜の4本に次ぐ2位タイ。チームは10-2で完勝し、対戦成績を3勝1敗としてリーグ優勝へ王手

ダルビッシュと激突

日本人対決

10月6日　地区シリーズ第2戦
パドレス戦（ドジャースタジアム）

開幕カード（韓国）の３月20日に日米を通じて初対戦したダルビッシュ有とポストシーズンで初対決。ポストシーズンでの日本選手対決は2020年の田中将大（当時ヤンキース）VS.筒香嘉智（当時レイズ）以来4年ぶり。シーズンでは開幕戦を含め5打数1安打2三振で、この日は4打数無安打2三振に抑えられた。また、リーグ優勝決定シリーズでは千賀滉大（メッツ）と対戦。第1戦では右前適時打を放ち、第6戦では四球などで合計2打数1安打１四球

リーグ優勝決定シリーズは「17出塁」の大活躍

球団史上最多タイ記録

10月20日　リーグ優勝決定シリーズ第6戦
メッツ戦（ドジャースタジアム）

3点リードの6回裏、無死一、二塁の場面でフルカウントから直球を打ち返し、中前へタイムリー。チームは10-5の快勝で対戦成績を4勝2敗とし、ワールドシリーズ進出を決めた。大谷はこの中前適時打でリーグ優勝決定シリーズでは17出塁とし、今季のマックス・マンシーと並んで球団史上最多タイの記録を樹立

WS第3戦以降も強行出場

左肩亜脱臼

10月26日
ワールドシリーズ第2戦
ヤンキース戦（ドジャースタジアム）

3点リードの7回2死の場面で、四球で出塁した際に二盗を試みた。スライディングで左手をついた際に肩を負傷し、痛みに顔をゆがめてそのままベンチへ。左肩の亜脱臼で出場が危ぶまれたが、28日の第3戦（ヤンキースタジアム）に強行出場。塁に出た際は、左肩を固定するために左手でユニホームの襟元をつかんで走るという工夫をみせていた

移籍1年目で夢のWS制覇

10月30日　ワールドシリーズ第5戦
ヤンキース戦（ヤンキースタジアム）

3連勝で王手も、1敗を喫して迎えた第5戦。同点に追いついた8回1死一、三塁の場面で、初球のチェンジアップを捉えようとしたところ、バットが相手捕手のミットに当たって打撃妨害で出塁。続くムーキー・ベッツの中犠飛につなげ、7-6でワールドシリーズ制覇を成し遂げた。9回2死、6年ぶりの救援を務めた右腕ウォーカー・ビューラーが最後の打者アレックス・バードゥーゴを空振り三振に斬った瞬間、大谷は三塁側ベンチからテオスカー・ヘルナンデスとともに飛び出し、マウンドで歓喜の輪。シャンパンファイトではトロフィーを高々と掲げた

来季は「二刀流」復活で黄金時代へ
新たな大谷翔平伝説が始まる——

大谷翔平の2024年
ポストシーズン打撃成績

月日	シリーズ	回戦	相手	勝敗	スコア		打数	安打	打点	本塁打	盗塁	打席①	打席②	打席③	打席④	打席⑤	打席⑥
10/5	地区シリーズ	1	パドレス	○	7-5	★	5	2	3	1	0	左飛	右本	中安	空三振	空三振	
10/6		2		●	2-10	★	4	0	0	0	0	空三振	一ゴロ	投ゴロ	空三振		
10/8		3		●	5-6		4	1	0	0	0	空三振	中安	中飛	見三振		
10/9		4		○	8-0		3	1	1	0	0	二ゴロ	右安	四球	四球	空三振	
10/11		5		○	2-0	★	4	0	0	0	0	空三振	三飛	空三振	空三振		
地区シリーズ打撃成績 20打数 4安打 4打点 1本塁打 2四死球 10三振 0盗塁 打率.200																	
10/13	リーグ優勝決定シリーズ	1	メッツ	○	9-0	★	4	2	1	0	0	二ゴロ	右安	右安	中飛	四球	
10/14		2		●	3-7	★	3	0	0	0	0	空三振	見三振	一飛	四球	四球	
10/16		3		○	8-0		4	1	3	1	0	一ゴロ	四球	右飛	空三振	右本	
10/17		4		○	10-2		3	1	1	1	0	右中本	四球	四球	四球	二ゴロ	見三振
10/18		5		●	6-12		4	2	0	0	0	右安	四球	左安	空三振	空三振	
10/20		6		○	10-5	★	4	2	1	0	0	中安	空三振	捕邪飛	中安	四球	
リーグ優勝シリーズ打撃成績 22打数 8安打 6打点 2本塁打 9四死球 7三振 0盗塁 打率.364																	
10/25	ワールドシリーズ	1	ヤンキース	○	6-3	★	5	1	0	0	0	中飛	空三振	遊ゴロ	右二	左邪飛	
10/26		2		○	4-2	★	3	0	0	0	0	中飛	空三振	遊ゴロ	四球		
10/28		3		○	4-2		3	0	0	0	0	四球	二ゴロ	空三振	三邪飛	死球	
10/29		4		●	4-11		4	1	0	0	0	遊飛	中飛	中安	空三振		
10/30		5		○	7-6		4	0	0	0	0	中飛	左飛	空三振	遊ゴロ	打撃妨害	
ワールドシリーズ打撃成績 19打数 2安打 0打点 0本塁打 3四死球 5三振 0盗塁 打率.105																	
ポストシーズン打撃成績 61打数 14安打 10打点 3本塁打 14四死球 22三振 0盗塁 打率.230																	

※打順はすべて1番・指名打者。★はホームゲーム

CONTENTS

超永久保存版
大谷翔平
2024年シーズン全本塁打
ベストショット&データ分析

カバー・表紙デザイン　ライラック
本文デザイン&DTP　田辺雅人
編集　丸井乙生(アンサンヒーロー)
写真　アフロ、ZUMA Press/アフロ、
USA TODAY Sports/ロイター/アフロ、
AP/アフロ、UPI/アフロ

※日付は全て現地時間

「50-50」達成に敵地の観客も大興奮

「50-50」だけじゃない! 伝説の2024年シーズンを総括

メジャーリーグ評論家・福島良一が選ぶ 大谷翔平の「神記録」ベスト10

打者に専念した今季、大谷翔平選手は数々の金字塔を打ち立てた。50年以上にわたりMLBを見てきたメジャーリーグ評論家・福島良一氏が数ある2024シーズンの偉業から「ベスト10」をセレクトした。

「パワー&スピード」が現代MLBの最強選手

まさかメジャー史上初の50本塁打・50盗塁を同日達成するとは——。50年以上MLBを見てきましたが、ここまでの大記録を、これほどドラマチックに達成するとは想像していませんでした。

1988年に当時アスレチックスのホセ・カンセコが史上初の「40-40」を達成した時は、全米中が大騒ぎになるほどの「衝撃」がありました。今季の大谷選手には、これまた史上初の「50-30」を期待していましたが、それを大幅に塗り替えてしまった。

MLBでは「40本塁打・40盗塁」の達成が打者としての偉業とされてきました。「40-40」は長いMLBの歴史のなかでも、昨年まで5人しか達成していません。アメリカでは「パワー」と「スピード」を兼ね備えた選手が評価され、人気を集めるため、この記録が注目されるのです。大谷選手は「40-40」どころか前人未到の「50-50」を成し遂げた。まさに、現代のMLBを象徴する選手と言えるでしょう。

ナ・リーグの本塁打と打点で二冠

福島良一が選ぶ2024年シーズン大谷翔平「神記録」ベスト10

1	前人未到の「50－50」	MLB史上6人目の40本塁打・40盗塁「40-40」、さらに前人未到「50-50」達成。最終的に54本塁打・59盗塁まで記録更新。今後、誰も到達できないであろう不滅の金字塔
2	三冠王まであと4厘	本塁打王、打点王に加え、打率も最終盤の猛打で.310まで上昇。ナ・リーグでは1937年ジョー・メドウィック(カージナルス)以来の三冠王の行方は最終戦までもつれ、ルイス・アラエス(パドレス)に4厘差で2位
3	2年連続本塁打王	昨年ア・リーグのエンゼルスで、今年はナ・リーグのドジャースで2年連続本塁打王となり、史上4人目の両リーグ制覇。さらに史上初のリーグをまたいでの2年連続本塁打王
4	超一流スラッガーの証し 50本塁打	ドジャースでは球団史上初であり、ドジャースタジアムは他球場より打球が飛ばないなかで、同球場史上最多の28本塁打。7月21日の30号は、もう少しで場外弾かという忘れられない一発
5	本塁打数と盗塁数が MLB全体2位以内	1908年ホーナス・ワグナー(パイレーツ)、翌1909年タイ・カッブ(タイガース)以来115年ぶり3人目の両部門2位以内。20世紀初頭の二大スターと並ぶ記録に、大谷こそ「史上最高の選手」と叫びたい
6	MLB史上最多16度の 1試合で本塁打&盗塁	今季16度も1試合で本塁打と盗塁を同時マーク。1986年に世界の盗塁王であり、史上最高の1番打者といわれるリッキー・ヘンダーソン(ヤンキース)が持つ13度の記録を更新
7	史上19人目の400塁打	アベレージと長打力を兼ね備えたエリートの勲章「400塁打」。MLB史上18人しか達成していない。「1920～30年代の本塁打時代」「1990年代後半から2000年代前半のステロイド時代」を除けば達成者はわずか3人
8	100長打へあと1本	MLBで400塁打以上に希少価値なのが100長打。達成者は史上12人のみ。大谷選手は史上13人目の100長打にあと1本足りなかったが、歴史的なシーズン
9	史上初のオールスター 勝利投手&本塁打	4度目の出場で歴史的な初アーチ。2021年の勝利投手と合わせ、球宴史上初めて勝利投手と本塁打をマーク。今後、投打二刀流のオールスター選手が出ない限り、二度と破られない
10	メジャー最多の 観客動員数に貢献	ドジャースは今季394万1251人を動員。夢の400万人には惜しくも届かなかったが、2020年のコロナ禍を除き、2013年以来11年連続でMLB30球団最多の観客動員数を記録

※所属球団は記録達成当時

を獲得しましたが、打率でも最終戦まで首位打者の可能性を残していました。シーズン終盤に2割8分7厘から一気に打率を上げ、3年連続首位打者を狙うルイス・アラエス（パドレス）を猛追。最終戦で逆転すれば、同リーグでは1937年ジョー・メドウィック（カージナルス）以来の三冠王でしたが、4打数1安打の打率3割1分で、惜しくも4厘差の2位。それでも、最後の最後まで三冠王への可能性を残したことで人々を熱狂させせました。

そして、大谷選手「最大の魅力」はやはり本塁打。昨年ア・リーグのエンゼルス時代に続き、今年はナ・リーグのドジャースで2年連続本塁打王を獲得しました。これは20世紀初頭の伝説の三塁打王サム・クロフォード、フレッド・マグリフ、そしてマーク・マグワイアに次いで史上4人目の両リーグ本塁打王という偉業です。さらに、リーグをまたいでの2年連続同タイトル獲得は史上初の快挙でした。

しかも、投手有利で本塁打が出にくいとされるドジャースタジアムを本拠地にしながらの50本塁打は、非常に価値ある記録です。

本塁打が出にくい本拠地で本塁打の半数以上を記録

　ドジャースタジアムの形状として両翼までの距離は平均的ですが、左中間、右中間の膨らみが大きく、外野がかなり広い。また太平洋からの湿った風の影響によって、気温が高いデーゲームはまだしも、ナイトゲームは打球が飛びにくいといわれています。さらに、風の影響か左翼方向よりも右翼方向はさらに飛ばない。

　1962年開場から63シーズンを経ましたが、場外本塁打はわずか6本のみ。場外弾は他球場だと500フィート級（約152メートル）も出ますが、ドジャースタジアムでは2015年のスタットキャスト導入以降は、その1年目にジアンカルロ・スタントン（当時マーリンズ、現ヤンキース）が放った左翼への475フィート（約145メートル）が最長不倒。いかに飛ばない球場なのかがわかります。

　ドジャースのシーズン本塁打では、最多記録だった2001年ショーン・グリーンの49本のうち、ホームでは19本。2019年に47本塁打を記録したコディ・ベリンジャー（現カブス）は27本がホーム。大谷選手は今季、ホームで28本を放ちドジャースタジアム最多記録を樹立しました。本塁打が出にくい同球場で54本塁打のうち半数以上を打ったわけです。

アベレージと長打力を兼備エリートの勲章「400塁打」

「MLB全体でシーズン2位以内の本塁打、盗塁数」も貴重な記録です。これは1908年ホーナス・ワグナー（パイレーツ）、翌1909年〝球聖〟タイ・カッブ（タイガース）以来、実に115年ぶり3人目。ワグナーとカッブは20世紀初頭、米国で「史上最高の選手」と謳われた二大スターで、当時はどちらが史上最高の野球選手かという論争が全米を二分したほどです。

「今季16度の1試合で本塁打&盗塁」は、1986年に〝世界の盗塁王〟リッキー・ヘンダーソン（ヤンキース）が記録した13度を更新しました。MLB歴代1位の得点数を誇るヘンダーソンが「史上最高の1番打者」なら、大谷は「史上最強の1番打者」と言えるでしょう。

　日本ではあまり注目されませんが、MLBでは「塁打数」が重視されます。

　大谷選手はアベレージと長打力を兼ね備えたエリートの勲章である「400塁打」で23年ぶり、史上19人目の達成者となりました。1920～1930年の「本塁打時代」、1990年代後半から2000年代前半の「ステロイド時代」を除けば、達成者はわずか3人。1978年にジム・ライス（レッドソックス）が406塁打を記録した時は、ヤンキースで25勝3敗の左腕ロン・ギドリーを抑え、ア・リーグMVPに輝いたほど高く評価されている記録です。

　また、MLBで400塁打以上に希少価値のある記録が「100長打」です。過去に12人しか達成者はおらず、「本塁打時代」「ステロイド時代」を除けば、1948年のスタン・ミュージアル（カージナルス）しか達成していません。大谷選手は史上13人目の100長打にあと1本足りず、ベーブ・ルースほか5人が達成している「50本塁打・100長打・400塁打」を逃しはしましたが、今季の大谷選手の数々の記録は間違いなく歴史的と言えます。

　オールスターでは4年連続4度目の出場で初アーチ。2021年の投手での勝利と合わせ、球宴史上初の

MLBの「40-40」達成者

人数	達成年月日	選手	所属	最終記録	該当シーズンの主なタイトル&表彰
①	1988年9月23日	ホセ・カンセコ	アスレチックス	42-40	本塁打王、打点王、ア・リーグMVP、シルバースラッガー賞
②	1996年9月27日	バリー・ボンズ	ジャイアンツ	42-40	シルバースラッガー賞
③	1998年9月19日	アレックス・ロドリゲス	マリナーズ	42-46	シルバースラッガー賞
④	2006年9月16日	アルフォンソ・ソリアーノ	ナショナルズ	46-41	シルバースラッガー賞
⑤	2023年9月22日	ロナルド・アクーニャJr.	ブレーブス	41-73	ナ・リーグMVP、シルバースラッガー賞、盗塁王、ハンク・アーロン賞
⑥	2024年8月23日	大谷翔平	ドジャース	54-59	本塁打王、打点王

※大谷のタイトル&表彰は11月5日時点

2024年シーズン 本塁打と盗塁の推移

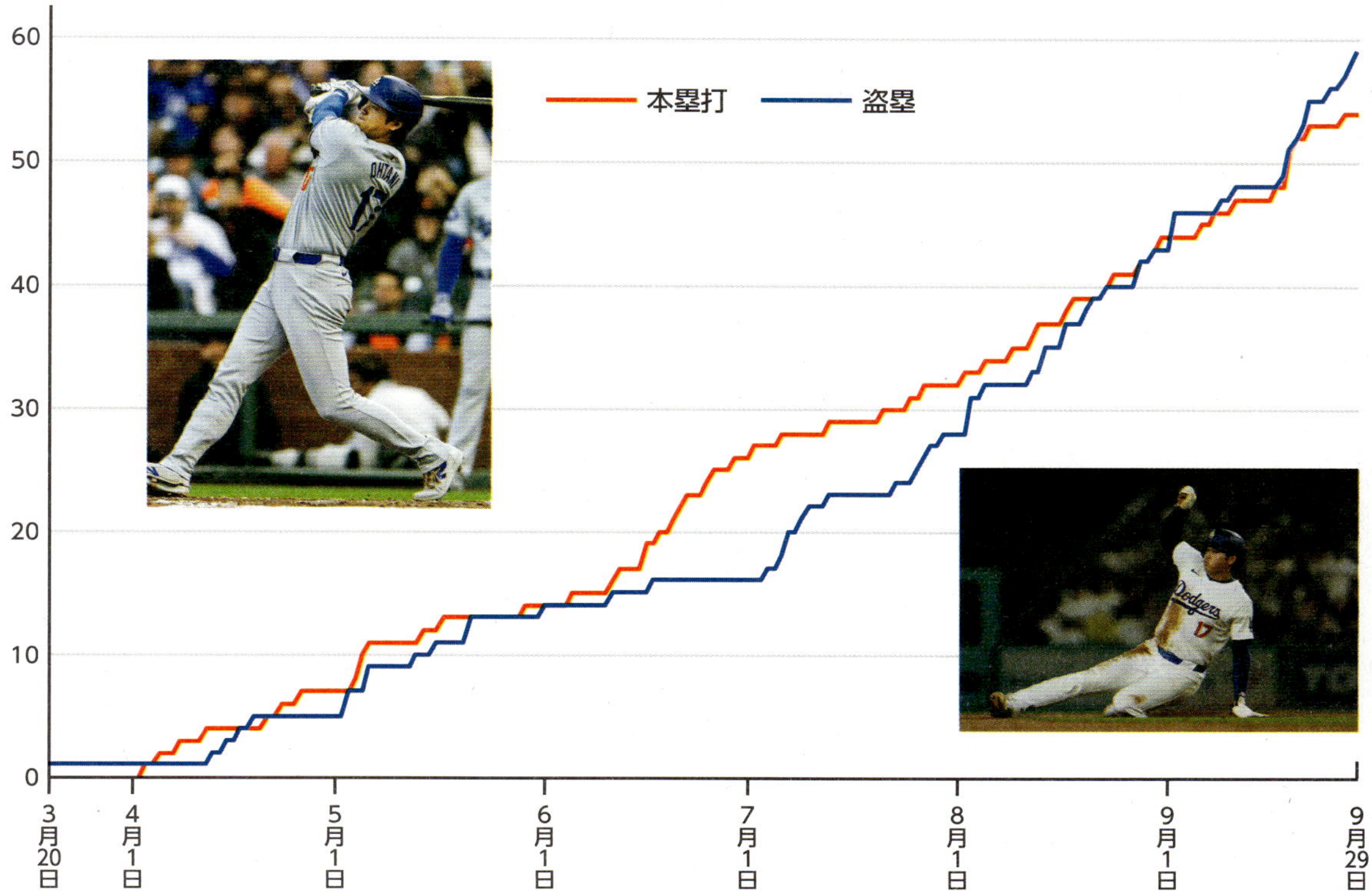

「投手勝利と本塁打」を記録しました。１９１８、１９１９年とベーブ・ルースが投打二刀流で活躍したときにはオールスター戦がまだなかった。ちなみに球宴が初めて開催されたのは１９３３年です。さすがに二刀流で球宴に出られる選手は、今後も出てこないでしょう。これは大谷選手にしかできない記録だと思います。

大谷見たさで観客動員増 ルースのような存在に

　今季ドジャースは３９４万１２５１人の観客を動員しました。夢の４００万人には届きませんでしたが、無観客開催の２０２０年を除き、２０１３年以降では11年連続でＭＬＢ30球団最多の観客動員数です。ロードでも全体１位の１試合平均３万６２５３人で２位ヤンキース（３万２５６９人）を４０００人近く引き離してのトップでした。

　私の想像では、おそらくベーブ・ルースは今の大谷選手のような存在だったのではないかと思います。全米どこの球場にも、彼の本塁打見たさに野球に興味がない人々まで球場へ押し寄せた。今季の大谷選手には、敵地でも「ＭＶＰコール」が起きていました。50年以上メジャーリーグを見てきましたが、そんな光景は初めてです。

　来季の大谷選手は２年ぶりに投打二刀流に臨みます。投手で20勝、打者で50本塁打、前人未到の「20-50」を期待したいです。近年は20勝投手が減り、レアな数字ではありますが、ドジャースは毎シーズン１００勝前後するチームですし、打線の援護も期待できるため可能性はあると思います。投打二刀流となると、監督から盗塁のゴーサインがあまり出なくなるかもしれないので、盗塁を含んだ数字は「20勝・50本塁打・20盗塁」としておきましょう。

　私が考える究極、かつ最大の夢の記録は「投手三冠・打者三冠」（投手で勝利数・防御率・奪三振、打者で打率・本塁打・打点）です。大谷選手なら、可能性があると思わせてくれる。２０２５年は３月に日本（東京ドーム）で開幕します。日本開催では日本人投手の先発が通例ですから、開幕投手の可能性も。投打二刀流の記録は大谷選手にしかつくれません。来季は投手で完全復活し、さまざまな偉業を打ち立ててくれることを期待しています。

打撃貢献度、得点創出能力、勝利貢献度など
セイバーメトリクスも裏付ける
今季の大谷は「史上最高のDH」

打率、本塁打、打点、盗塁といった伝統的スタッツだけを見ても、今季の大谷の凄さは十二分に理解できるのだが、セイバーメトリクスの指標で見てみると、その「異次元」ぶりが際立つ結果となった。

文／村田洋輔（MLB.jp 編集長）

DH初のMVPが確実視されている

10年7億ドル（当時約1015億円）という超大型契約でドジャースに加入した今季の大谷翔平は、右肘手術の影響で打者に専念するということもあり、どれくらいの成績を残すのか、大きな注目を集めた。

最終的には159試合に出場し、打率3割1分、54本塁打、130打点、59盗塁という驚異的な成績をマーク。前人未到のシーズン50本塁打&50盗塁を達成しただけでなく、本塁打と打点の二冠に輝いた。

打率、本塁打、打点、盗塁といった伝統的なスタッツだけを見ても、今季の大谷の凄さは十二分に感じられるはずだ。

指名打者の過去最高記録を大幅に更新した「WAR」

ここではその凄さをより深く知るために、セイバーメトリクス的な指標から今季の大谷を見ていきたい。

まずはセイバーメトリクスの初歩とも言えるOPSから。OPSとはOn-base Plus Sluggingの略で、出塁率と長打率を単純に足し合わせたもの。出塁率と長打率を足し合わせる行為そのものに大した意味はないのだが、出塁率と長打率の和は得点との相関関係が非常に強いことが知られており、打撃貢献度を表す指標として定着している。OPSは大まかに言うと.800を超えれば優秀、.900を超えれば非常に優秀、1.000を超えれば球界トップクラスの強打者というイメージだ。

今季の大谷はナ・リーグでダントツの1.036をマークし、2位のケテル・マルテ（ダイヤモンドバックス）には100ポイント以上の大差をつけている。ア・リーグではアーロン・ジャッジ（ヤンキース）が1.159という驚異的な数字を残したが、少なくともナ・リーグに限って言えば、大谷に迫る打撃貢献度

OPS

※ランキングはすべてナ・リーグのトップ10

1	**大谷翔平**	**ドジャース**	**1.036**
2	ケテル・マルテ	ダイヤモンドバックス	.932
3	マルセル・オズナ	ブレーブス	.924
4	ブライス・ハーパー	フィリーズ	.898
5	ムーキー・ベッツ	ドジャース	.863
6	フレディ・フリーマン	ドジャース	.854
7	カイル・シュワーバー	フィリーズ	.851
8	鈴木誠也	カブス	.848
9	フランシスコ・リンドーア	メッツ	.844
10	テオスカー・ヘルナンデス	ドジャース	.840

「MLB.com」より（規定打席以上）

WAR

1	**大谷翔平**	**ドジャース**	**9.1**
2	フランシスコ・リンドーア	メッツ	7.8
3	エリー・デラクルーズ	レッズ	6.4
4	クリス・セール	ブレーブス	6.4
5	ケテル・マルテ	ダイヤモンドバックス	6.3
6	マット・チャップマン	ジャイアンツ	5.4
7	ウィリアム・コントレラス	ブルワーズ	5.4
8	ザック・ウィーラー	フィリーズ	5.4
9	ジャクソン・メリル	パドレス	5.3
10	ブライス・ハーパー	フィリーズ	5.2

「FanGraphs」より

wRC+

1	**大谷翔平**	**ドジャース**	**181**
2	マルセル・オズナ	ブレーブス	154
3	ケテル・マルテ	ダイヤモンドバックス	151
4	ブライス・ハーパー	フィリーズ	145
5	ムーキー・ベッツ	ドジャース	141
6	ジュリクソン・プロファー	パドレス	139
7	鈴木誠也	カブス	138
8	フランシスコ・リンドーア	メッツ	137
9	フレディ・フリーマン	ドジャース	137
10	カイル・シュワーバー	フィリーズ	135

「FanGraphs」より（規定打席以上）

WPA

1	**大谷翔平**	**ドジャース**	**7.04**
2	ジュリクソン・プロファー	パドレス	4.88
3	ライセル・イグレシアス	ブレーブス	4.34
4	ライアン・ヘルズリー	カージナルス	4.32
5	クリス・セール	ブレーブス	4.29
6	フランシスコ・リンドーア	メッツ	4.23
7	ザック・ウィーラー	フィリーズ	4.21
8	ポール・スキーンズ	パイレーツ	3.81
9	ライアン・ウォーカー	ジャイアンツ	3.75
10	ブランドン・ニモ	メッツ	3.54

「FanGraphs」より

を誇る打者は1人もいなかった。

1位の大谷と2位のマルテの差が、2位のマルテと10位のテオスカー・ヘルナンデス（ドジャース）との差よりも大きいことを考えれば、今季の大谷がいかに突出した存在であったかがわかるはずだ。

次に選手の総合的な貢献度を表す指標として認知されるようになったWARを見ていこう。WARとはWins Above Replacementの略で、簡単に言えば「すぐに取って代えられるような同ポジションの選手と比較して何勝分の貢献をしたか」を表す指標である。

WARは「Baseball Reference」と「FanGraphs」という2つのデータサイトがそれぞれ算出しているものが有名だが、ここでは後者のランキングを採用。大谷は9・1を記録し、ここでもナ・リーグでダントツの数字を叩き出した。

これはすぐに取って代えられるような指名打者と比較して、大谷は9・1勝分の貢献をしていたということを表す。ちなみに指名打者による従来のシーズン記録は1995年にエドガー・マルティネス（マリナーズ）がマークした7・0。歴史的に見ても大谷の9・1は突出している。

WARではポジションが異なる選手同士を比較可能にするため、守備位置による補正が行われており、指名打者は守備の貢献度が大幅なマイナス評価となる。そのなかで大谷は9・1という驚異的な数字を残しており、これは打撃と走塁での貢献度がいかに大きかったかを示している。

ア・リーグではジャッジが11・2、ボビー・ウィットJr.（ロイヤルズ）が10・4を記録して大谷を上回っているが、ナ・リーグでは大谷が文句なしのナンバーワンだった。

バレル率

1	**大谷翔平**	**ドジャース**	**14.1%**
2	フェルナンド・タティスJr.	パドレス	10.0%
3	マルセル・オズナ	ブレーブス	9.9%
4	オースティン・ライリー	ブレーブス	9.8%
5	フランシスコ・リンドーア	メッツ	9.7%
6	エリオット・ラモス	ジャイアンツ	9.7%
7	マイケル・トーリア	ロッキーズ	9.6%
8	オニール・クルーズ	パイレーツ	9.5%
9	テオスカー・ヘルナンデス	ドジャース	9.2%
10	J・D・マルティネス	メッツ	8.9%

※Baseball Savantより（250打球以上）

平均的な打者と比較して得点創出能力が81%も高い

OPSとWARは日本国内の報道でもよく目にするようになった指標だが、次はwRC+というやや馴染（なじ）みのない指標を見ていく。

wRC+はWeighted Runs Created Plusの略で、簡単に言えば「1打席当たりの得点創出能力を平均と比較したときの傑出度」を表す指標である。リーグごとの得点環境やパークファクター（=球場の違いを考慮した指標）を考慮して算出されるため、リーグや時代を問わず、打者の傑出度を比較することが可能だ。

wRC+が100の打者は「平均的」、wRC+が150の打者は「平均より50%多く得点を生み出す」ということになる。大谷は181を記録し、2位のマルセル・オズナ（ブレーブス）に大差をつけた。今季の大谷は平均的な打者と比較して得点創出能力が81%も高かったということになる。ここでもジャッジは218という驚異的な数字を残しているが、ナ・リーグに限って言えば、今季の大谷は圧倒的な得点創出能力を誇っていた。

こうした大谷の突出した打撃貢献度を支えているのがバレル率の高さだ。バレルとは「打率・500と長打率1・500を超える速度と角度の組み合わせで放たれた打球」のことを指し、全打球のなかでバレルが占める割合がバレル率である。

今季250打球以上の打者のなかで、大谷のバレル率14・1%はナ・リーグでダントツ。ジャッジの14・9%には及ばないものの、今季の大谷は「長打になりやすい打球」をコンスタントに放っており、それが打撃貢献度の高さにつながっていた。

チームが勝つ確率を最も上昇させた選手

最後にWPAも見ておこう。WPAはWin Probability Addedの略で、「その選手がいかにチームの勝つ確率を上げたか」を表す指標だ。

たとえば、ある選手が本塁打を放ってチームの勝利確率が50%から80%に上昇した場合、その本塁打によって勝利確率が30%アップしたことになり、その打席のWPAは0・3となる。これを積み上げていったものがシーズン通算のWPAとなる。

WPAでは大差の状況で放った本塁打より接戦で放った本塁打のほうが価値が高くなり、その意味において「真の勝利貢献度」を表す指標と言える。また、打撃結果だけでなく、走塁での貢献も考慮される。

今季の大谷は7・04を記録。2位のジュリクソン・プロファー（パドレス）が4・88であることを考えると、いかに突出した数字であるかがわかるだろう。ア・リーグのトップはガーディアンズの守護神エマニュエル・クラセの6・40であり、大谷のWPAは両リーグ1位。つまり、今季の大谷は「チームが勝つ確率を最も上昇させた選手」だったのだ。

ここではセイバーメトリクス的な5つの指標に着目したが、大谷はすべてナ・リーグでトップの数値を叩き出し、WPAは両リーグ1位。得点創出能力でも、勝利貢献度でも、今季の大谷は間違いなくナ・リーグでナンバーワンの選手だった。

2024年シーズン 全本塁打 完全データ

SUPER CRAZY 54 BIG FLY

1号

2番・DH

SHOHEI OHTANI 1st HOME RUN

自己最遅の開幕9戦目で移籍後初アーチ

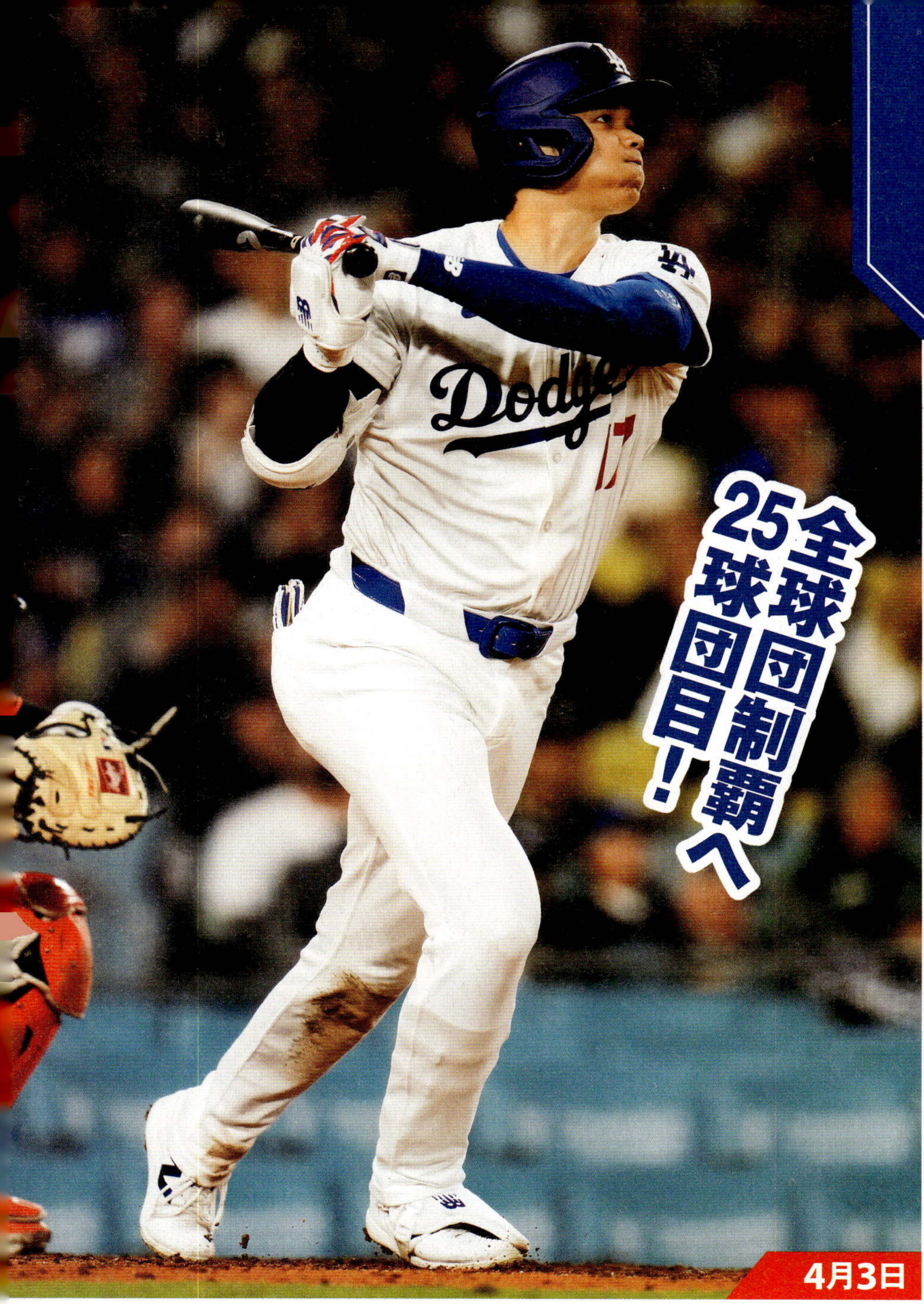

待望の一発だった。1点リードの7回裏、左腕テイラー・ロジャーズの5球目、外角高め150キロのシンカーを振り抜いた。右中間席中段へ特大の１３１メートル1号ソロ。開幕から9試合目、そして41打席目でのシーズン1号は自己最遅。移籍後の初本塁打は、新たな本拠地ドジャースタジアムで飛び出した。

昨年9月に右肘を手術し、今季は打者に専念。オフにはプロスポーツ世界最高額の10年7億ドル（当時約１０１５億円）の大型契約を結び、エンゼルスから移籍した。開幕当初は専属通訳の違法賭博、金銭着服問題で心労の絶えない日々を送りながらも、ベストを尽くしてきた。

ジャイアンツ戦は初アーチ。全球団制覇へ、自身の日本選手最多記録を25球団まで伸ばした。赤から青へ——大谷の「第二章」が幕を開けた。

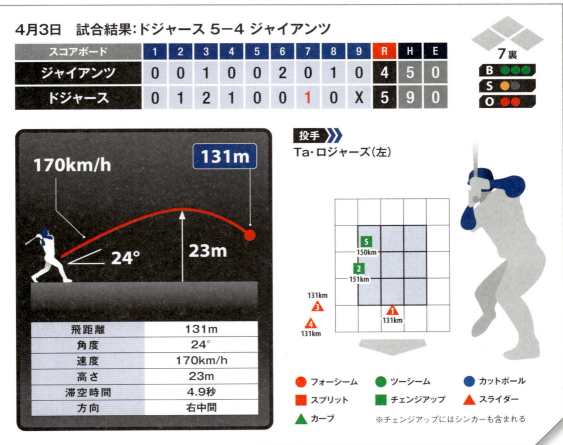

4月3日　試合結果:ドジャース 5−4 ジャイアンツ

スコアボード	1	2	3	4	5	6	7	8	9	R	H	E
ジャイアンツ	0	0	1	0	0	2	0	1	0	4	5	0
ドジャース	0	1	2	1	0	0	1	0	X	5	9	0

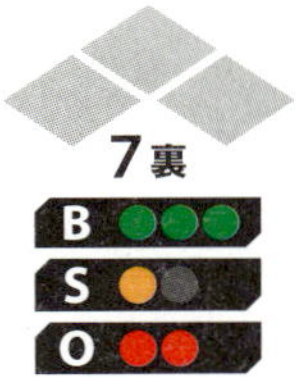

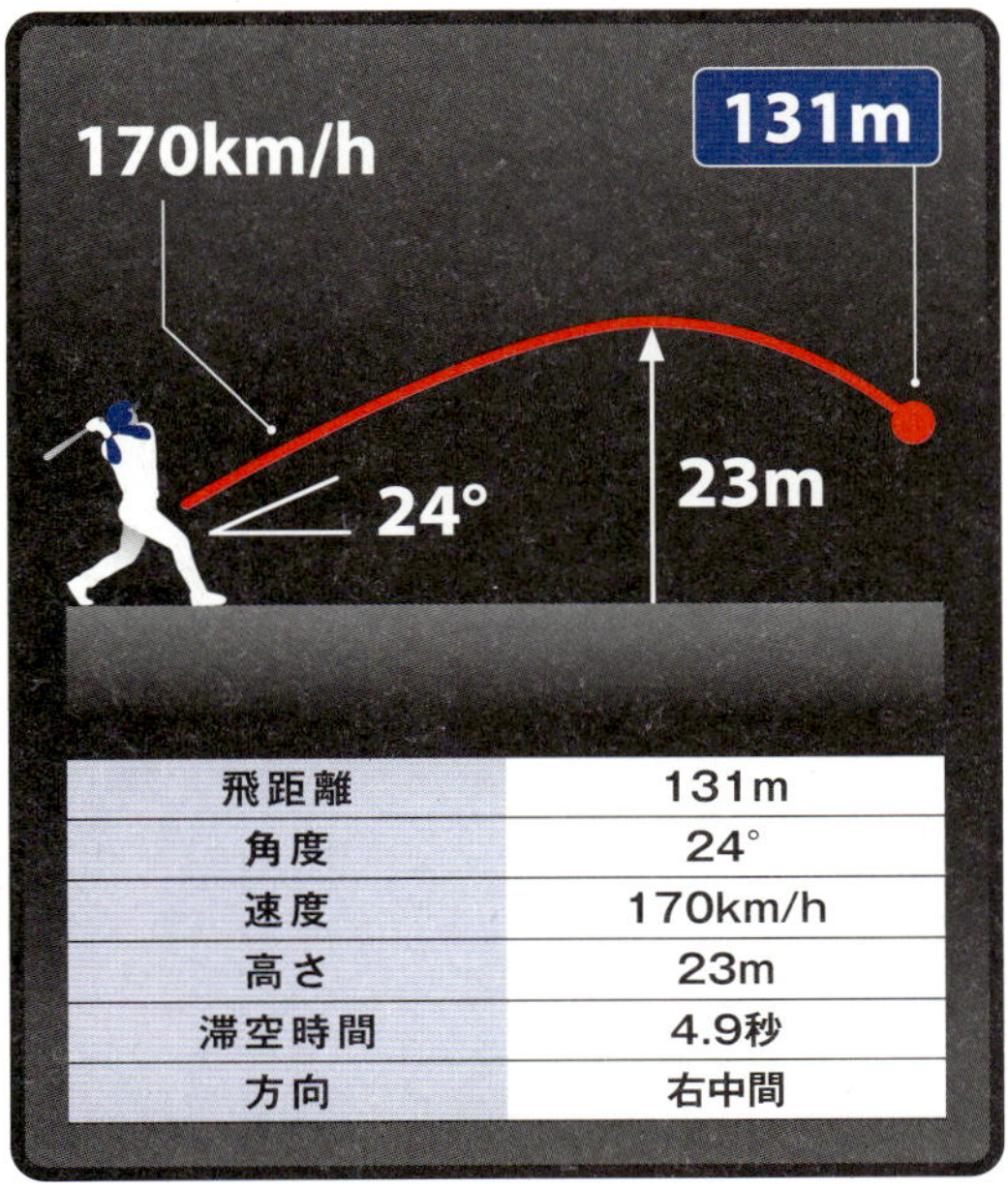

飛距離	131m
角度	24°
速度	170km/h
高さ	23m
滞空時間	4.9秒
方向	右中間

投手

Ta·ロジャーズ(左)

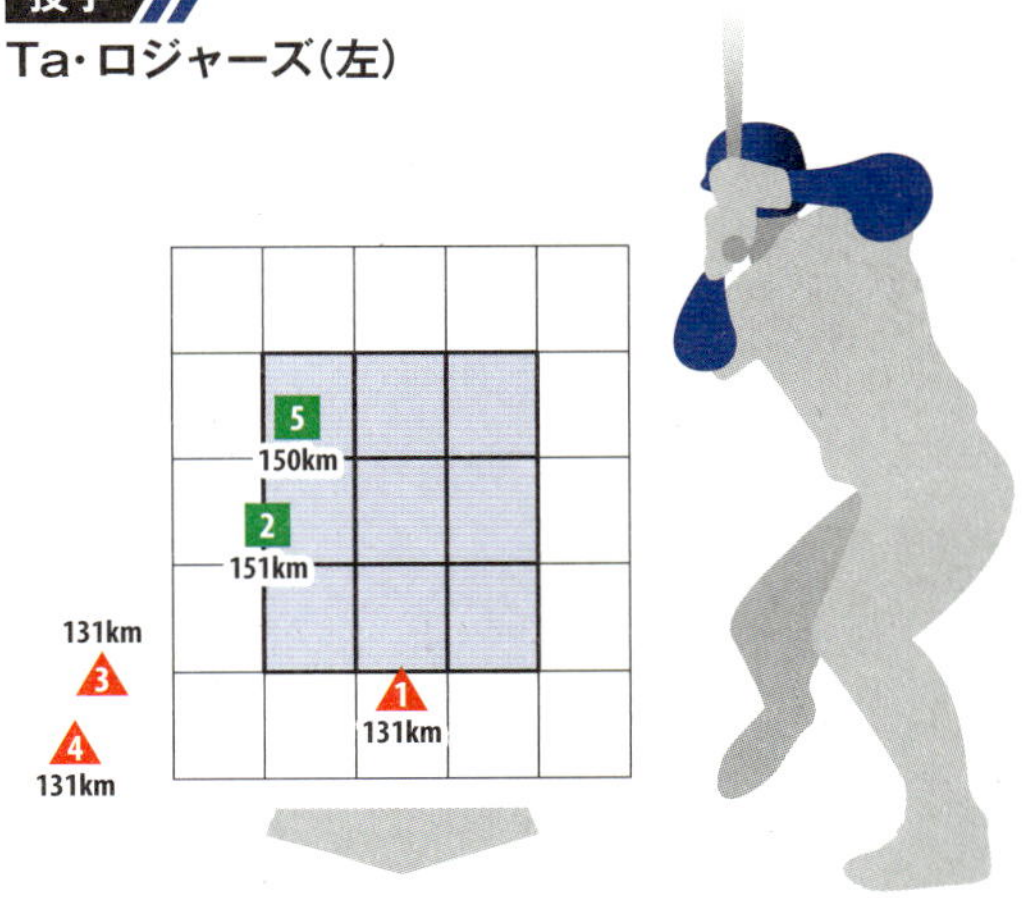

● フォーシーム　● ツーシーム　● カットボール
■ スプリット　■ チェンジアップ　▲ スライダー
▲ カーブ　※チェンジアップにはシンカーも含まれる

2号

2番・DH

SHOHEI OHTANI 2nd HOME RUN

日本選手最多のMLB23球場目アーチ

早速の2戦連発!!

4月5日

敵地の大ブーイングを大歓声に変えた。4点ビハインドで迎えた5回表、ベテラン右腕カイル・ヘンドリックスの初球、甘く入ったチェンジアップを右手一本ですくい上げた。ポール際まで追った相手右翼手・鈴木誠也の頭上を越える2号2ラン。今季初の2試合連続アーチとし、松井秀喜（ヤンキースなど）の日本選手MLB通算最多本塁打175本へあと2本に迫った。

メジャー7年目にして、カブスの本拠地リグリー・フィールドには初登場となった。MLBでは2番目に長い歴史を持つ球場で、1914年開場。1932年ワールドシリーズで、あのベーブ・ルース（当時ヤンキース）が同点の5回に中堅方向を指差したという「予告本塁打」で有名。歴史ある球場で一発を放ち、自身が持つ日本選手最多を更新する23球場目の本塁打となった。

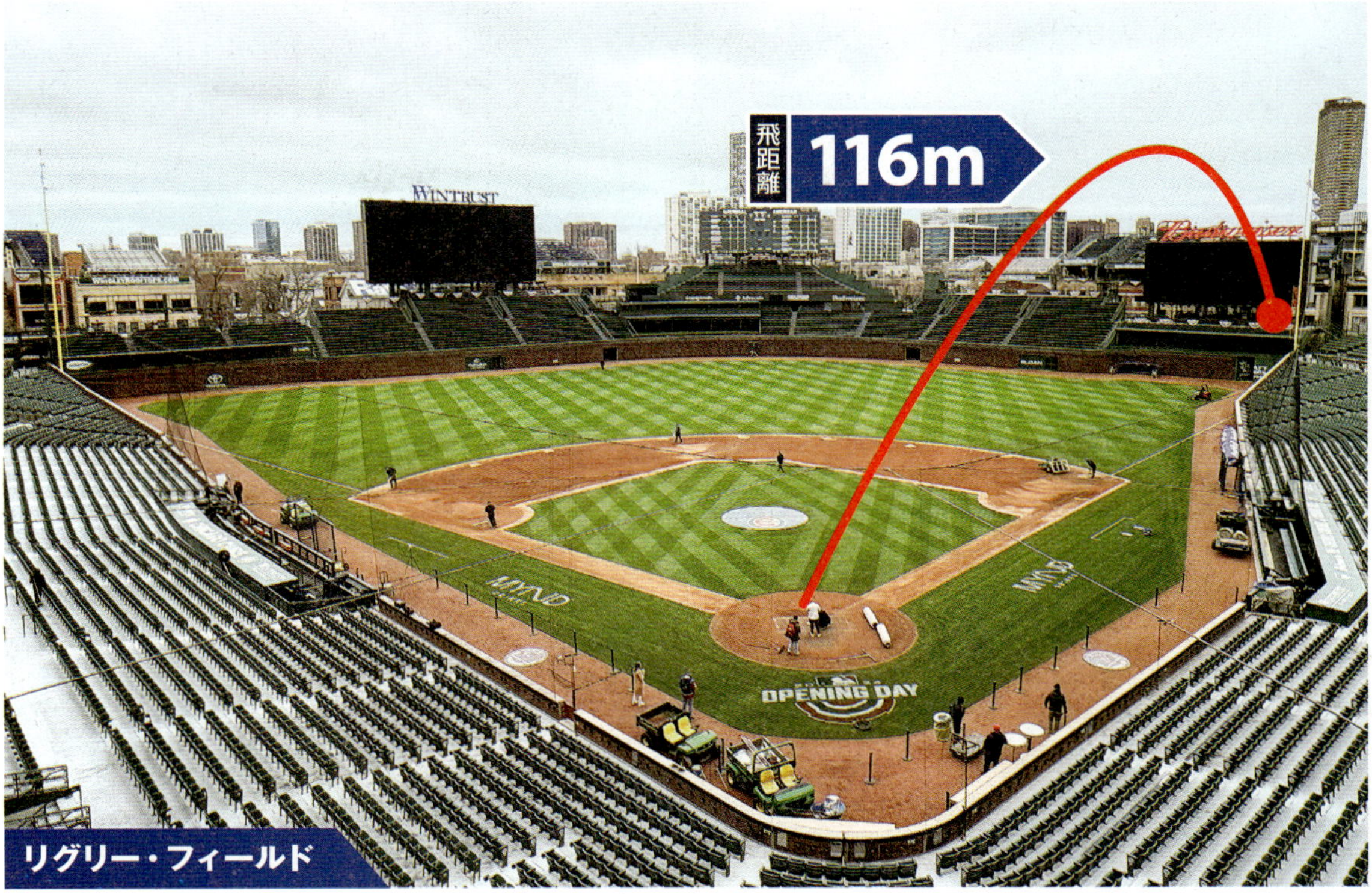

リグリー・フィールド

4月5日　試合結果:ドジャース 7—9 カブス

スコアボード	1	2	3	4	5	6	7	8	9	R	H	E
ドジャース	2	0	0	0	3	0	2	0	0	7	12	0
カブス	0	5	1	0	0	3	0	0	X	9	9	0

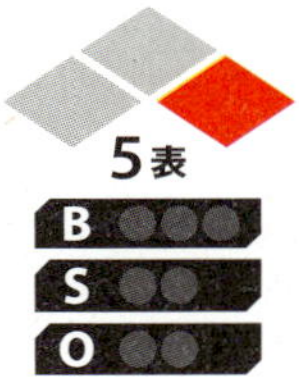

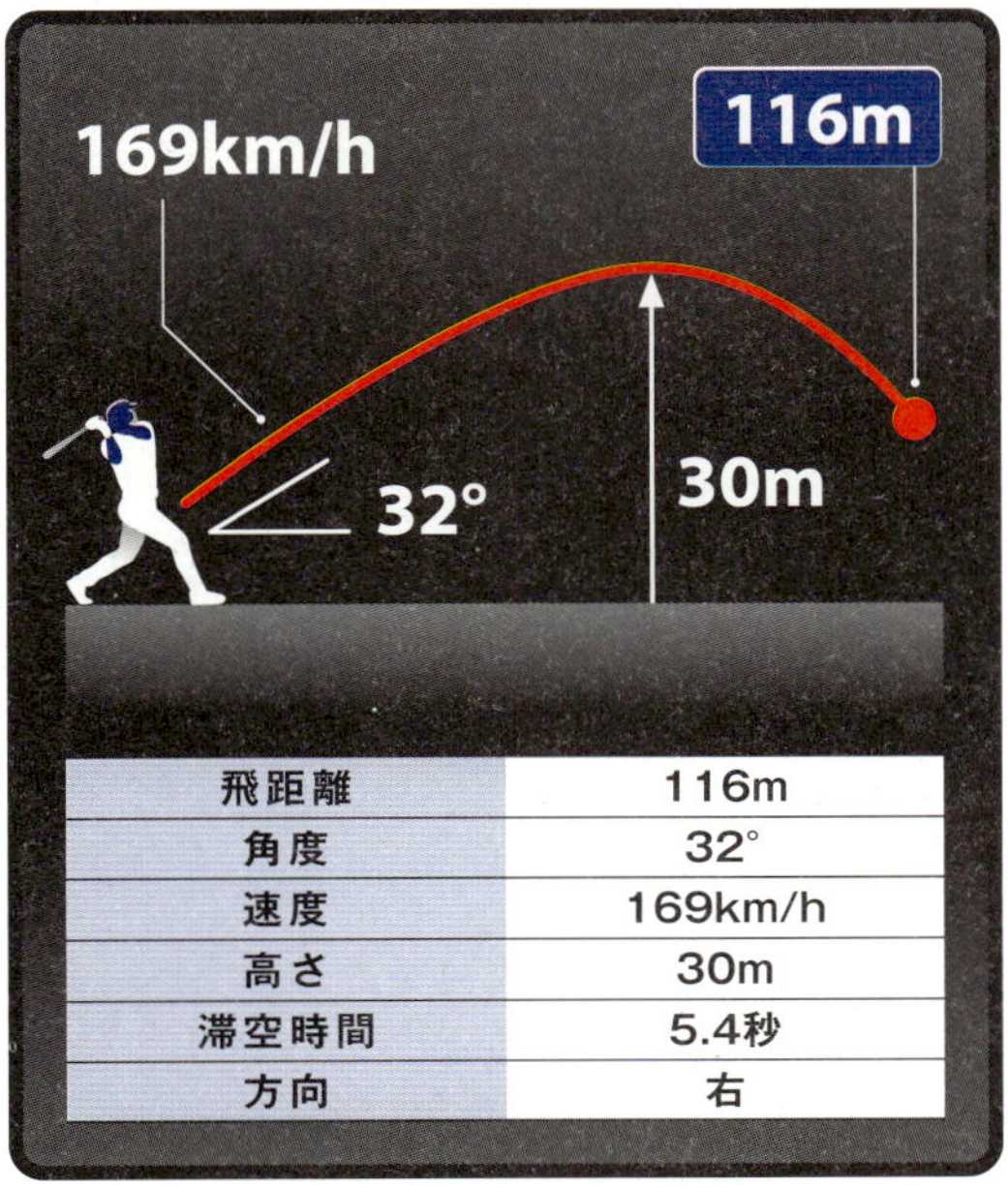

飛距離	116m
角度	32°
速度	169km/h
高さ	30m
滞空時間	5.4秒
方向	右

投手

K・ヘンドリックス(右)

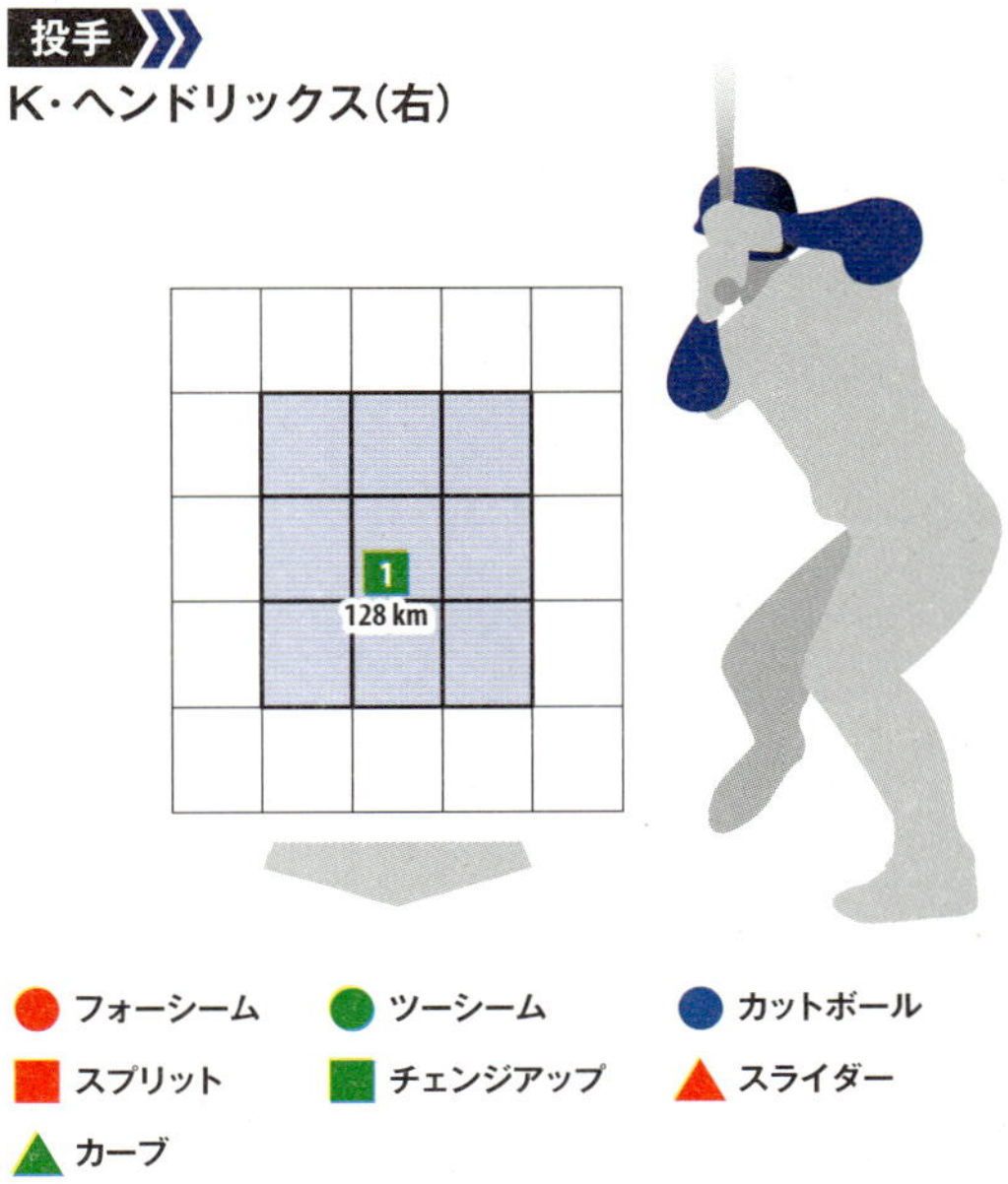

3号

2番・DH

SHOHEI OHTANI 3rd HOME RUN

元広島ジャクソンと8年ぶり対戦を制す

NPB時代を知る相手に、成長の証しを見せつけた。1点を勝ち越した直後の7回表2死。元広島の救援右腕ジェイ・ジャクソンの4球目、スライダーを振り抜いた。最高到達点39メートルの飛球を一瞬見つめると、一塁に向かってダッシュ。打球が左翼フェンス上に並ぶ植栽の間に落下するとスピードを緩め、笑顔で本塁を踏んだ。

ジャクソンとはNPBで通算4打数1安打。最後に対戦した2016年の日本シリーズでは2打数無安打に抑えられたが、8年の時を経て初本塁打、移籍後初の逆方向弾を浴びせた。

この日は二塁打2本も放ち、移籍後初の猛打賞。MLB自身最長5試合連続マルチ安打とした。直近5戦3発で好調の波に乗り、松井秀喜の日本選手最多本塁打記録175本まで、あと1本と迫った。

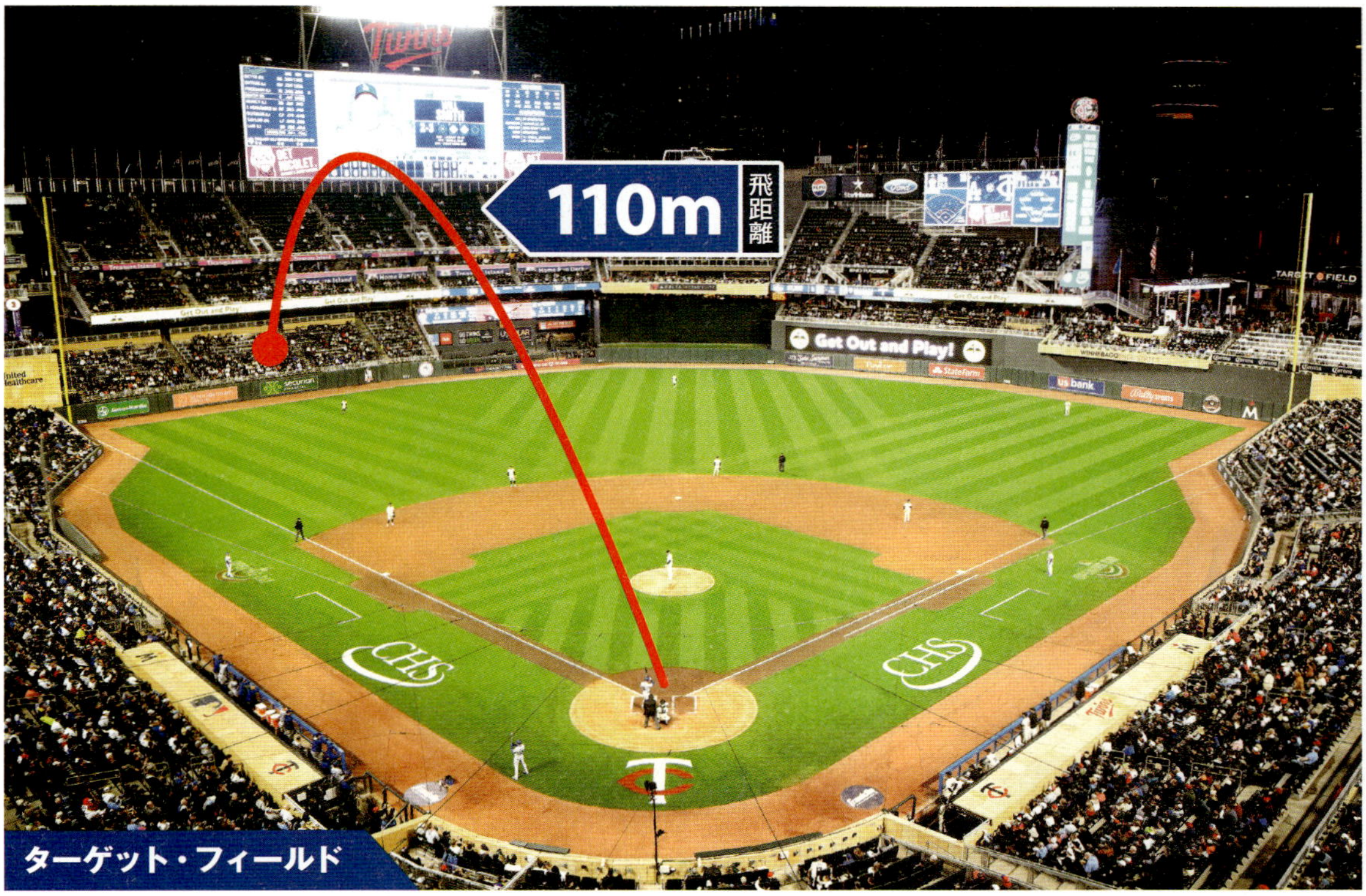

ターゲット・フィールド

4月8日　試合結果：ドジャース 4−2 ツインズ

スコアボード	1	2	3	4	5	6	7	8	9	R	H	E
ドジャース	1	0	0	0	0	1	2	0	0	4	10	0
ツインズ	0	0	2	0	0	0	0	0	0	2	3	0

7表
B
S
O

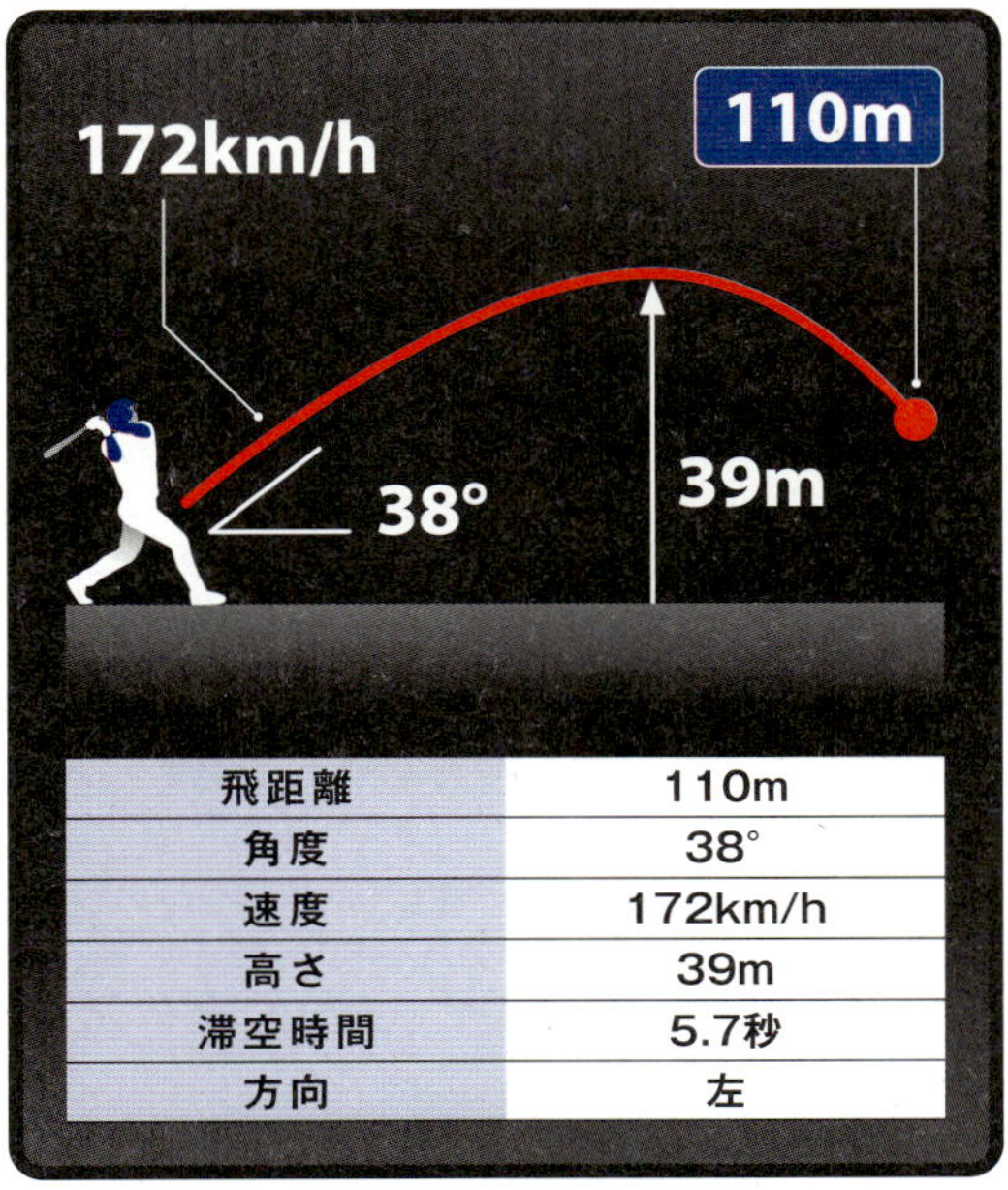

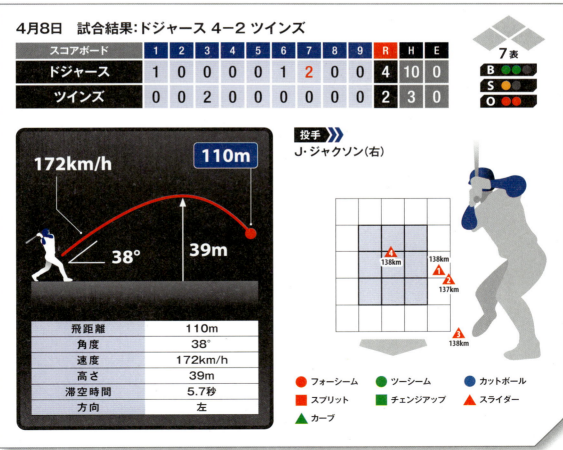

飛距離	110m
角度	38°
速度	172km/h
高さ	39m
滞空時間	5.7秒
方向	左

投手
J・ジャクソン(右)

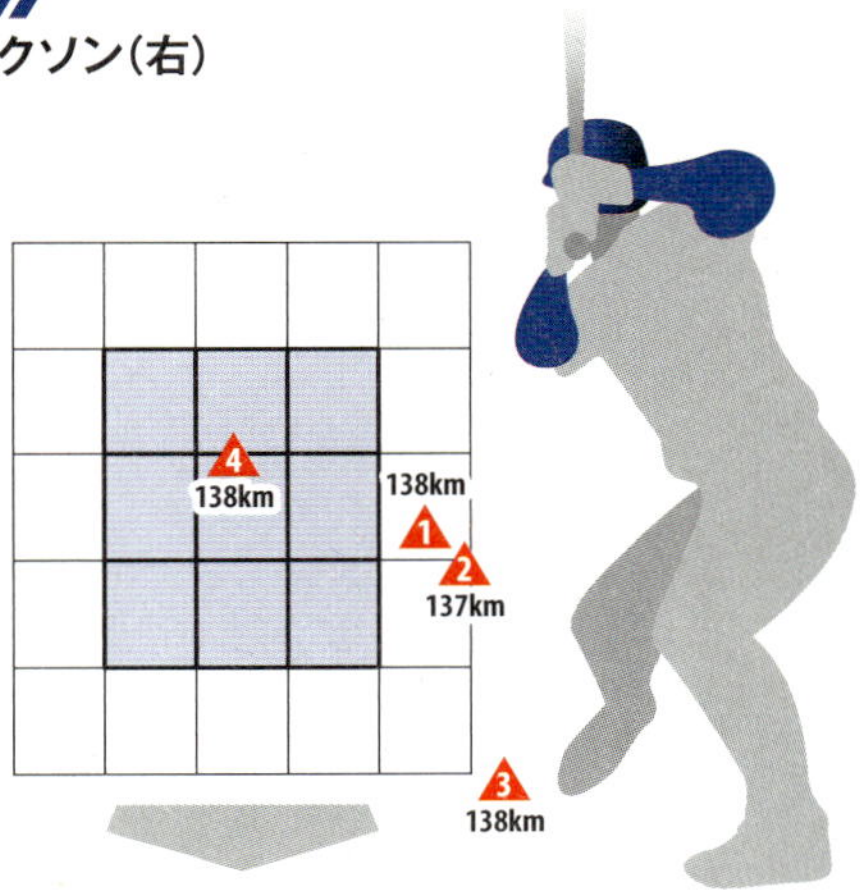

フォーシーム　ツーシーム　カットボール
スプリット　チェンジアップ　スライダー
カーブ

４号

２番・DH

SHOHEI OHTANI 4th HOME RUN

松井秀喜と野茂英雄に並ぶメモリアル弾

２人のレジェンドに追いついた。２点を追う１回裏。今季、ヤンキースから移籍した右腕マイケル・キングの２球目、ストライクゾーンを外角高めに外れた直球を振り抜いた。左中間席へ飛び込む４号ソロ。ＭＬＢ７年目で通算１７５本塁打とし、日本選手ＭＬＢ通算本塁打記録で松井秀喜に並んだ。ヤンキースで４番も務めた松井は１２０５試合で達成したが、大谷は７３２試合のスピード達成だ。

この試合は、今季からＭＬＢ移籍でドジャース入りした山本由伸が４度目の先発登板。立ち上がりで２点を失った直後、大谷の援護弾が飛び出した。

ド軍での日本選手４本塁打は、在籍７年間の野茂英雄と並ぶ日本選手通算最多タイ。５回の左翼線二塁打で日米通算１０００安打も達成し、シーズン序盤から記録連発となった。

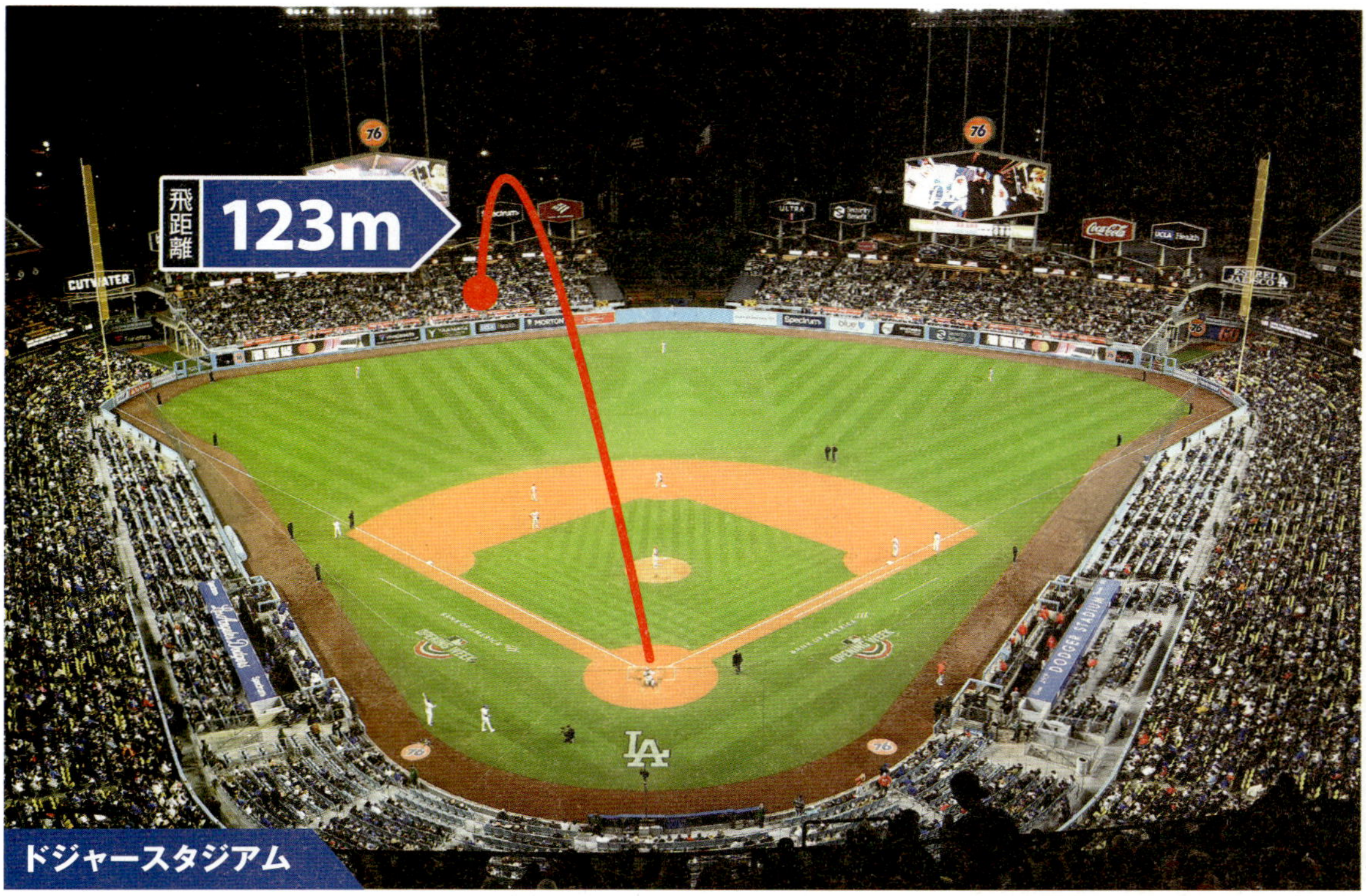

4月12日　試合結果:ドジャース 7−8 パドレス

スコアボード	1	2	3	4	5	6	7	8	9	10	11	R	H	E
パドレス	2	1	0	0	0	1	3	0	0	0	1	8	10	2
ドジャース	1	4	2	0	0	0	0	0	0	0	0	7	7	0

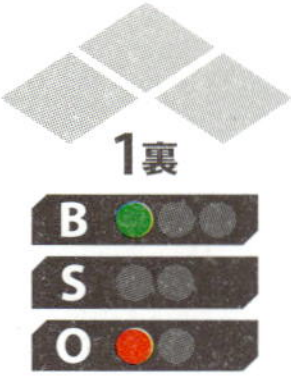

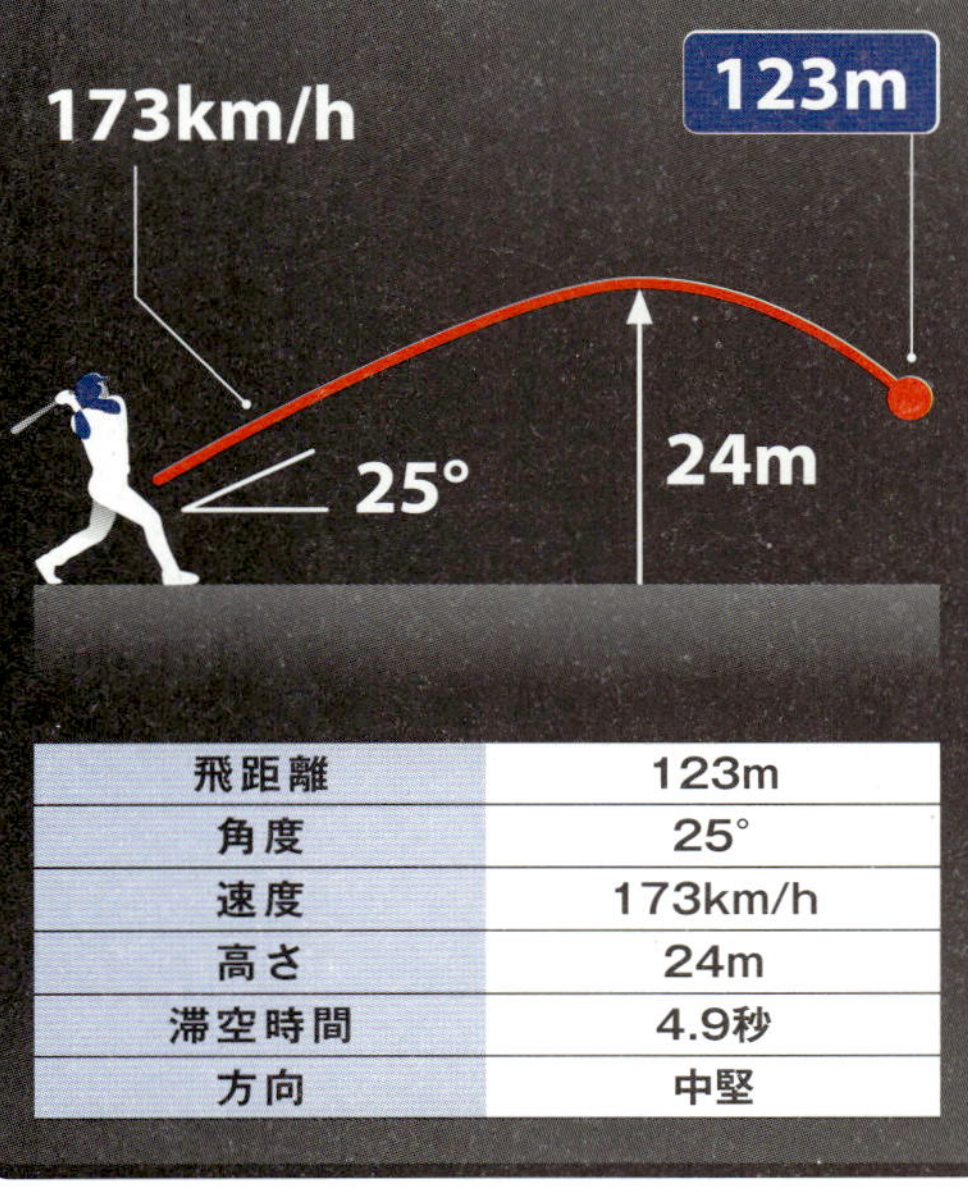

飛距離	123m
角度	25°
速度	173km/h
高さ	24m
滞空時間	4.9秒
方向	中堅

投手
M・キング(右)

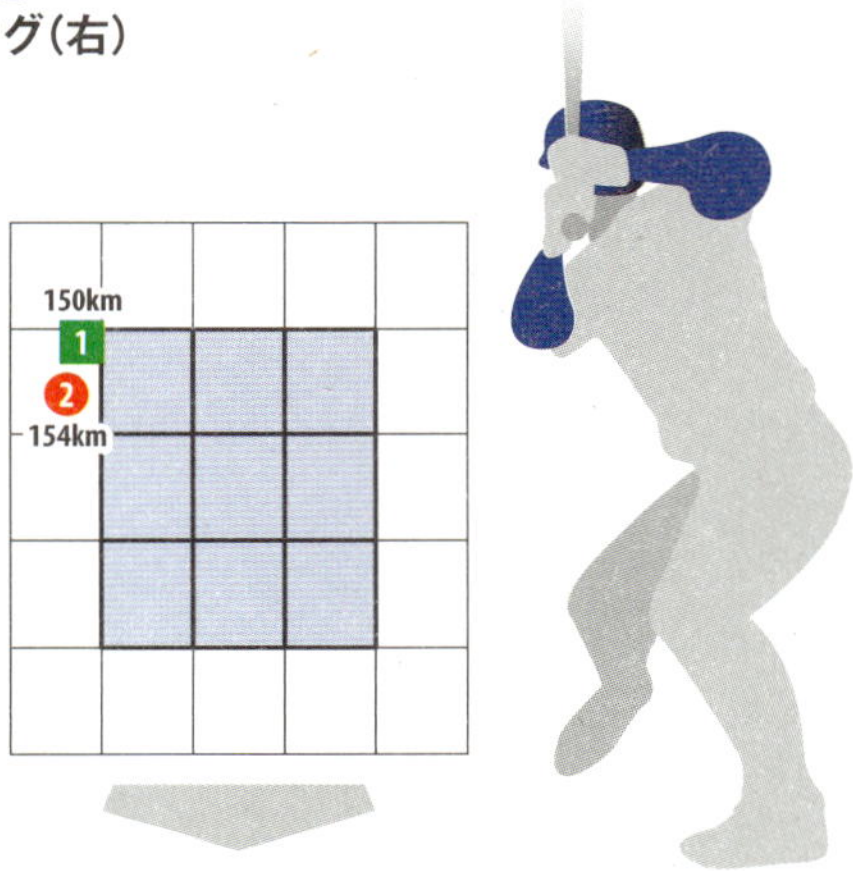

フォーシーム　ツーシーム　カットボール
スプリット　チェンジアップ　スライダー
カーブ

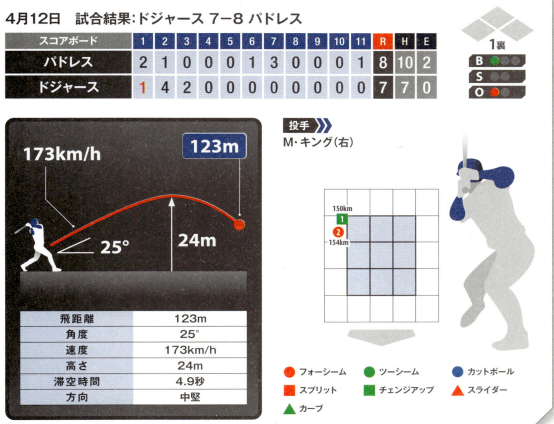

5号

2番・DH

SHOHEI OHTANI 5th HOME RUN

"ゴジラ超え"は129メートル確信弾

4月21日

ついにゴジラ超えを果たした。互いに無得点の3回裏、今季ここまで被本塁打ゼロの相手右腕エイドリアン・ハウザーの2球目、甘いスイーパーを見逃さなかった。力強いスイングの打球は右翼席上段まで一直線。129メートル弾は貴重な先制2ランとなった。

ドジャースタジアムの内外野スタンドに張りめぐらされた電光掲示板に「176」の文字が躍る。日本選手MLB通算本塁打で松井秀喜を抜き、単独トップに。ベンチに戻ると、仲間からひまわりの種を浴びせられる「サンフラワーシャワー」で祝福された。

8回表終了時点で10-0と大量リード。8回裏の打席では代打が送られ、移籍後初の途中交代。この試合、マルチ安打で打率を3割6分8厘とし、両リーグで打率トップに浮上した。

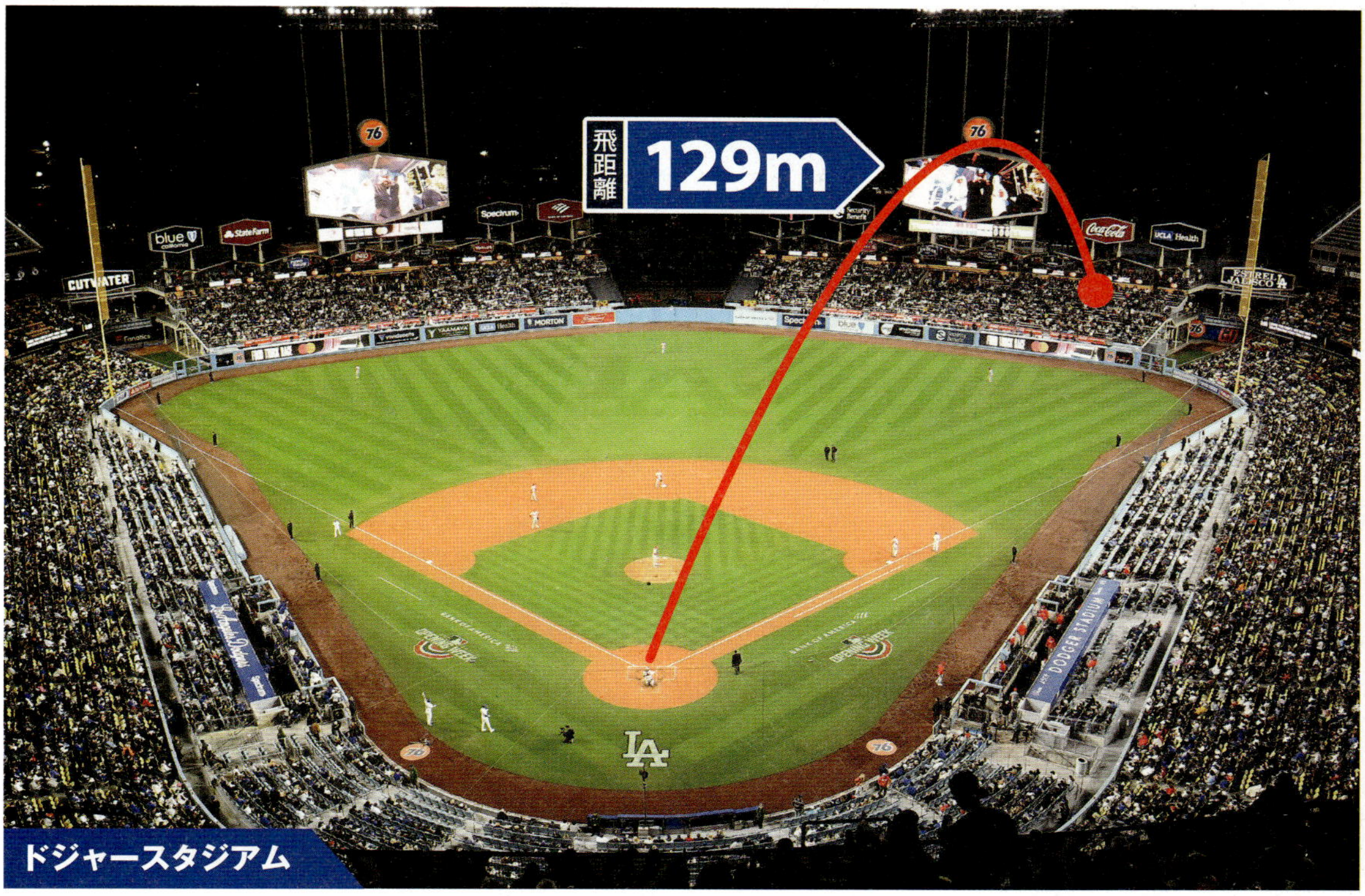

4月21日　試合結果:ドジャース 10ー0 メッツ

スコアボード	1	2	3	4	5	6	7	8	9	R	H	E
メッツ	0	0	0	0	0	0	0	0	0	0	7	0
ドジャース	0	0	2	0	8	0	0	0	X	10	9	0

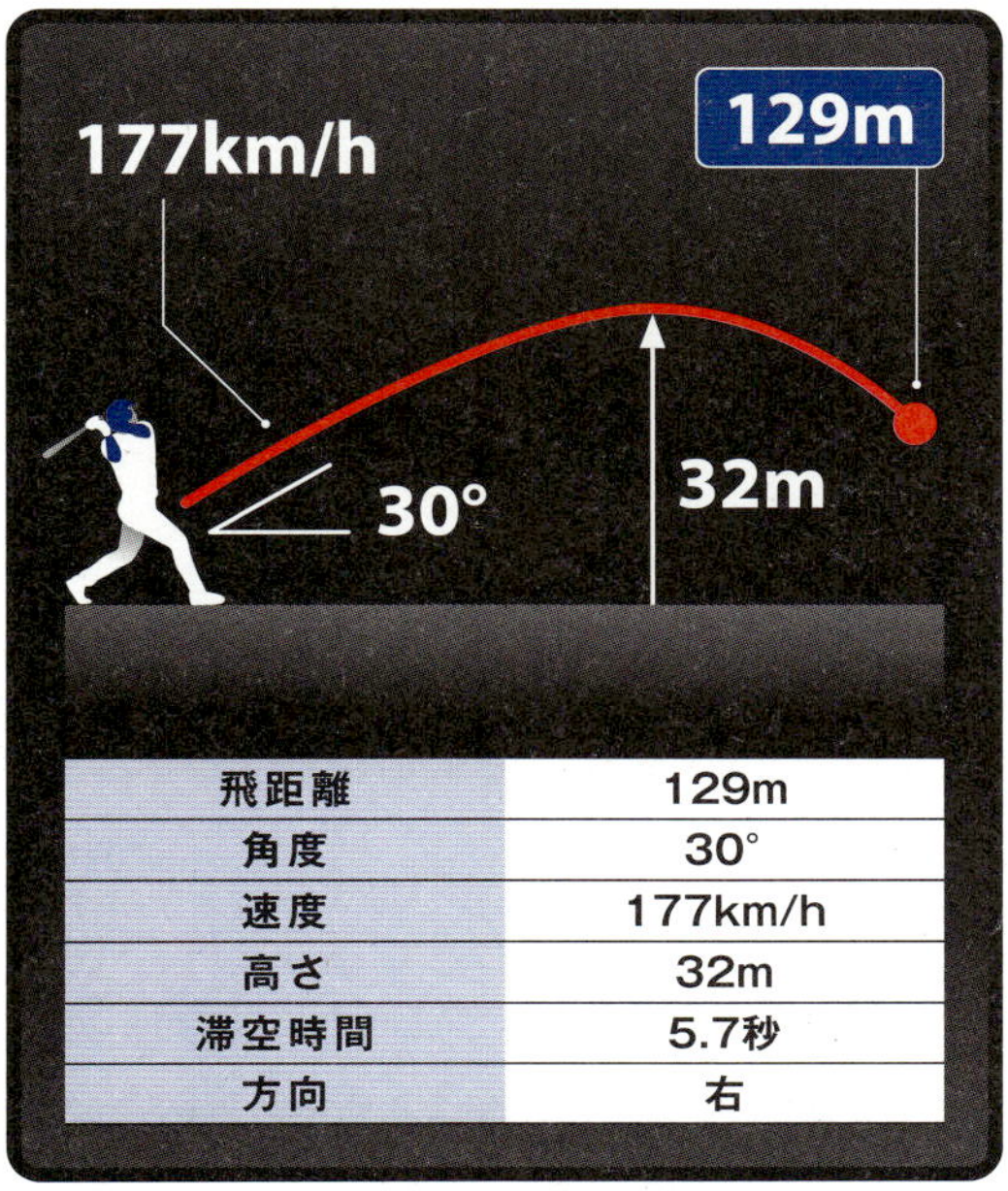

飛距離	129m
角度	30°
速度	177km/h
高さ	32m
滞空時間	5.7秒
方向	右

投手

A・ハウザー(右)

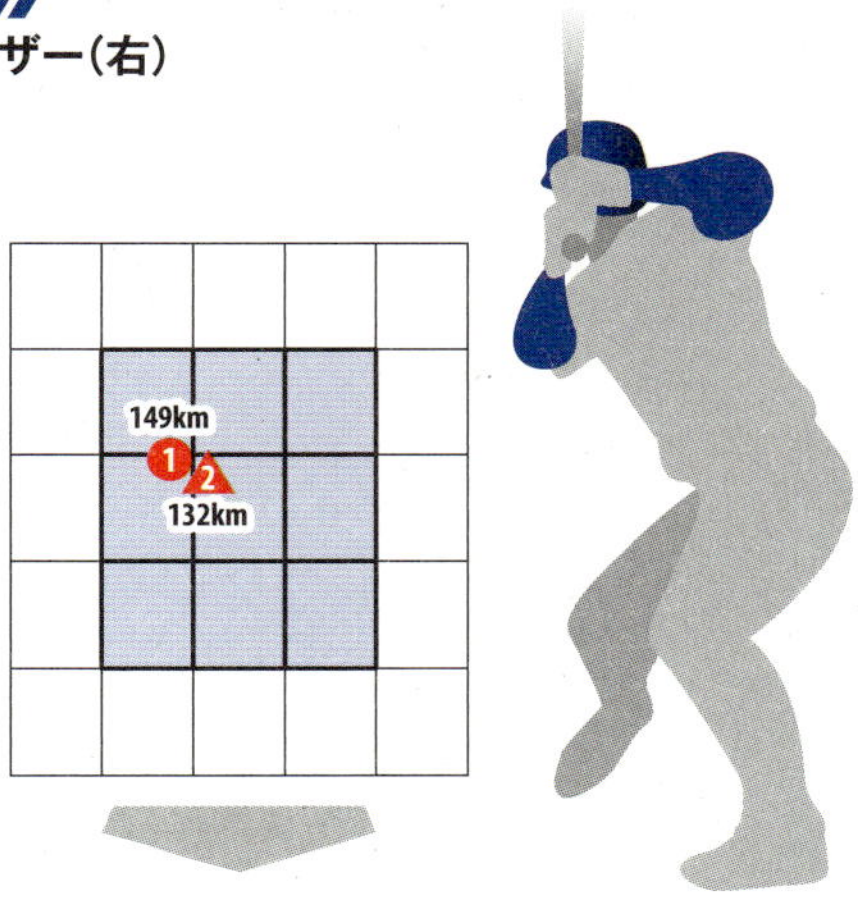

● フォーシーム　● ツーシーム　● カットボール
■ スプリット　■ チェンジアップ　▲ スライダー
▲ カーブ

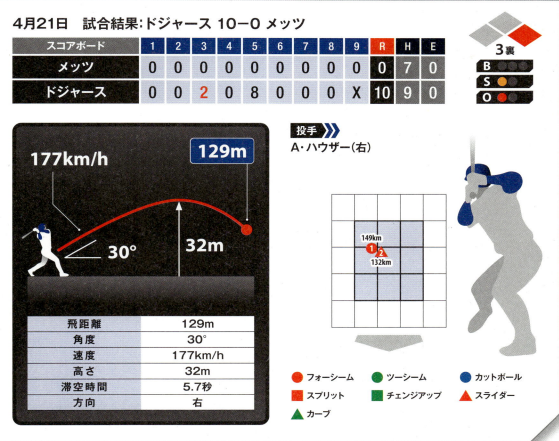

6号

2番・DH

SHOHEI OHTANI 6th HOME RUN

「自己最速弾」で全球団制覇まであと4

首都ワシントンD.C.での初試合で、自己最速弾を披露した。

2点リードの9回表、救援右腕マット・バーンズのスプリットを完璧に捉えた。破壊音にも似た打球音が響く。右中間2階席まで届く、ここまで今季自身最長の137メートル弾。今季6号のホームランボールをゲットした男性は、満面の笑みで「キケポーズ」を決めた。

ロケットのような打球は速度118・7マイル（約191キロ）。2022年の118マイル（約189・9キロ）を上回り、本塁打では自己最速、球団でも2015年スタットキャスト導入以降、最速の本塁打となった。

ナショナルズ・パークでのプレー自体が今回初めて。これで本塁打はMLB26球団目（24球場目）となり、全球団制覇まで残すは古巣のエンゼルスを含め4球団となった。

ナショナルズ・パーク

4月23日　試合結果:ドジャース 4ー1 ナショナルズ

スコアボード	1	2	3	4	5	6	7	8	9	R	H	E
ドジャース	0	0	0	0	0	1	0	2	1	4	9	0
ナショナルズ	0	1	0	0	0	0	0	0	0	1	7	1

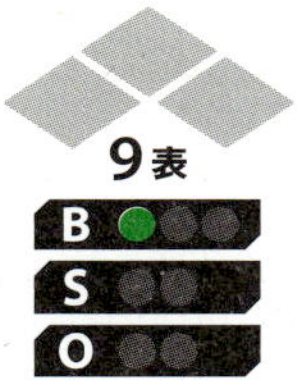

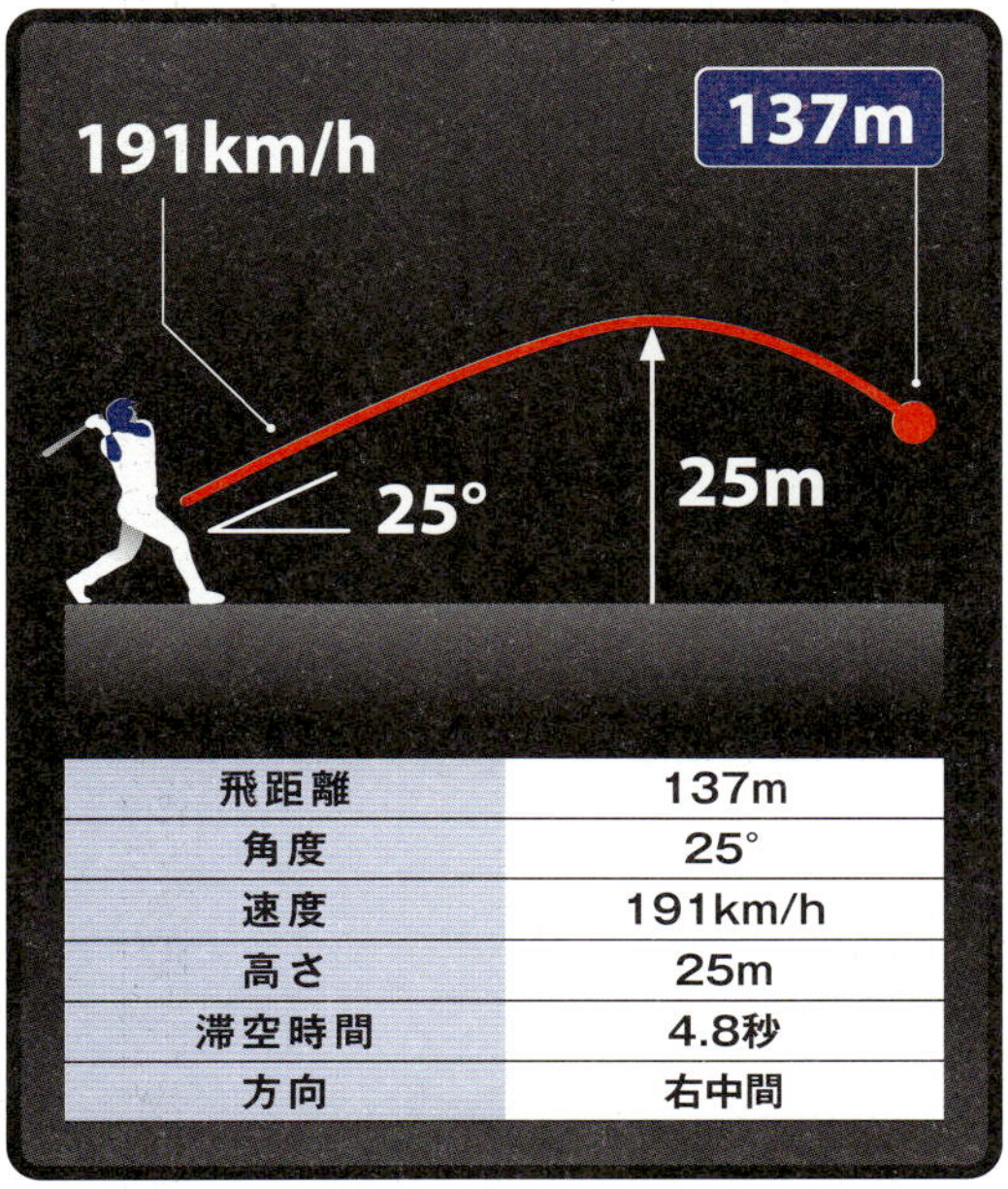

飛距離	137m
角度	25°
速度	191km/h
高さ	25m
滞空時間	4.8秒
方向	右中間

投手
M・バーンズ(右)

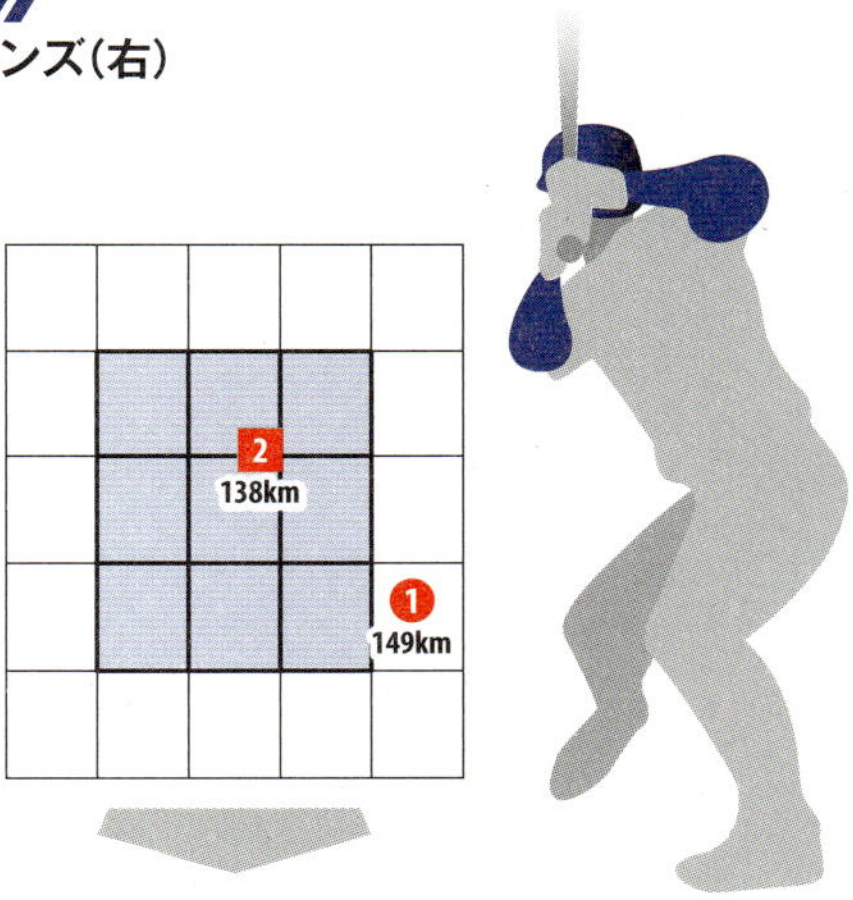

● フォーシーム　● ツーシーム　● カットボール
■ スプリット　■ チェンジアップ　▲ スライダー
▲ カーブ

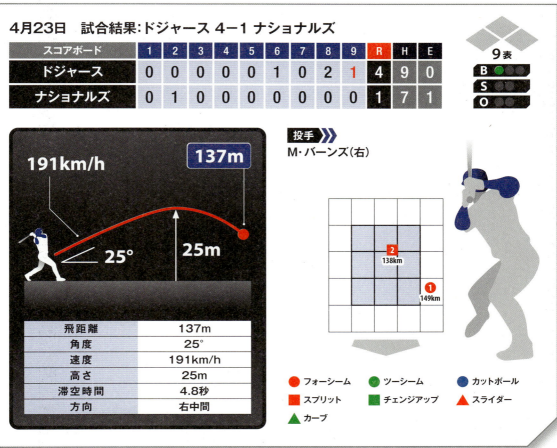

移籍先として報道されたトロントで

7号

2番・DH

SHOHEI OHTANI 7th HOME RUN

敵地の大ブーイングを切り裂く先制弾

4月26日

この日の相手は、オフに移籍先の有力候補として名前が挙がっていたブルージェイズ。当時は、カナダ・トロント行きの飛行機に搭乗したという怪情報まで流れ、現地のファンは期待に胸を躍らせたに違いない。

ぬか喜びを味わった敵地ファンは1回表1死の場面、大谷の登場に大ブーイングを浴びせた。しかし、昨季最多勝右腕クリス・バシットの内角スライダーを角度37度で打ち上げた打球は右翼スタンドへ。先制の7号ソロを放った大谷は歓声とブーイングが入り混じるなか、ダイヤモンドを一周した。

ベンチに戻っても、仲間たちからなぜかブーイング。日本生まれの選手による球団の通算最多本塁打記録で、沖縄生まれのデーブ・ロバーツ監督と並んだためとみられ、最後は同監督と笑顔で握手をかわしていた。

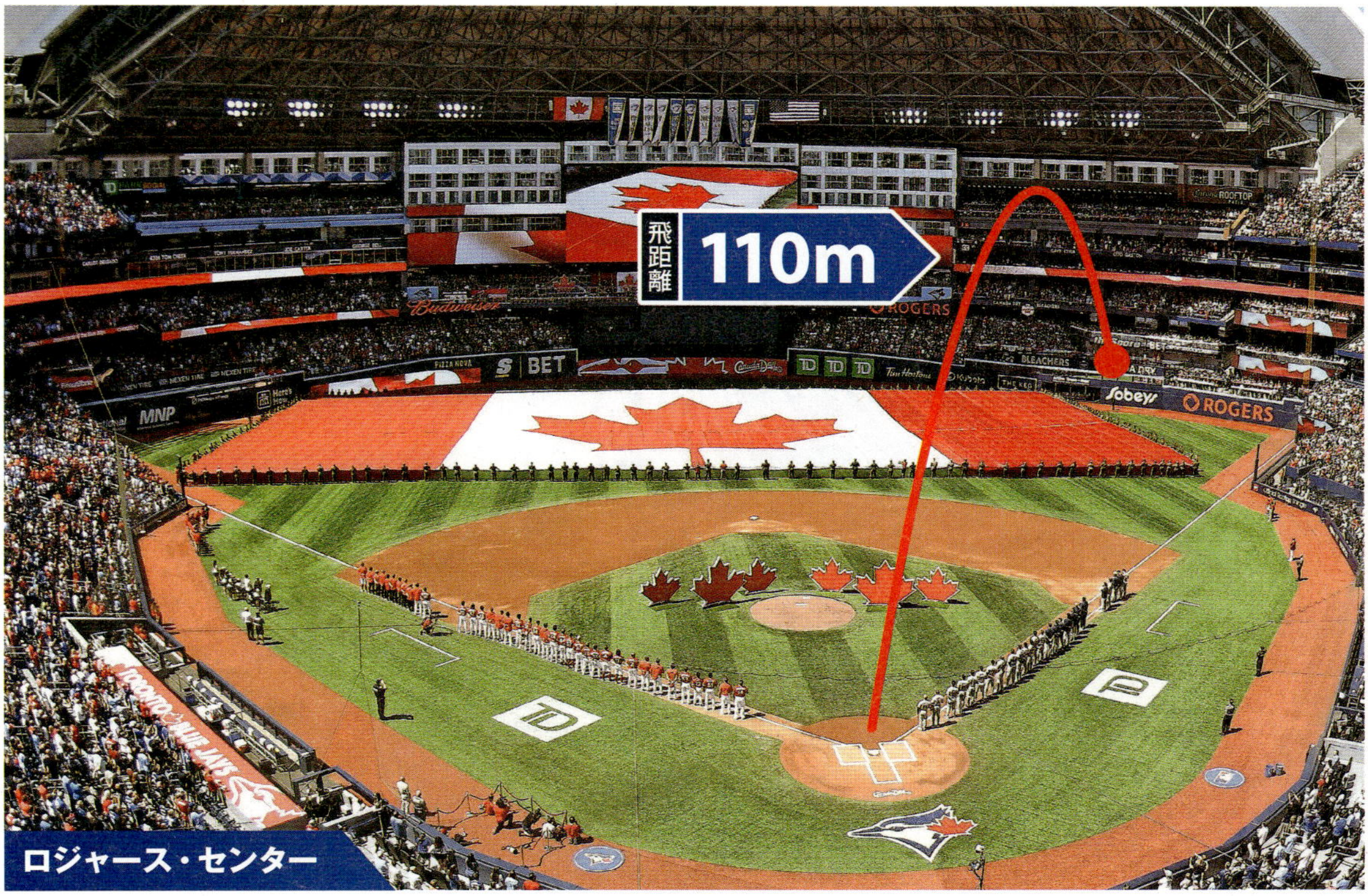

4月26日　試合結果:ドジャース 12−2 ブルージェイズ

スコアボード	1	2	3	4	5	6	7	8	9	R	H	E
ドジャース	1	0	6	1	1	2	0	0	1	12	19	0
ブルージェイズ	0	0	0	1	0	0	0	1	0	2	5	1

1表
B
S
O

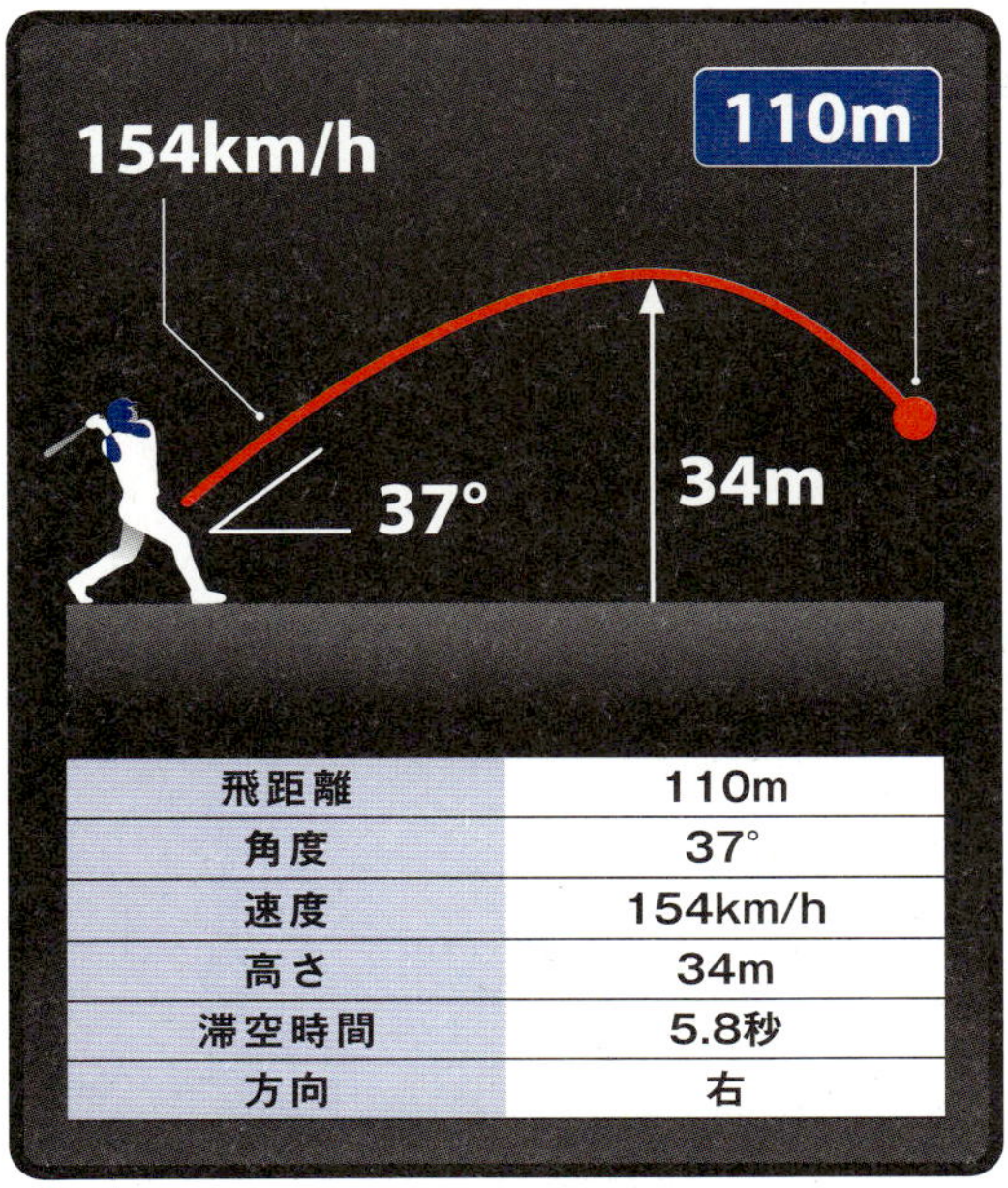

飛距離	110m
角度	37°
速度	154km/h
高さ	34m
滞空時間	5.8秒
方向	右

投手
C・バシット(右)

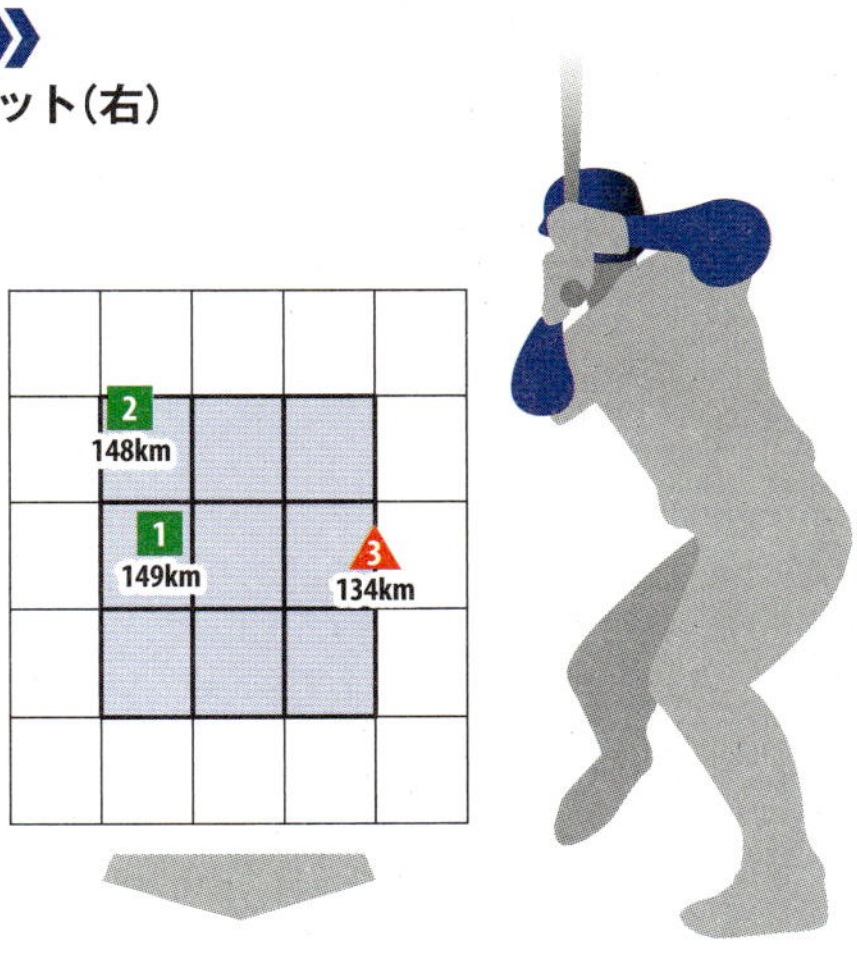

フォーシーム　ツーシーム　カットボール
スプリット　チェンジアップ　スライダー
カーブ

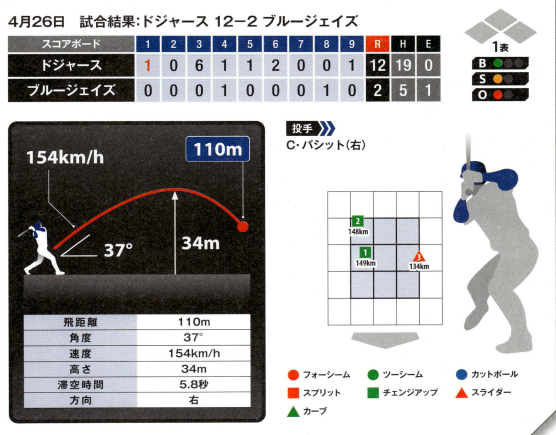

8号

2番・DH

5月4日

SHOHEI OHTANI 8th HOME RUN

監督超え！日本生まれ選手の球団最多弾

指揮官超えを果たした。2点リードの3回裏、技巧派右腕ブライス・エルダーの内角高め直球をフルスイング。右中間方向への8号ソロ。ベンチへ戻ると、沖縄生まれのロバーツ監督と2度もハイタッチ。同監督と並んでいた日本生まれ選手の球団最多本塁打記録を更新した。

ロバーツ監督は事前に、自分の記録を抜いたら車をプレゼントしてほしいというジョークを口にしており、大谷はそれを受けてポルシェのミニカーを指揮官にプレゼント。すっかりチームになじんでいる。

4月27日のブルージェイズ戦では、花巻東高校（岩手）の先輩・菊池雄星から右前適時打を放ち、自身の打球速度最速119・2マイル（約191・8キロ）をマーク。この日は今季5度目の猛打賞と好調をキープしている。

ドジャースタジアム

5月4日　試合結果：ドジャース 11−2 ブレーブス

スコアボード	1	2	3	4	5	6	7	8	9	R	H	E
ブレーブス	0	0	0	1	0	0	1	0	0	2	6	0
ドジャース	0	2	1	4	0	0	3	1	X	11	16	0

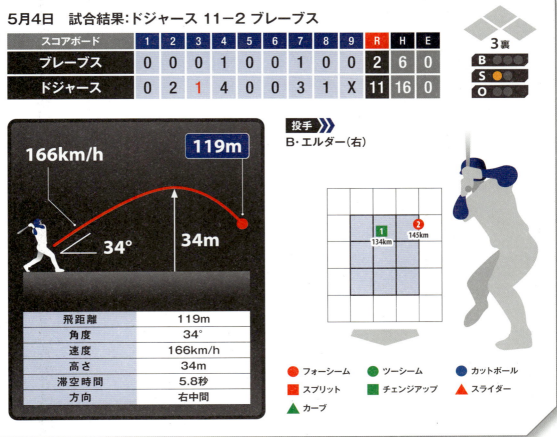

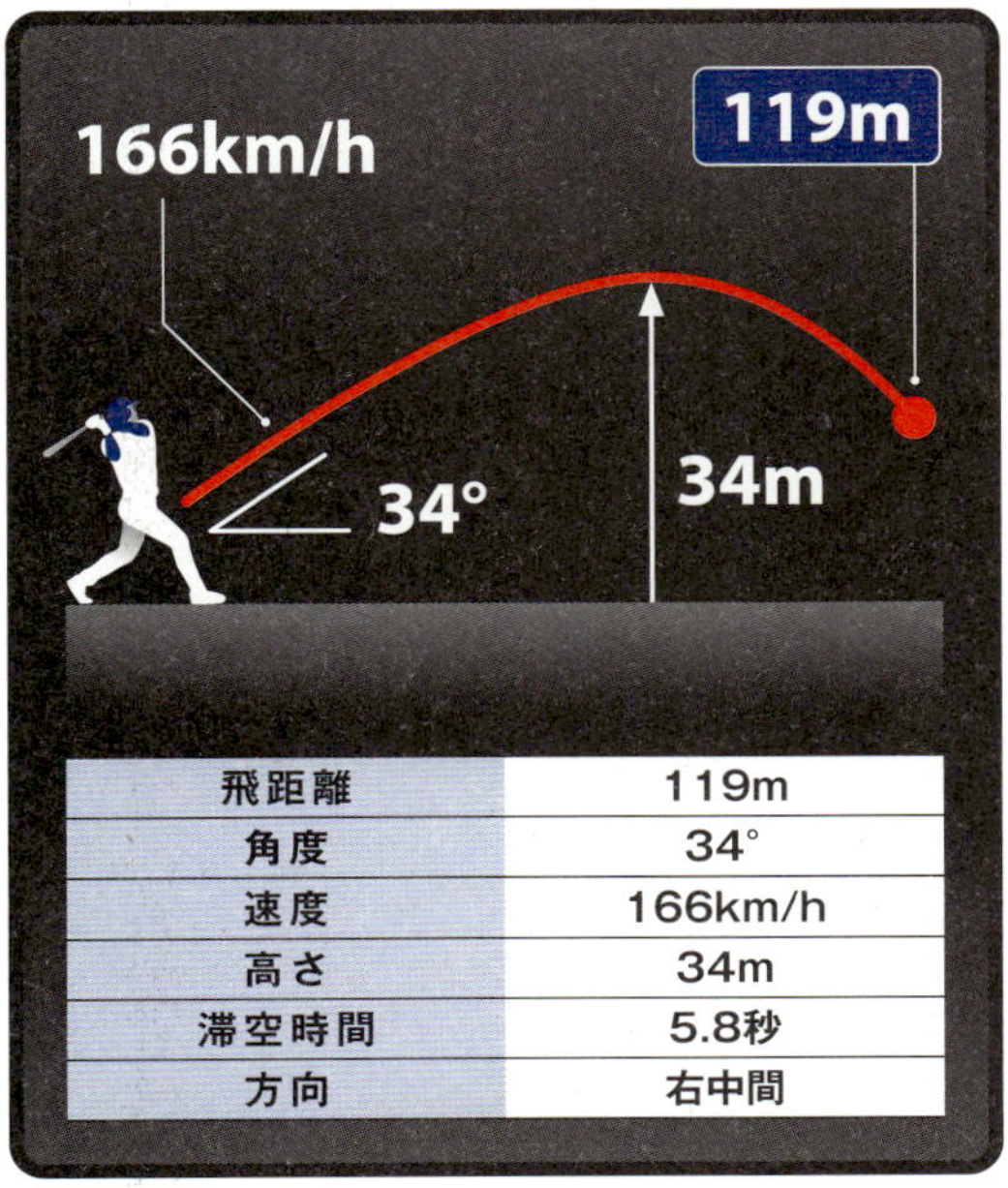

飛距離	119m
角度	34°
速度	166km/h
高さ	34m
滞空時間	5.8秒
方向	右中間

投手
B・エルダー（右）

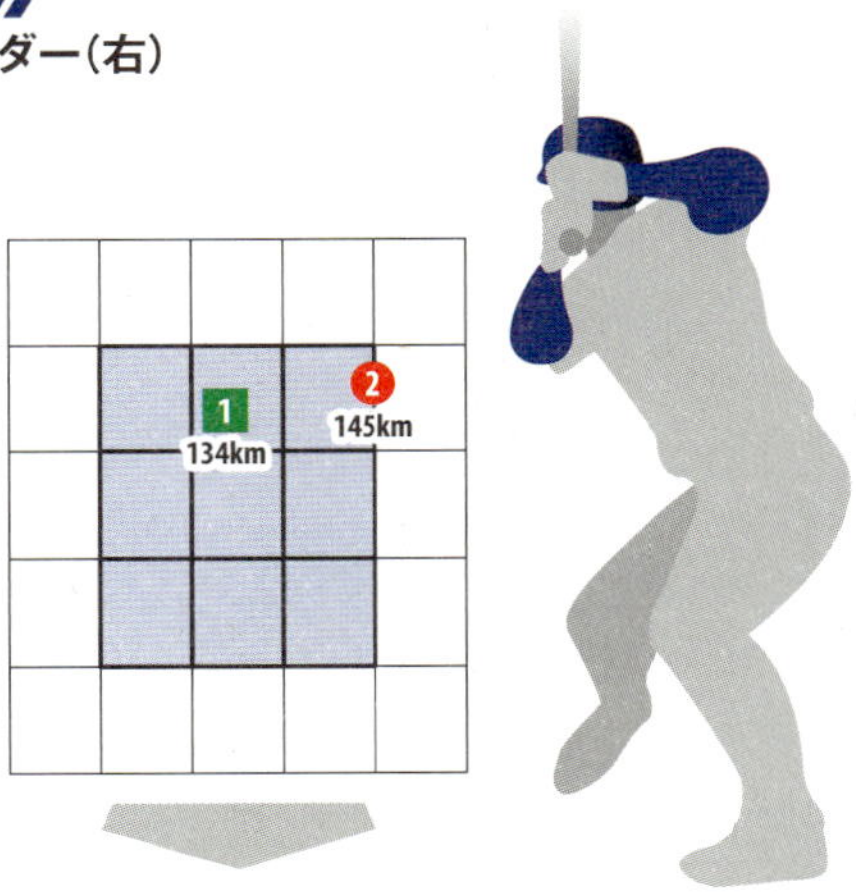

● フォーシーム　● ツーシーム　● カットボール
■ スプリット　■ チェンジアップ　▲ スライダー
▲ カーブ

9号

10号

2番・DH

SHOHEI OHTANI 9th HOME RUN

ナ・リーグ本塁打王争いトップと激突弾

5月5日

ナ・リーグ本塁打王争いでトップを走るマルセル・オズナを擁するブレーブスと対戦。2位につける大谷と互いに目の前で打ち合う〝直接対決〟となった。

まずは大谷だ。1回裏、エース左腕マックス・フリードと初対戦に臨んだ。4球目の外角低めカーブを打ち損ねた直後、続く5球目もカーブ。しかし、大谷は高めに入った絶好球を見逃さず、バックスクリーンへ弾き返した。126メートルの先制9号2ラン。2試合連発は今季3度目、2日連続弾は今季初で、日曜日のドジャースタジアムを沸かせた。

この9号でトップに並ぶと、今度はオズナが7回に10号を放ち、大谷は再び2位へ。それでも2安打を加えて今季6度目、移籍後初の2試合連続猛打賞をマークした。好調を保ったまま、8回の4打席目に臨んだ。

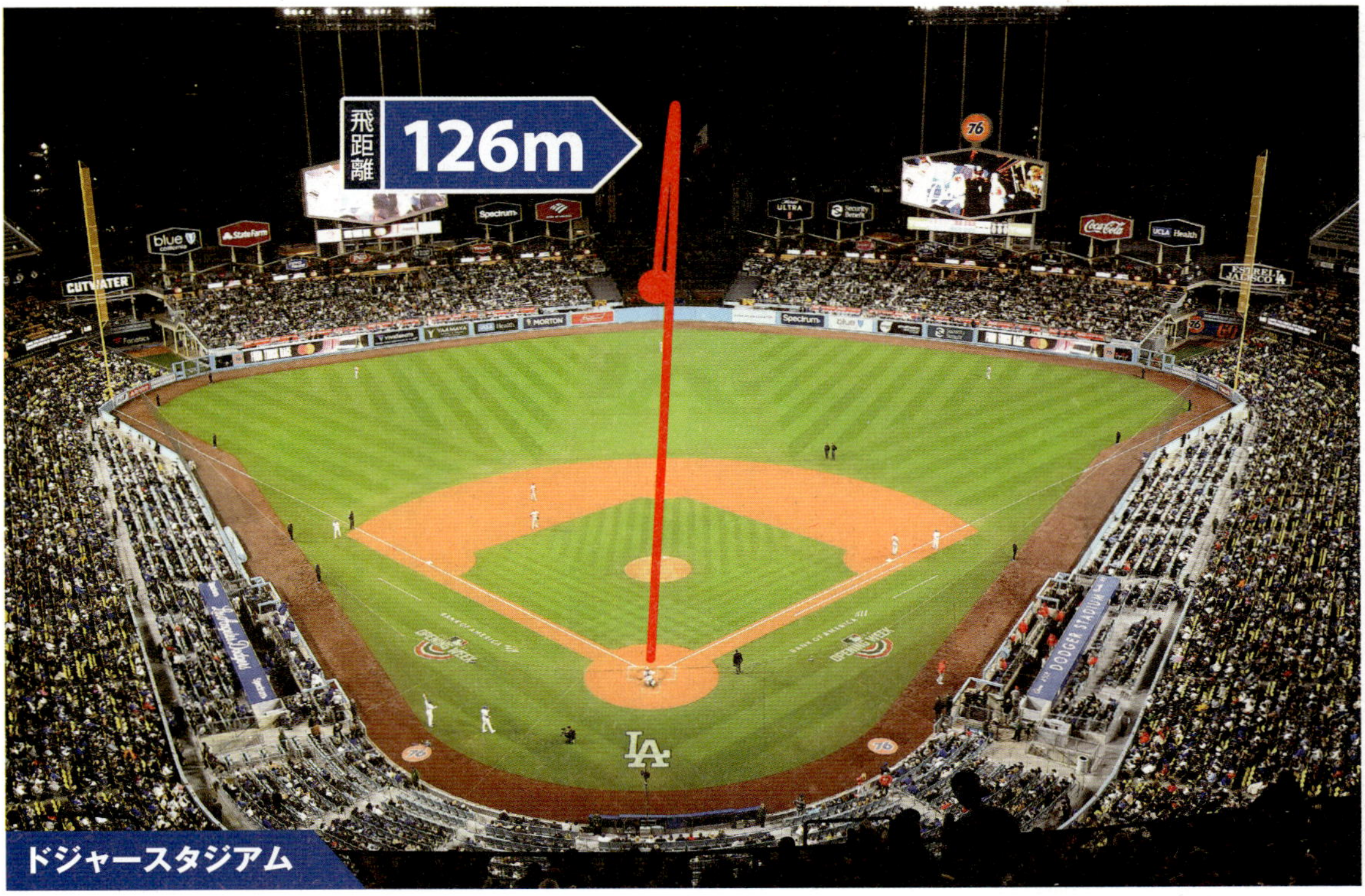

5月5日　試合結果:ドジャース 5−1 ブレーブス

スコアボード	1	2	3	4	5	6	7	8	9	R	H	E
ブレーブス	0	0	0	0	0	0	1	0	0	1	5	1
ドジャース	2	0	0	0	0	2	0	1	x	5	5	0

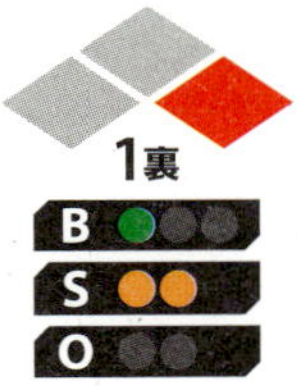

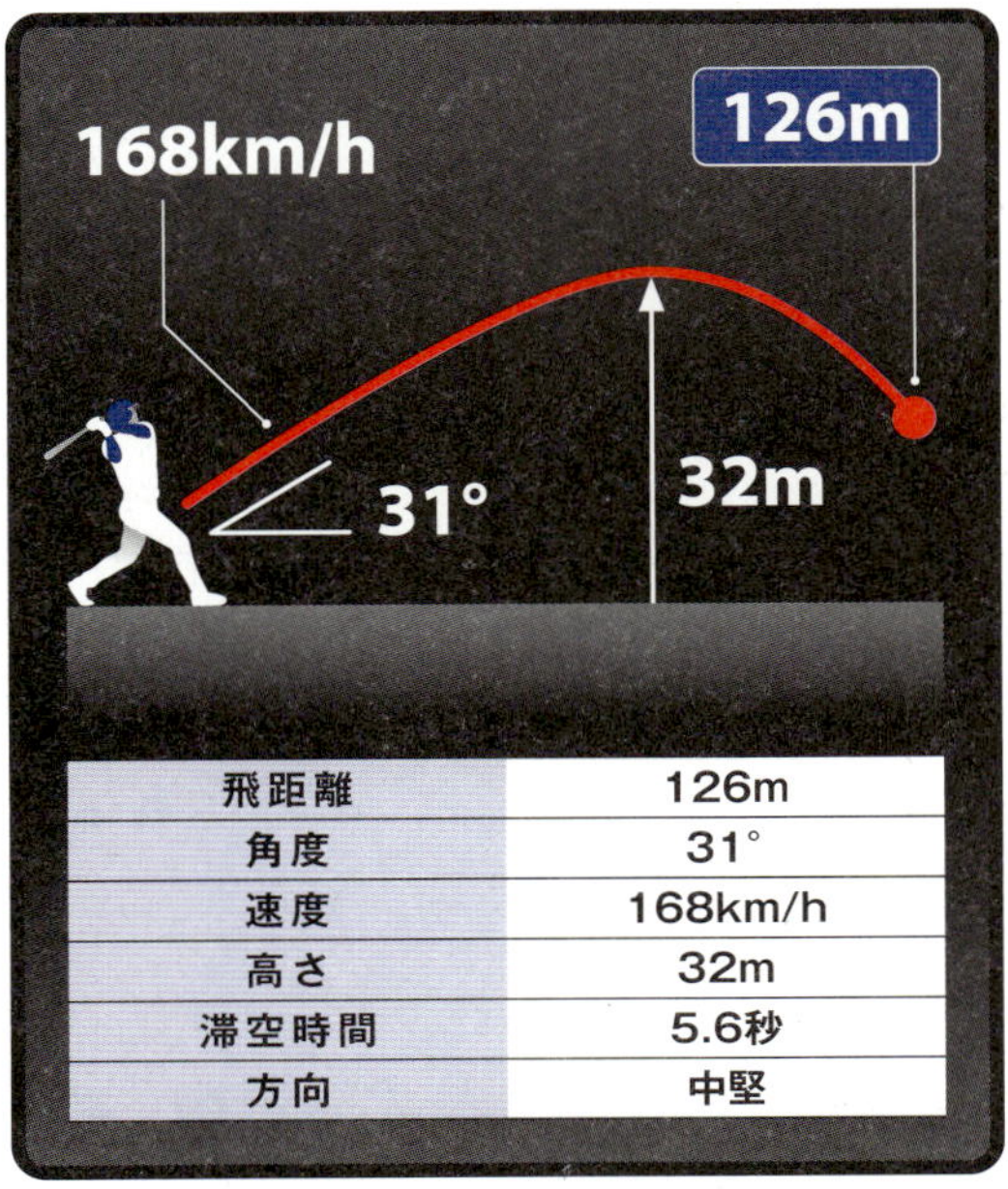

飛距離	126m
角度	31°
速度	168km/h
高さ	32m
滞空時間	5.6秒
方向	中堅

投手
M･フリード(左)

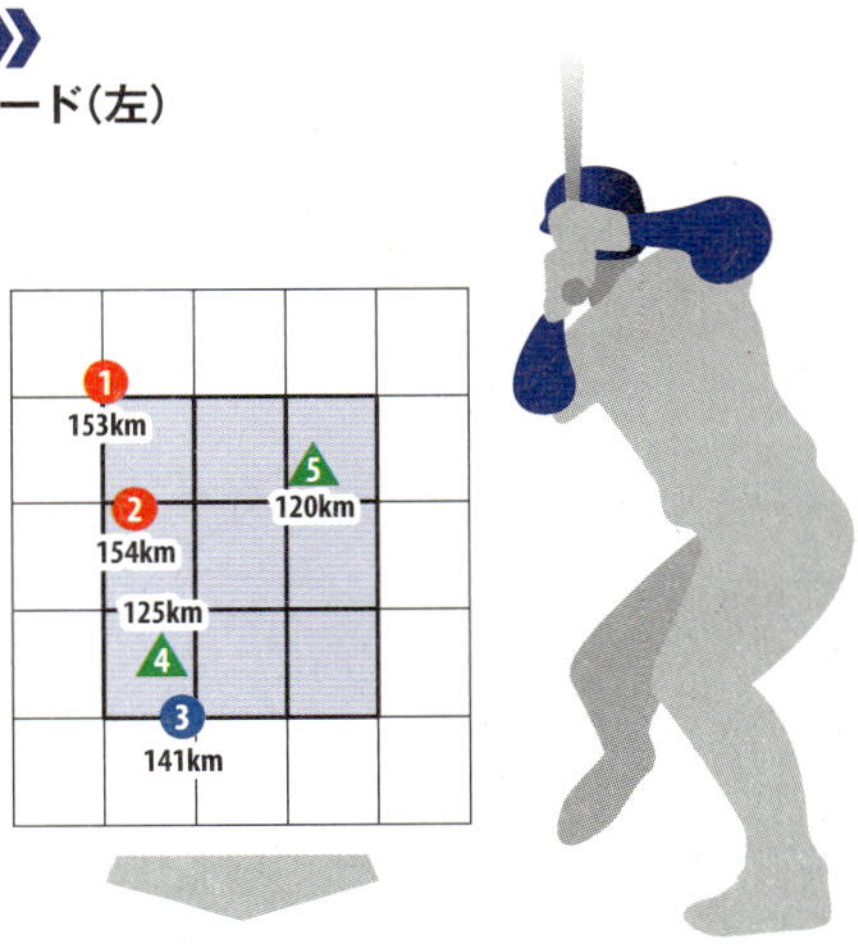

フォーシーム　ツーシーム　カットボール
スプリット　チェンジアップ　スライダー
カーブ

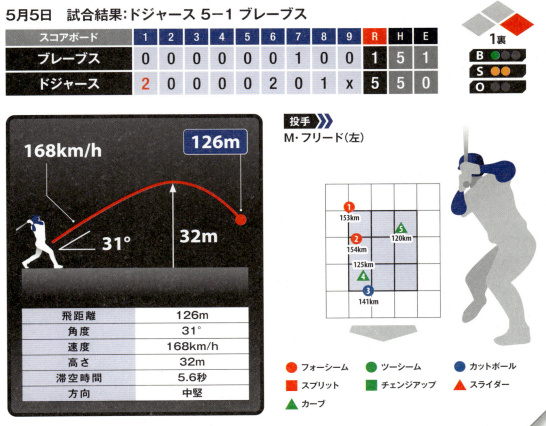

10号

9号

2番・DH

SHOHEI OHTANI 10th HOME RUN

今季自己最長弾でリーグトップに並ぶ！

日本選手初の4年連続2桁弾

5月5日

3点リードの8回裏、左腕A・J・ミンターの初球、真ん中直球を叩いた。打球角度26度の低い弾道で、1回に放った9号と同様に再びバックスクリーン方向へ。しかし、今度はその左の観客席上段にまで到達した。ここまで今季最長464フィート（約141・4メートル）の特大アーチ。この10号ソロで、再び本塁打王争いリーグトップのオズナに追いついた。

移籍後初の1試合2本塁打を放ち、それも左投手2人からの1試合2本はMLB自身初だ。ライバルとともに10本塁打リーグ一番乗り。日本選手では初めてで、4年連続2桁本塁打も松井秀喜、福留孝介（当時カブス）を上回り、日本選手初となった。この日は自己最多4安打、移籍後初の全打席出塁もマーク。打率、本塁打など打撃9部門でリーグトップに立った。

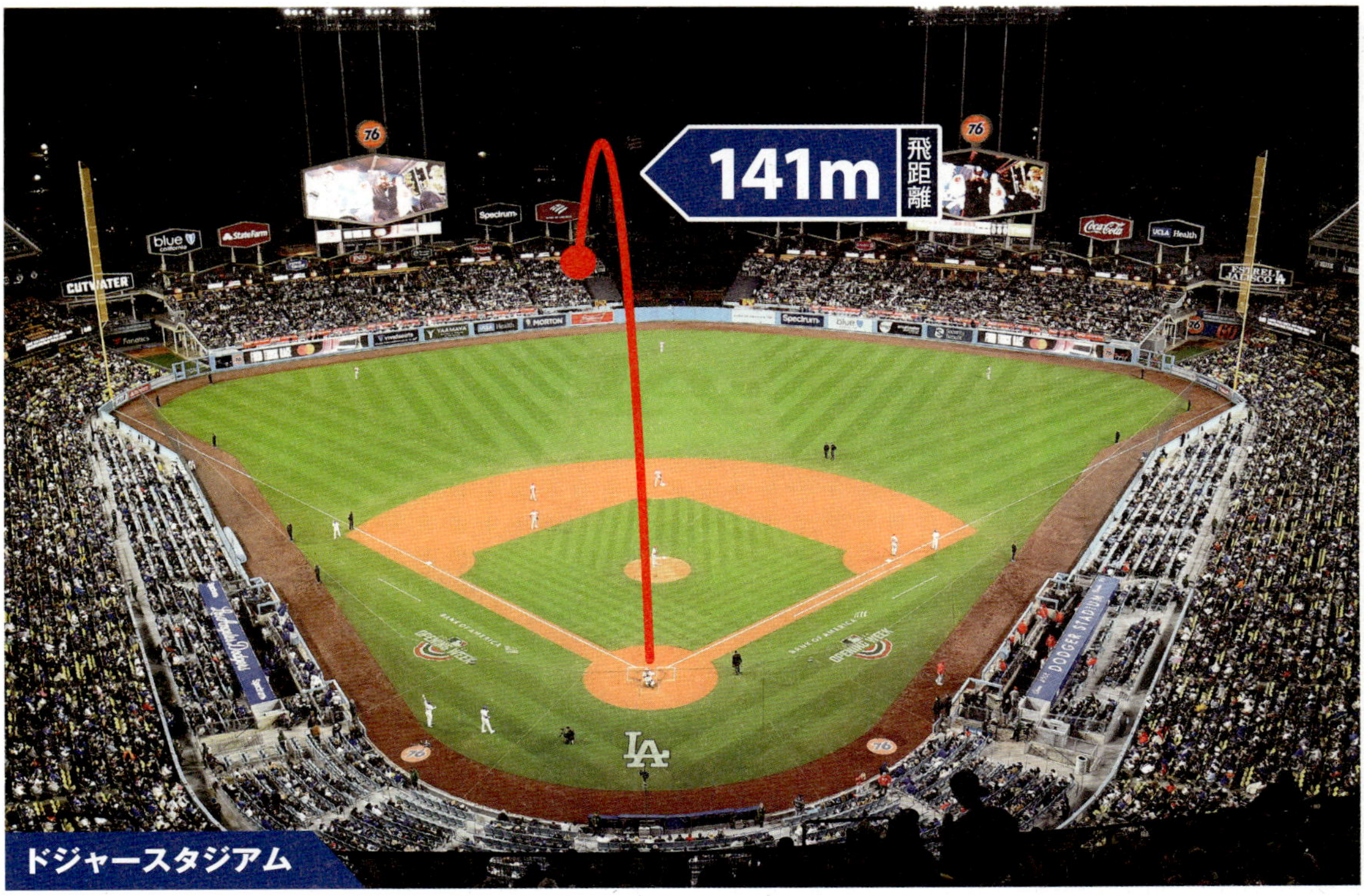

ドジャースタジアム

5月5日　試合結果:ドジャース 5−1 ブレーブス

スコアボード	1	2	3	4	5	6	7	8	9	R	H	E
ブレーブス	0	0	0	0	0	0	1	0	0	1	5	1
ドジャース	2	0	0	0	0	2	0	1	X	5	5	0

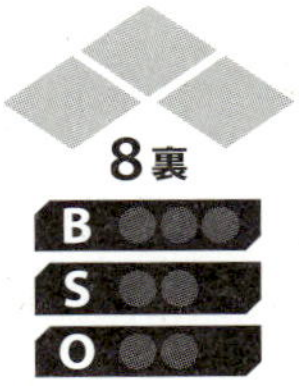

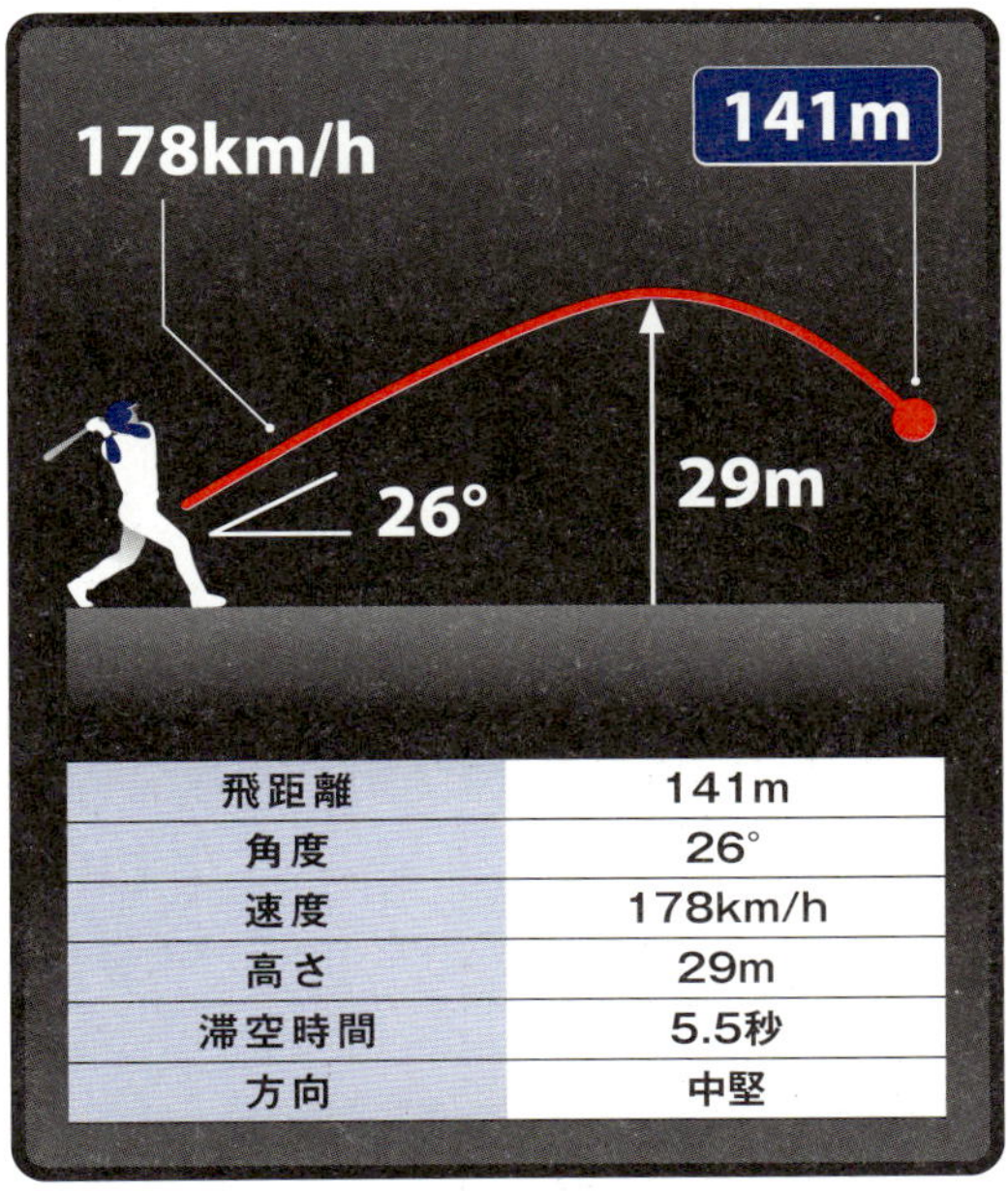

飛距離	141m
角度	26°
速度	178km/h
高さ	29m
滞空時間	5.5秒
方向	中堅

投手

A･J･ミンター(左)

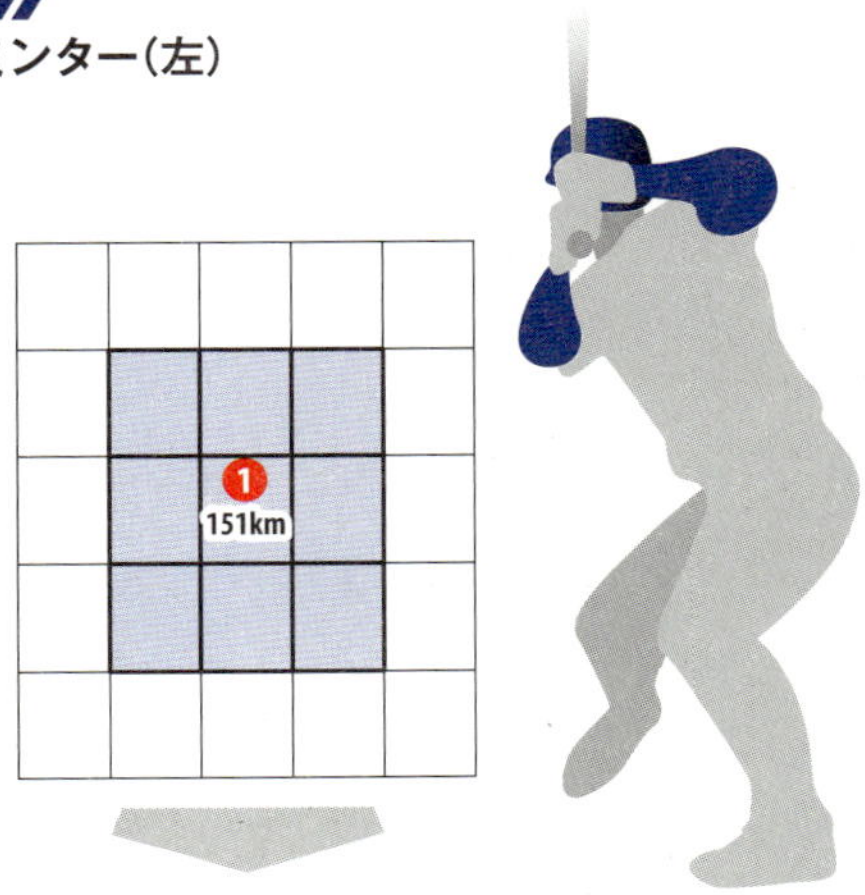

● フォーシーム　● ツーシーム　● カットボール
■ スプリット　■ チェンジアップ　▲ スライダー
▲ カーブ

11号

2番・DH

SHOHEI OHTANI 11th HOME RUN

マーリンズ戦初アーチで27球団制覇

5月6日

ボールを破壊するかのような快音が響き渡った。2点を追う1回裏、今季メジャーデビューの右腕ロデリー・ムニョスが投じた外角高め、１５５キロ直球を振り抜く。中継の実況アナウンサーが「ショットガンのようだ」と評した打球音を残し、打球速度１７３キロの１３４メートル弾がバックスクリーン下の防球ネットで弾んだ。この11号2ランは今季初、かつ自己最長タイの3試合連発。しかも、すべてがバックスクリーン弾という離れ業をやってのけた。

マーリンズ戦初アーチでもあり、これで対戦27球団目の本塁打。全球団制覇まであと3と迫った。加えて、この日は2盗塁もマークし、1試合で本塁打&2盗塁は日米を通じて自身初。ＭＬＢの日本選手では２０１１年のイチロー（マリナーズなど）以来13年ぶり２人目の快挙だ。

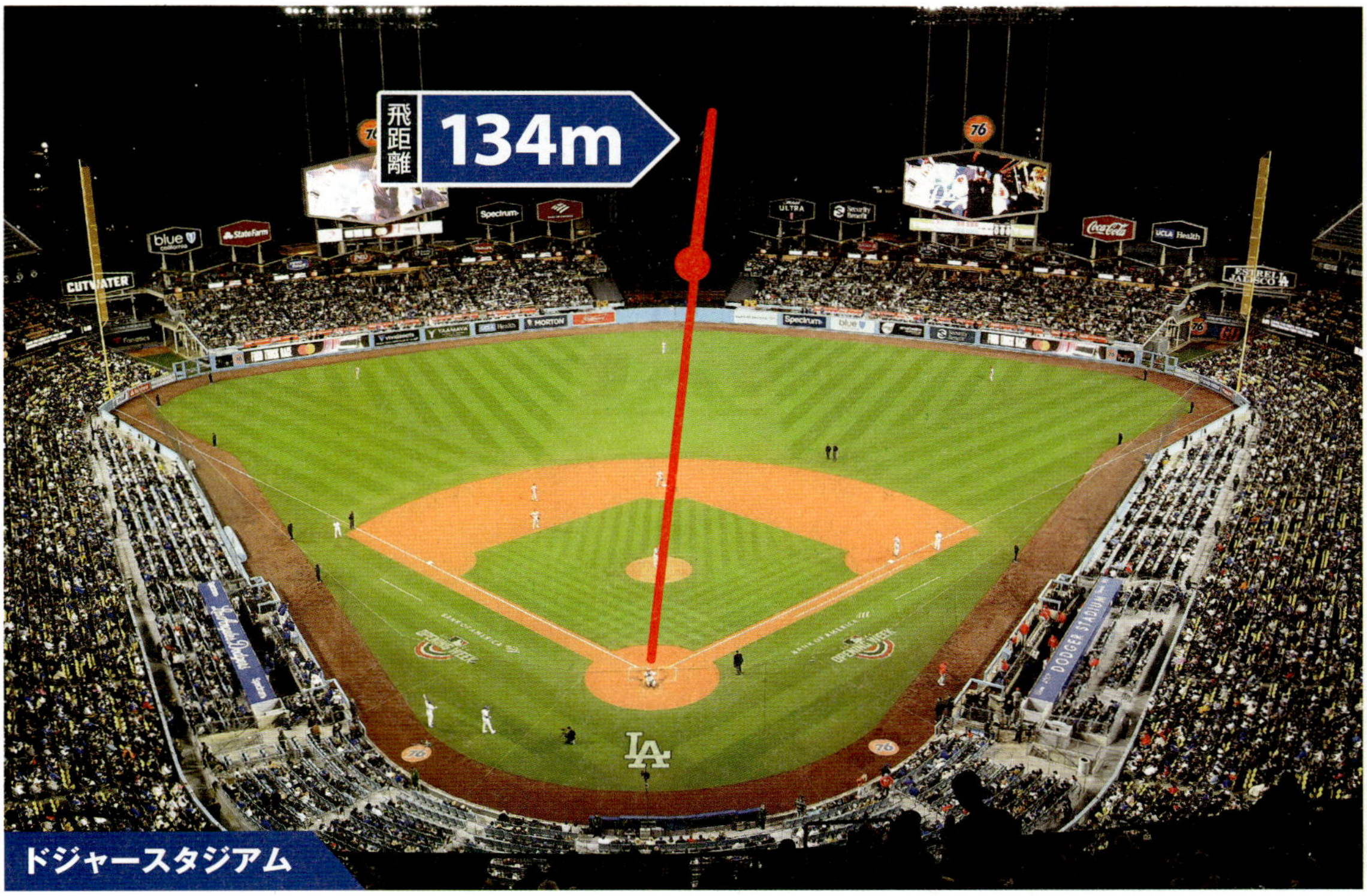

ドジャースタジアム

5月6日　試合結果：ドジャース 6−3 マーリンズ

スコアボード	1	2	3	4	5	6	7	8	9	R	H	E
マーリンズ	2	1	0	0	0	0	0	0	0	3	7	0
ドジャース	3	2	1	0	0	0	0	0	X	6	9	1

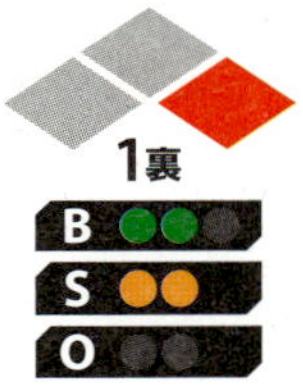

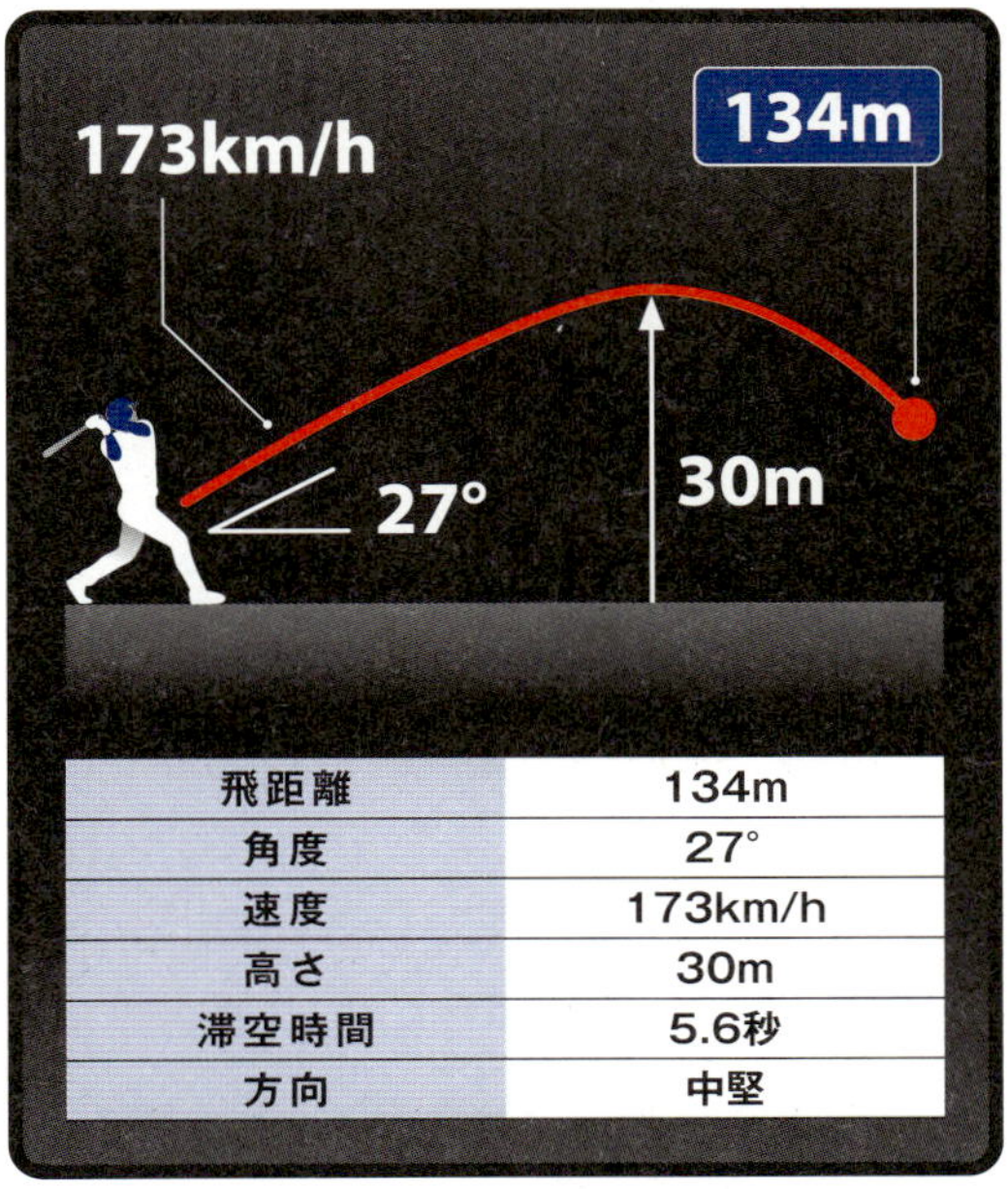

飛距離	134m
角度	27°
速度	173km/h
高さ	30m
滞空時間	5.6秒
方向	中堅

投手

R・ムニョス（右）

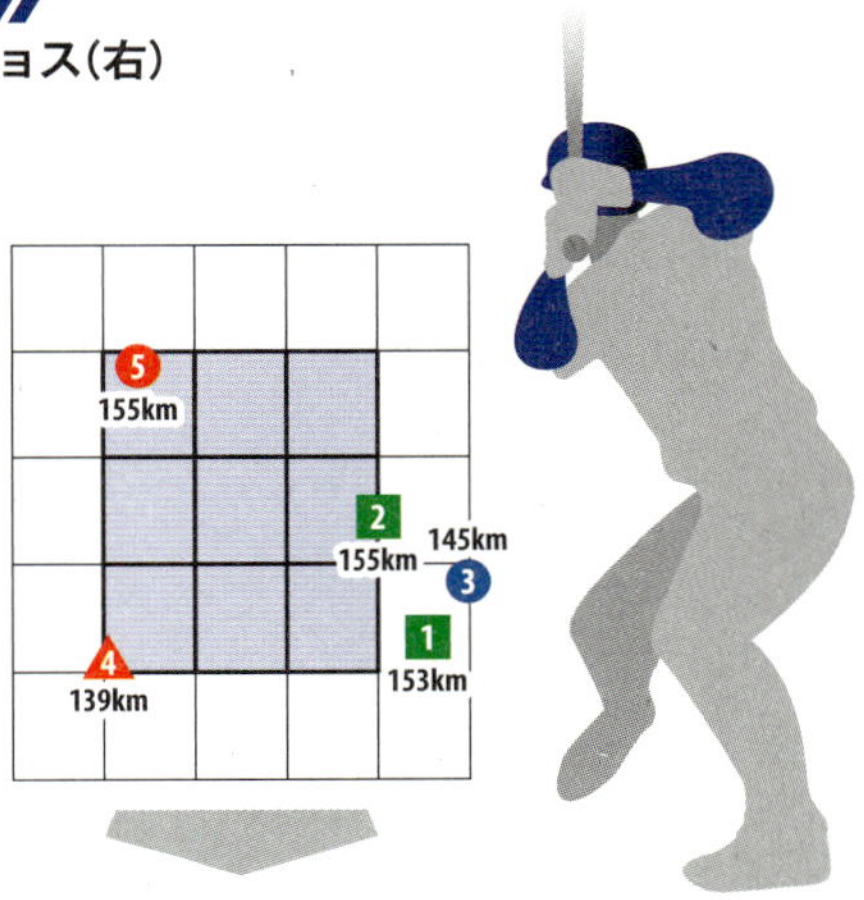

フォーシーム　ツーシーム　カットボール
スプリット　チェンジアップ　スライダー
カーブ

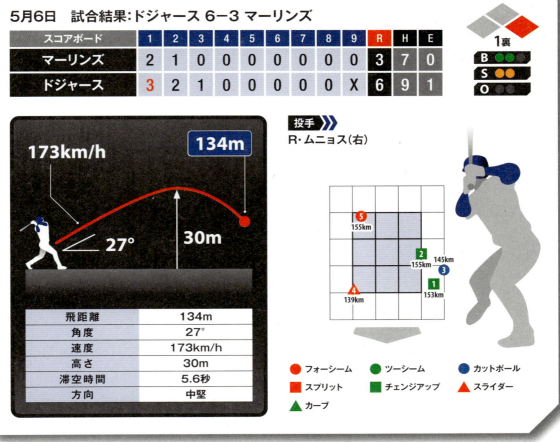

12号

2番・DH

SHOHEI OHTANI 12th HOME RUN

オラクル・パーク初本塁打で25球場目

日本人初の〝スプラッシュ・ヒット〟には惜しくも及ばなかったが、オラクル・パークで初アーチを描いた。

両チーム無得点の4回表。右腕キートン・ウィンの初球、甘めのスライダーを右方向へ打ち上げた。打球速度183キロの鋭い打球は、右中間スタンド最後部の通路に着弾する12号先制ソロ。地元ジャイアンツの選手が通称マッコビー湾へ場外弾を放った場合にそう呼ばれる「スプラッシュ・ヒット」まであとわずかだったが、過去2年間では球場最長の飛距離となる136メートルを記録した。

オラクル・パーク初本塁打でMLB25球場目。自身が持つ日本選手最多記録を伸ばし、全本拠地制覇まであと7とした。本塁打数でリーグトップタイとし、打率でも3割6分1厘として両リーグトップに立った。

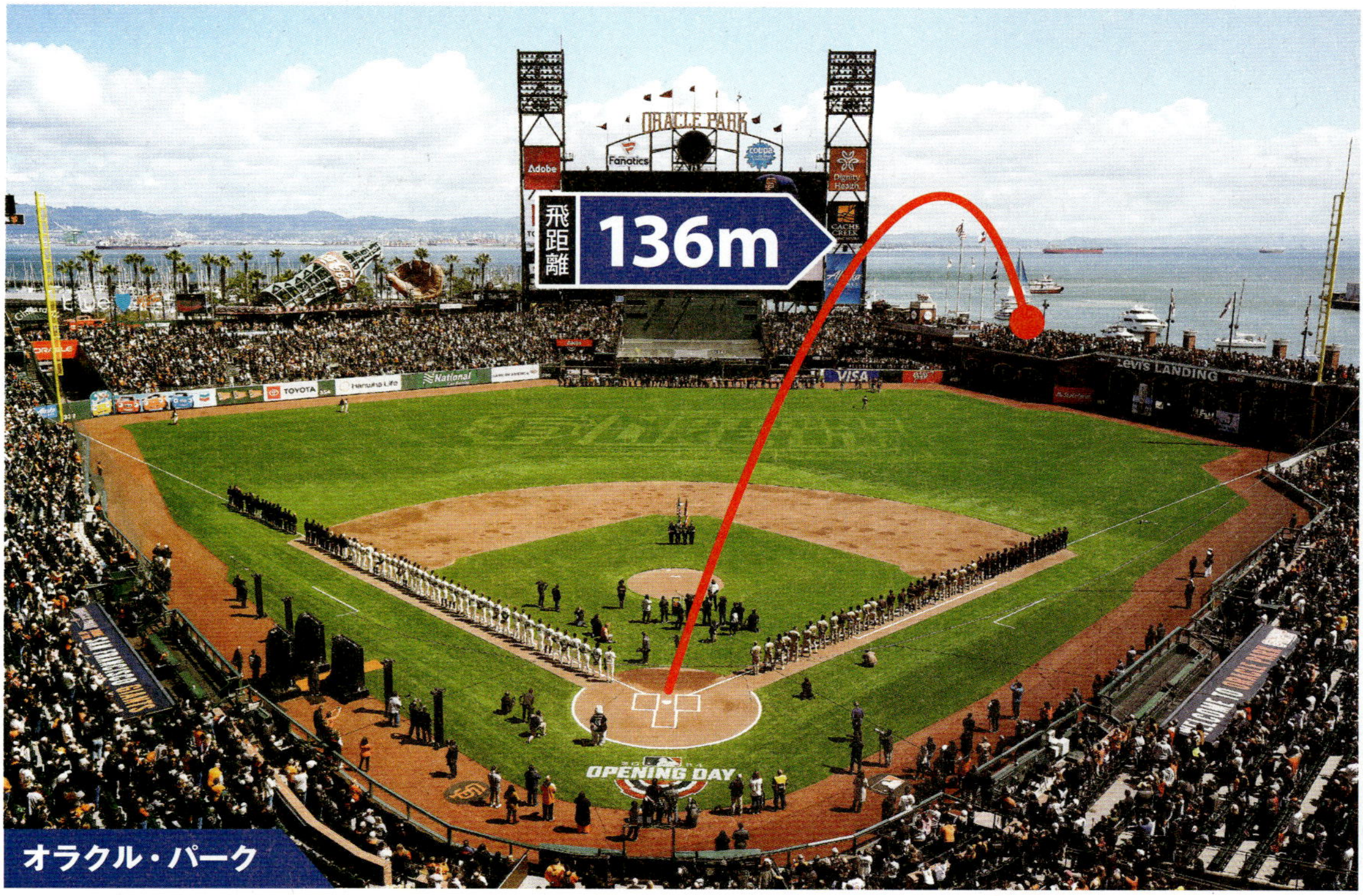

オラクル・パーク

5月14日　試合結果:ドジャース 10−2 ジャイアンツ

スコアボード	1	2	3	4	5	6	7	8	9	R	H	E
ドジャース	0	0	0	4	1	0	1	0	4	10	13	0
ジャイアンツ	0	0	0	0	0	1	0	0	1	2	9	2

4表
B
S
O

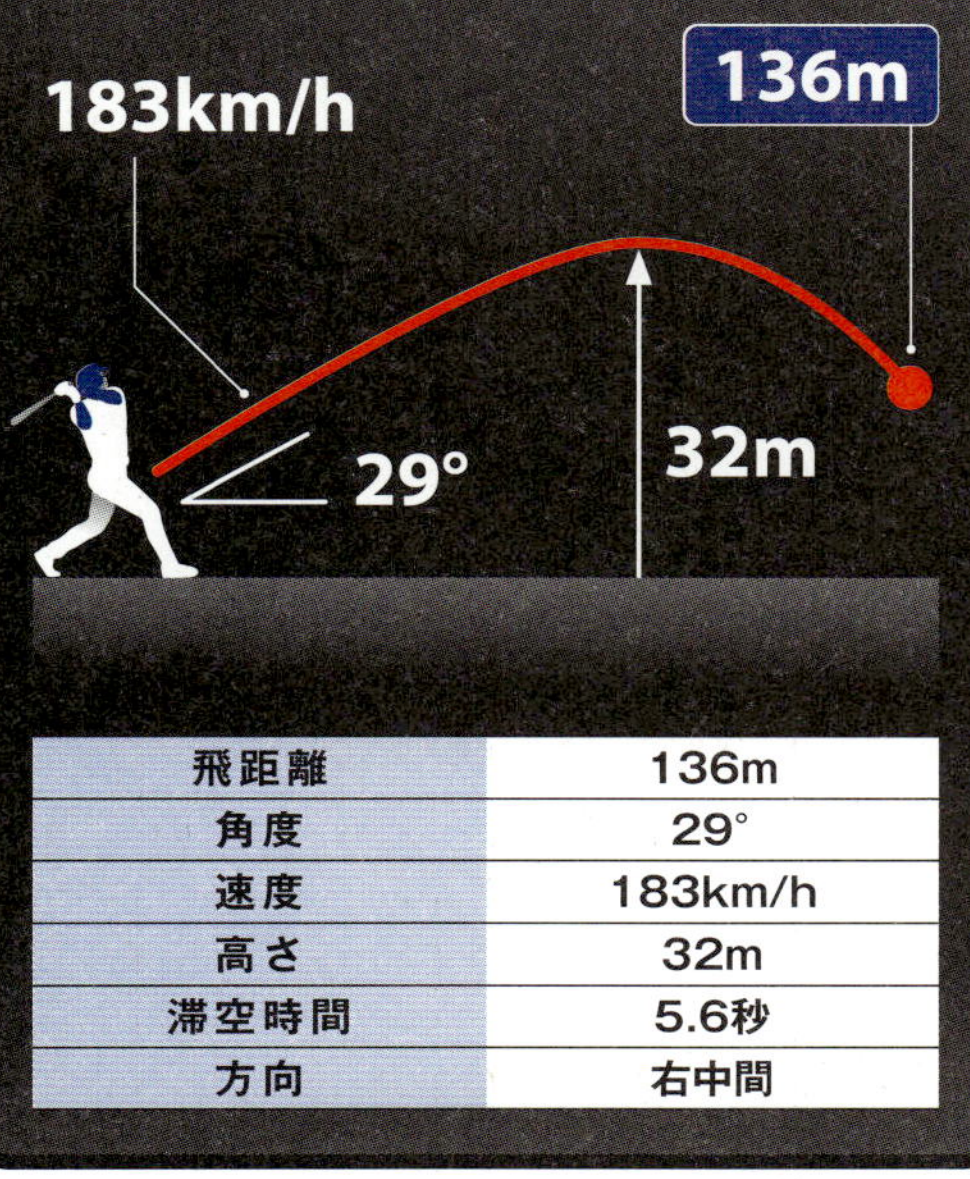

飛距離	136m
角度	29°
速度	183km/h
高さ	32m
滞空時間	5.6秒
方向	右中間

投手
K・ウィン(右)

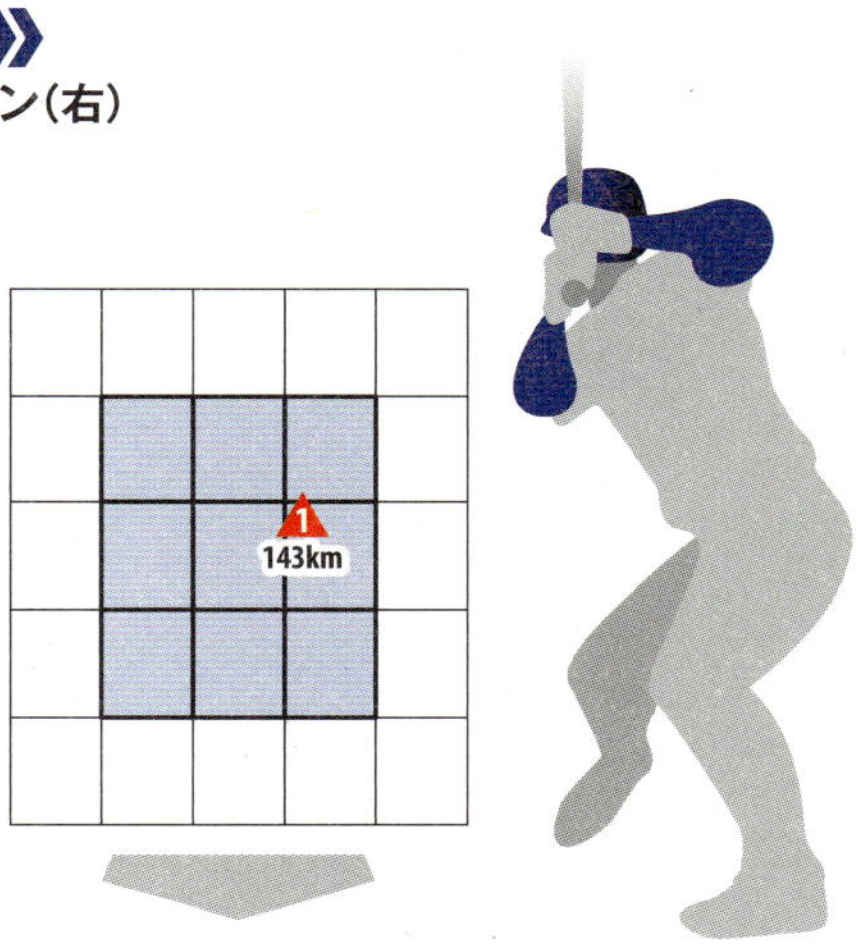

フォーシーム　ツーシーム　カットボール
スプリット　チェンジアップ　スライダー
カーブ

13号

2番・DH

SHOHEI OHTANI 13th HOME RUN

「大谷翔平の日」制定の当日に自ら祝砲

本塁打王争い
単独トップ!!

5月17日

この日午前、カリフォルニア州ロサンゼルス市が5月17日を「大谷翔平の日」に制定したことを球団が発表した。米国では5月がアジアや南太平洋出身者の功績を称える月間であること、さらに大谷の背番号「17」にちなんで制定されたもの。大谷はロバーツ監督らとロサンゼルス市庁舎を訪問し、市議会から制定書を贈呈された。

そして臨んだ試合では、1点リードの3回裏に相手右腕フランキー・モンタスの初球、153キロ直球を逆方向へ打ち返し、左越え13号2ラン。〝記念日〟を自らの一振りで祝った。

この13号2ランで、本塁打王争いではリーグ単独トップに浮上した。前日16日のレッズ戦では大谷のボブルヘッド人形が配布され、ここまで今季MLB最多の5万3527人が集結。大谷の人気は高まる一方だ。

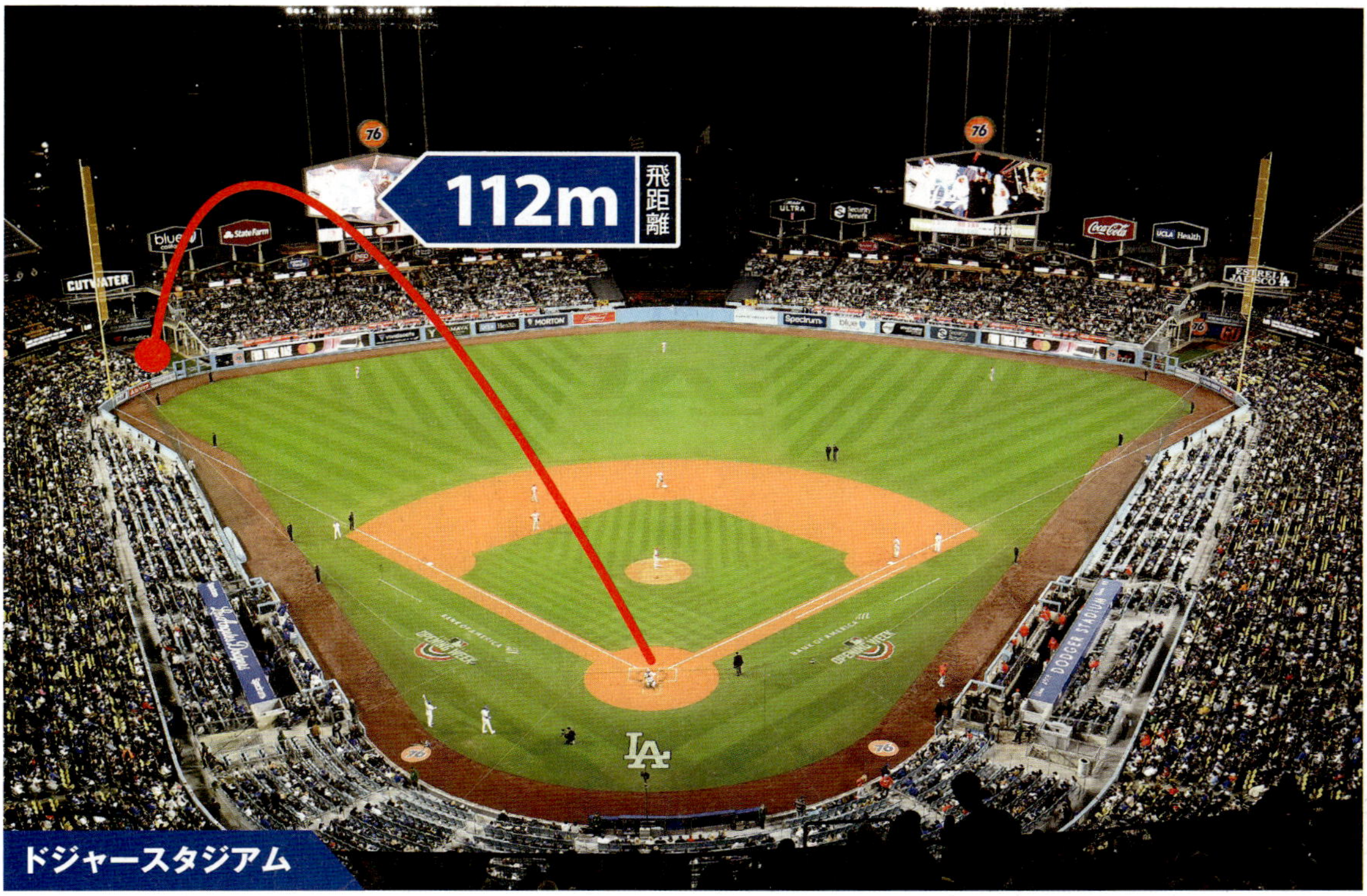

5月17日　試合結果:ドジャース 7ー3 レッズ

スコアボード	1	2	3	4	5	6	7	8	9	R	H	E
レッズ	0	0	0	1	1	1	0	0	0	3	8	1
ドジャース	1	0	2	0	0	0	2	2	X	7	9	1

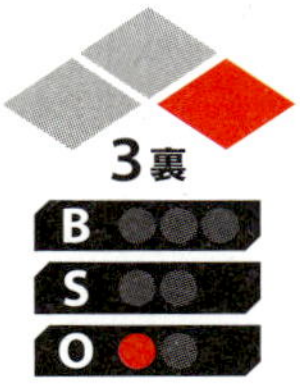

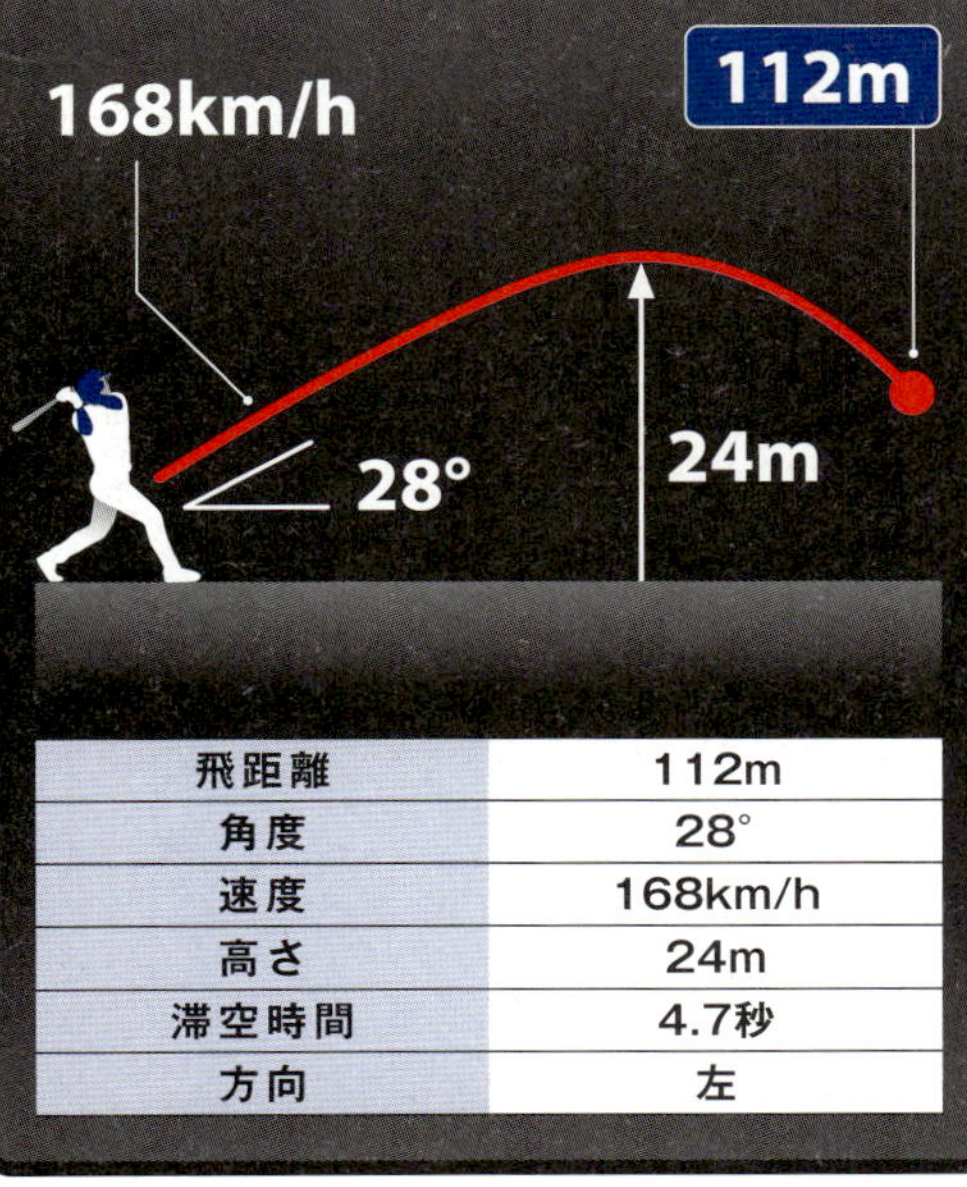

飛距離	112m
角度	28°
速度	168km/h
高さ	24m
滞空時間	4.7秒
方向	左

投手

F・モンタス(右)

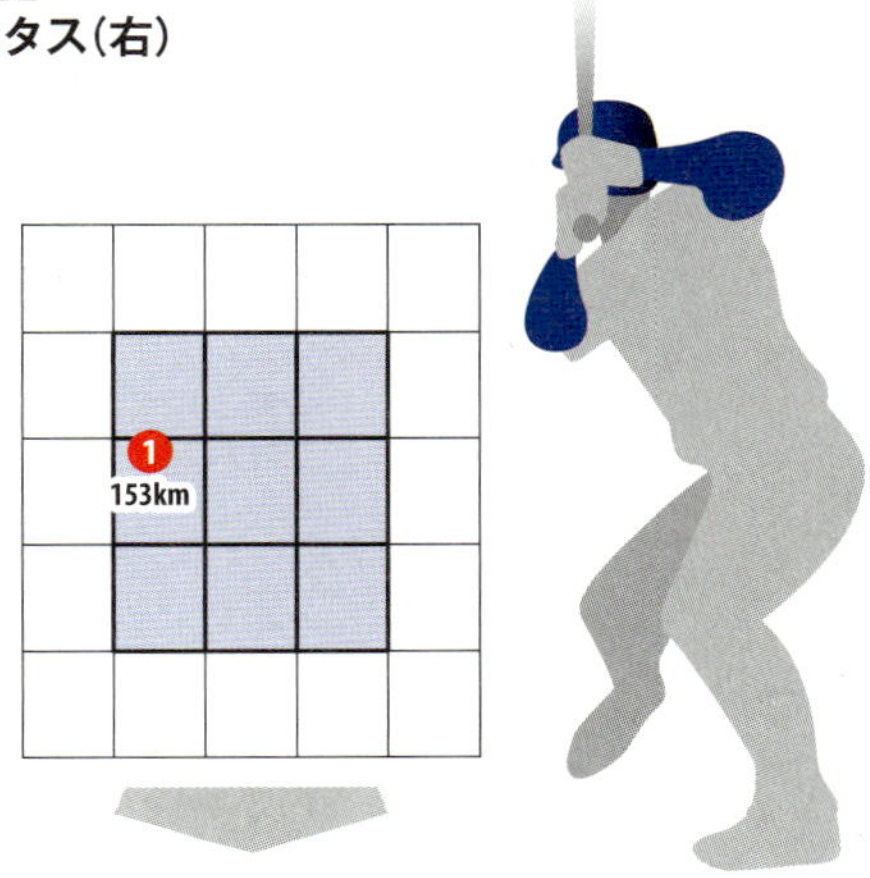

●フォーシーム　●ツーシーム　●カットボール
■スプリット　■チェンジアップ　▲スライダー
▲カーブ

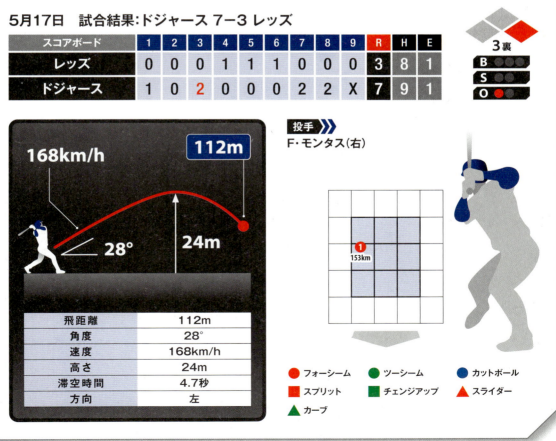

14号

2番・DH

SHOHEI OHTANI 14th HOME RUN

10試合、46打席ぶりのアーチは逆方向弾

全本拠地制覇まであと6球場

5月29日

10試合ぶり、46打席ぶりの本塁打。移籍後最長のトンネルを脱した。7-3で迎えた8回表2死二塁の場面で、右腕ホルヘ・ロペスの外角シンカーを逆方向、左中間スタンドへ突き刺した。得点圏では今季初本塁打となるダメ押しの14号2ラン。二塁を回ったところで両手のみで「キケポーズ」を見せた。シティ・フィールド初アーチで、本塁打を記録した球場は26球場目。自身が持つ日本選手最多を更新し、全本拠地制覇まであと6球場とした。

5月16日のレッズ戦で一塁牽制球が左太腿裏を直撃。以降は負傷の影響もあってか今季自己ワーストの45打席ノーアーチだった。しかし、この日は本塁打を含む2安打3打点と復調気配。2021年以来、本塁打を量産する「6月」へ、爆発を予感させる一発となった。

シティ・フィールド

5月29日　試合結果:ドジャース 10−3 メッツ

スコアボード	1	2	3	4	5	6	7	8	9	R	H	E
ドジャース	0	1	0	1	1	0	0	6	1	10	16	0
メッツ	0	0	0	0	3	0	0	0	0	3	9	2

8表
B
S
O

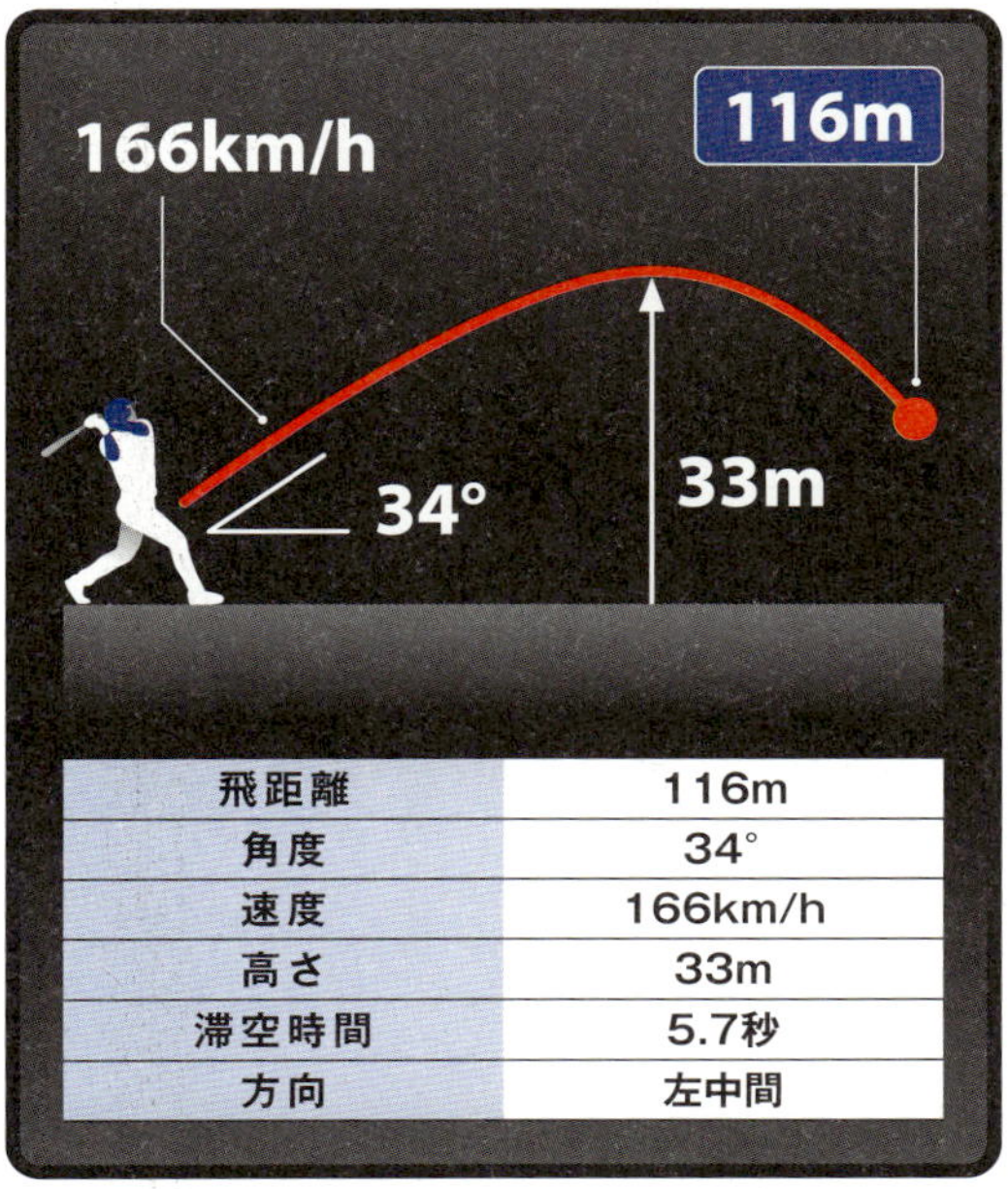

飛距離	116m
角度	34°
速度	166km/h
高さ	33m
滞空時間	5.7秒
方向	左中間

投手
J·ロペス(右)

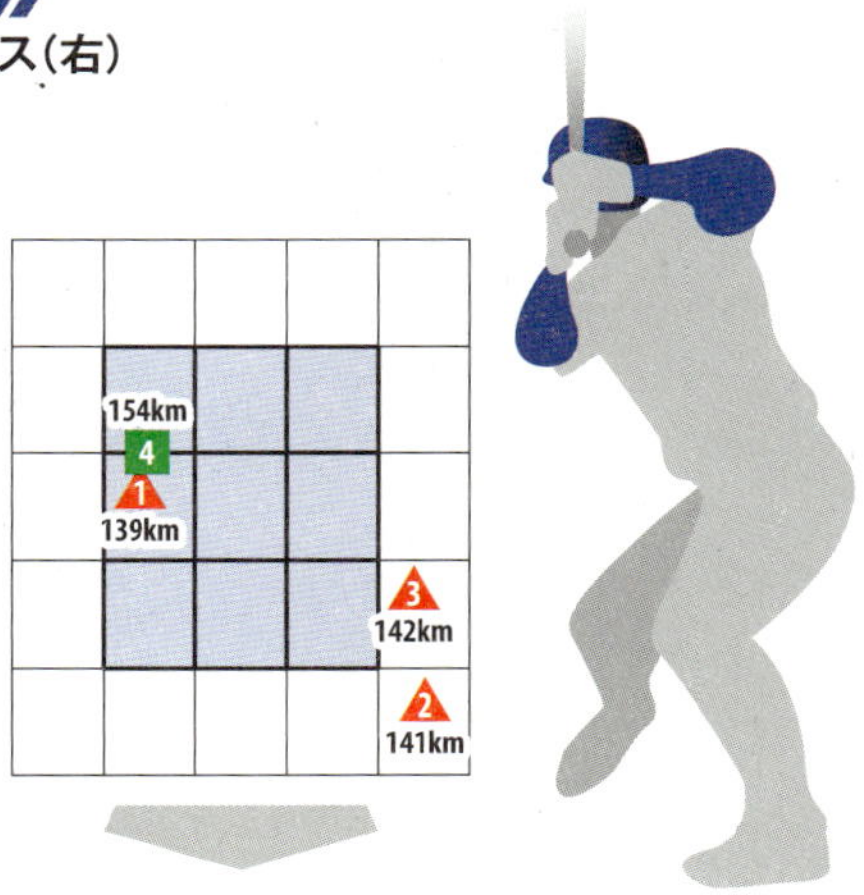

● フォーシーム　● ツーシーム　● カットボール
■ スプリット　■ チェンジアップ　▲ スライダー
▲ カーブ

15号

2番・DH

SHOHEI OHTANI 15th HOME RUN

〝怪物新人〟の101マイル剛球を粉砕

2023年ドラフト全体1位を攻略

6月5日

「6月男」の1本目は〝怪物討ち〟だった。昨年ドラフト全体1位の剛腕ポール・スキーンズと初対戦し、1回は162キロ直球を空振り三振。しかし、7点ビハインドの3回表は、フルカウントから甘く入った161キロ直球をバックスクリーン左へ打ち返した。35メートルの高さまで上がる15号2ランで、怪物新人を打ち砕いた。

100マイル（約160・9キロ）以上を捉えた本塁打は自身初。安打を含めれば通算5度目で、2023年8月16日のレンジャーズ戦で世界最速投手アロルディス・チャプマンから放った内野安打の103・1マイル（約165・9キロ）以来となった。

初見参のPNCパークで初本塁打とし、本塁打を記録した球場はこれで27球場目。全本拠地制覇まであと5球場とした。

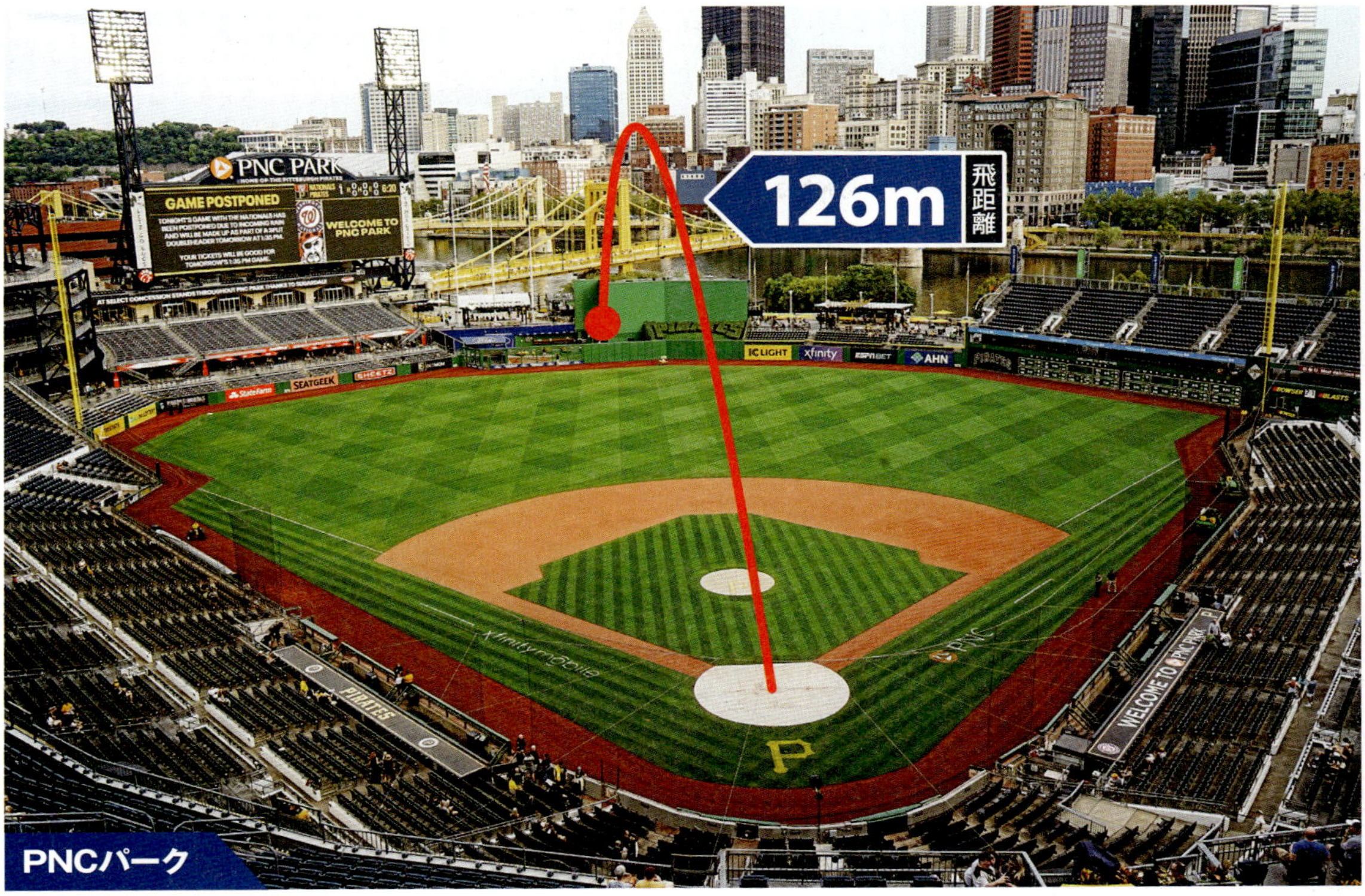

PNCパーク

6月5日　試合結果：ドジャース 6−10 パイレーツ

スコアボード	1	2	3	4	5	6	7	8	9	R	H	E
ドジャース	0	0	2	0	1	1	1	1	0	6	11	2
パイレーツ	0	7	0	0	1	0	2	0	X	10	9	2

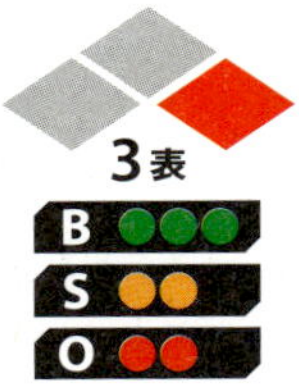

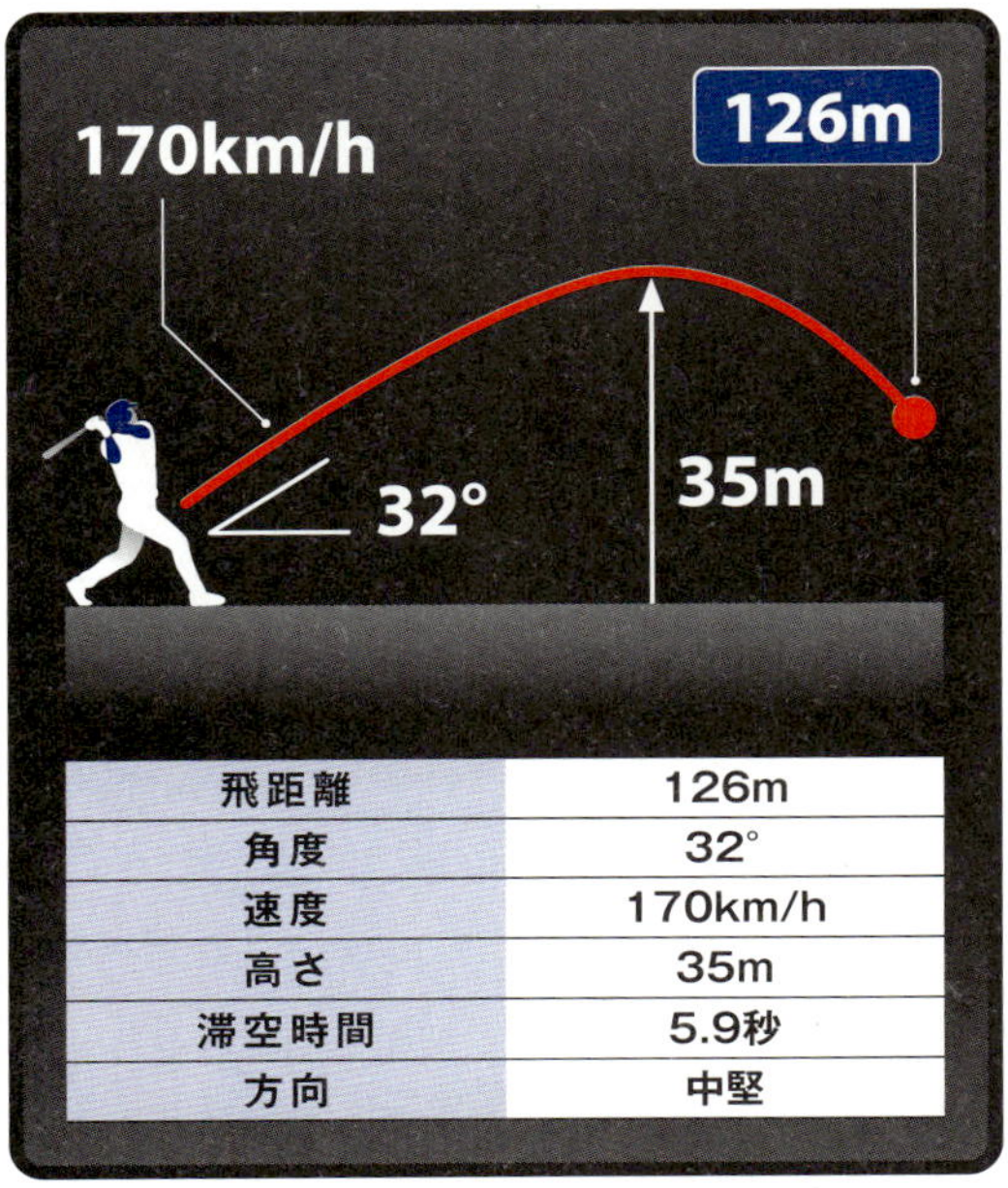

飛距離	126m
角度	32°
速度	170km/h
高さ	35m
滞空時間	5.9秒
方向	中堅

投手

P・スキーンズ（右）

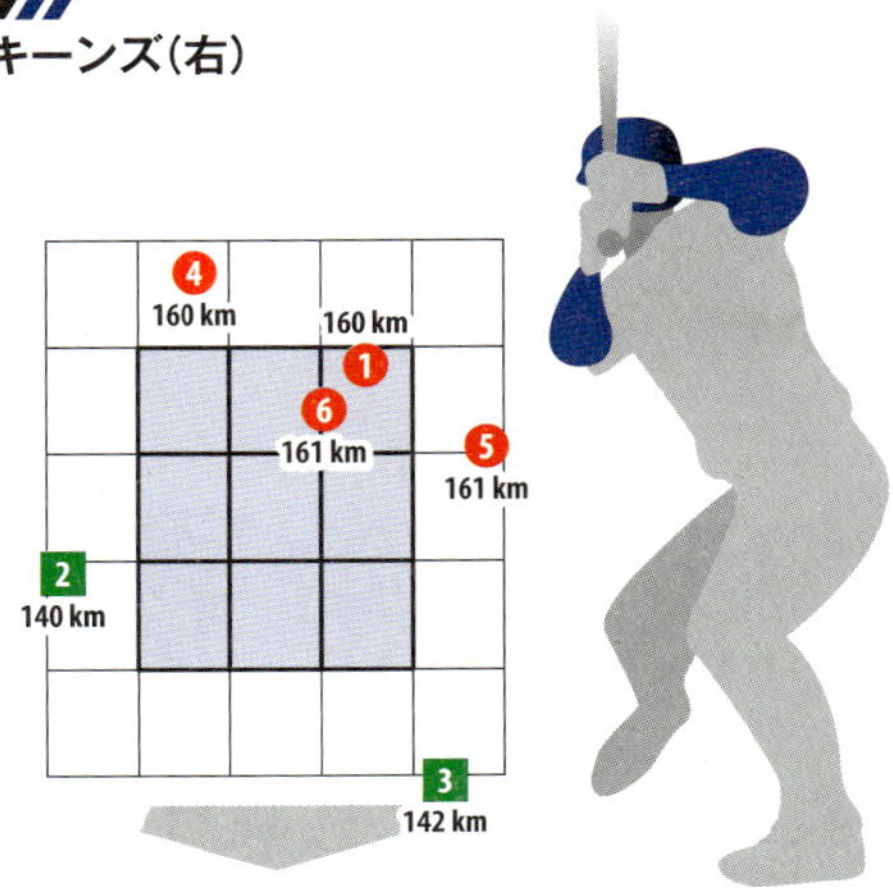

● フォーシーム　● ツーシーム　● カットボール
■ スプリット　■ チェンジアップ　▲ スライダー
▲ カーブ

16号

2番・DH

SHOHEI OHTANI 16th HOME RUN

１８４キロ弾丸アーチで得意のレ軍討ち

大谷が口火で１イニング４発

6月11日

エンゼルス時代の〝お得意様〟に本拠地で「確信弾」を見舞った。昨季ワールドシリーズを制覇したレンジャーズを相手に６点をリードした６回裏。メジャー２年目の右腕グラント・アンダーソンが投じた甘い直球を捉えた。打球速度１８４キロの弾丸ライナーがわずか４・８秒で右中間スタンドへ飛び込む。飛距離１３２メートル、打った瞬間「確信歩き」の16号2ラン。これでレンジャーズ戦20本塁打目とし、球団別では自己最多を更新した。

この本塁打を契機に、ドジャース打線が爆発。フレディ・フリーマンがソロ、テオスカー・ヘルナンデスが2ラン、ジェイソン・ヘイワードが2ランとそれぞれ本塁打を放ち、球団では今季初の１イニング４発、７得点というビッグイニングを呼び込んだ。

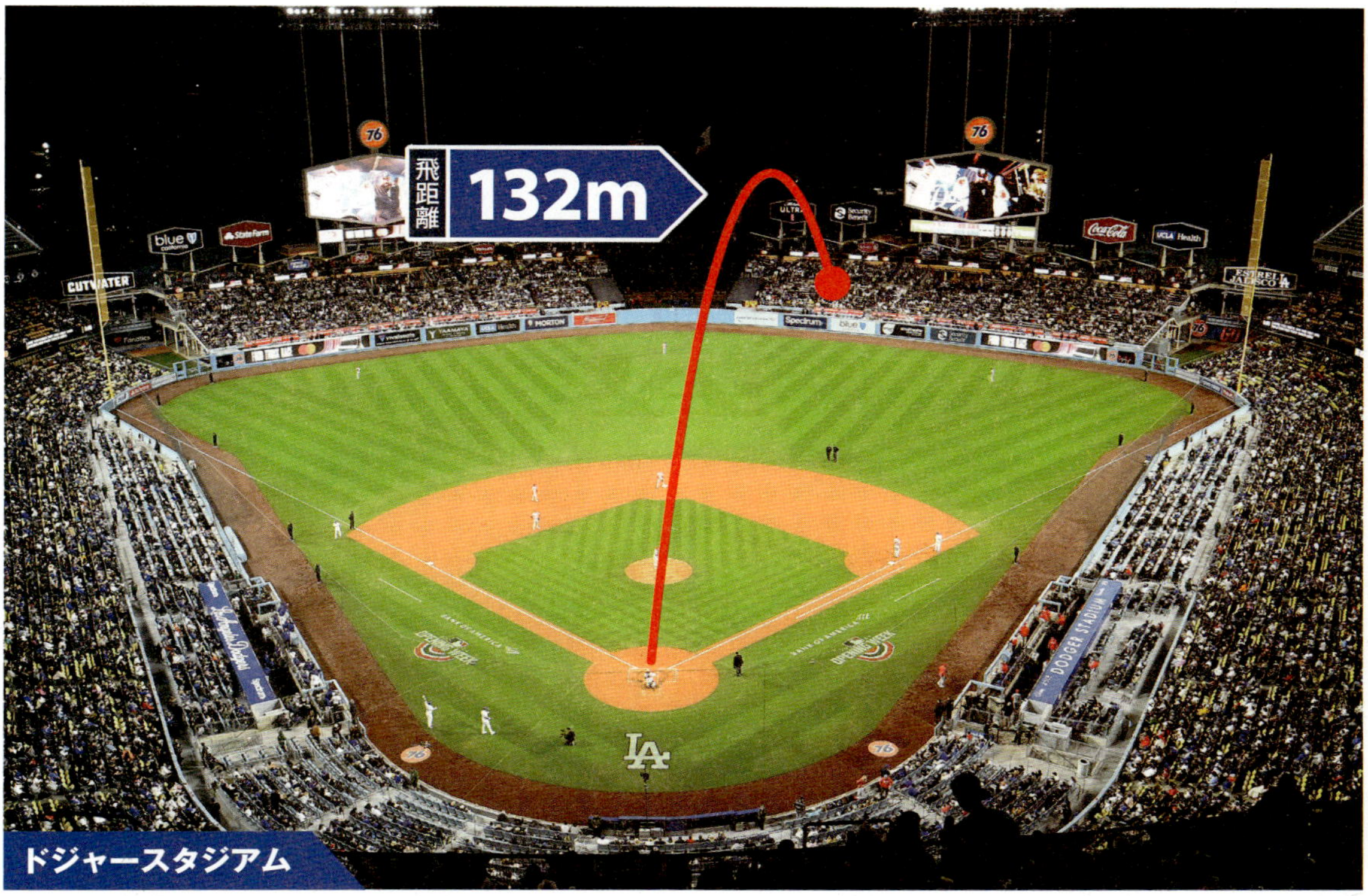

ドジャースタジアム

6月11日　試合結果:ドジャース 15−2 レンジャーズ

スコアボード	1	2	3	4	5	6	7	8	9	R	H	E
レンジャーズ	0	1	0	0	0	0	1	0	0	2	5	0
ドジャース	3	0	0	3	1	7	1	0	X	15	14	0

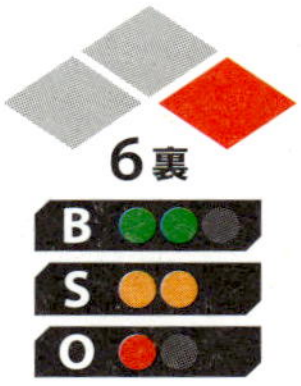

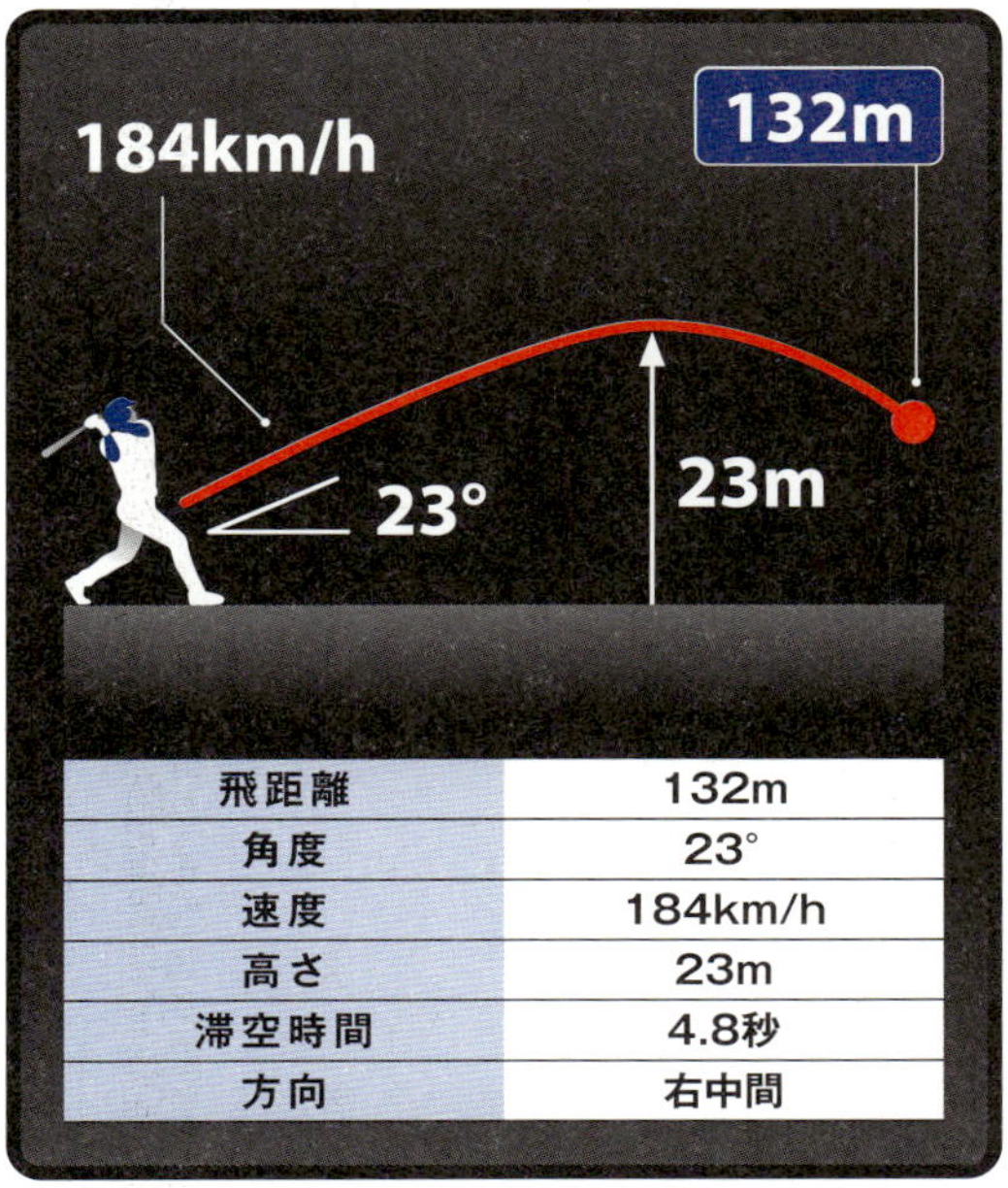

飛距離	132m
角度	23°
速度	184km/h
高さ	23m
滞空時間	4.8秒
方向	右中間

投手

G· アンダーソン(右)

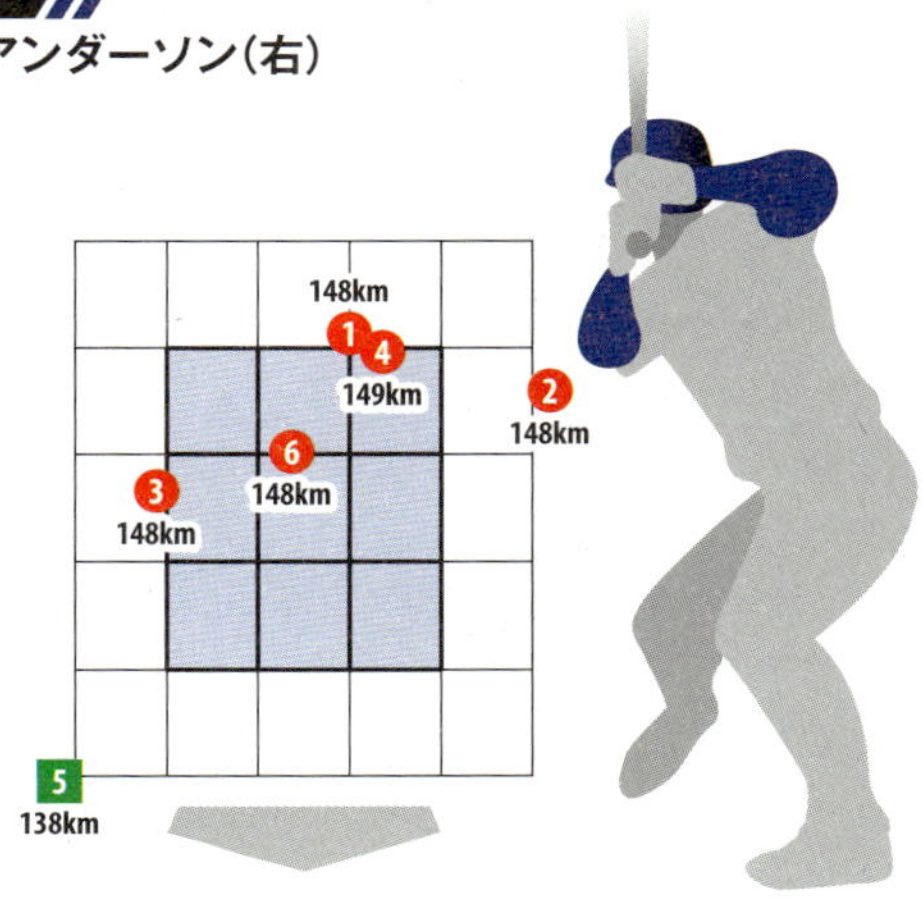

- フォーシーム
- ツーシーム
- カットボール
- スプリット
- チェンジアップ
- スライダー
- カーブ

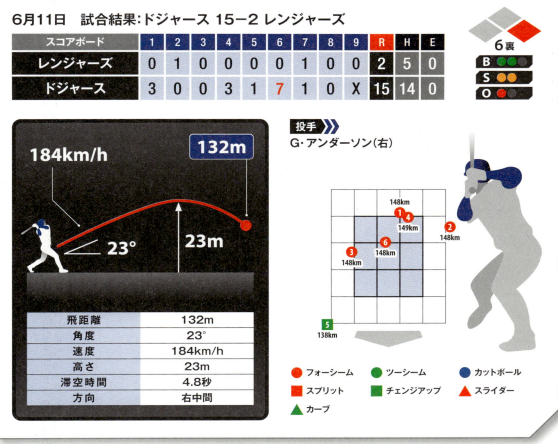

17号

2番・DH

SHOHEI OHTANI 17th HOME RUN

2戦連続弾！ 好相性のレ軍戦で21本目

唯一の失投を右中間へ

6月12日

レンジャーズ戦には滅法、強い。1回裏、相手先発はエンゼルス時代に通算10打数4安打2本塁打と相性のいいジョン・グレイ。相手バッテリーが内角低めに集めフルカウントとなったが、唯一甘く入った6球目のスライダーを見逃さなかった。

この打席で初めてスイングした打球は、右中間スタンドへの17号先制ソロ。着弾したボールをめがけドジャースファンが群がる。今季50イニングで被本塁打ゼロだった右腕の快記録を止めた。

前日に続く2戦連発。球団別の自己最多本塁打記録は21本に。ちなみに同2位はアスレチックスの19本だ。

三塁を回ると、ディノ・エベル三塁コーチと中指と親指で輪をつくる「デコピン」式ハイタッチ。「6月男」が上昇気流に乗り始めた。

6月12日　試合結果:ドジャース 2−3 レンジャーズ

スコアボード	1	2	3	4	5	6	7	8	9	R	H	E
レンジャーズ	0	0	0	0	3	0	0	0	0	3	8	0
ドジャース	1	0	0	0	0	0	0	0	1	2	7	2

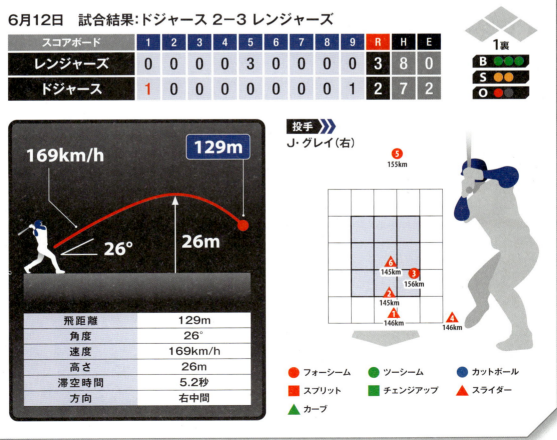

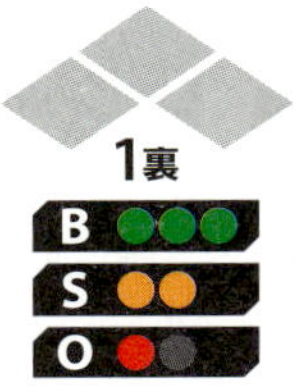

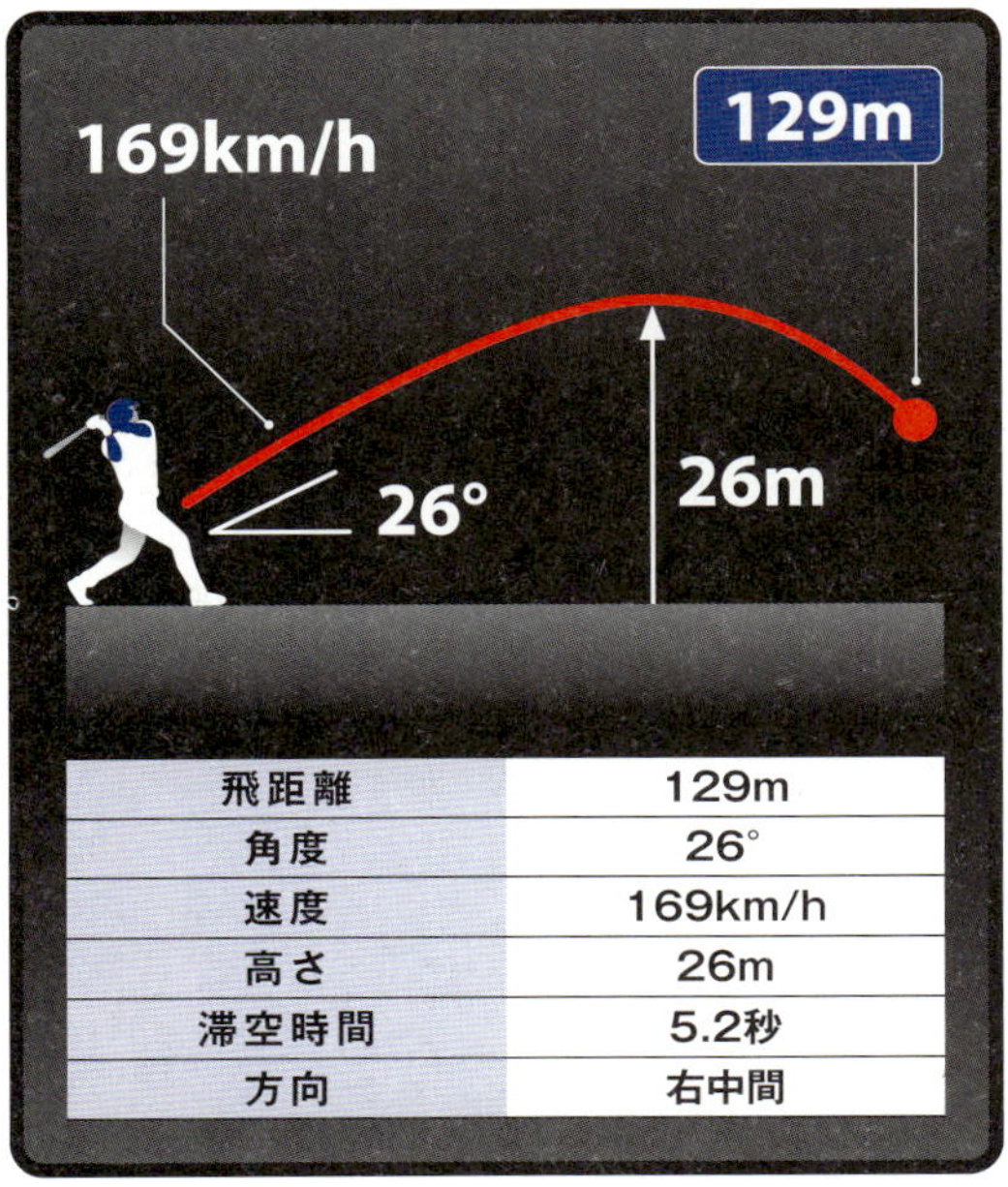

飛距離	129m
角度	26°
速度	169km/h
高さ	26m
滞空時間	5.2秒
方向	右中間

投手

J・グレイ(右)

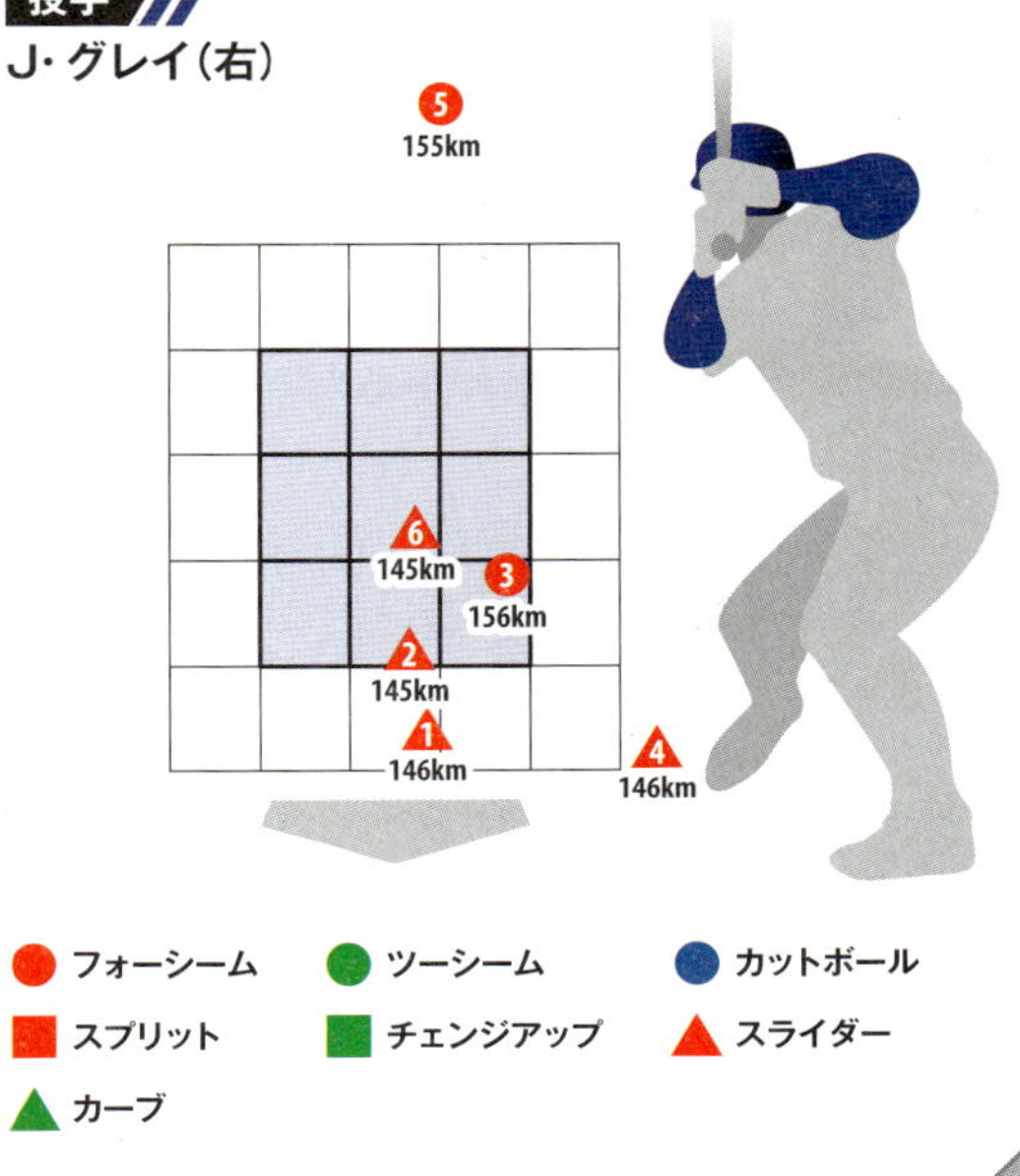

18号

19号

2番・DH

SHOHEI OHTANI 18th HOME RUN

今季２番目の高速特大１３７メートル弾

打球はあっという間に左中間スタンド奥へ吸い込まれた。３回裏、昨年ＷＢＣ米国代表右腕のブレイディ・シンガーがボール球を３球連続で散らしてくるなか、真ん中に入った４球目のシンカーを振り抜いた。速度１１４・３マイル（１８３・９キロ）で打球が矢のように飛んでいく。飛距離４５１フィート（約１３７・４メートル）も合わせ、いずれもここまで今季２番目の高速＆特大アーチだった。

　日曜のドジャースタジアム。この日は「父の日」で、来場者に球団ロゴ入りの麦わら帽子「ビーチハット」が配布された。通常はドジャーブルー一色のスタンドは茶色の帽子で埋め尽くされ、デーゲームの青空と相まって西部劇のような光景に。古きよき時代のムードが漂う外野スタンド中段へ、逆方向弾を放り込んでみせた。

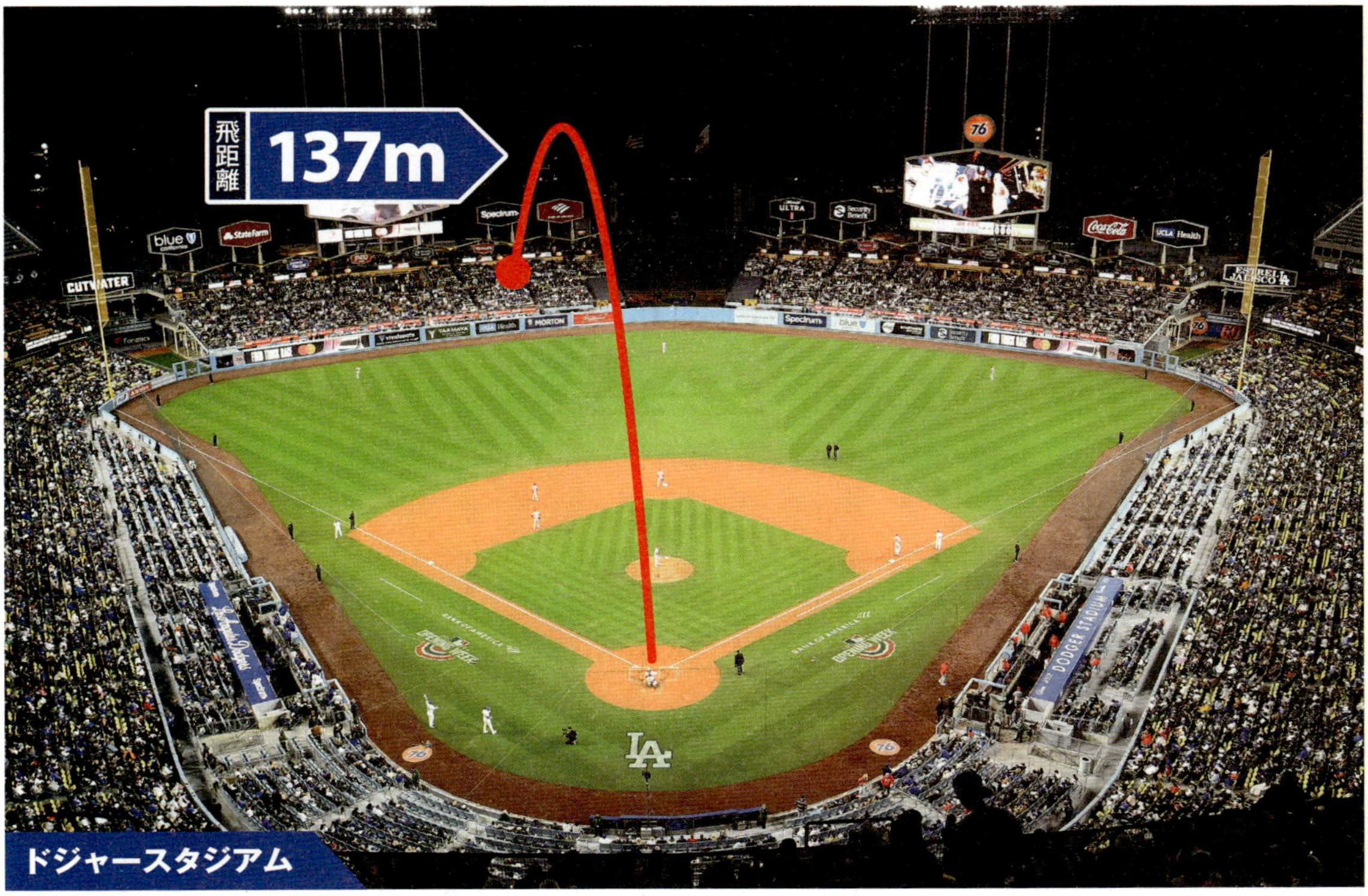

6月16日　試合結果:ドジャース 3─0 ロイヤルズ

スコアボード	1	2	3	4	5	6	7	8	9	R	H	E
ロイヤルズ	0	0	0	0	0	0	0	0	0	0	3	1
ドジャース	0	0	1	0	0	2	0	0	X	3	5	0

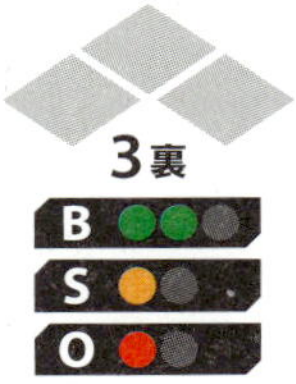

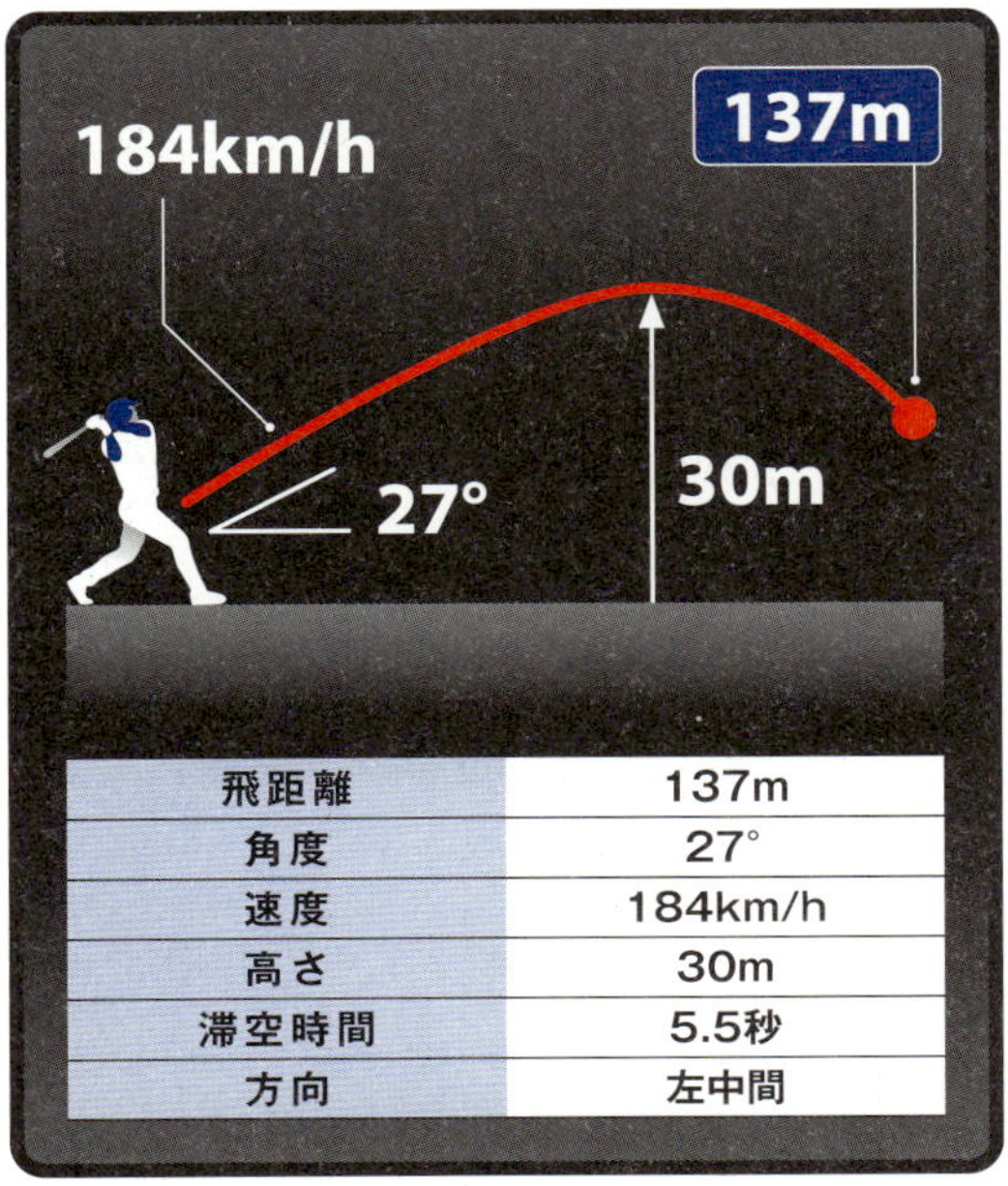

飛距離	137m
角度	27°
速度	184km/h
高さ	30m
滞空時間	5.5秒
方向	左中間

投手
B・シンガー(右)

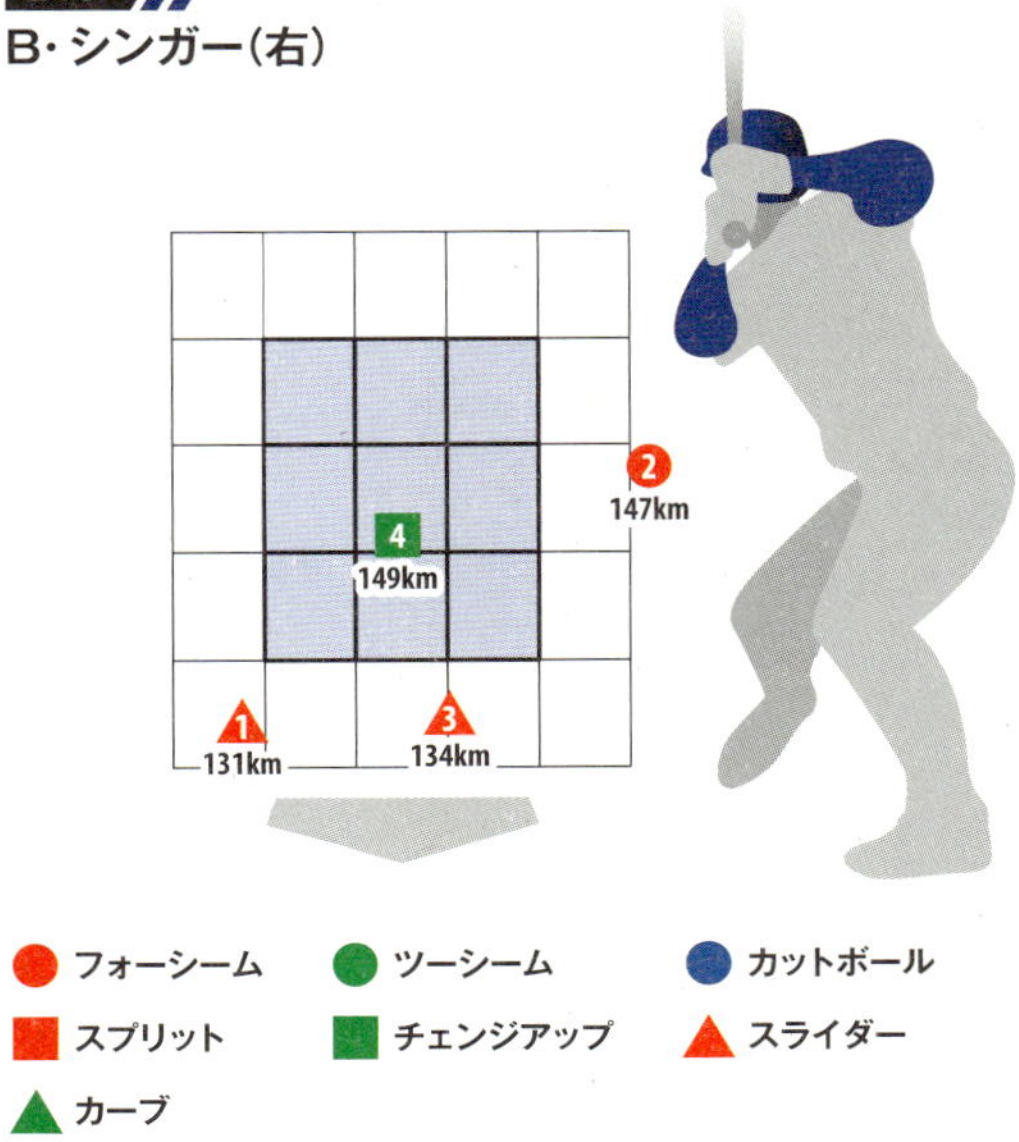

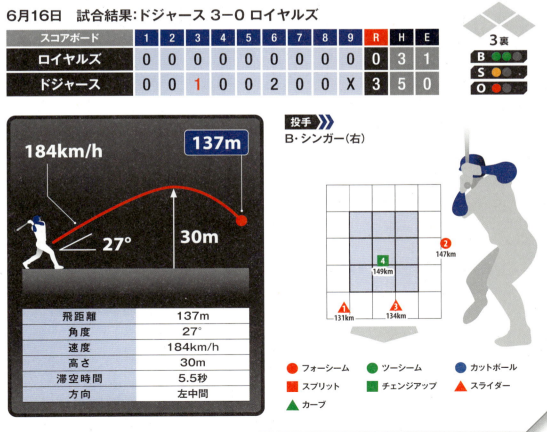

19号

18号

2番・DH

SHOHEI OHTANI 19th HOME RUN

高さ42メートル！ 今季初2打席連続弾

6月16日

特大の左中間18号ソロから3イニング後。1点リードの6回裏だった。相手先発ブラディ・シンガーの初球、内角低めのスライダーを狙いすましたように右翼席へ運んだ。3回の18号は角度27度、高さ30メートルの高速特大弾だが、今季初の2打席連続となる19号ソロは角度39度、高さ42メートル。しかも滞空時間が6・2秒という巨大放物線アーチ。今季2度目の1試合2本塁打で、満員5万2789人の観客から喝采を浴びた。「父の日」にちなみ、チーム公式インスタグラムの先発メンバー発表では、各選手の父親の名前も合わせて紹介された。大谷の欄には「TORU'S SON（徹の息子）」。大谷はMVPを獲得した2021、2023年の「父の日」にも本塁打を記録。父への感謝の思いが、特大アーチに込められている。

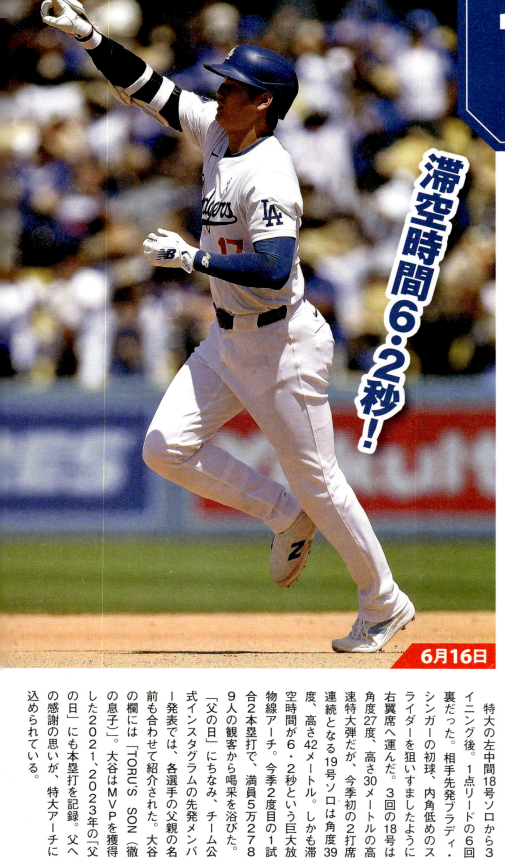

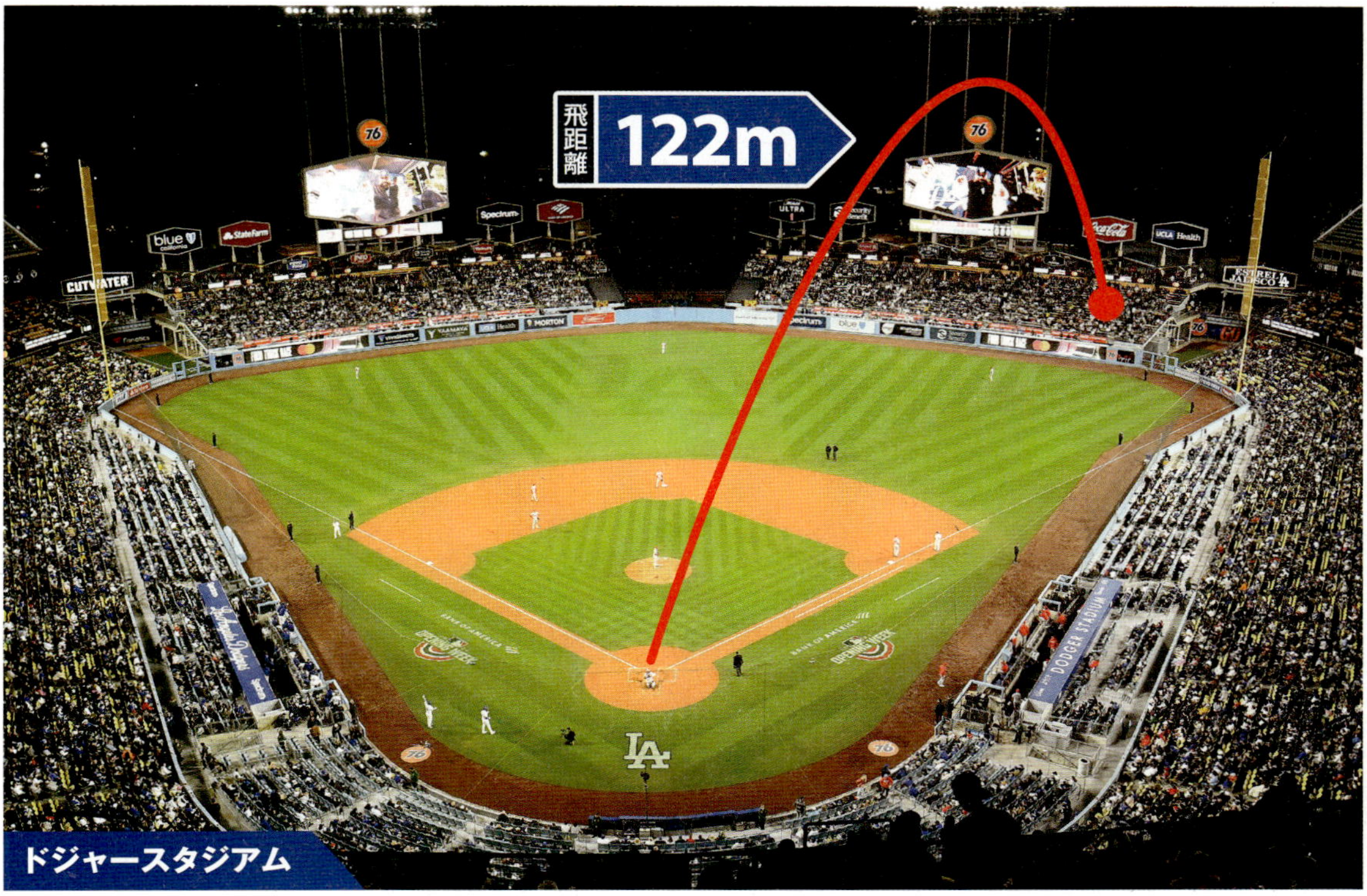

ドジャースタジアム

6月16日　試合結果:ドジャース 3—0 ロイヤルズ

スコアボード	1	2	3	4	5	6	7	8	9	R	H	E
ロイヤルズ	0	0	0	0	0	0	0	0	0	0	3	1
ドジャース	0	0	1	0	0	2	0	0	X	3	5	0

6裏
B
S
O

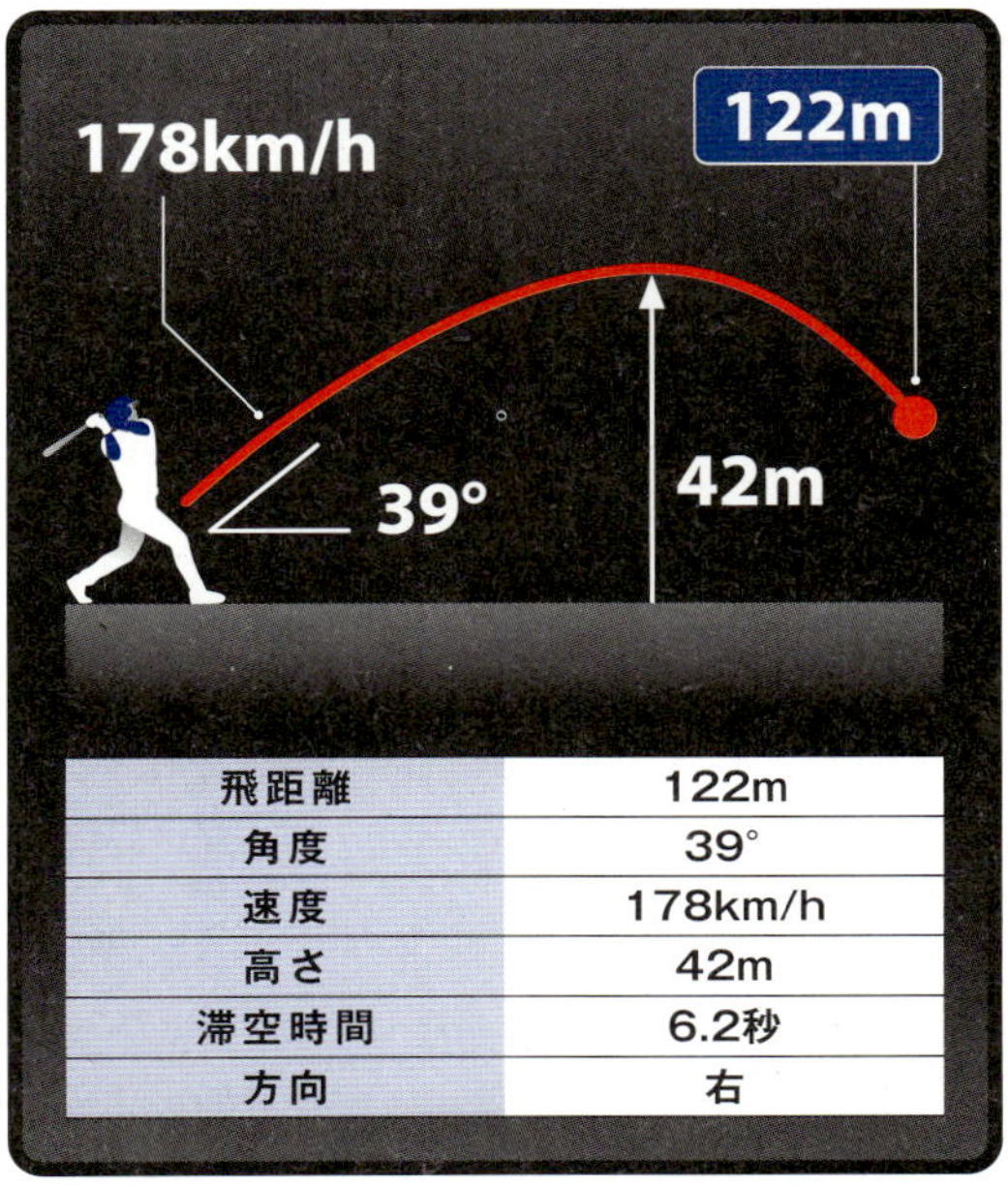

飛距離	122m
角度	39°
速度	178km/h
高さ	42m
滞空時間	6.2秒
方向	右

投手
B・シンガー(右)

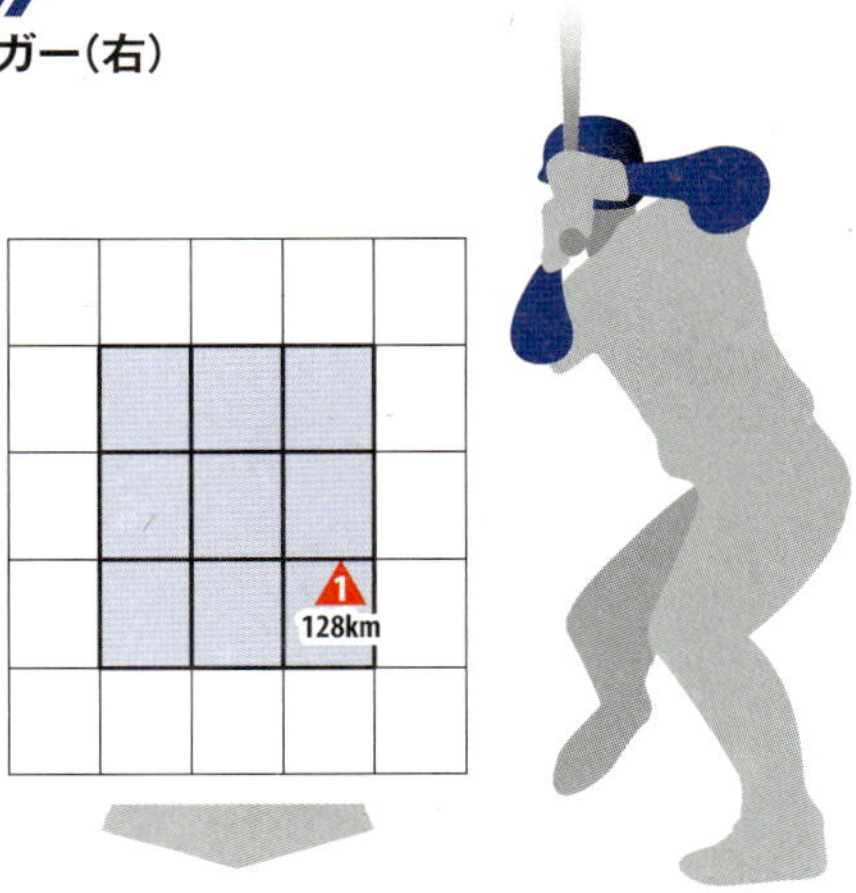

● フォーシーム　● ツーシーム　● カットボール
■ スプリット　■ チェンジアップ　▲ スライダー
▲ カーブ

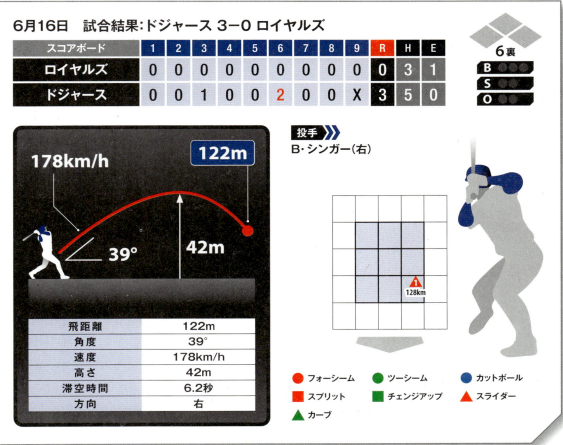

20号

1番・DH

SHOHEI OHTANI 20th HOME RUN

今季MLB最長、驚異の145メートル弾

日本選手記録更新の「4年連続20本」

6月18日

「打者天国」とはいえ、規格外の特大アーチだ。5点ビハインドの6回表、相手左腕オースティン・ゴンバーの内角スライダーを振り抜いた。完璧に捉えた打球がバックスクリーン前の林の奥へ消えていく。ここまでMLB今季最長の476フィート（約145メートル）弾。標高1600メートルの高地で打球が飛びやすいとされるクアーズフィールドだが、大谷の一撃で林の中から2羽の白い鳥が逃げ去るほど〝衝撃〟の一打だ。

今季の球場記録ではマイク・トラウト（エンゼルス）、アーロン・ジャッジ（ヤンキース）の473フィート（約144・2メートル）を塗り替えた。

追撃の20号ソロで4年連続20本塁打とし、自身が持つ日本選手記録を更新。通算5度目の到達も、松井秀喜に並ぶ日本選手最多タイ記録となった。

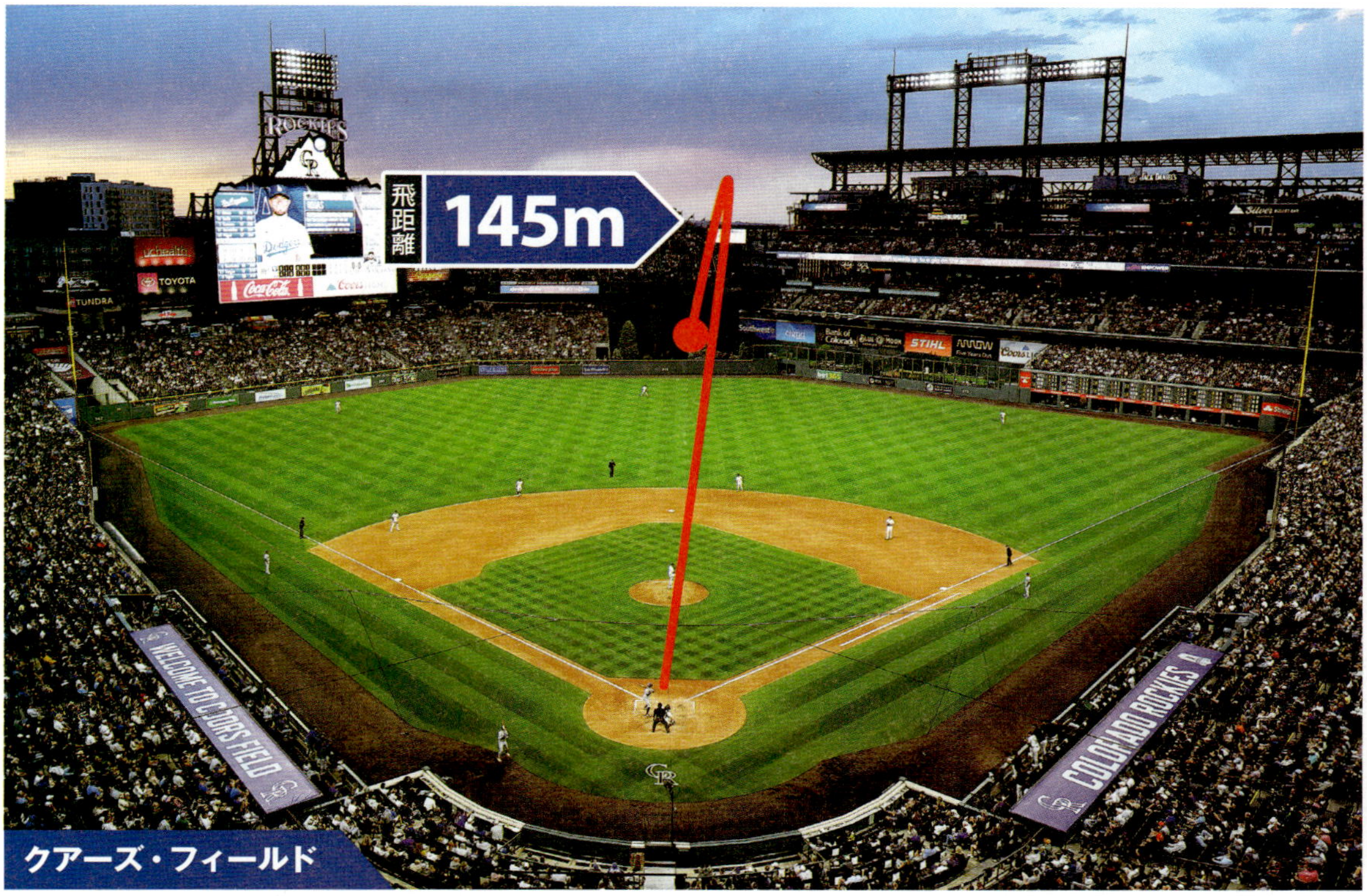

6月18日　試合結果:ドジャース 11−9 ロッキーズ

スコアボード	1	2	3	4	5	6	7	8	9	R	H	E
ドジャース	0	1	1	0	0	1	1	0	7	11	9	0
ロッキーズ	4	2	0	1	0	1	1	0	0	9	11	0

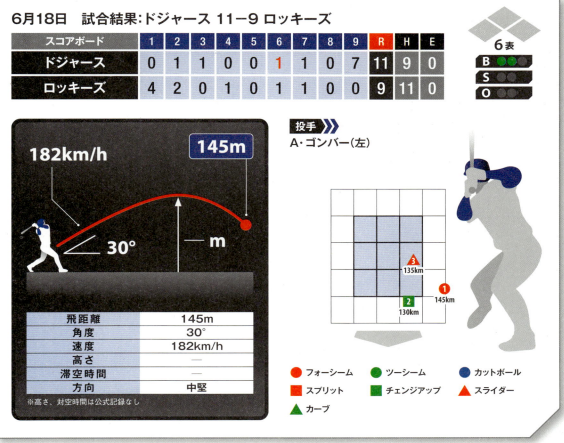

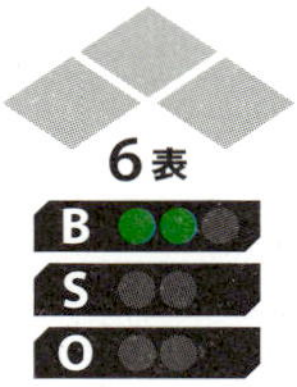

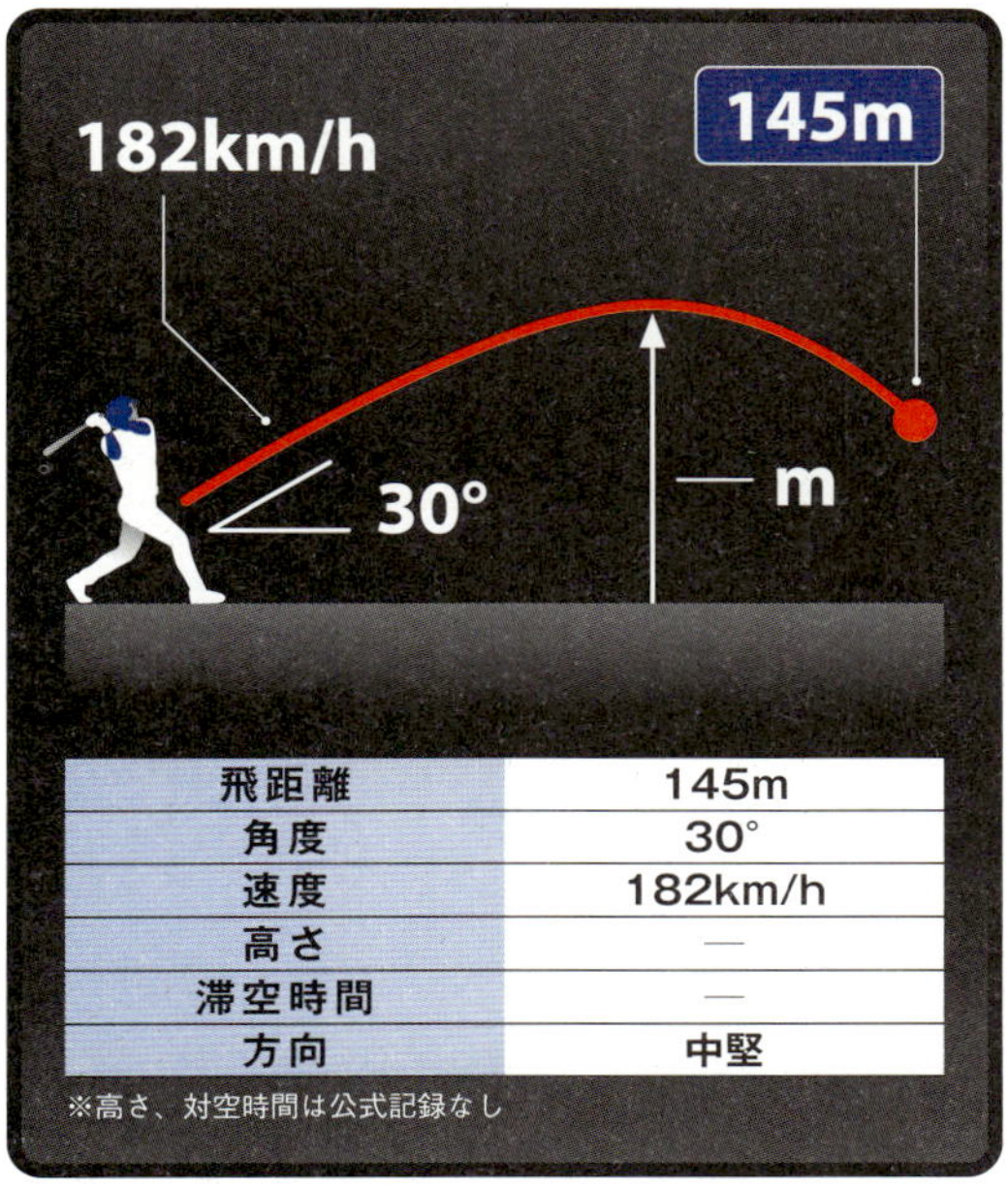

飛距離	145m
角度	30°
速度	182km/h
高さ	—
滞空時間	—
方向	中堅

※高さ、対空時間は公式記録なし

投手
A・ゴンバー(左)

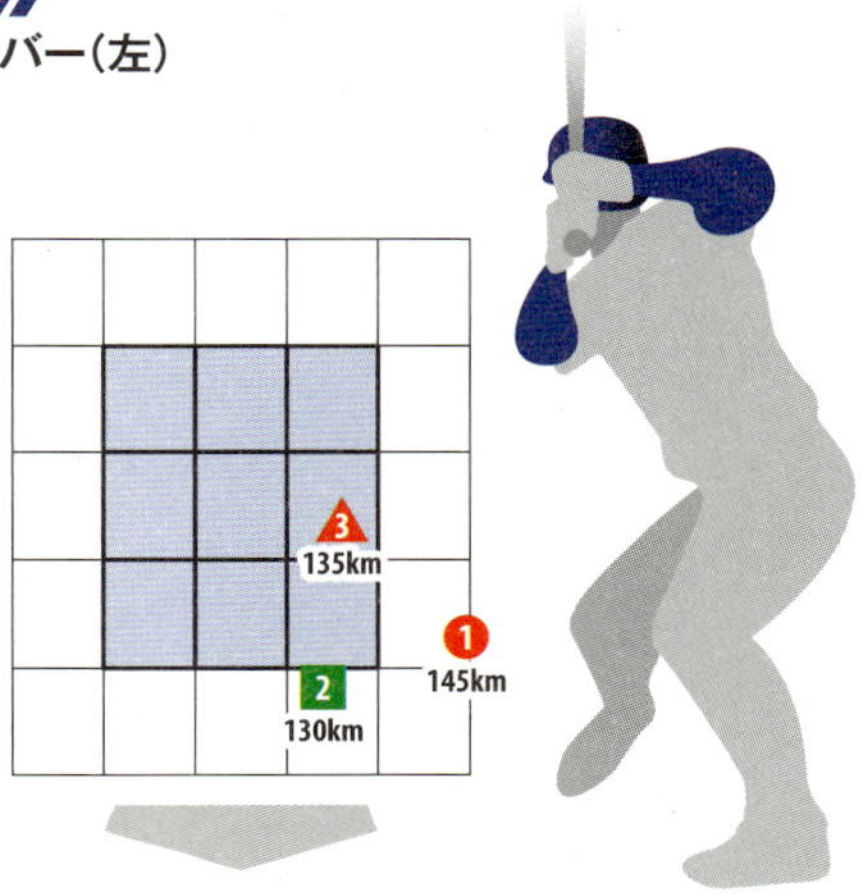

フォーシーム　ツーシーム　カットボール
スプリット　チェンジアップ　スライダー
カーブ

21号

1番・DH

SHOHEI OHTANI 21st HOME RUN

2022年5月以来の先頭打者弾が炸裂（さくれつ）

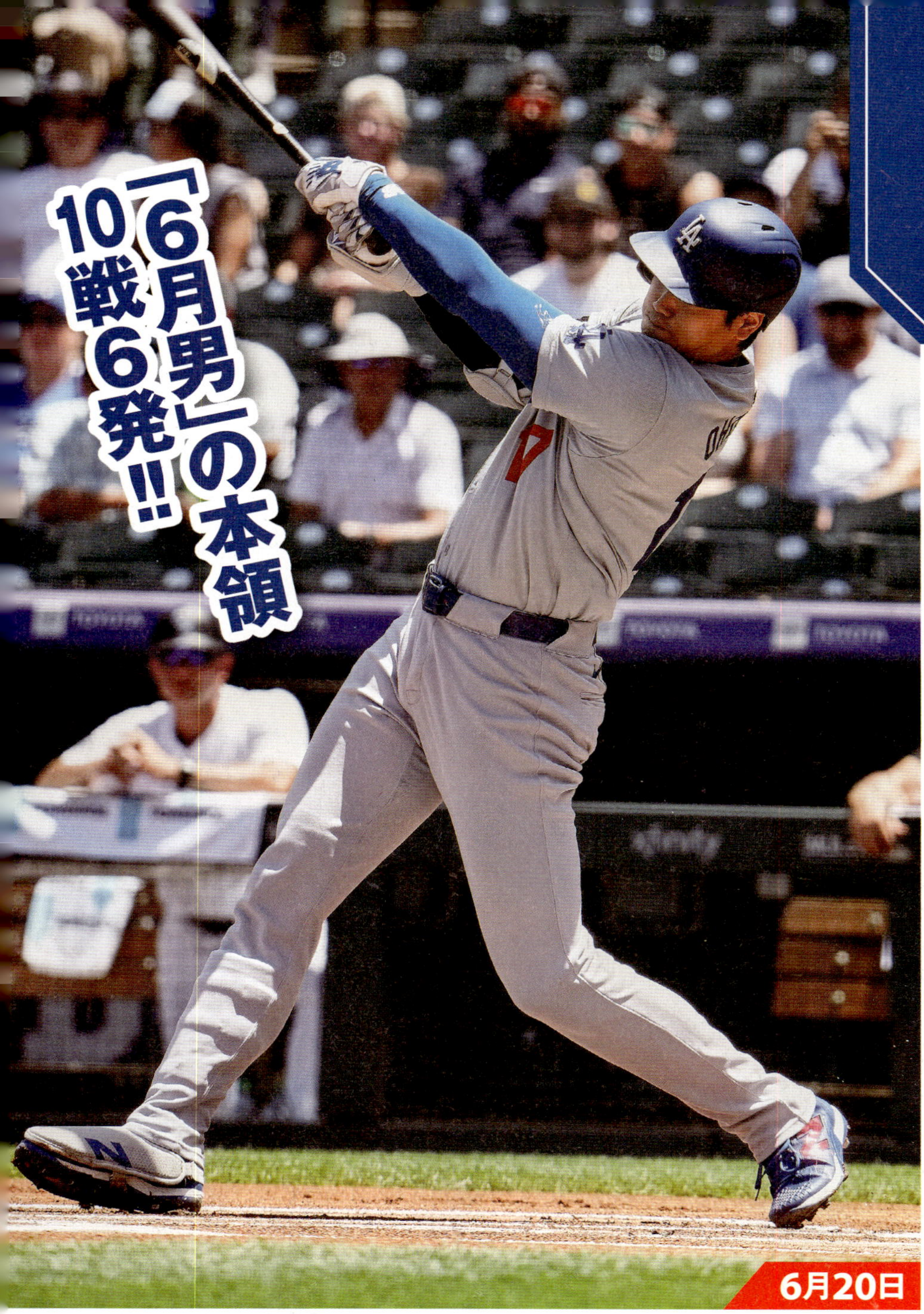

6月20日

左手骨折のムーキー・ベッツに代わり、このロッキーズ4連戦から打順1番を務め、これが4戦目。真っさらな打席で1回表、左腕タイ・ブラックとの初対決に臨んだ。3球連続で外角低めを攻められたが、4球目の甘い直球をバックスクリーン方向へ。相手中堅手がジャンプするも、打球はグラブの先をかすめ、ぎりぎりでフェンスを越えた。今季21号ソロは、2022年5月以来となる自身今季初の先頭打者アーチ。相手の出はなをくじいた。

2021年以降は6月に本塁打を量産。「6月男」がギアを上げてきた。ロッキーズとの4連戦は18打数8安打、2本塁打、7打点。直近10戦で6本塁打を放ち、試合前まで20本で並んでいたマルセル・オズナ（ブレーブス）を抜き、本塁打王争いでリーグ単独トップに返り咲いた。

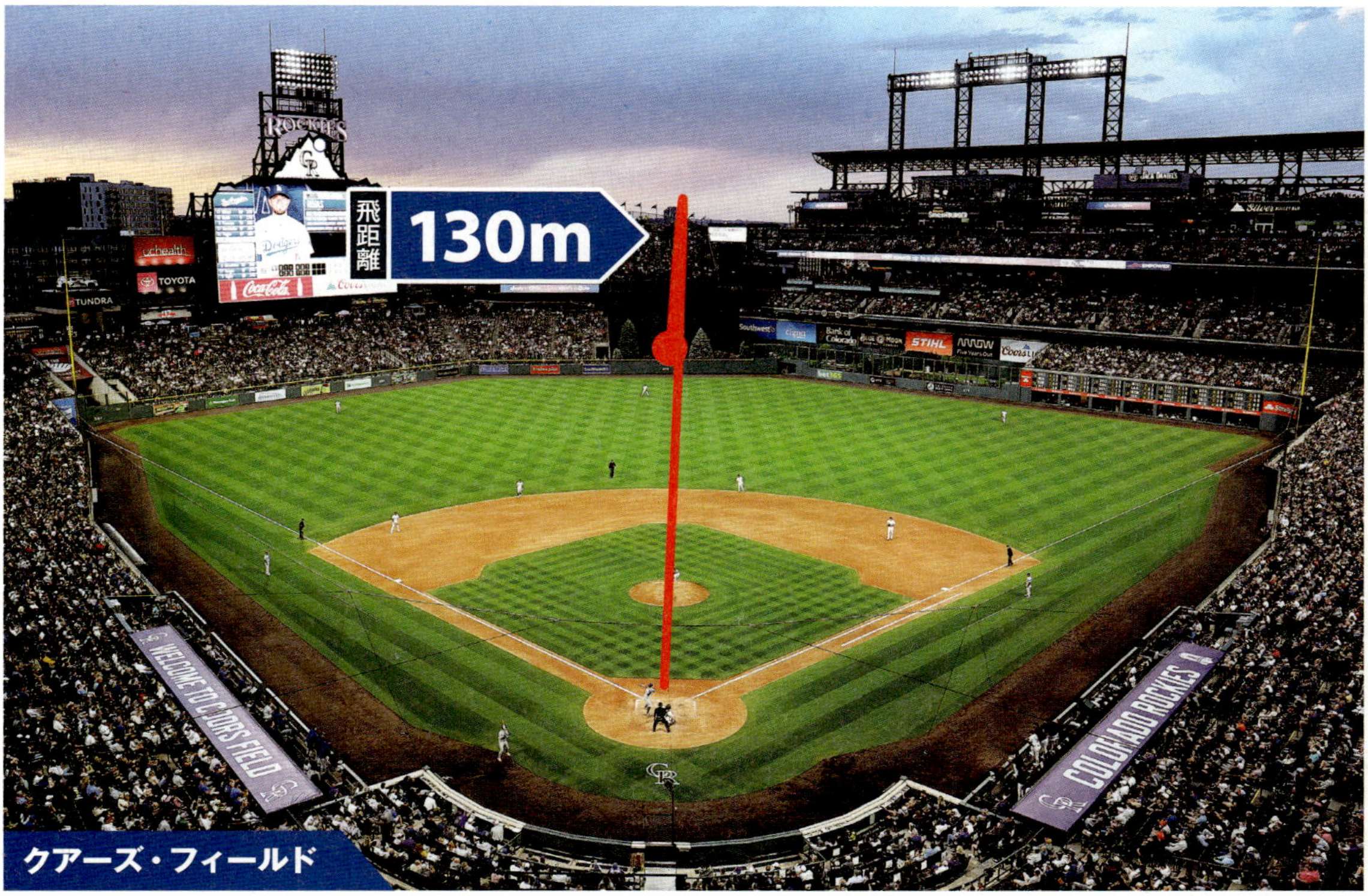

クアーズ・フィールド

6月20日　試合結果:ドジャース 5−3 ロッキーズ

スコアボード	1	2	3	4	5	6	7	8	9	R	H	E
ドジャース	1	0	2	2	0	0	0	0	0	5	12	0
ロッキーズ	0	0	0	0	0	2	0	1	0	3	6	0

1表
B
S
O

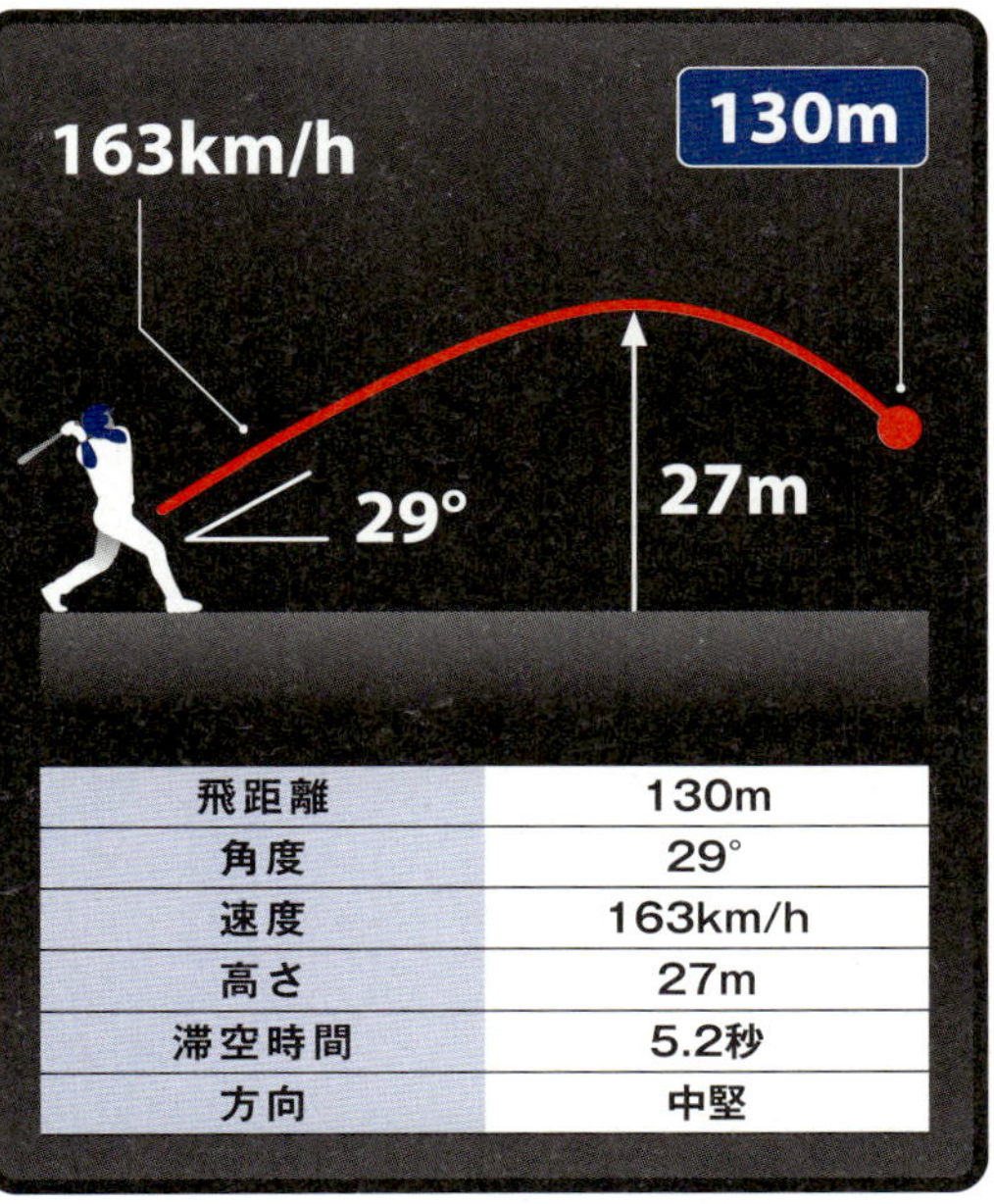

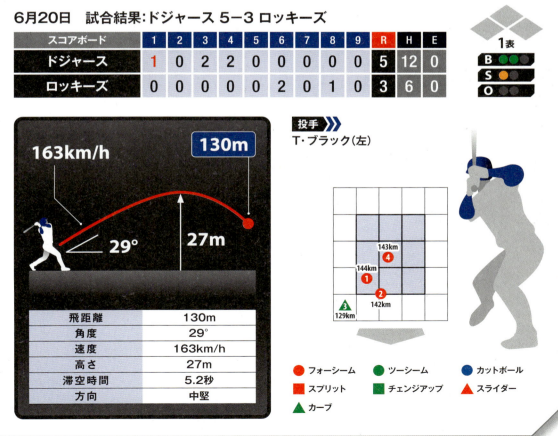

飛距離	130m
角度	29°
速度	163km/h
高さ	27m
滞空時間	5.2秒
方向	中堅

投手
T・ブラック(左)

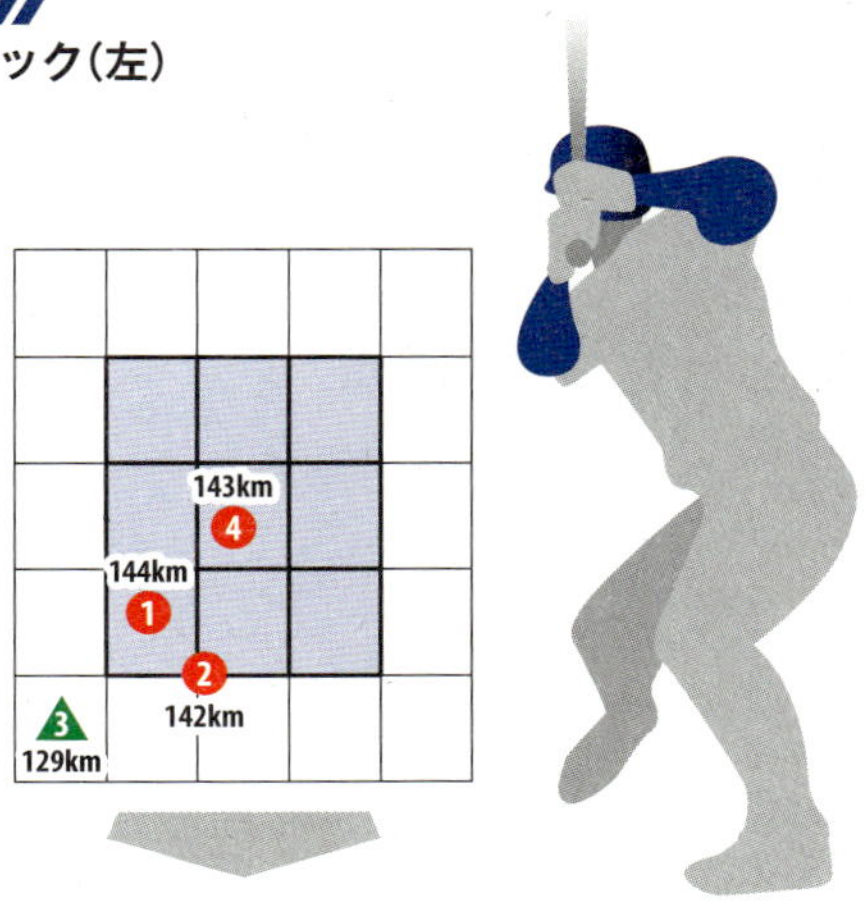

● フォーシーム　● ツーシーム　● カットボール
■ スプリット　■ チェンジアップ　▲ スライダー
▲ カーブ

22号

1番・DH

SHOHEI OHTANI 22nd HOME RUN

古巣との公式戦初対決で〝恩返し〟弾

古巣エンゼルスとの公式戦初対決。強烈な〝恩返し〟の一発を叩き込んだ。

0-0で迎えた5回裏、元ソフトバンクの左腕マット・ムーアは初球から2球連続でカーブ。3球目の真ん中やや外寄りの直球を、バックスクリーン右上段へ22号先制2ランとした。ここまで今季3番目の飛距離、455フィート（約138・7メートル）の特大弾。古巣討ちで28球団目の本塁打とし、全球団制覇へカージナルス、フィリーズを残すのみとなった。

6月14日のロイヤルズ戦の2打席目から新ルーティンを取り入れた。構える前に、本塁と三塁線の延長線上にバットを地面に寝かせ、軸足となる左足の位置を決める。どの球場でも軸足の位置を一定に保つためのもので、ボールの見極めが格段に飛躍している。

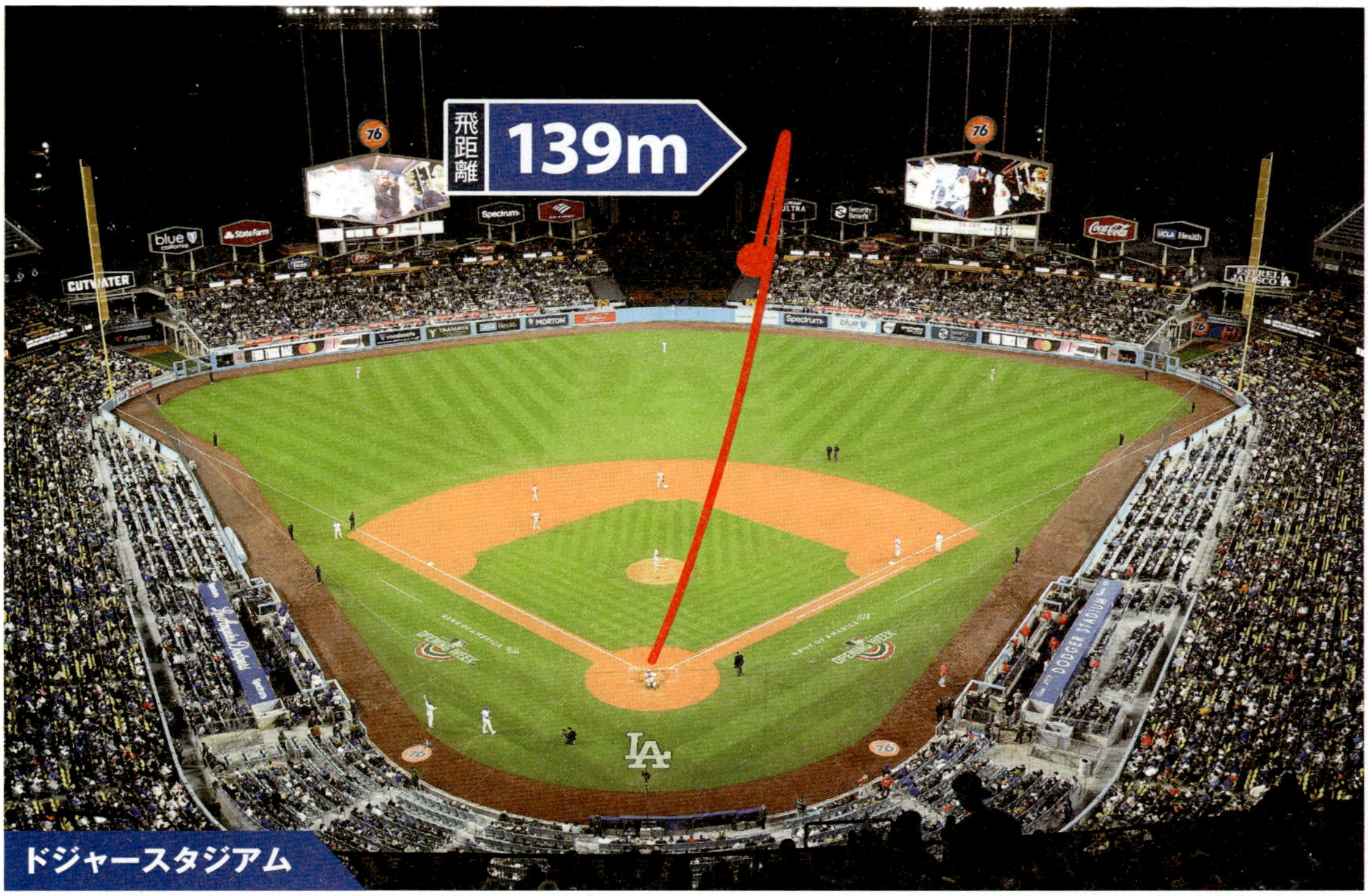

6月21日　試合結果:ドジャース 2−3 エンゼルス

スコアボード	1	2	3	4	5	6	7	8	9	10	R	H	E
エンゼルス	0	0	0	0	0	2	0	0	0	1	3	4	0
ドジャース	0	0	0	0	2	0	0	0	0	0	2	5	0

5裏
B
S
O

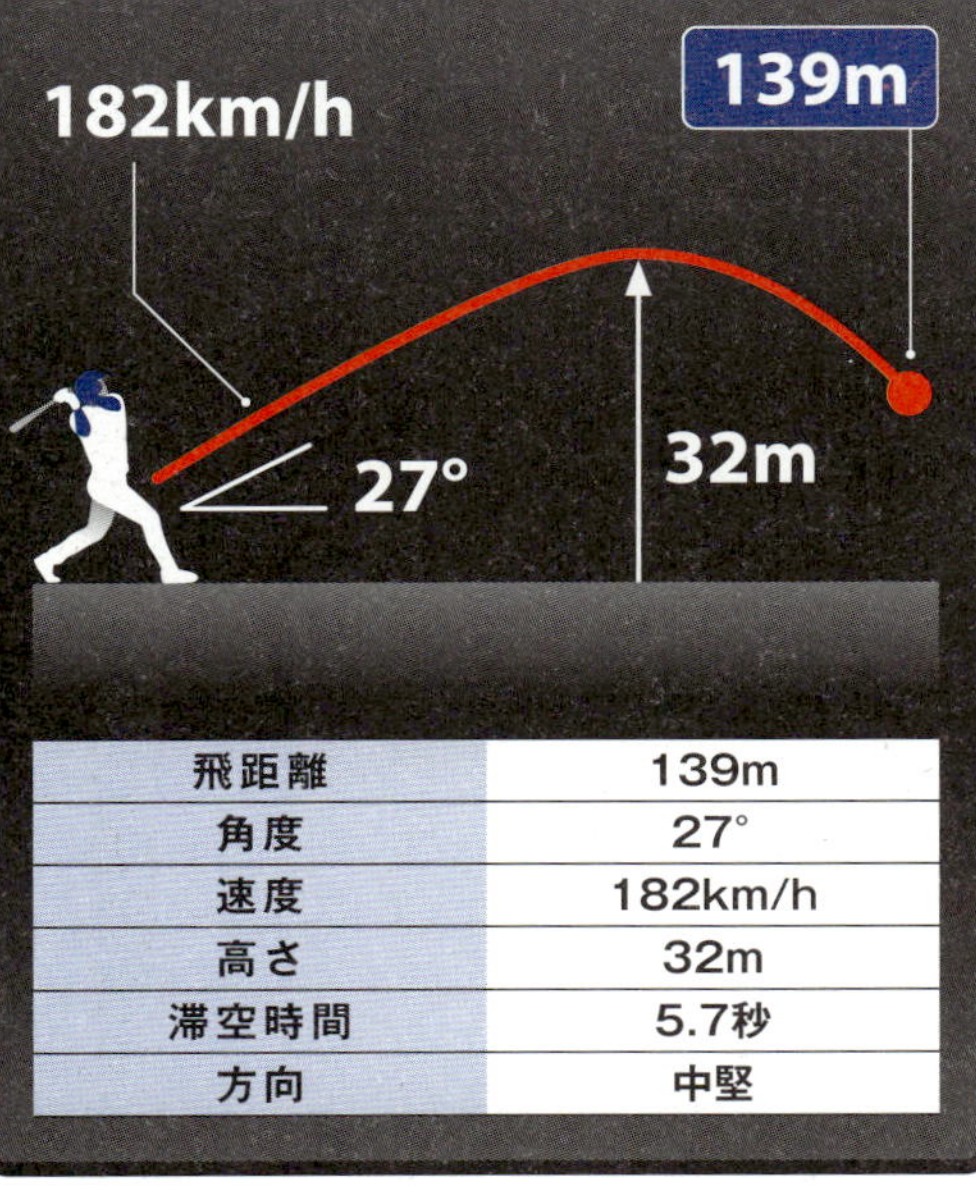

飛距離	139m
角度	27°
速度	182km/h
高さ	32m
滞空時間	5.7秒
方向	中堅

投手
M・ムーア(左)

		133km 1		
		3 147km		
2 134km				

フォーシーム　ツーシーム　カットボール
スプリット　チェンジアップ　スライダー
カーブ

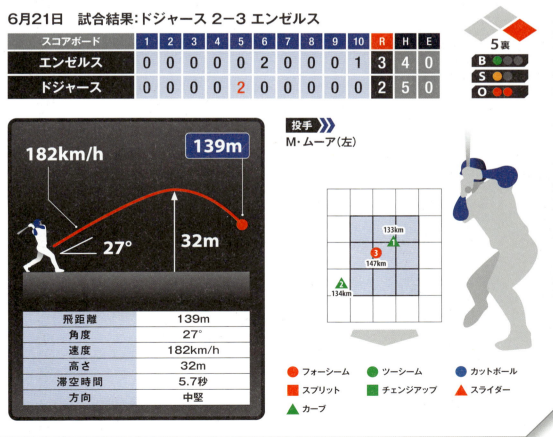

7試合連続打点は日本選手記録

6月22日

23号

1番・DH

SHOHEI OHTANI 23rd HOME RUN

3戦連発の140メートル特大アーチ

古巣討ちは一夜だけで終わらなかった。昨季まで6年間所属したエンゼルスとの2連戦2戦目。1点リードの3回裏、相手右腕ザック・プリーサックのスライダーを打ち砕いた。打球速度115・5マイル（186キロ）の弾丸ライナーが右中間席へ吸い込まれる。今季2度目の3戦連発となる23号2ラン。140メートルの特大弾で7試合連続打点とし、松井秀喜を抜く日本選手最長記録を樹立した。

この日はシティコネクトユニホームを着用。アイボリーを基調に、銀河をイメージした水玉模様がちりばめられている。テーマは「夢」。ロサンゼルスは「不可能な夢が現実となる街」という意味が込められている。打率3割2分1厘は両リーグトップで、23本塁打はナ・リーグ単独トップ。大谷はまさに不可能な夢を現実にしている。

6月22日　試合結果:ドジャース 7−2 エンゼルス

スコアボード	1	2	3	4	5	6	7	8	9	R	H	E
エンゼルス	0	0	0	1	0	0	1	0	0	2	3	0
ドジャース	0	0	4	2	1	0	0	0	X	7	9	1

3裏
B
S
O

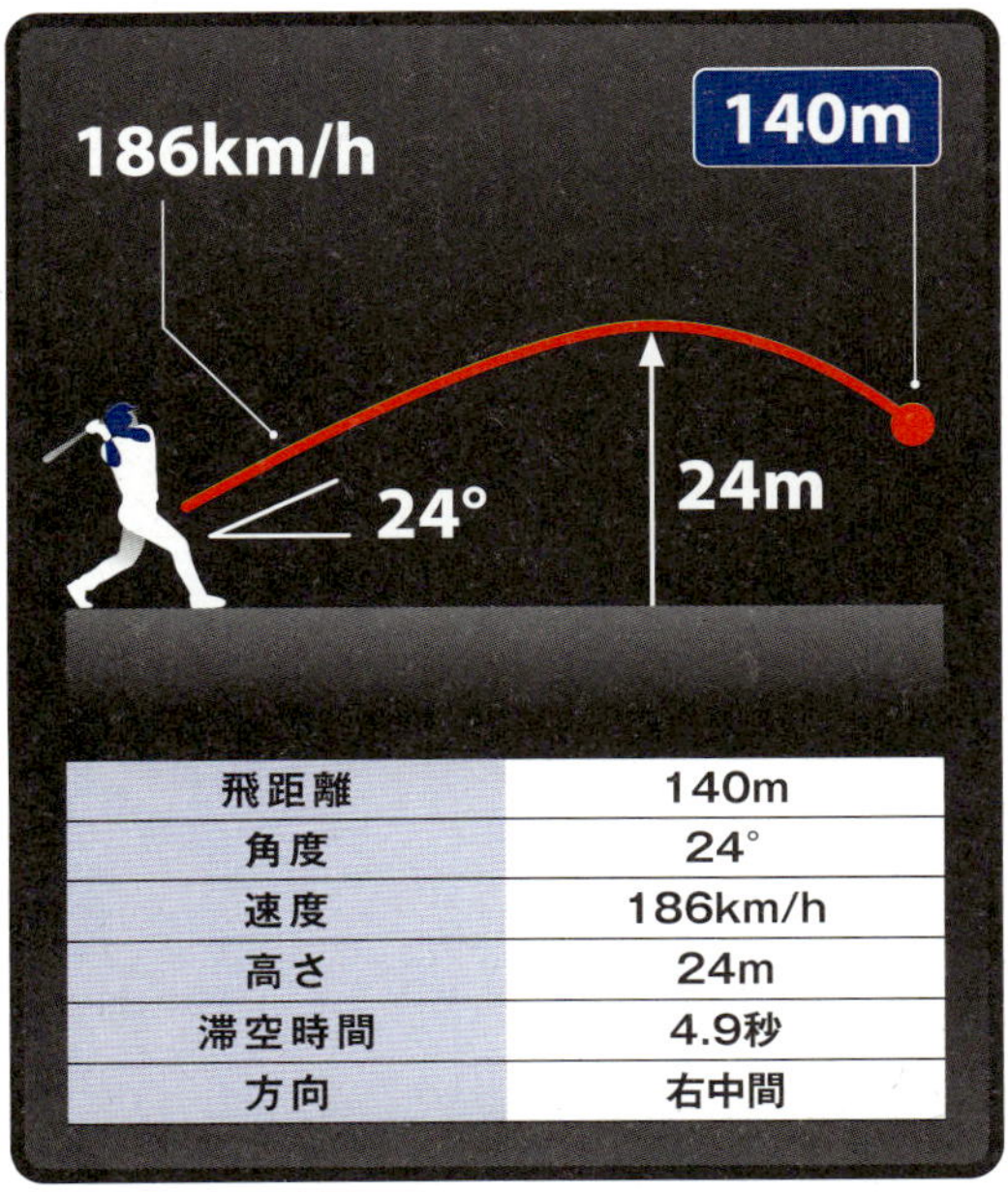

飛距離	140m
角度	24°
速度	186km/h
高さ	24m
滞空時間	4.9秒
方向	右中間

投手
Z・プリーサック(右)

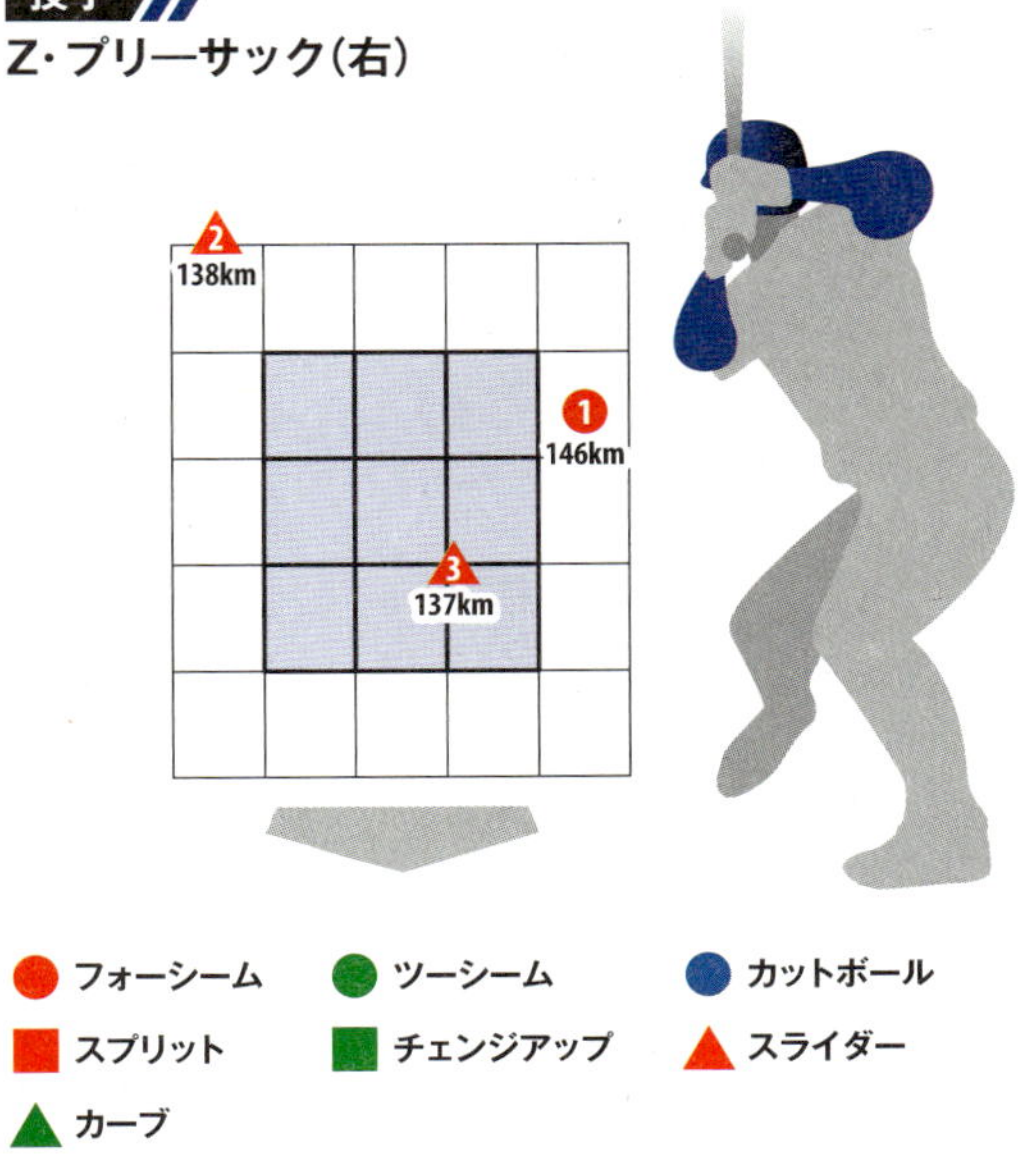

24号

1番・DH

SHOHEI OHTANI 24th HOME RUN

9試合連続打点で69年ぶり球団タイ記録

パワーが光る一発だった。1回表、相手右腕クリス・フレクセンの117キロ外角カーブを、ほぼ右手だけですくい上げる。MLBでは自身最遅となる打球速度151キロの白球が右中間フェンスへ伸び、フェンス際でジャンプした相手右翼手のグラブを弾いた。24号先制ソロ。先頭打者弾はMLB通算8本目となった。9試合連続打点は自身の日本選手記録を更新し、球団では1955年ロイ・キャンパネラ以来69年ぶりとなるタイ記録だ。

大谷は二塁へ向かう途中でベンチからチームメートに指摘されてUターン。心当たりがあったのか、一塁ベースを踏み直す珍事も起こった。これで9戦7発と、まさに絶好調。リーグ本塁打数では2位のマルセル・オズナ（ブレーブス）に3本差をつけ、トップを快走している。

ギャランティード・レート・フィールド

6月25日　試合結果:ドジャース 4－3 ホワイトソックス

スコアボード	1	2	3	4	5	6	7	8	9	R	H	E
ドジャース	1	0	2	1	0	0	0	0	0	4	7	0
ホワイトソックス	3	0	0	0	0	0	0	0	0	3	8	0

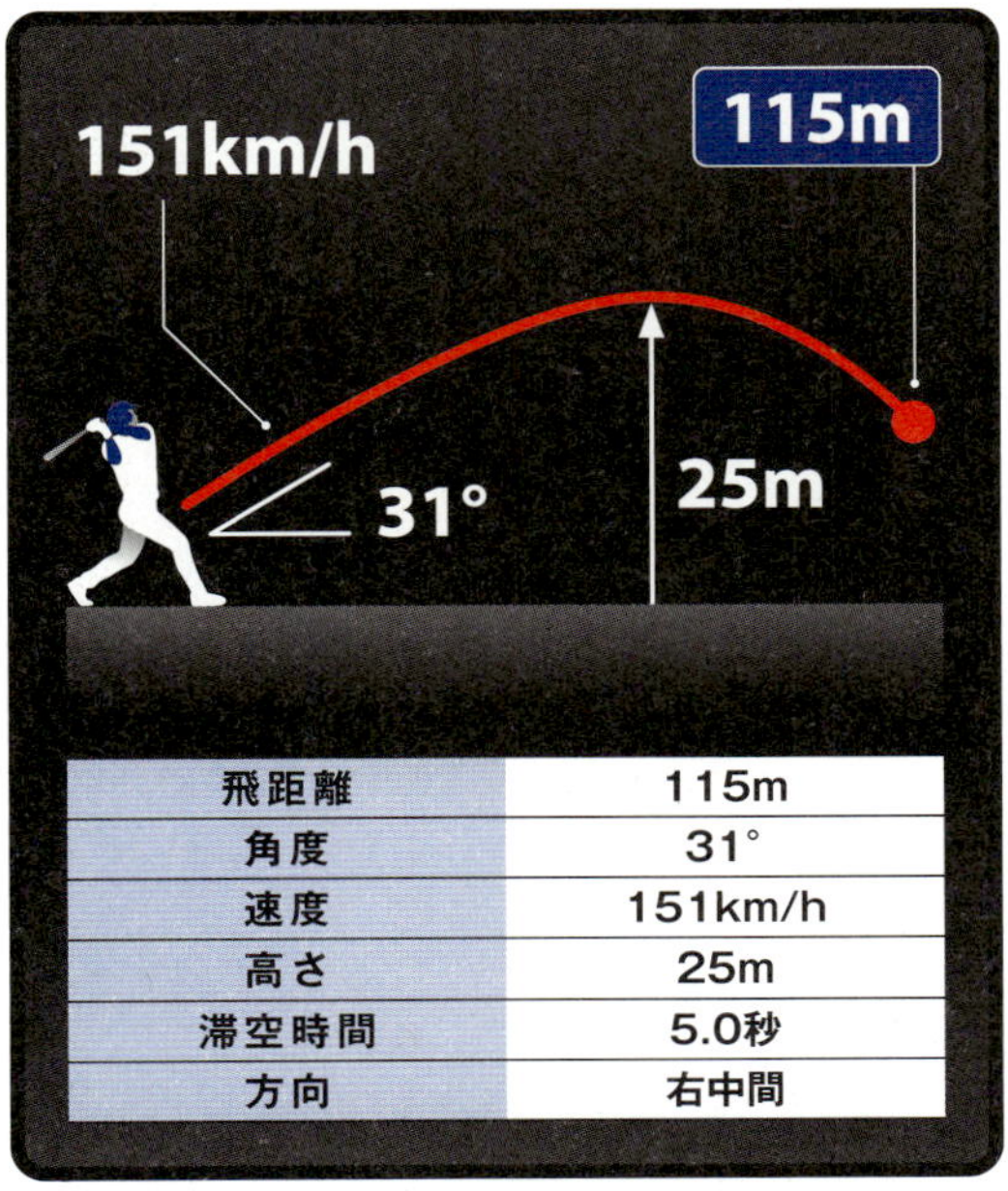

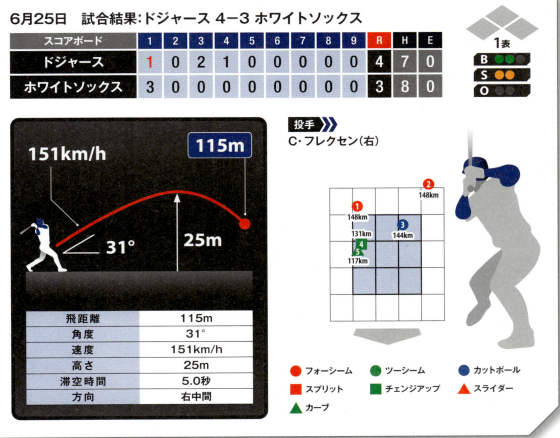

飛距離	115m
角度	31°
速度	151km/h
高さ	25m
滞空時間	5.0秒
方向	右中間

投手
C・フレクセン(右)

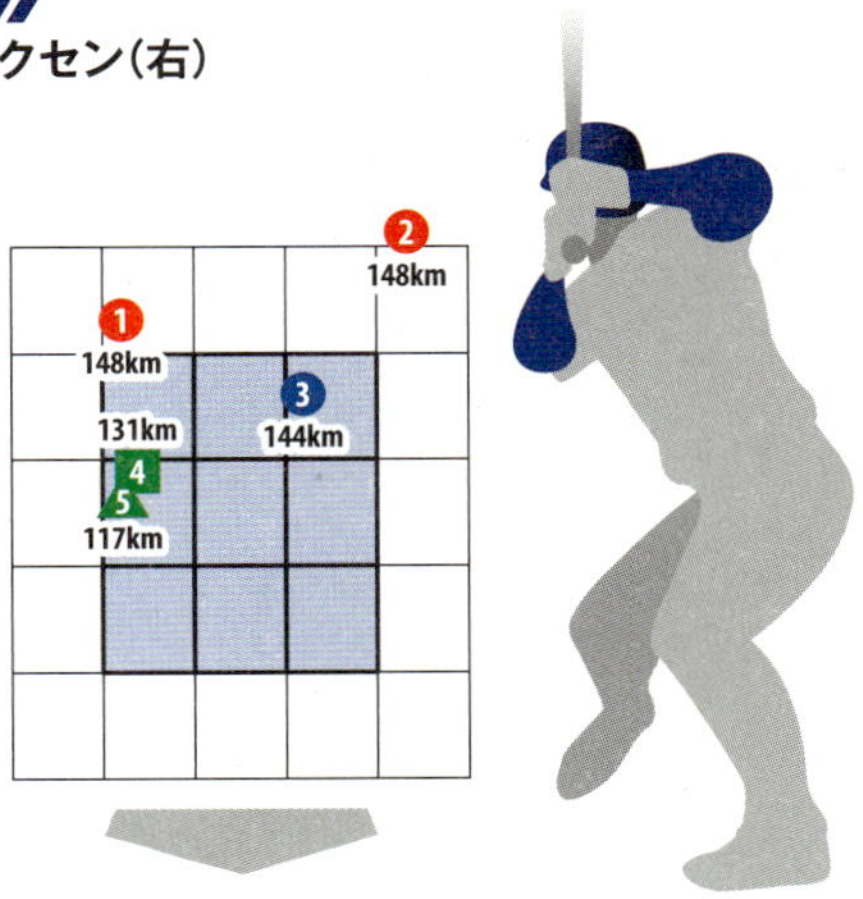

● フォーシーム　● ツーシーム　● カットボール
■ スプリット　■ チェンジアップ　▲ スライダー
▲ カーブ

25号

1番・DH

SHOHEI OHTANI 25th HOME RUN

日本選手3人目の2戦連続「先頭打者弾」

6月26日

直近15試合で10本塁打目。「6月男」はもう止まらない。

1回表、長身右腕エリック・フェッドの6球目、高めに浮いた146キロのカットボールに反応した。フルスイングで捉えた打球は右中間スタンドへ一直線。133メートルの特大弾だ。25号先制ソロで10試合連続打点とし、球団記録を更新した。

2戦連続となる先頭打者アーチ。日本選手では過去にイチローが2度、松井稼頭央（ロッキーズなど）が1度記録しているが、2戦とも「1回表」での達成は大谷が初めてだ。先頭打者アーチMLB通算9本は、日本選手では2位タイの松井稼頭央に並んだ。

これで今季100安打にも到達し、出場試合では昨季の88試合を上回る79試合目でのスピード達成。「打者・大谷」の過去最高のシーズンとなりそうだ。

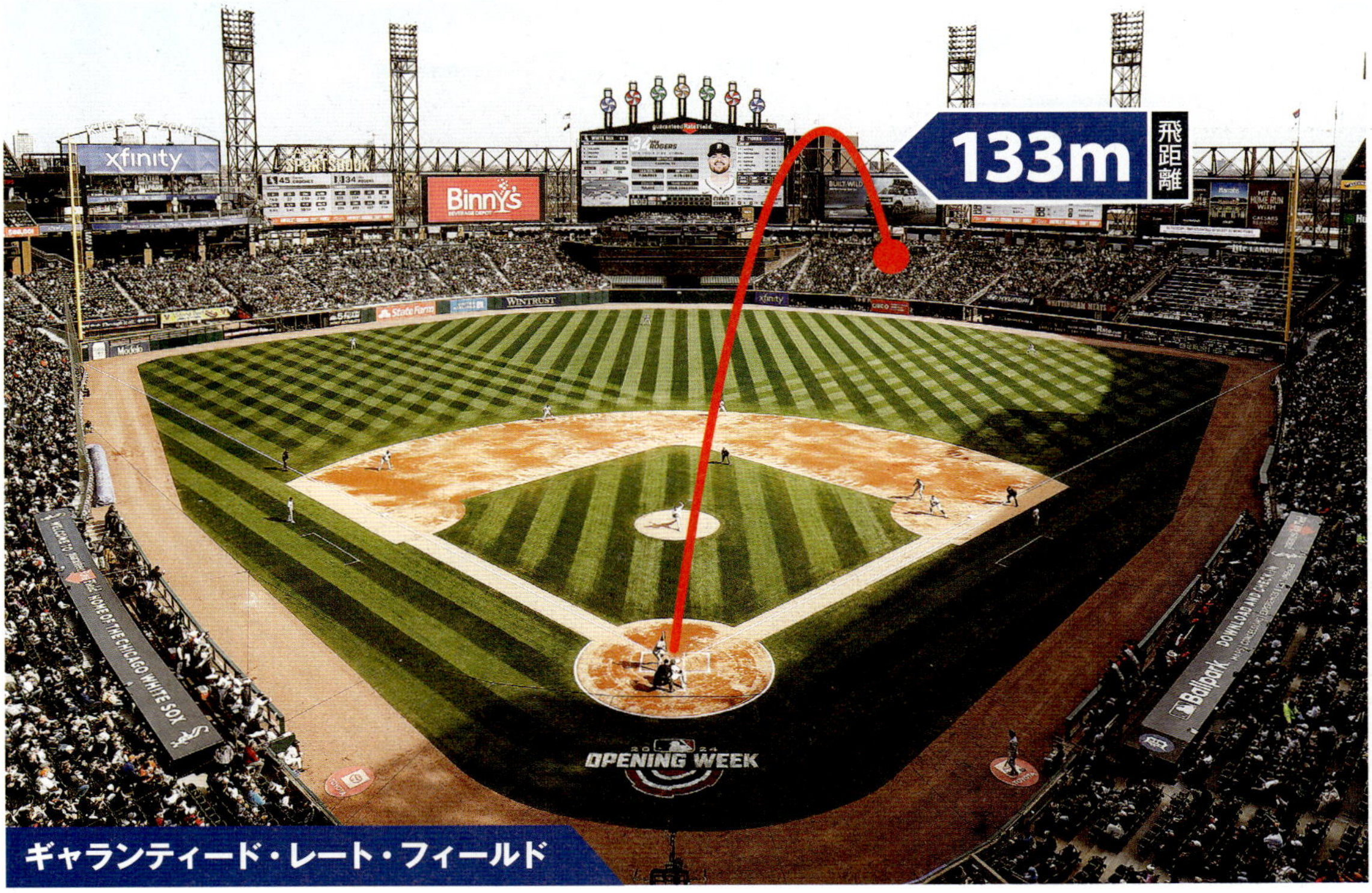

ギャランティード・レート・フィールド

6月26日　試合結果:ドジャース 4−0 ホワイトソックス

スコアボード	1	2	3	4	5	6	7	8	9	R	H	E
ドジャース	1	0	3	0	0	0	0	0	0	4	6	0
ホワイトソックス	0	0	0	0	0	0	0	0	0	0	4	0

1表
B
S
O

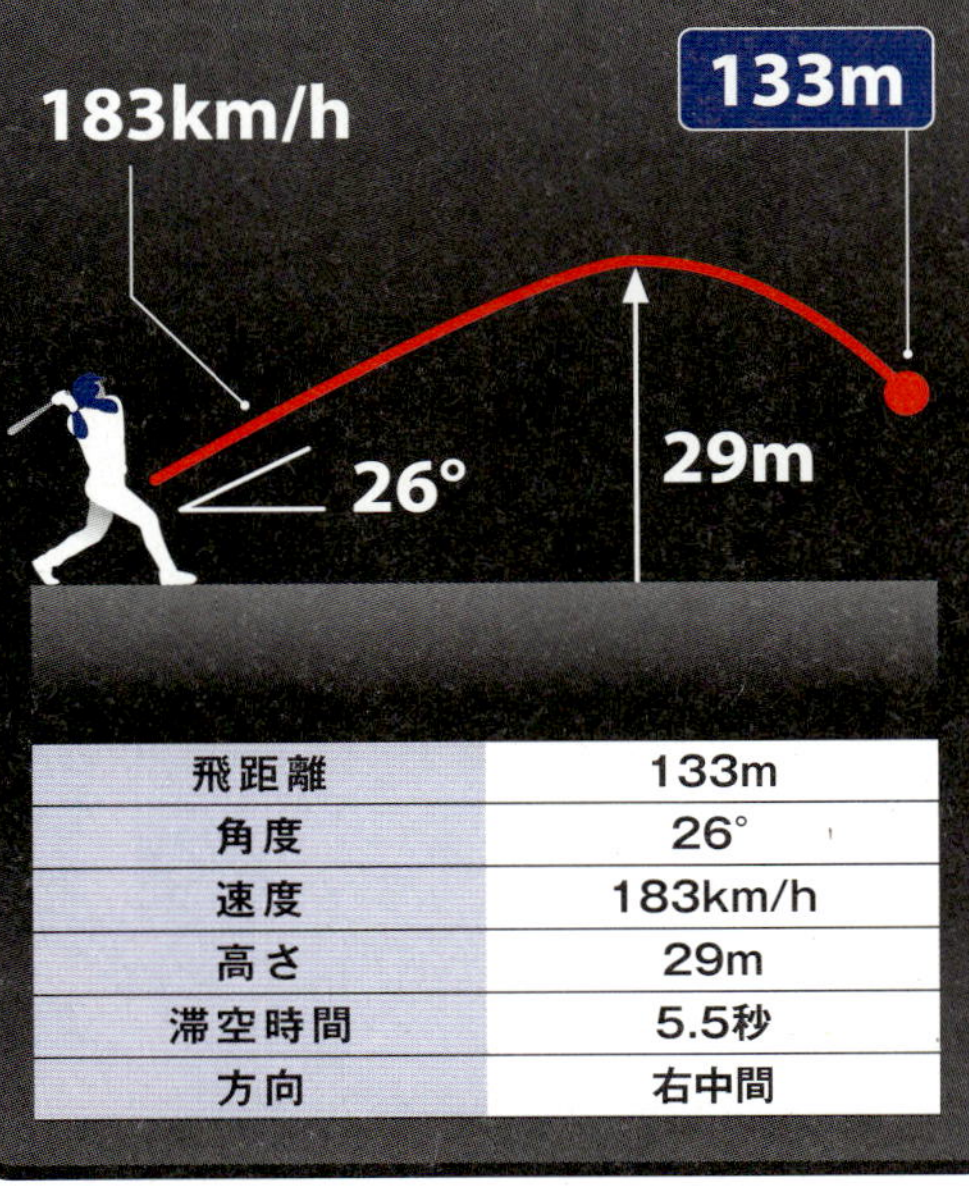

飛距離	133m
角度	26°
速度	183km/h
高さ	29m
滞空時間	5.5秒
方向	右中間

投手
E・フェッド(右)

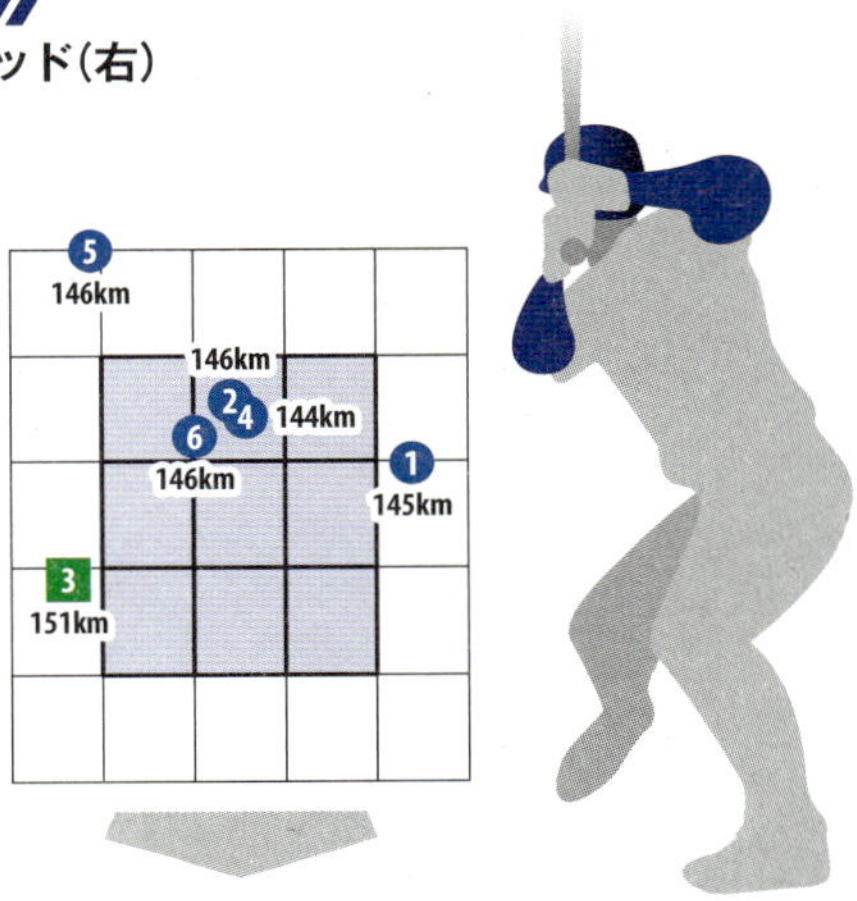

フォーシーム　ツーシーム　カットボール
スプリット　チェンジアップ　スライダー
カーブ

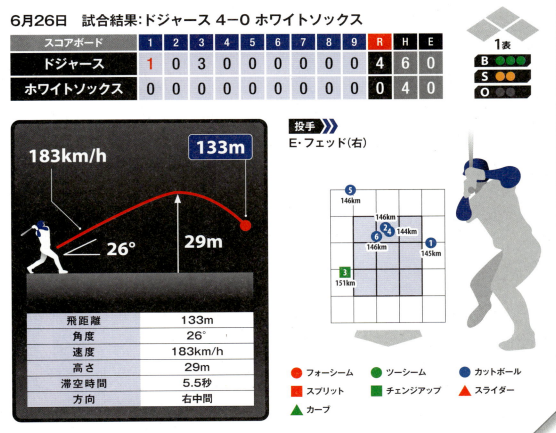

26号

1番・DH

SHOHEI OHTANI 26th HOME RUN

6月ラスト12本目はバックスクリーン弾

ＭＬＢ通算５００打点に王手

本塁打を量産した6月最後の一発は、敵地の大ブーイングを沈黙させた。同点の3回表、ジャイアンツファンのブーイングと歓声に包まれて打席へ向かい、投球間には「Beat LA（ドジャースをやっつけろ）」の大合唱も浴びた。カウント1-2と追い込まれながらも、右腕スペンサー・ハワードのスライダーを打球角度35度で打ち上げてバックスクリーンへ。26号ソロで一時勝ち越した。

今年も「6月男」と呼ばれるにふさわしい活躍だ。46本塁打を放った２０２１年は月間13本、自身初の本塁打王に輝いた昨季は月間自己最多15本。今季は12本をマークし、6月終了時点で本塁打数、打率でリーグトップに立ち、三冠王も射程圏内に。日本選手３人目のＭＬＢ通算５００打点にあと1と迫り、好調の6月を締めくくった。

6月29日　試合結果:ドジャース 14−7 ジャイアンツ

スコアボード	1	2	3	4	5	6	7	8	9	10	11	R	H	E
ドジャース	0	1	1	4	0	0	0	0	0	1	7	14	16	1
ジャイアンツ	1	0	4	0	1	0	0	0	0	1	0	7	13	0

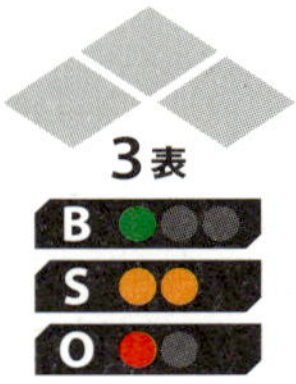

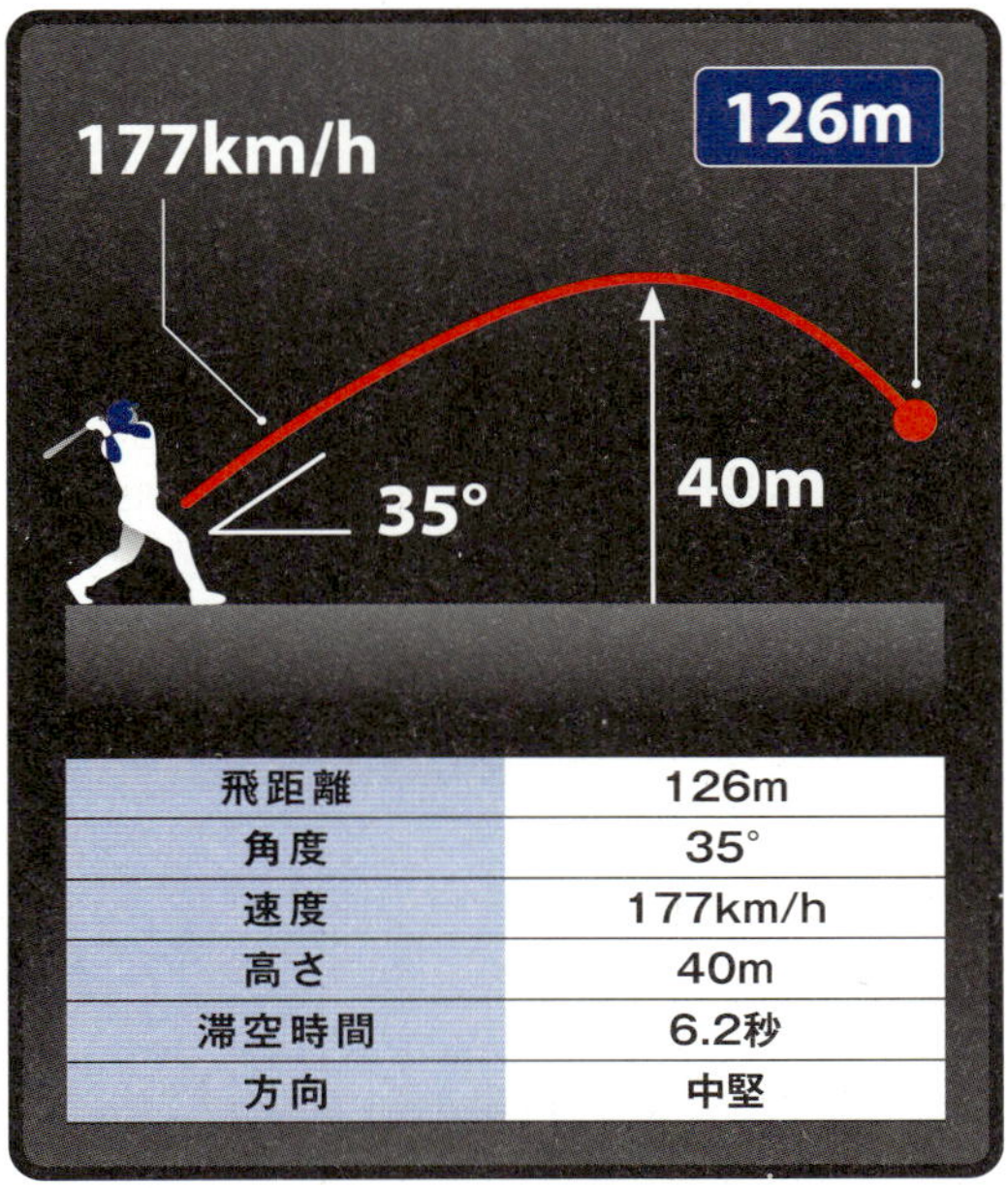

飛距離	126m
角度	35°
速度	177km/h
高さ	40m
滞空時間	6.2秒
方向	中堅

投手
S・ハワード(右)

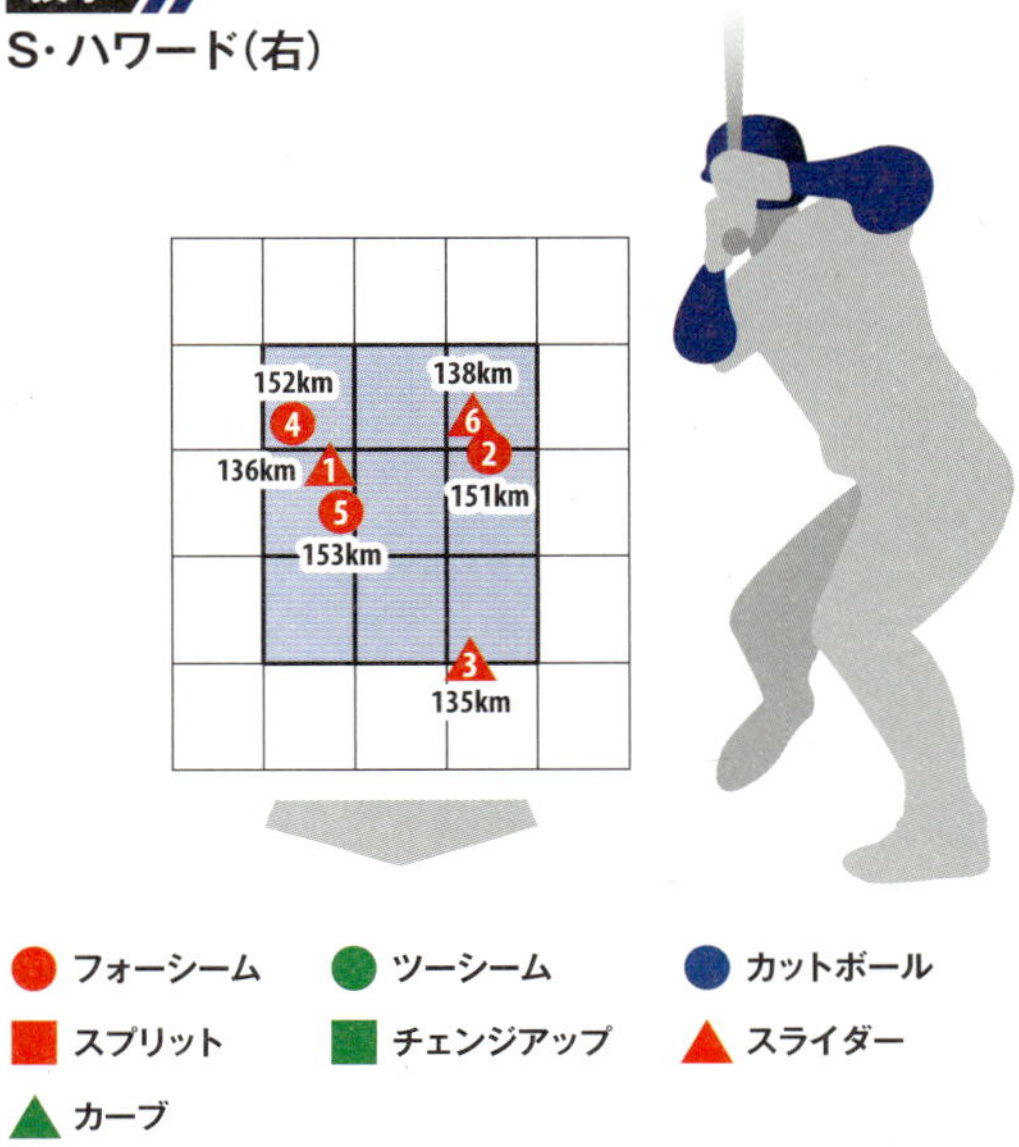

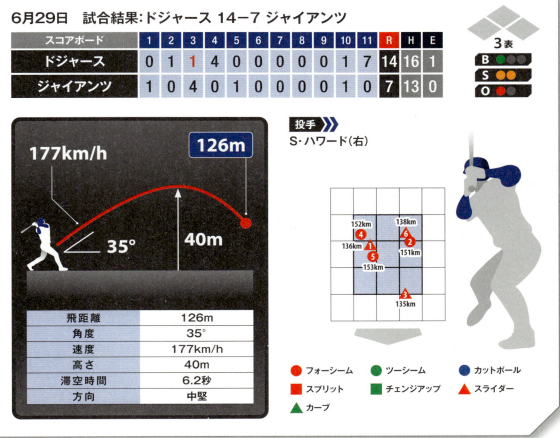

27号

1番・DH

SHOHEI OHTANI 27th HOME RUN

日本選手史上3人目の通算500打点

今季9度目の猛打賞

7月2日

１点を追う７回裏、メジャー２年目右腕ジャスティン・マルティネスの内角高めスライダーをかち上げた。文句なしの「確信歩き」で見つめた打球は角度37度、飛距離１３２メートルで右中間席へ突き刺さる。逆転となる27号２ランに、ドジャースタジアムは大歓声に包まれた。

　この日は日本関連のイベント「ジャパニーズ・ヘリテージ・ナイト」が開催されていた。MLBでプレーした日本選手の歴史などが展示され、和太鼓の演奏も行われた。そんな〝日本の日〟に、この２ランで松井秀喜、イチローに続く日本選手３人目のMLB通算５００打点（５０１打点）に到達した。

　７月４日のダイヤモンドバックス戦では日本選手歴代単独２位となるメジャー通算１０３盗塁を記録。打者専念の今季は走塁でも魅せている。

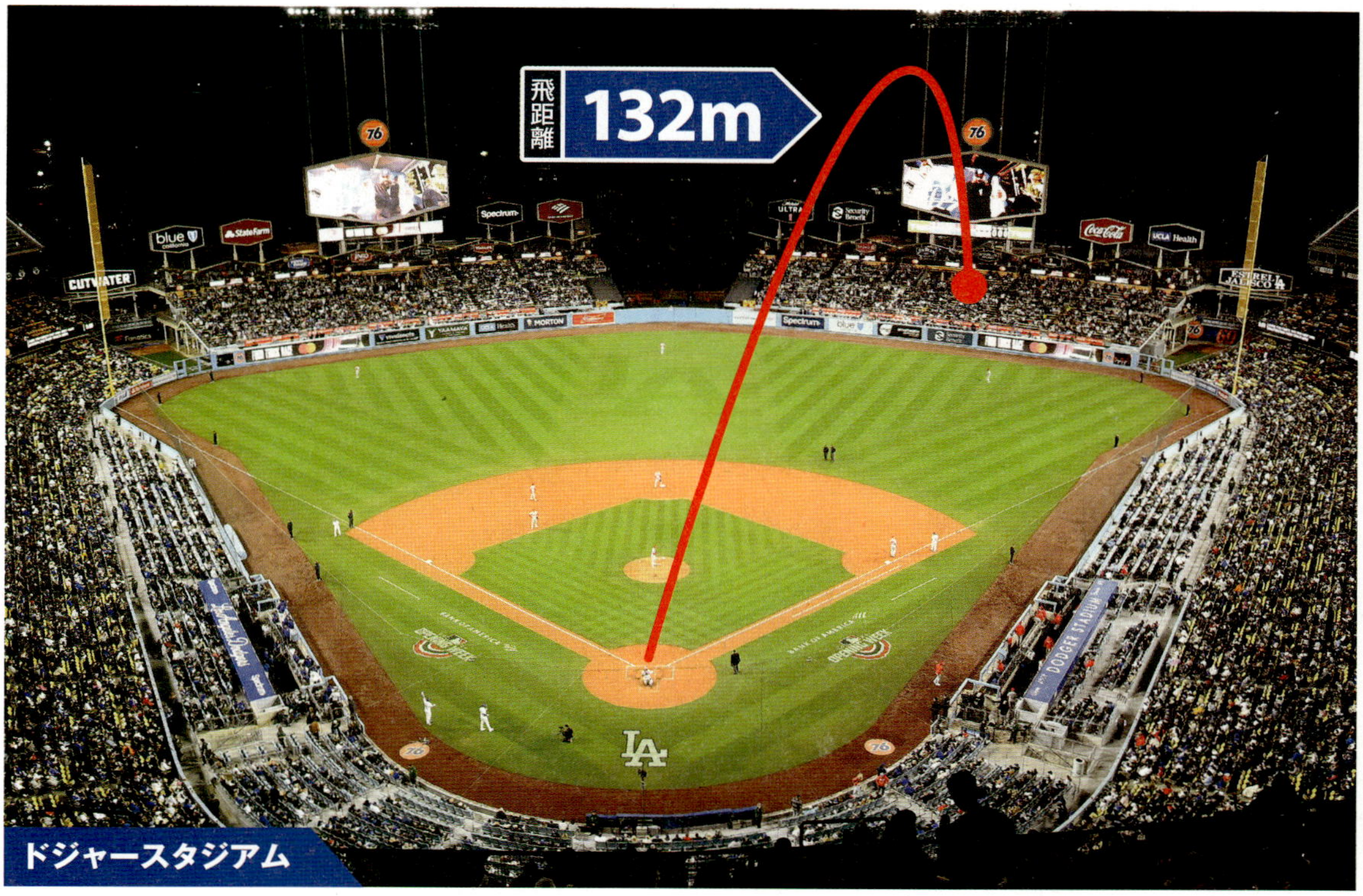

7月2日　試合結果:ドジャース 6−5 ダイヤモンドバックス

スコアボード	1	2	3	4	5	6	7	8	9	R	H	E
ダイヤモンドバックス	0	0	0	2	0	0	1	1	1	5	10	1
ドジャース	1	0	1	0	0	0	2	0	2x	6	12	1

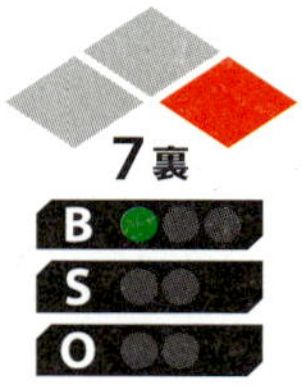

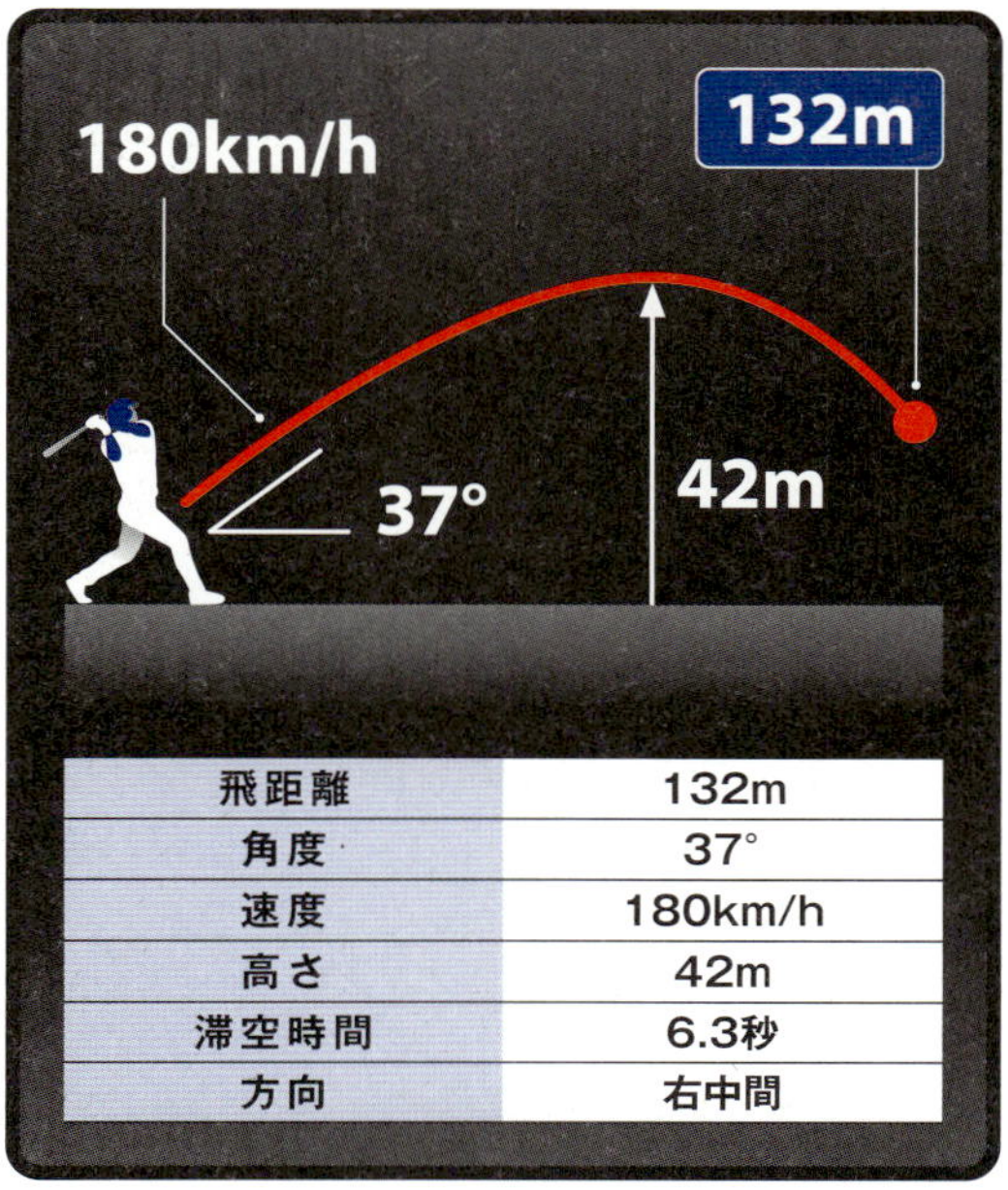

飛距離	132m
角度	37°
速度	180km/h
高さ	42m
滞空時間	6.3秒
方向	右中間

投手
J・マルティネス(右)

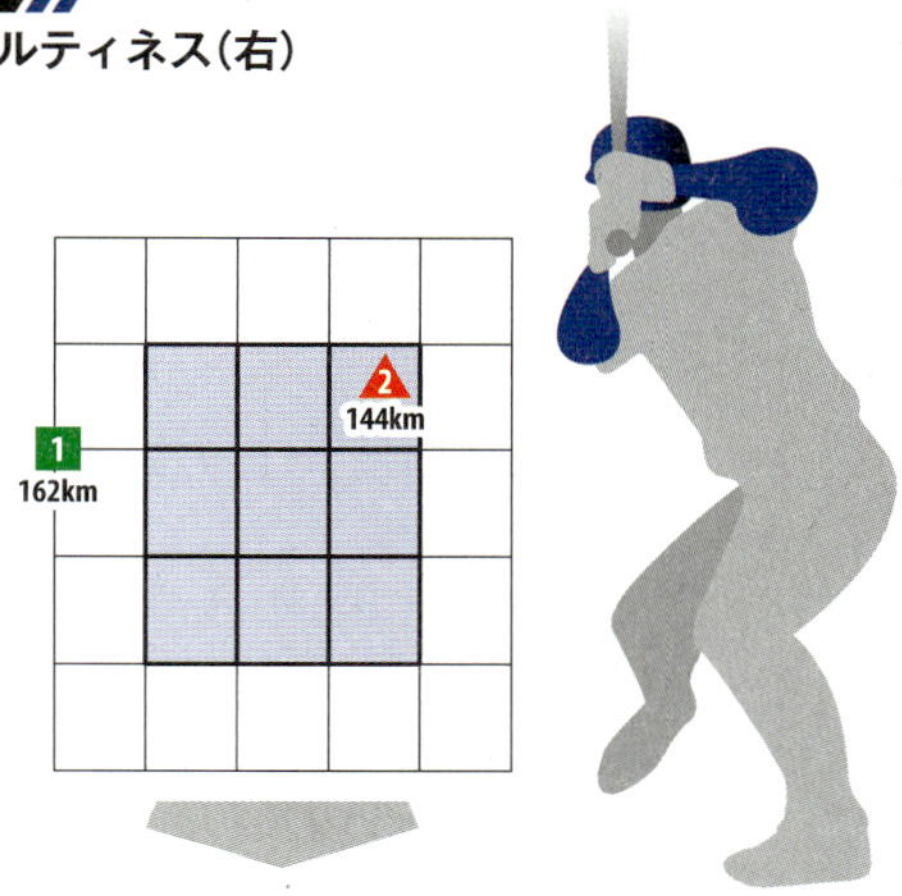

フォーシーム　ツーシーム　カットボール
スプリット　チェンジアップ　スライダー
カーブ

28号

1番・DH

SHOHEI OHTANI 28th HOME RUN

30歳初アーチで通算200本へ王手

7月6日

この試合まで11打数無安打、6打席連続三振を喫するなど低調も、特大弾で払拭した。1点リードの8回裏、身長2メートルの長身左腕ブライアン・ハドソンの内角低めカットボールを右中間へ。飛距離131メートルの特大本塁打で、MLB自身通算200号まであと1とした。

前日の7月5日に誕生日を迎え、この28号ソロが30歳初アーチ。この〝祝砲〟は記録尽くしの一発となった。オールスター前の22本塁打は1930年以降では球団最多。全5打席で出塁したが、1試合に本塁打、三塁打、盗塁、複数の四死球を記録したケースは近代野球で史上初だった。

翌7日のブルワーズ戦では1試合2盗塁で、2年連続の「20本塁打&20盗塁」を達成。オールスター前の達成は今季MLB最速という快挙でもあった。

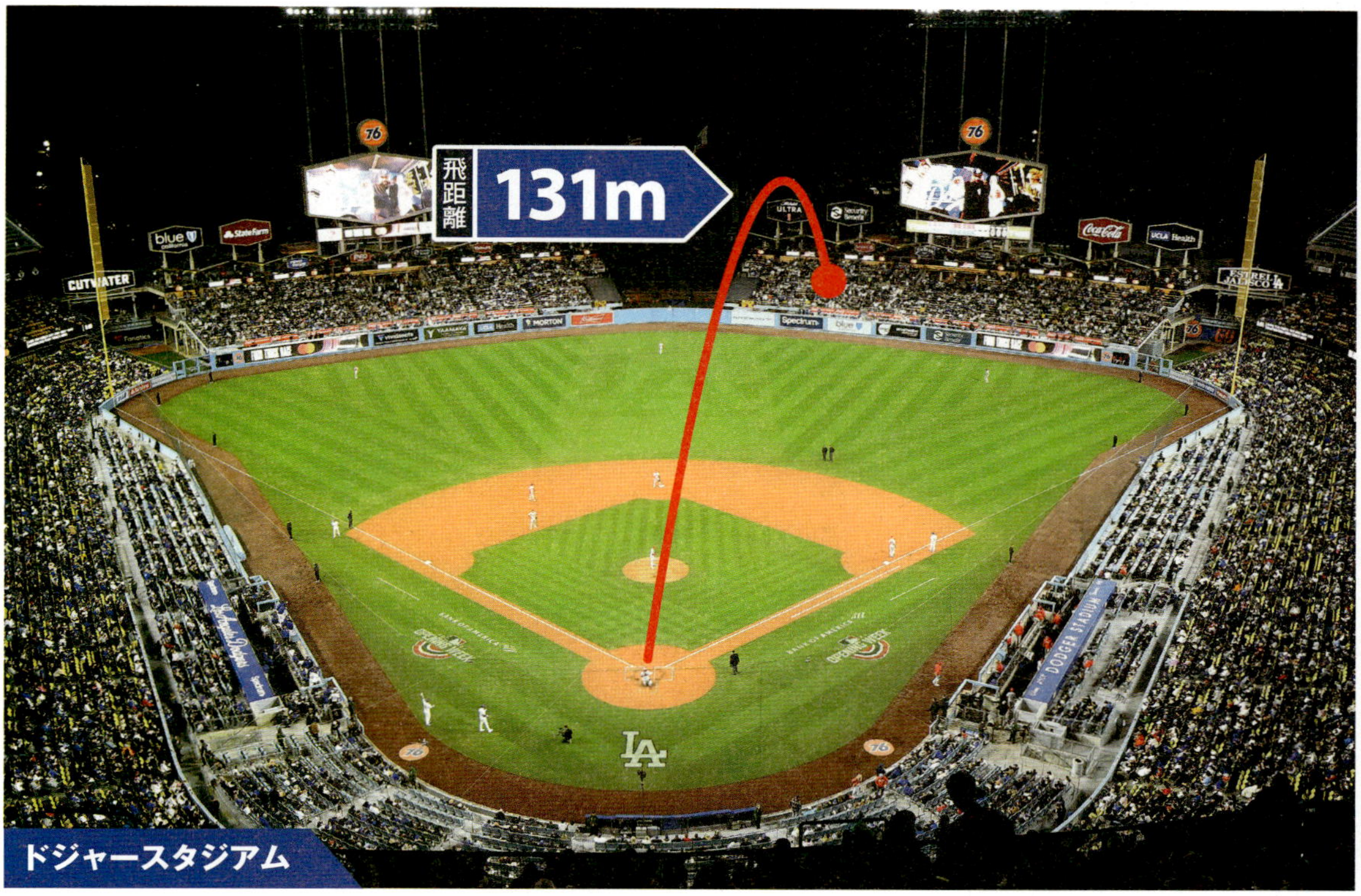

ドジャースタジアム

7月6日　試合結果:ドジャース 5−3 ブルワーズ

スコアボード	1	2	3	4	5	6	7	8	9	R	H	E
ブルワーズ	1	0	0	1	0	0	0	1	0	3	5	2
ドジャース	3	0	0	0	0	0	0	2	X	5	9	0

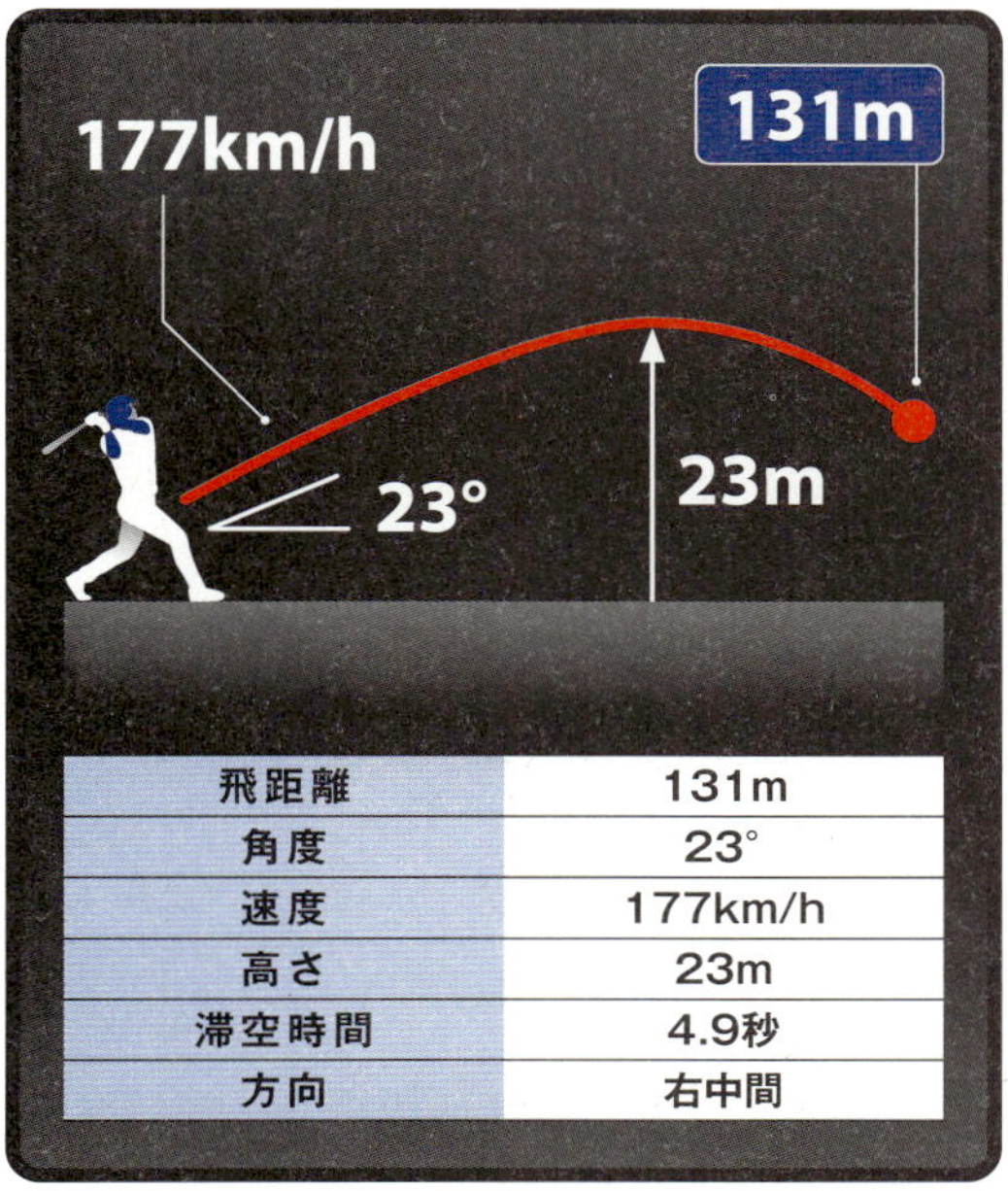

飛距離	131m
角度	23°
速度	177km/h
高さ	23m
滞空時間	4.9秒
方向	右中間

投手
B・ハドソン(左)

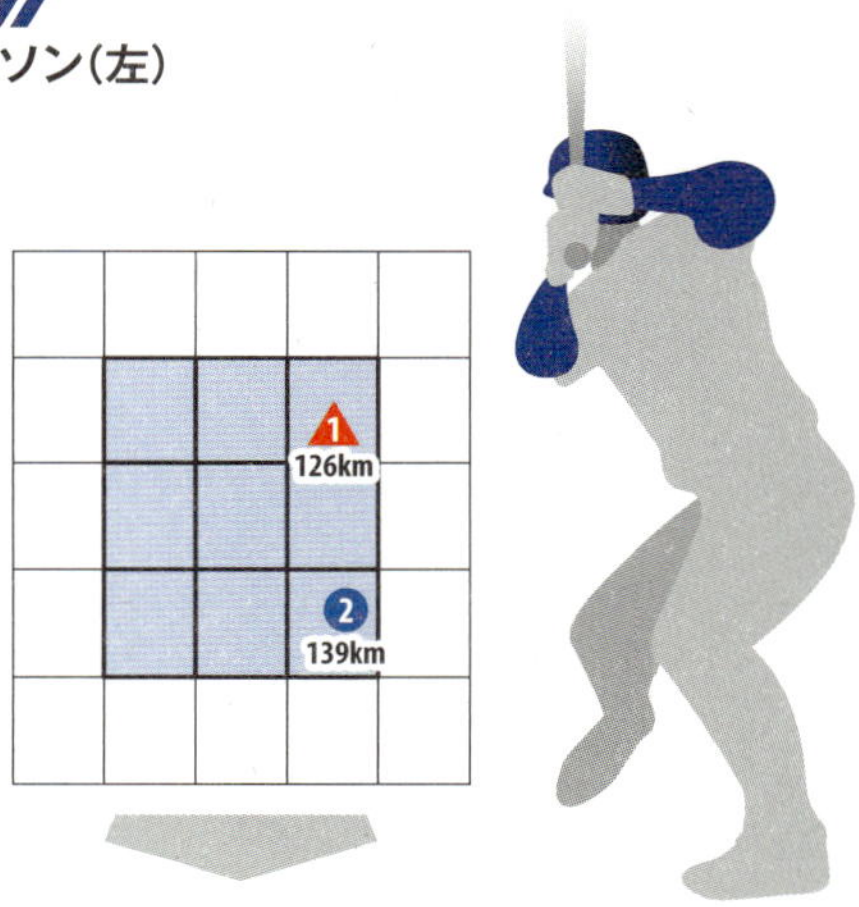

フォーシーム　ツーシーム　カットボール
スプリット　チェンジアップ　スライダー
カーブ

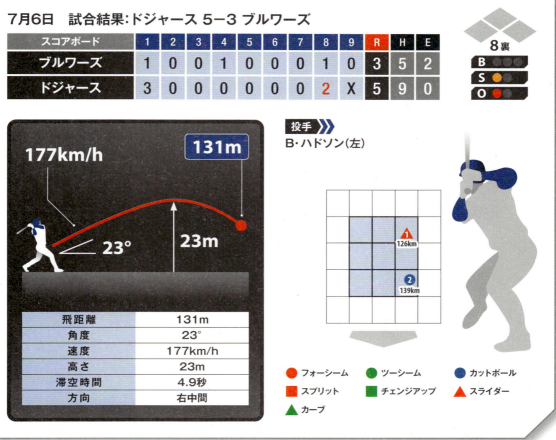

29号

1番・DH

SHOHEI OHTANI 29th HOME RUN

日本選手初のＭＬＢ通算２００号に到達

本塁打数トップで前半戦折り返し

7月13日

メジャー7年目にして、また大記録を打ち立てた。同点で迎えた5回の先頭で、メジャー1年目右腕ケイデル・モンテロの甘いチェンジアップを右翼ポール際へ持っていった。高さ19メートルの低い弾道は4・1秒でスタンドに着弾。一時勝ち越しとなる29号ソロ、日本選手では初となるＭＬＢ通算２００号をマークした。

コメリカ・パークは昨季、大谷ならではの伝説を築いた思い出の球場。ダブルヘッダー1試合目で先発投手として初完封勝利を収め、その45分後に始まった2試合目では2打席連続本塁打。打者専念の今季は、その地で大きな節目を迎えた格好だ。

前半戦を本塁打数リーグトップで折り返し、4年連続30本塁打にも王手をかけた。打率は2位、打点は3位。日本選手初の三冠王へ夢をつなぐ。

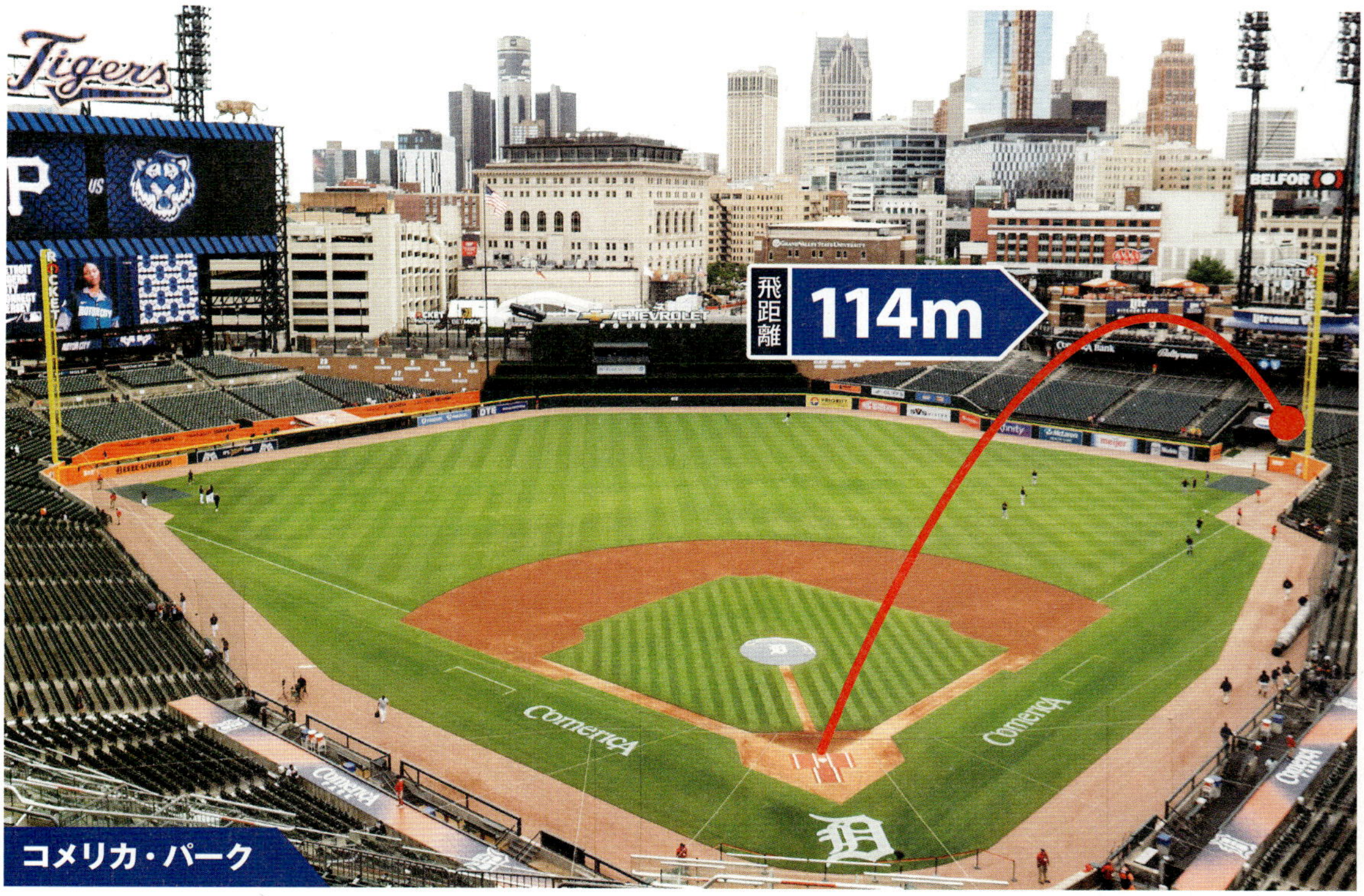

コメリカ・パーク

7月13日　試合結果:ドジャース 9−11 タイガース

スコアボード	1	2	3	4	5	6	7	8	9	10	R	H	E
ドジャース	1	0	1	0	3	1	2	1	0	0	9	12	1
タイガース	0	2	0	0	2	0	0	0	5	2x	11	16	1

5表
B
S
O

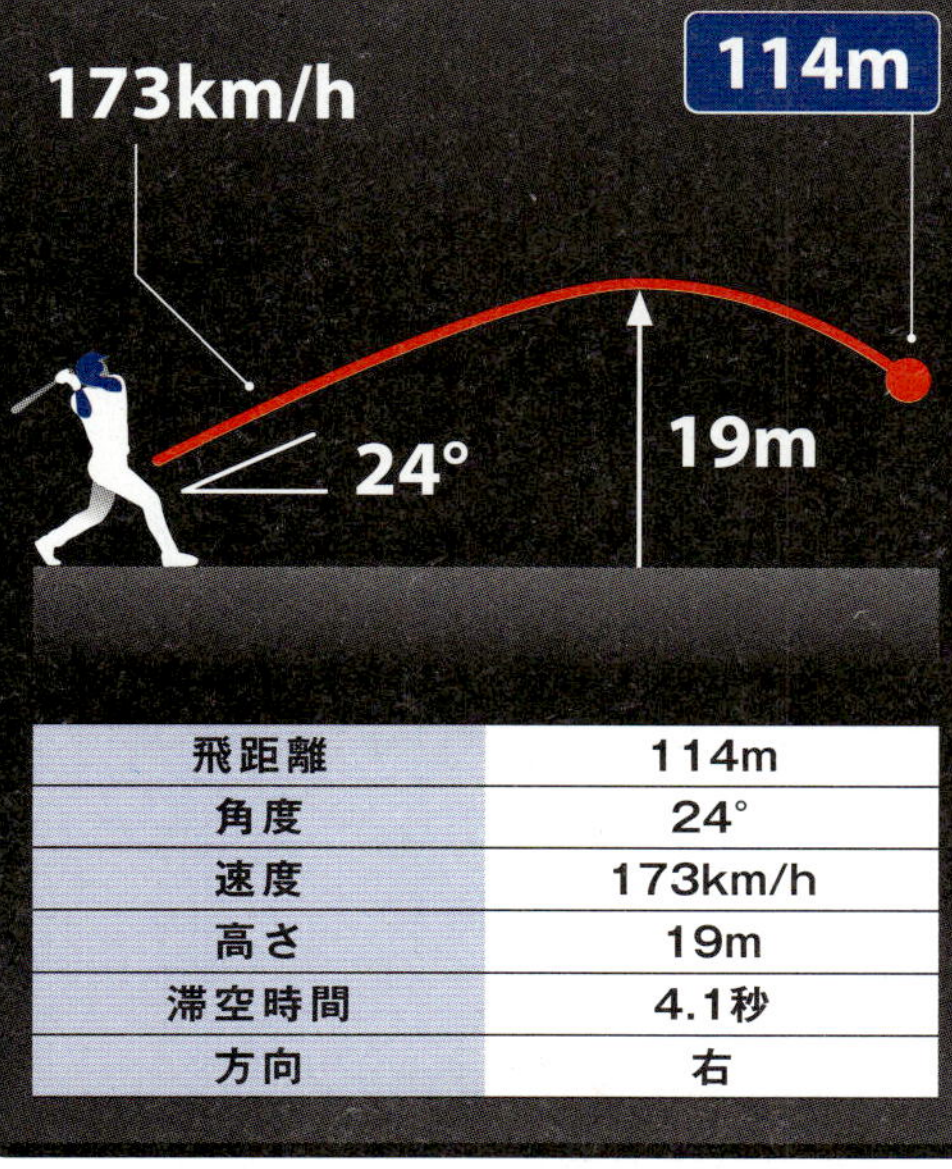

飛距離	114m
角度	24°
速度	173km/h
高さ	19m
滞空時間	4.1秒
方向	右

投手
K・モンテロ(右)

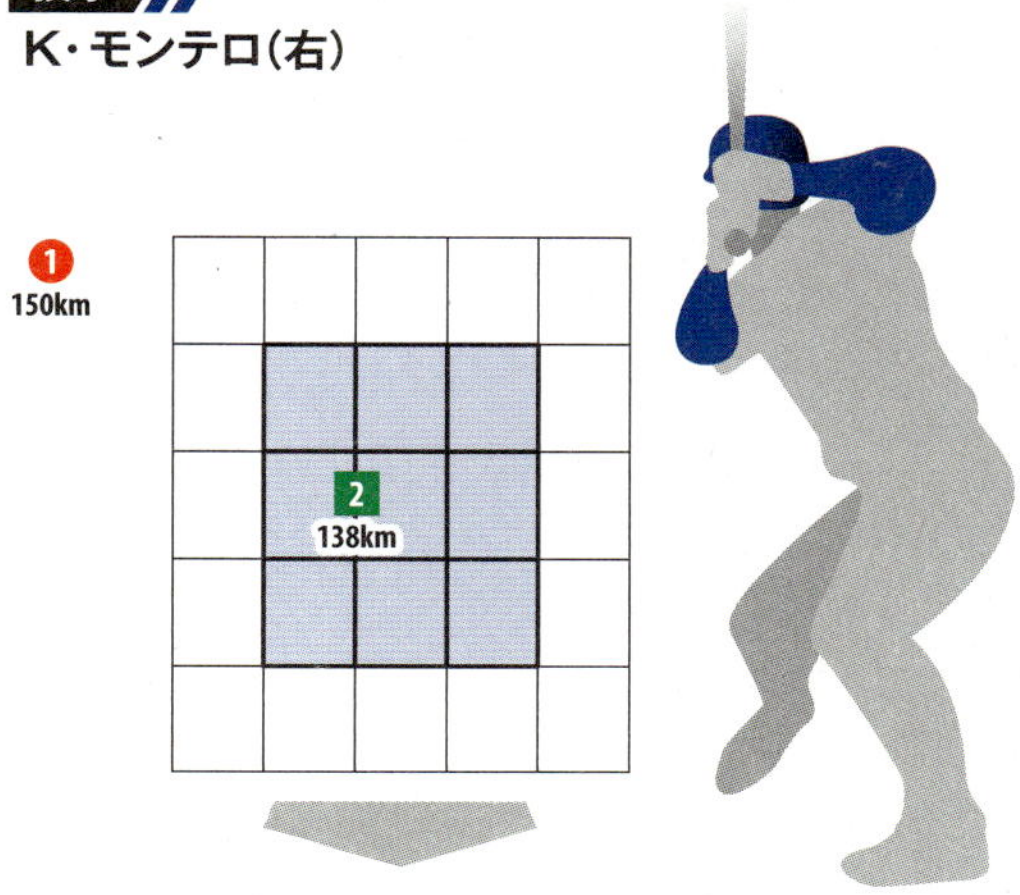

フォーシーム　ツーシーム　カットボール
スプリット　チェンジアップ　スライダー
カーブ

30号

1番・DH

SHOHEI OHTANI 30th HOME RUN

日本選手初となる4年連続30号を達成

ドジャースタジアム史上2番目の特大弾

7月21日

後半戦の一発目も強烈だった。オールスター明けからの3戦目。3点リードの5回裏無死走者なしの場面。右腕カッター・クロフォードが4球目で初めて低めに投じたカットボールを振り抜いた。打球速度188キロの30号ソロは、右中間最深部の通路でバウンドし、場外へ飛び出した。飛距離473フィート（約144・1メートル）は、ドジャースタジアムでは2015年にジアンカルロ・スタントンが記録した475フィート（約144・7メートル）に次ぐ特大弾。これで日本選手初の4年連続30号を達成した。

4年連続4度目出場の7月16日のオールスターでは自身初の本塁打を放ち、2021年の勝利投手と合わせ、史上初めてオールスターで勝利投手と本塁打をマークした選手に。後半戦も新たな記録へばく進していく。

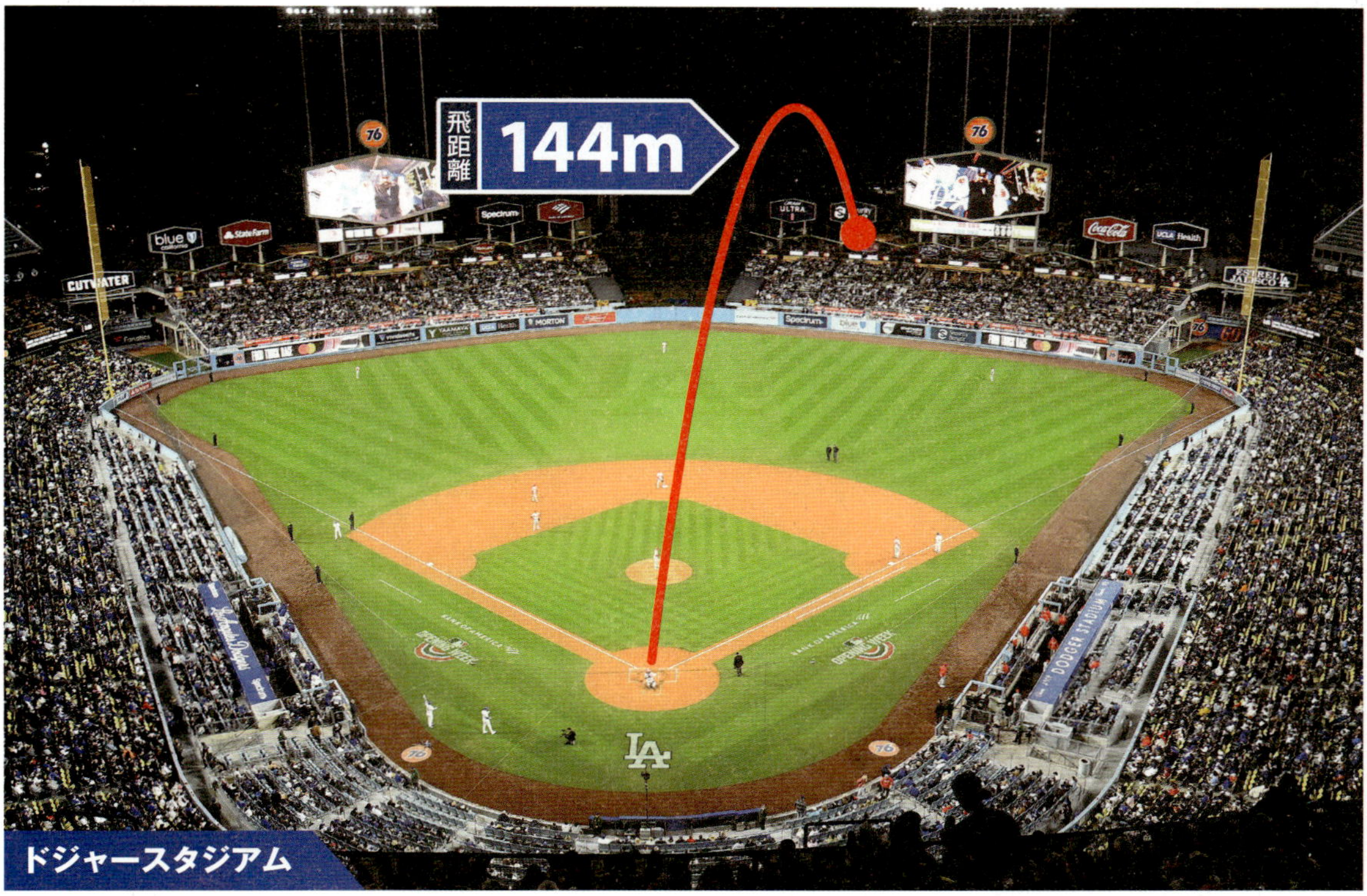

ドジャースタジアム

7月21日　試合結果:ドジャース 9−6 レッドソックス

スコアボード	1	2	3	4	5	6	7	8	9	R	H	E
レッドソックス	2	0	0	0	0	1	0	0	3	6	9	0
ドジャース	2	0	1	1	2	0	0	3	X	9	10	1

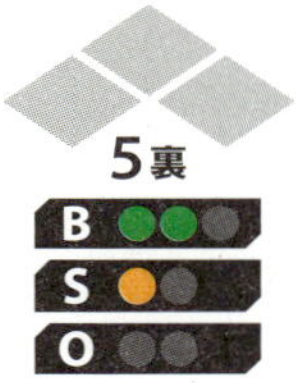

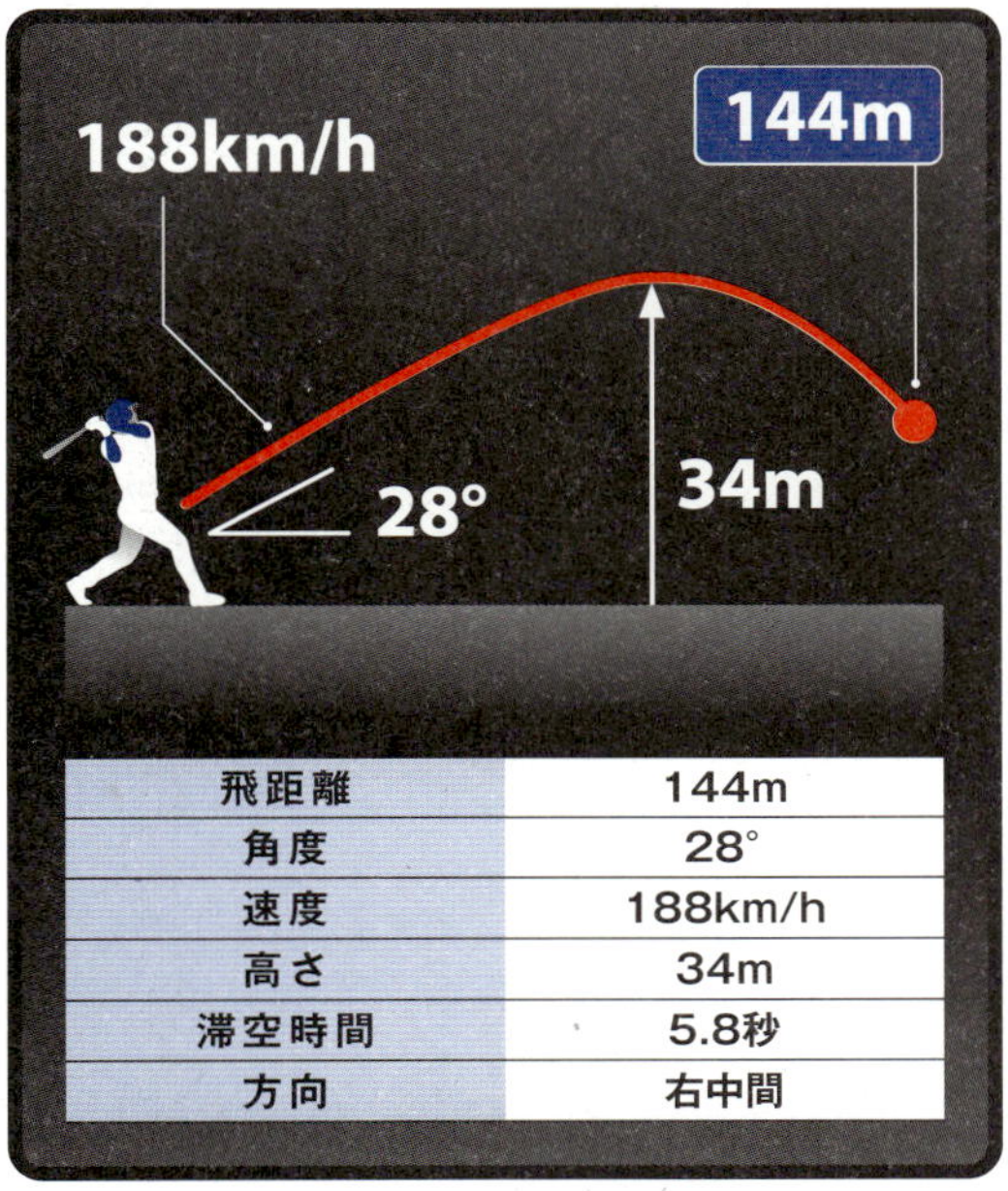

飛距離	144m
角度	28°
速度	188km/h
高さ	34m
滞空時間	5.8秒
方向	右中間

投手

K・クロフォード(右)

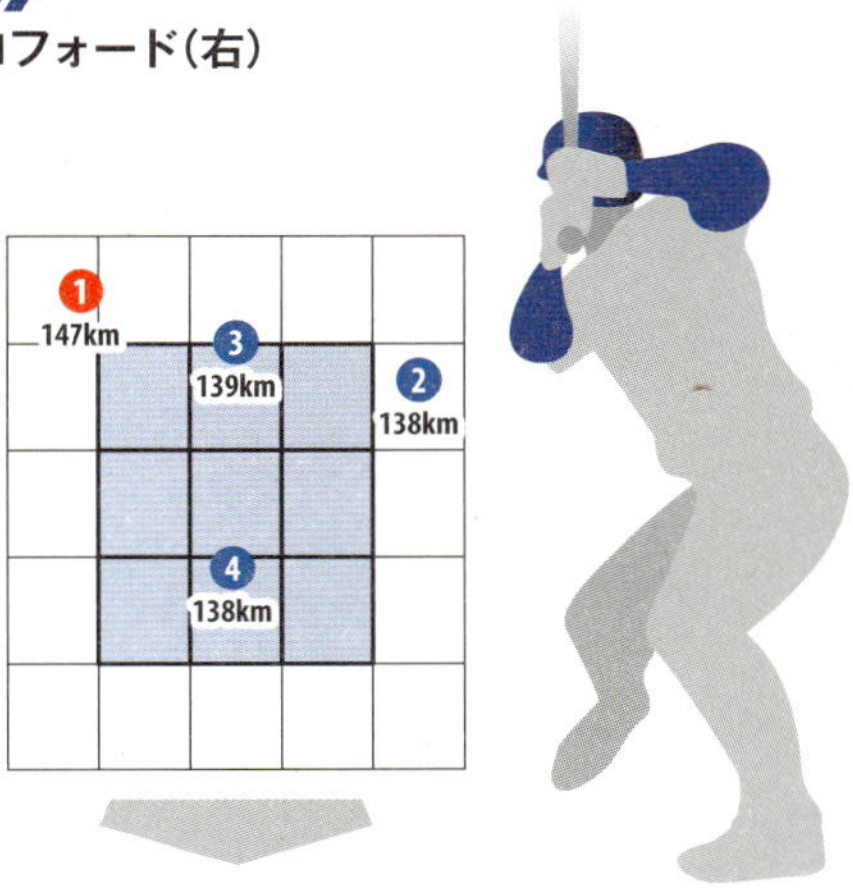

● フォーシーム　● ツーシーム　● カットボール
■ スプリット　■ チェンジアップ　▲ スライダー
▲ カーブ

31号

1番・DH

自身〝過去最大〟の打球角度と滞空時間

7月25日

SHOHEI OHTANI 31st HOME RUN

日本選手史上6人目「日米通算250号」

〝過去最大〟の一発だ。1点を勝ち越した直後の8回裏1死、下手投げ右腕タイラー・ロジャーズの初球、内角スライダーを右方向へ打ち上げた。自身の本塁打では過去最大の打球角度46度、滞空時間7・1秒。最高到達点は55メートルという大放物線を描き、二塁を回ったところで右腕を掲げた。これで日米通算250号（NPB48本、MLB202本）。日本選手による日米大台到達は松井秀喜、中村紀洋、福留孝介、井口資仁、城島健司に続き6人目となった。

ドラマチックな一戦でもあった。昨年左肩を手術した通算210勝の左腕エース、クレイトン・カーショウが復帰先発。8回には、パドレスから前日加入したニック・アーメドが勝ち越しの移籍後初本塁打。そして、続く大谷の2者連続弾でベンチは大盛り上がりとなった。

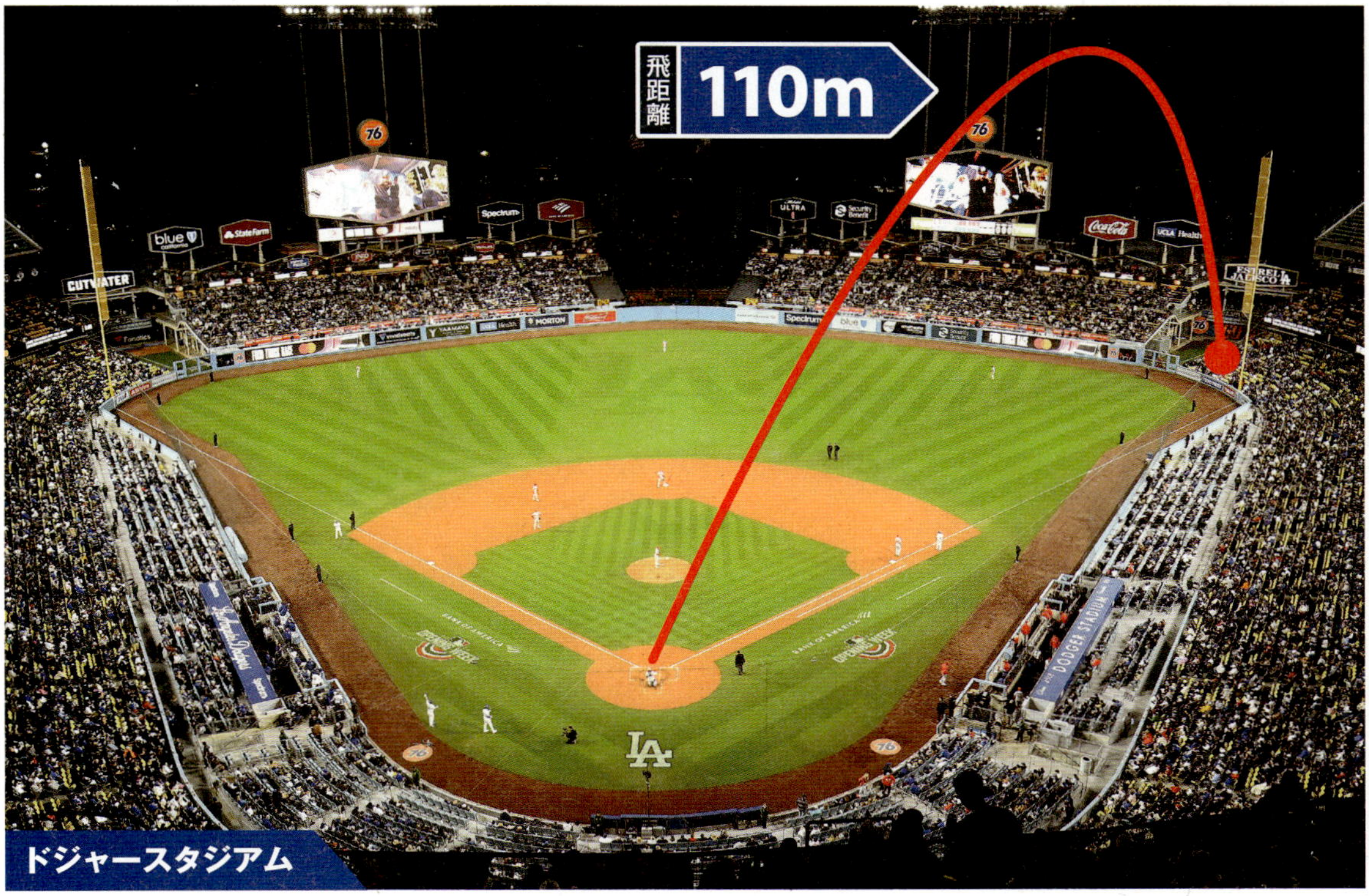

7月25日　試合結果:ドジャース 6−4 ジャイアンツ

スコアボード	1	2	3	4	5	6	7	8	9	R	H	E
ジャイアンツ	0	0	2	0	0	0	0	2	0	4	11	0
ドジャース	0	1	0	2	1	0	0	2	X	6	14	0

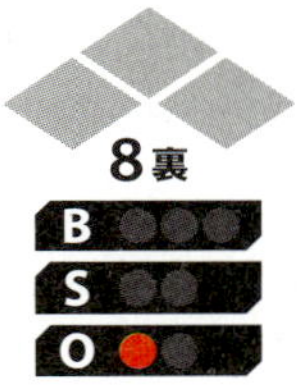

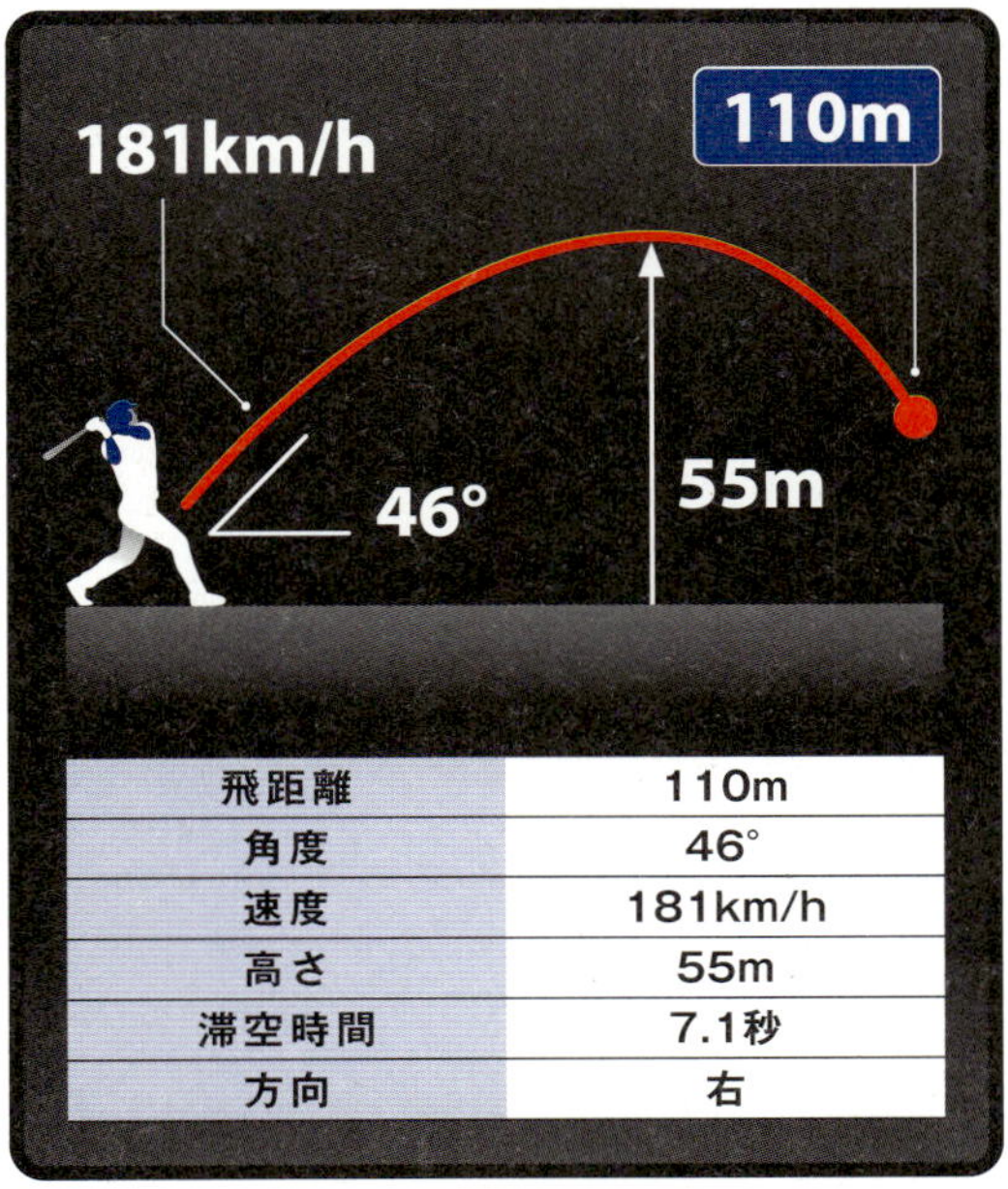

飛距離	110m
角度	46°
速度	181km/h
高さ	55m
滞空時間	7.1秒
方向	右

投手

Ty・ロジャーズ(右)

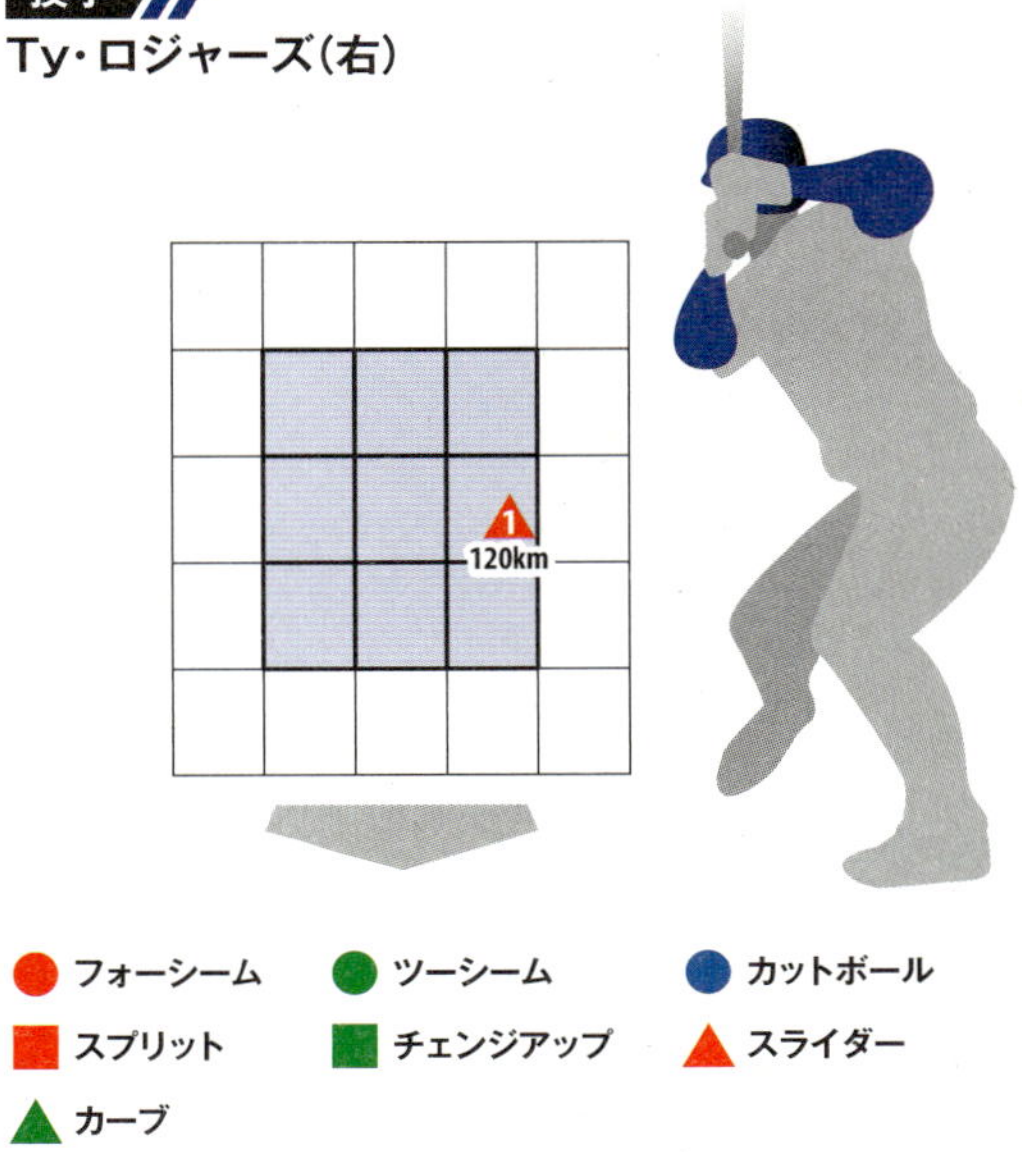

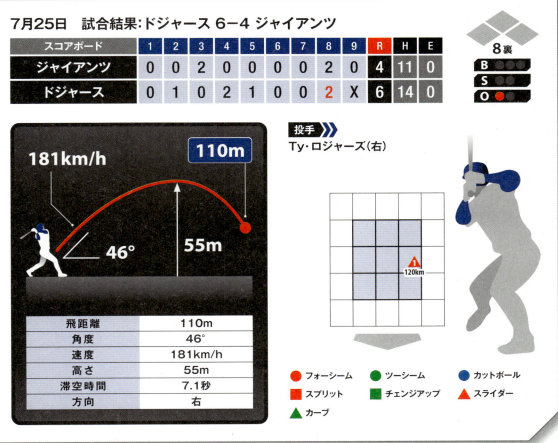

32号

1番・DH

SHOHEI OHTANI 32nd HOME RUN

自己最速タイの打球速度１９１キロ弾

特大飛距離 ２階席最上段へ

7月27日

ジョンソン宇宙センターが有名な敵地ヒューストンで放った、まさにロケット弾！

１点リードの３回表、右腕ロネル・ブランコのド真ん中直球をジャストミート。打球は右翼２階席最上段の通路付近へ突き刺さった。特大１４１メートルの32号ソロ。打球速度１１８・９マイル（約１９１キロ）は、本塁打では４月23日、ナショナルズ戦の６号ソロと並ぶ自身最速タイだった。

打者専念の今季は走塁でも記録の予感だ。８回に２０２１年に並ぶ自己最多タイの26盗塁。翌28日のアストロズ戦では３試合連続、キャリアハイの27盗塁目をマークした。さらに、同30日のパドレス戦では松井稼頭央、イチローに並ぶ日本選手最長タイの４試合連続盗塁。メジャー史上６人目の「40本塁打・40盗塁」が現実味を帯びてきた。

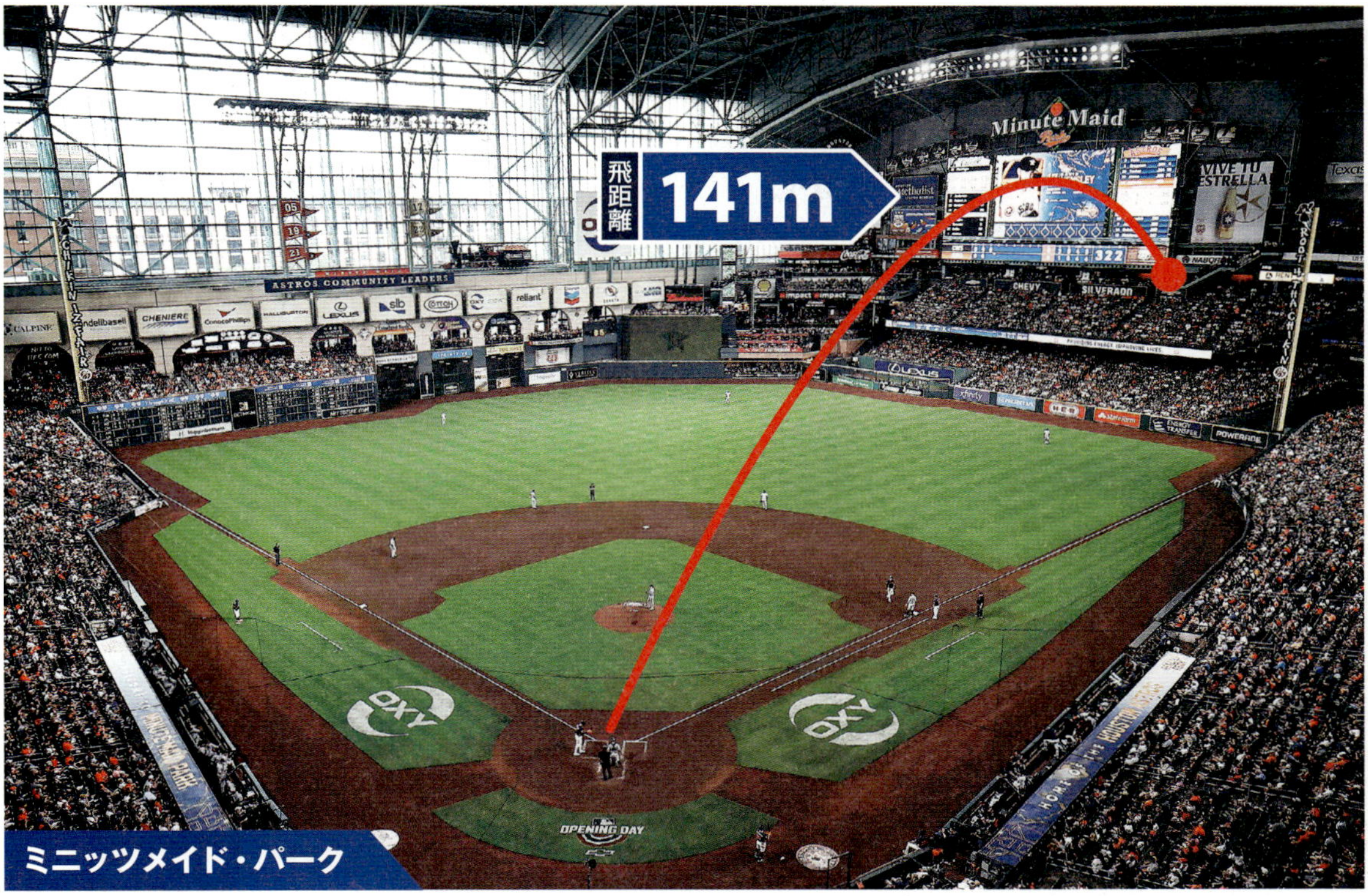

7月27日　試合結果:ドジャース 6−7 アストロズ

スコアボード	1	2	3	4	5	6	7	8	9	R	H	E
ドジャース	0	1	1	0	2	1	0	1	0	6	7	0
アストロズ	0	0	0	0	0	4	0	2	1x	7	12	0

3表
B
S
O

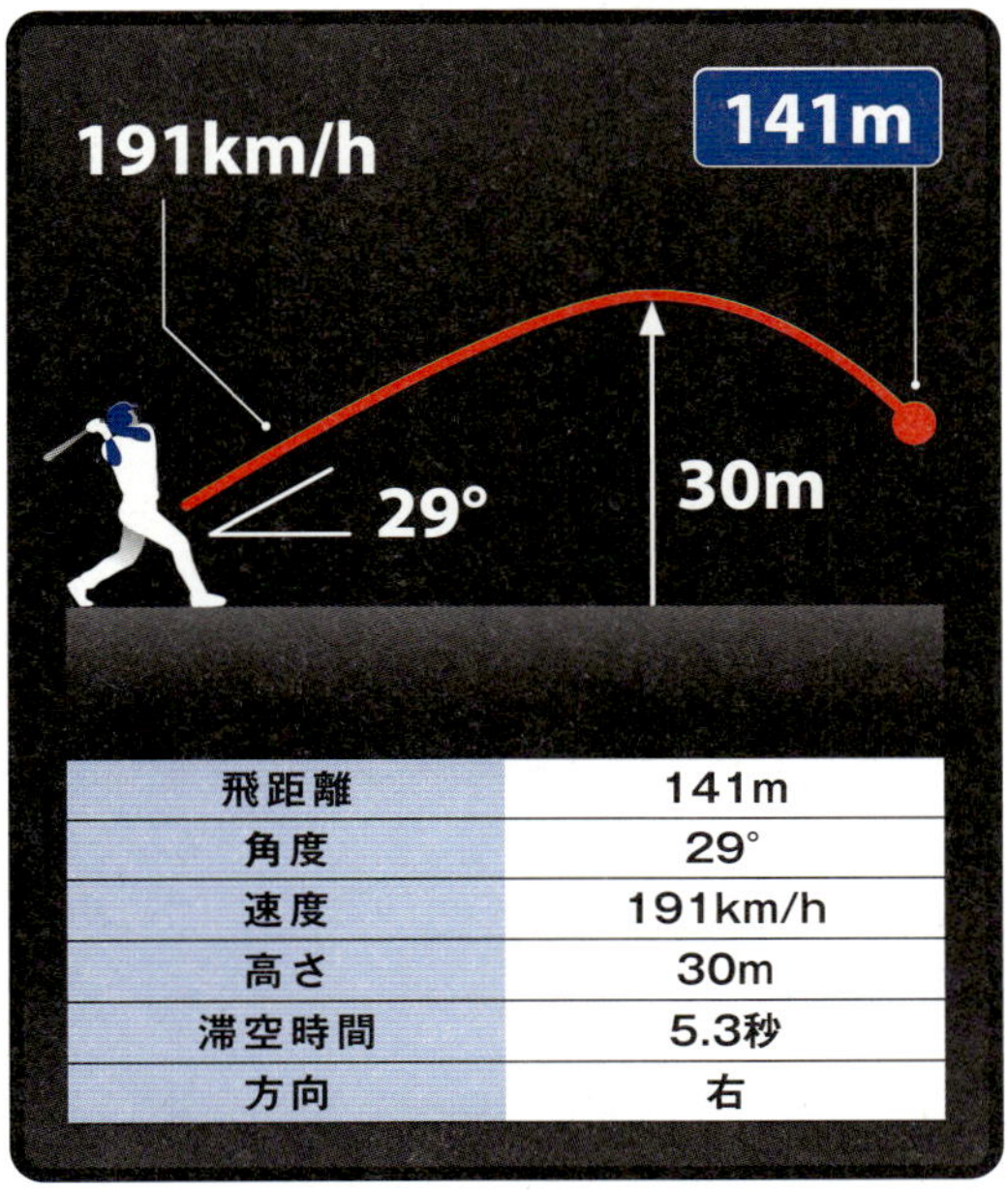

飛距離	141m
角度	29°
速度	191km/h
高さ	30m
滞空時間	5.3秒
方向	右

投手
R･ブランコ(右)

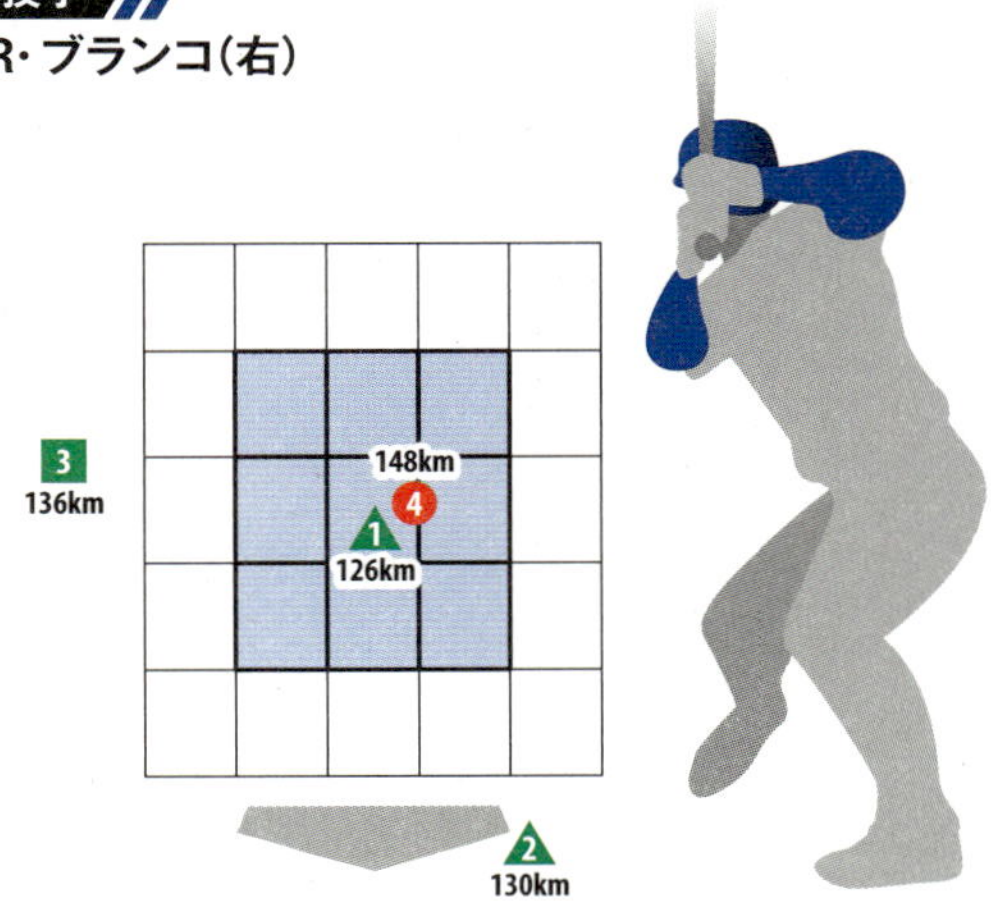

フォーシーム　ツーシーム　カットボール
スプリット　チェンジアップ　スライダー
カーブ

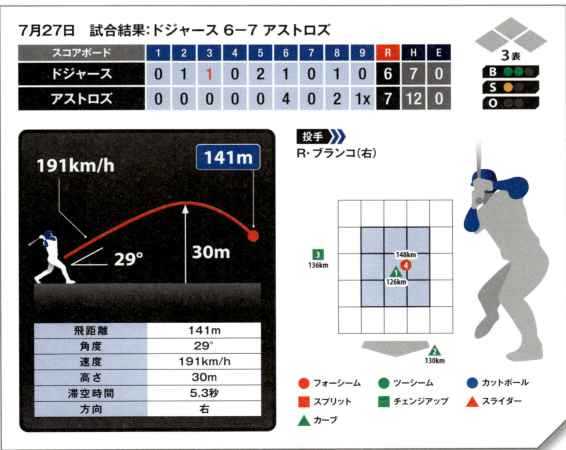

33号

1番・DH

SHOHEI OHTANI 33rd HOME RUN

今季ワースト20打席ぶり安打は3ラン

珍しく感情をあらわにした。4点を追う9回表2死一、二塁の場面で、右腕タイラー・ファーガソンの150キロ直球を右翼席へ放り込んだ。気合を発してのバットフリップ。今季ワーストの連続打席無安打を19で止める33号3ラン。これで1点差に詰め寄った。

6月は月間12本塁打も、7月は6本と苦しんだ。〝MVPトリオ〟のムーキー・ベッツは左手骨折で6月に、フレディ・フリーマンも家庭の事情で7月に離脱。チームの苦境脱出は大谷の双肩にかかっていた。

一方で翌3日のアスレチックス戦で、日米通じて自身初の1試合3盗塁で今季31盗塁。日本選手初、球団史上3人目の「30本塁打・30盗塁」を達成した。出場108試合は歴代3番目のスピード達成。MLBの魅力「パワー&スピード」を体現している。

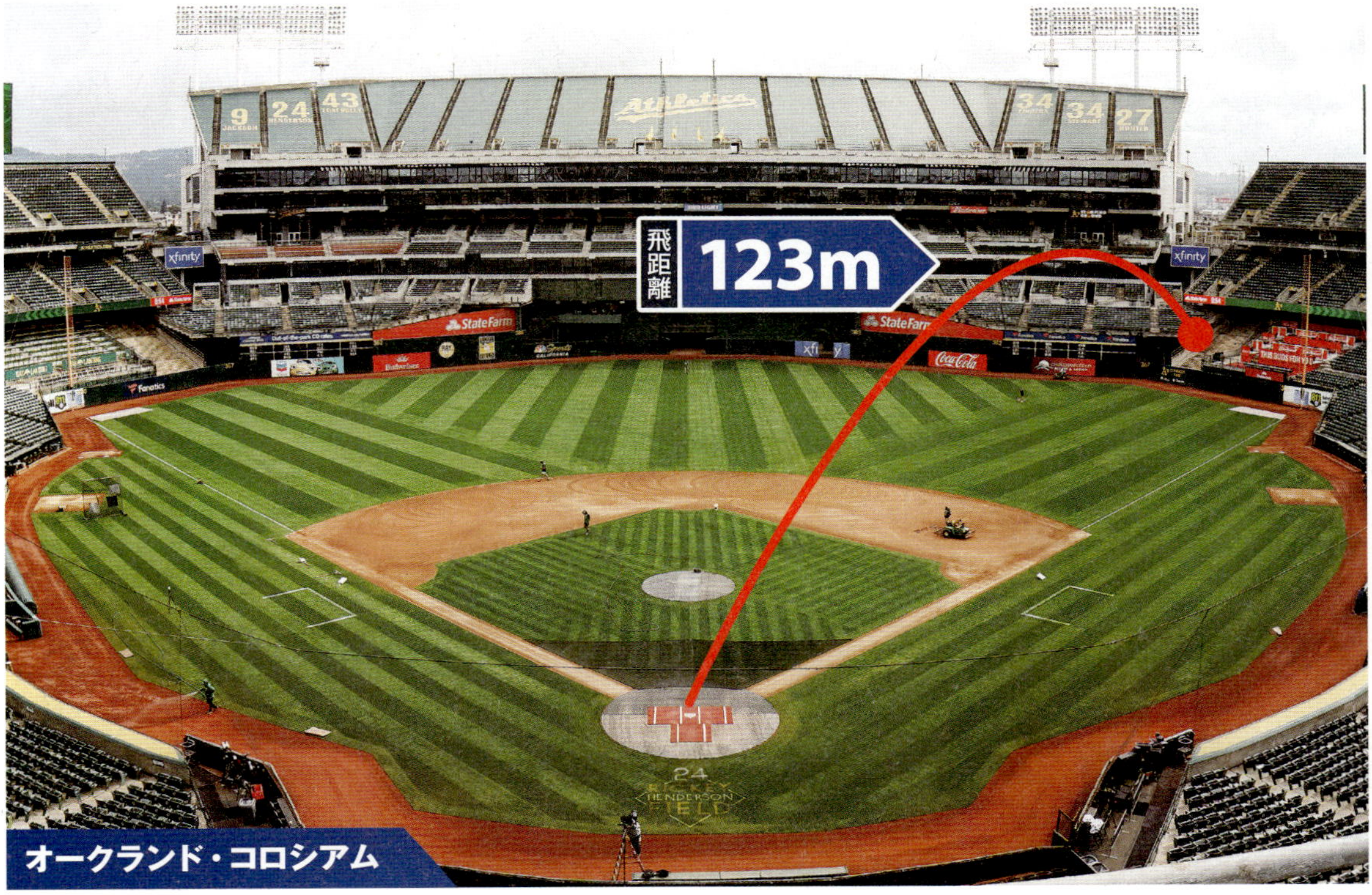

オークランド・コロシアム

8月2日　試合結果:ドジャース 5–6 アスレチックス

スコアボード	1	2	3	4	5	6	7	8	9	R	H	E
ドジャース	2	0	0	0	0	0	0	0	3	5	6	0
アスレチックス	0	0	0	2	4	0	0	0	X	6	11	0

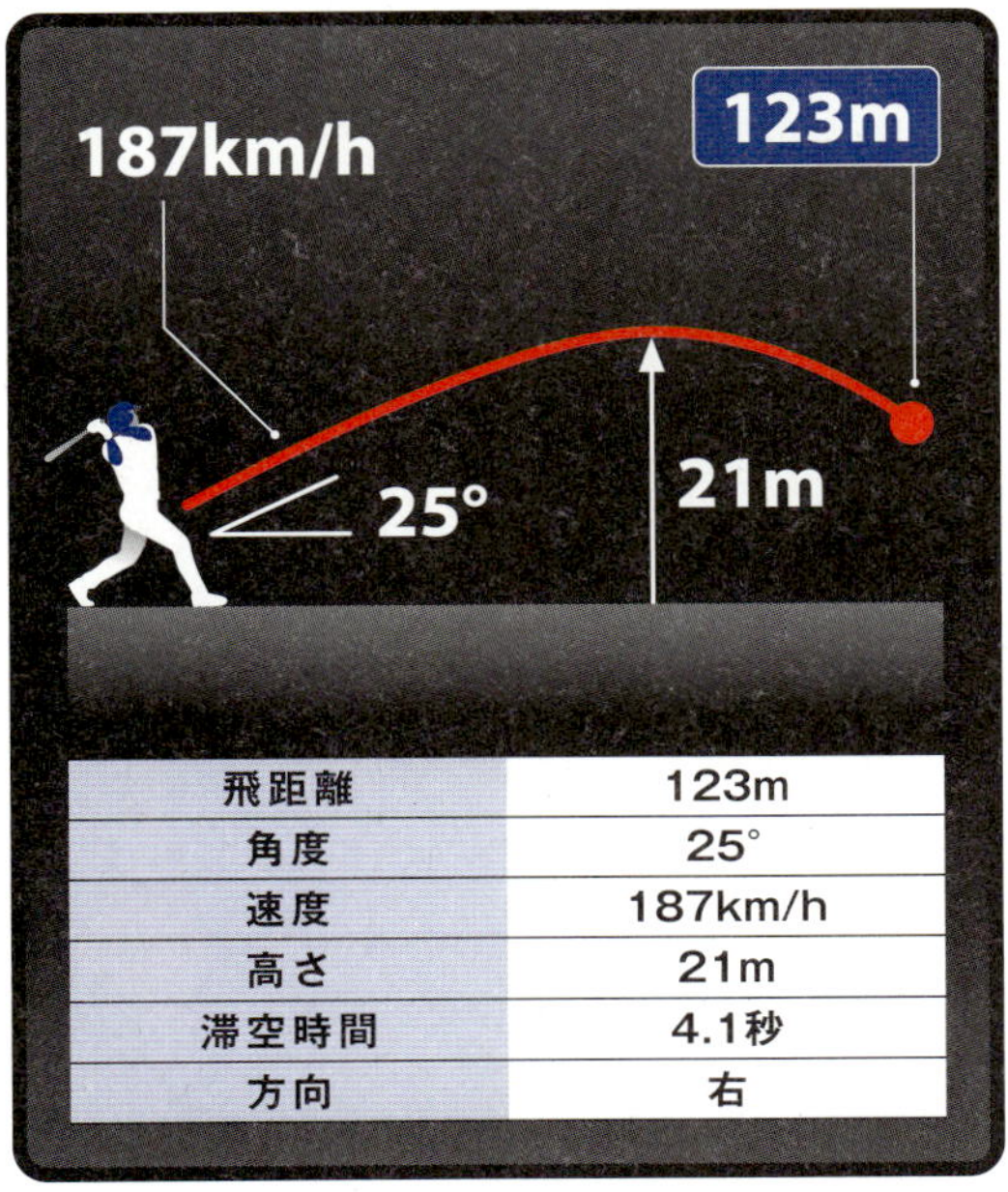

飛距離	123m
角度	25°
速度	187km/h
高さ	21m
滞空時間	4.1秒
方向	右

投手

T·ファーガソン(右)

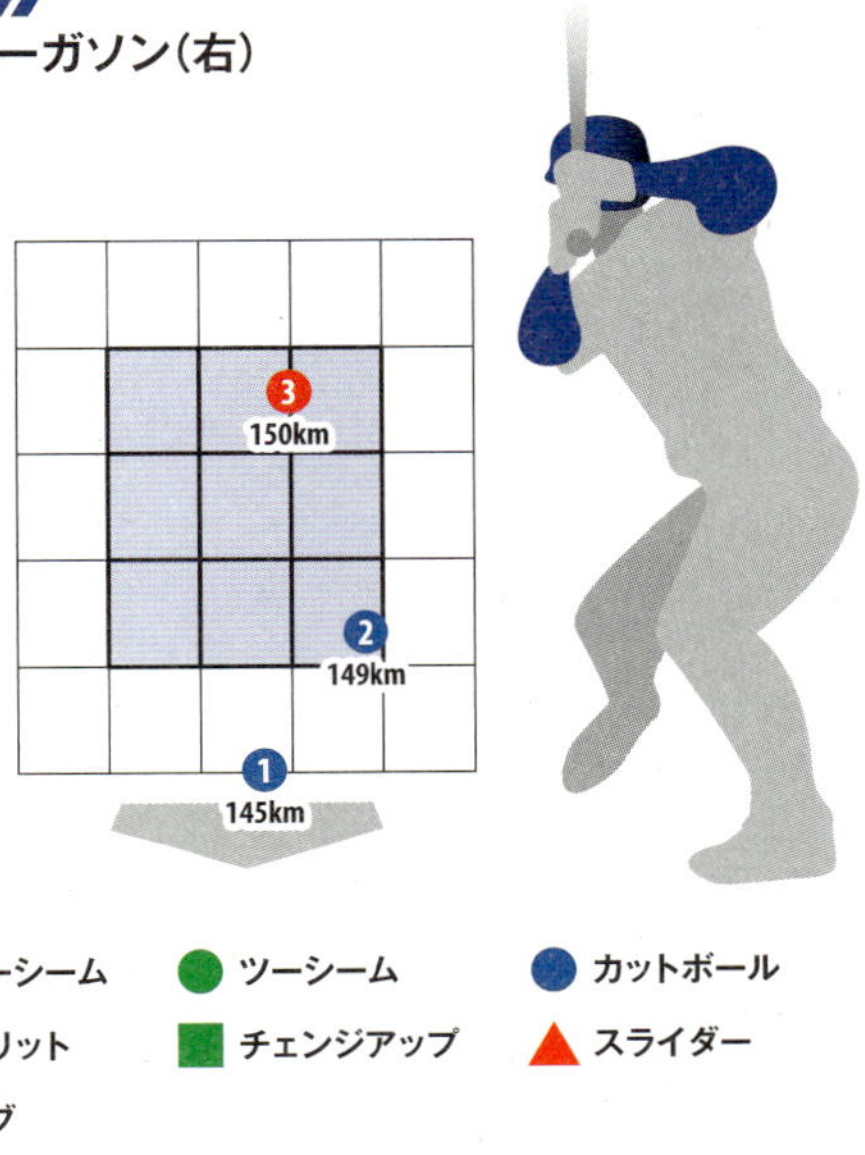

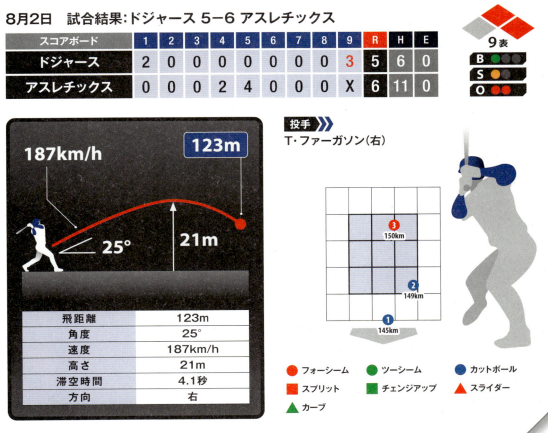

34号

1番・DH

SHOHEI OHTANI 34th HOME RUN

滞空時間6・4秒の〝ギリギリ〟アーチ

今季2度目の「踏み直し」も

8月5日

滞空時間6・4秒。打球角度37度で高々と上がった打球の行方を、観客も大谷も息をのんで見つめていた。

1点リードの8回裏、1ボールから左腕タナー・バンクスの2球目、外寄りのチェンジアップに振り抜いた。スタンドインか、それとも中飛か――飛距離117メートルの飛球は左中間スタンド最前列へポトリ。34号ソロで一気に歓声が弾けた。

大谷は一、二塁間で落下点を確認すると、集中していたことで踏み忘れを心配したのか、Uターンして一塁ベースを再度踏むハプニングも。6月25日のホワイトソックス戦で24号を放った際もベンチからの指摘で一塁へ戻っており、今季2度目の「踏み直し」だった。

フィリーズ戦では初アーチ。全30球団制覇までカージナルスを残すのみとなった。

8月5日　試合結果:ドジャース 5−3 フィリーズ

スコアボード	1	2	3	4	5	6	7	8	9	R	H	E
フィリーズ	0	2	0	0	0	1	0	0	0	3	8	0
ドジャース	0	0	4	0	0	0	0	1	X	5	9	0

8裏
B
S
O

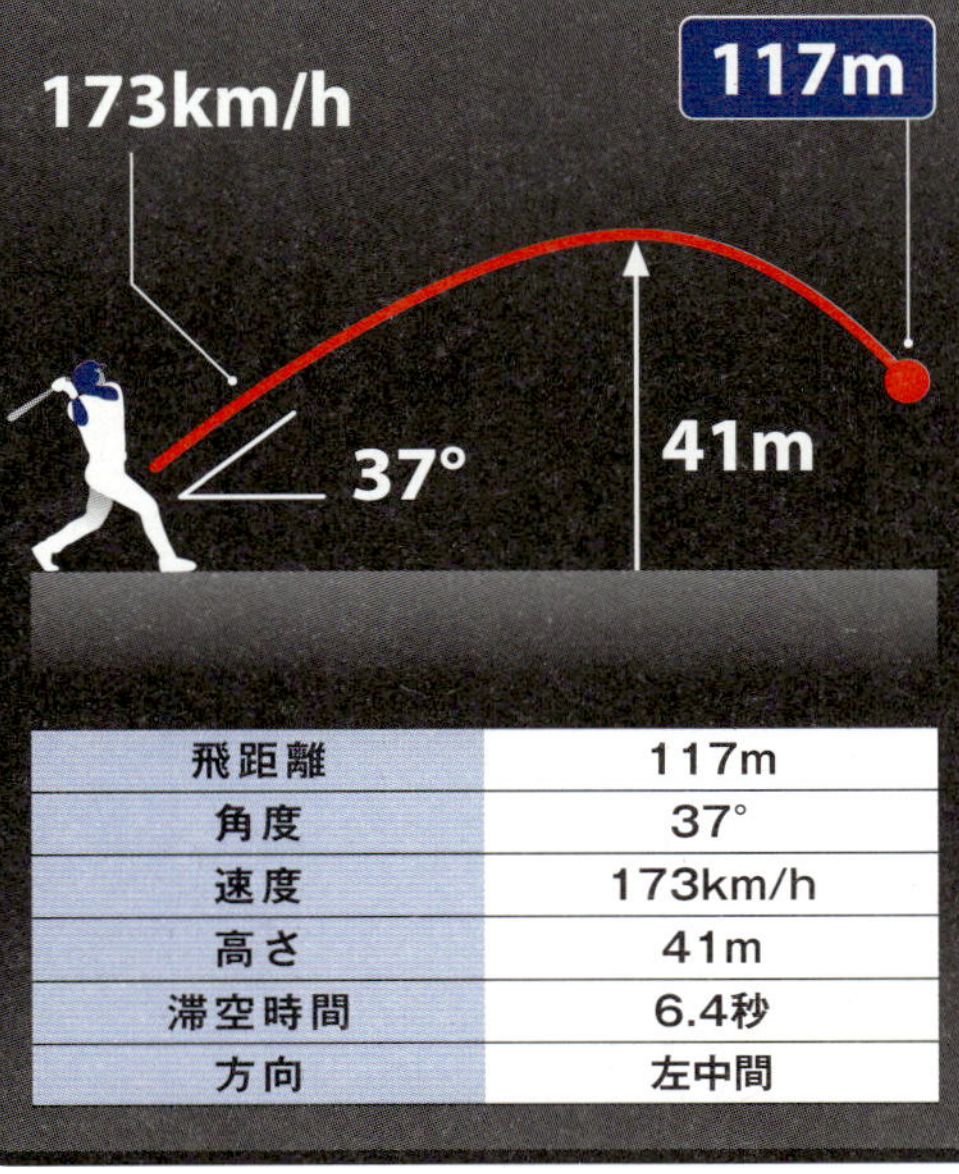

飛距離	117m
角度	37°
速度	173km/h
高さ	41m
滞空時間	6.4秒
方向	左中間

投手

T・バンクス(左)

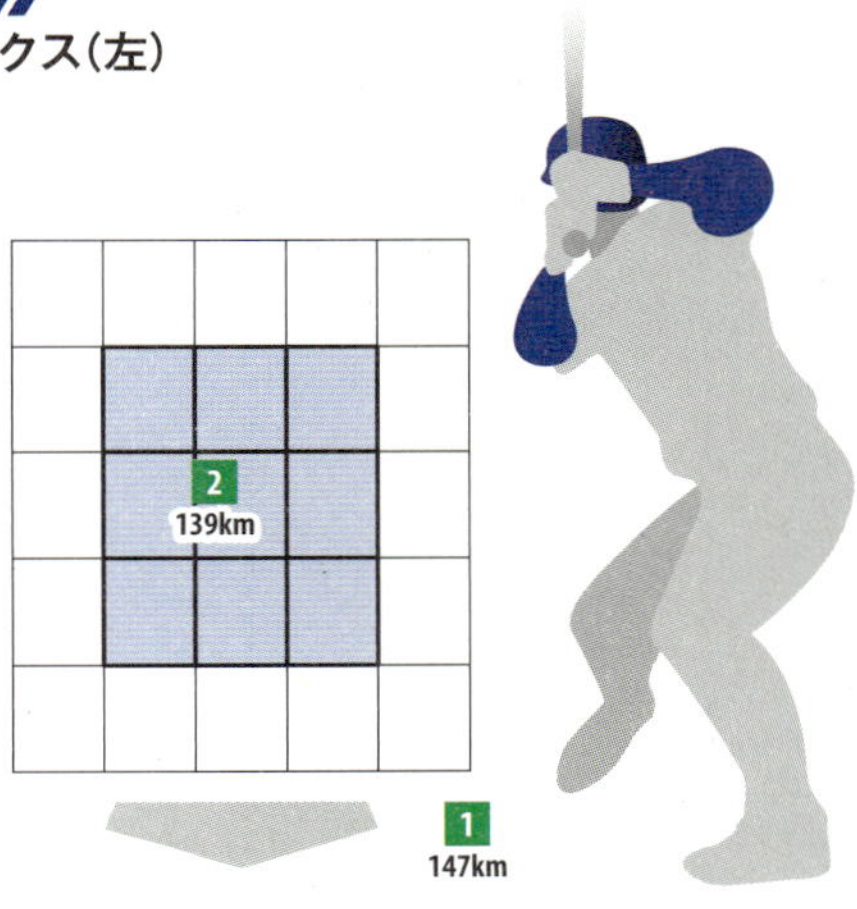

● フォーシーム　● ツーシーム　● カットボール
■ スプリット　■ チェンジアップ　▲ スライダー
▲ カーブ

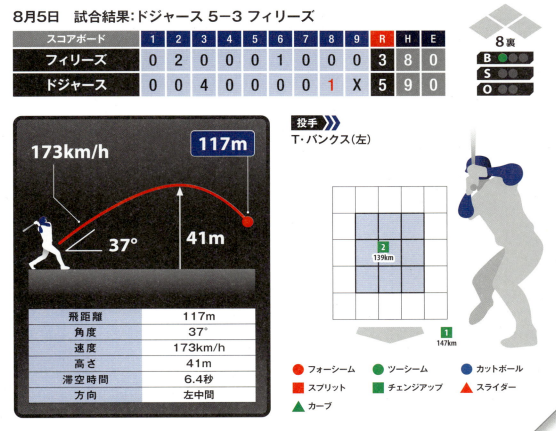

35号

1番・DH

SHOHEI OHTANI 35th HOME RUN

日本選手のMLB通算850号の節目弾

特大137メートルで単独キング奪還

8月9日

1点リードの3回裏、2年連続2桁勝利の右腕ミッチ・ケラーに2ストライクと追い込まれてから、低めスライダーにうまくバットを合わせた。バックスクリーン右へ35号2ラン。観客席ではド軍で活躍した殿堂入り左腕、サンディ・コーファックス氏が拍手を送る。１９６５年に完全試合を達成したほか、サイ・ヤング賞を3度受賞した伝説の名投手も歓喜した、特大の１３７メートル弾だった。

この日は、ブレーブスのマルセル・オズナが34号アーチを放ってリーグトップタイで並ばれたが、この一発ですぐに単独１位を取り返した。１９９８年４月28日の野茂英雄から始まった日本選手のMLB本塁打は通算８５０本に。６００、６５０、７００、７５０の節目も大谷の本塁打。こんなところにも天性の「運」を感じさせる。

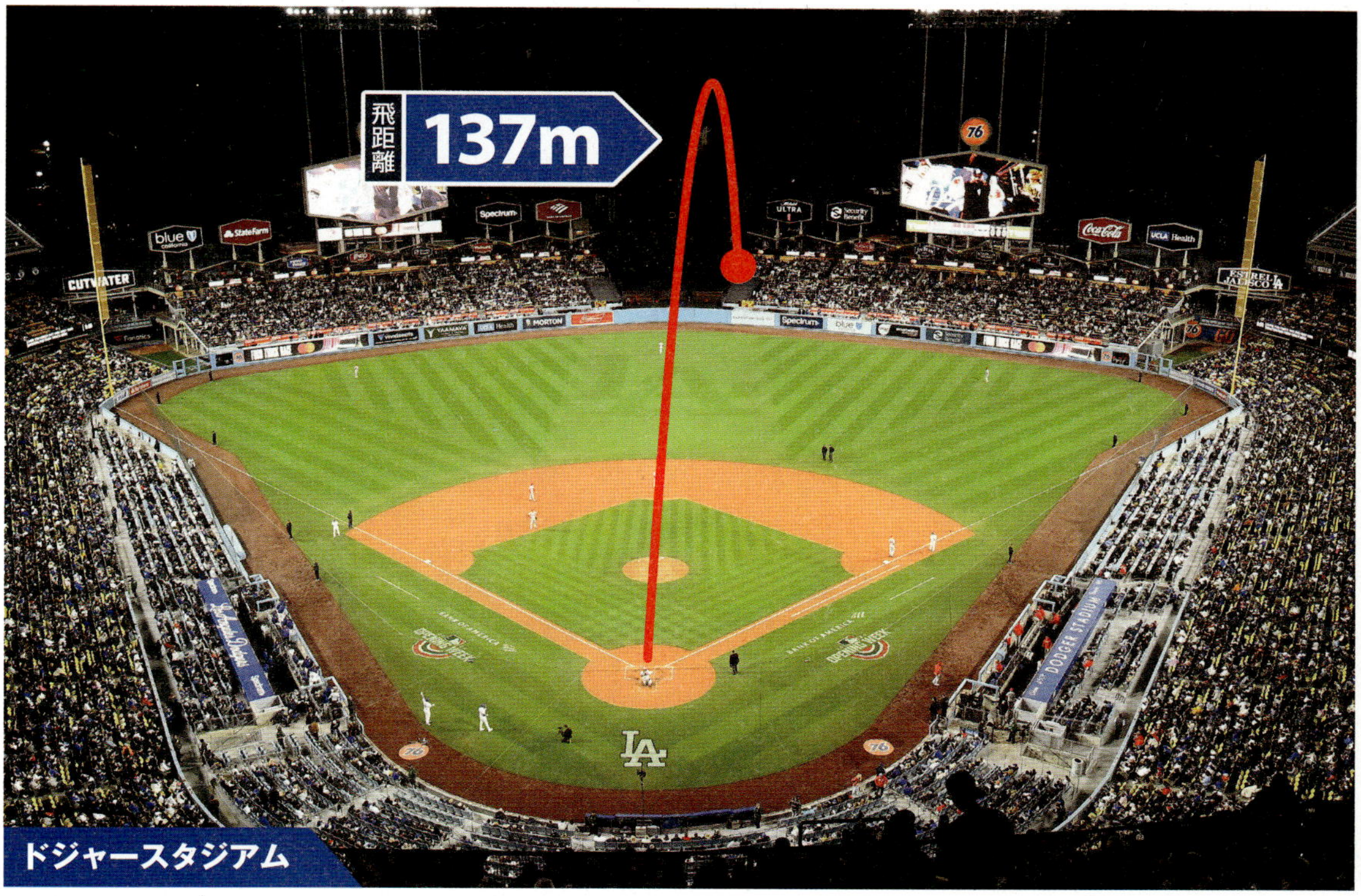

8月9日　試合結果：ドジャース 9−5 パイレーツ

スコアボード	1	2	3	4	5	6	7	8	9	R	H	E
パイレーツ	0	0	0	1	3	0	0	0	1	5	11	0
ドジャース	1	0	5	1	2	0	0	0	X	9	8	0

3裏
B
S
O

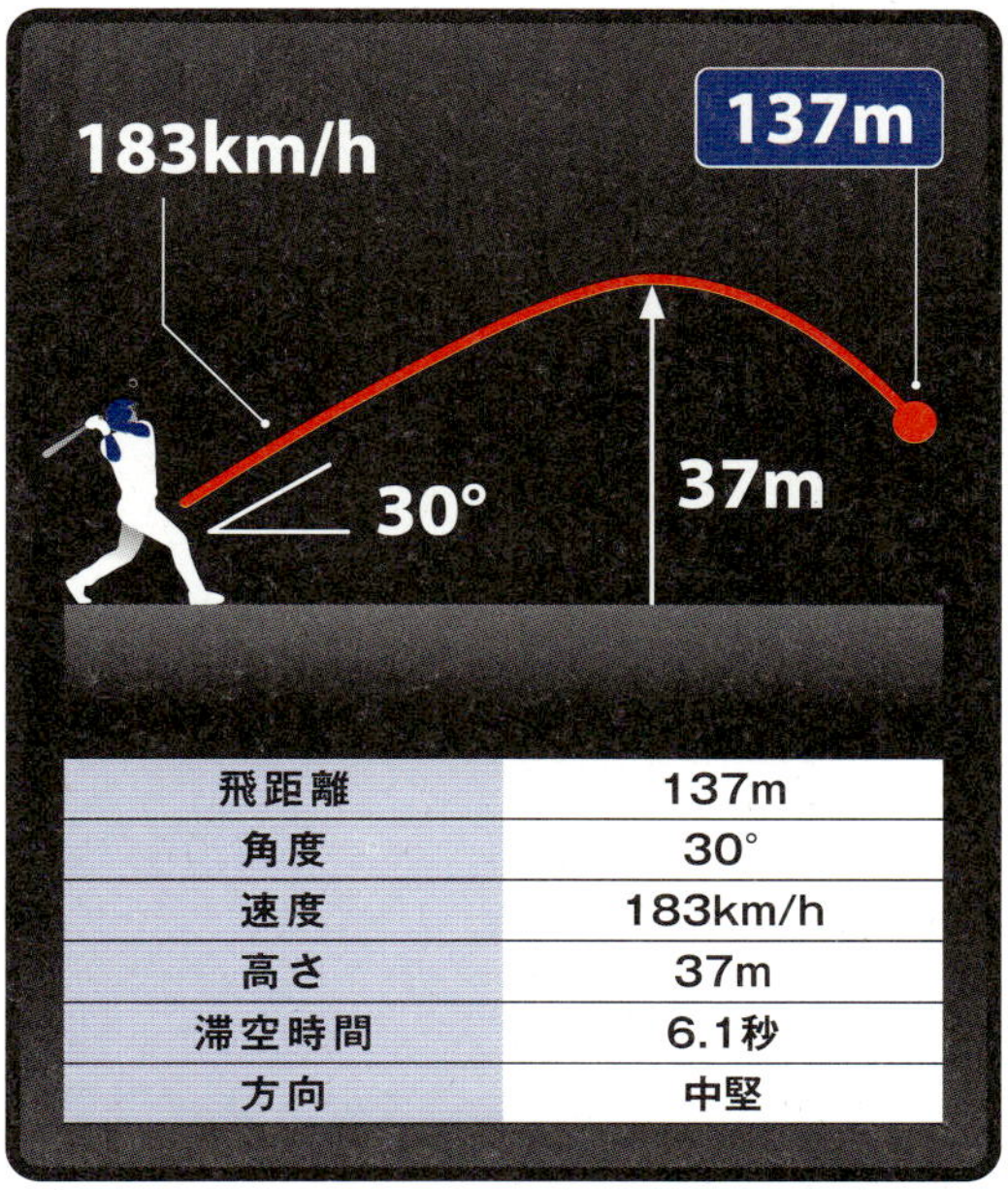

飛距離	137m
角度	30°
速度	183km/h
高さ	37m
滞空時間	6.1秒
方向	中堅

投手
M・ケラー（右）

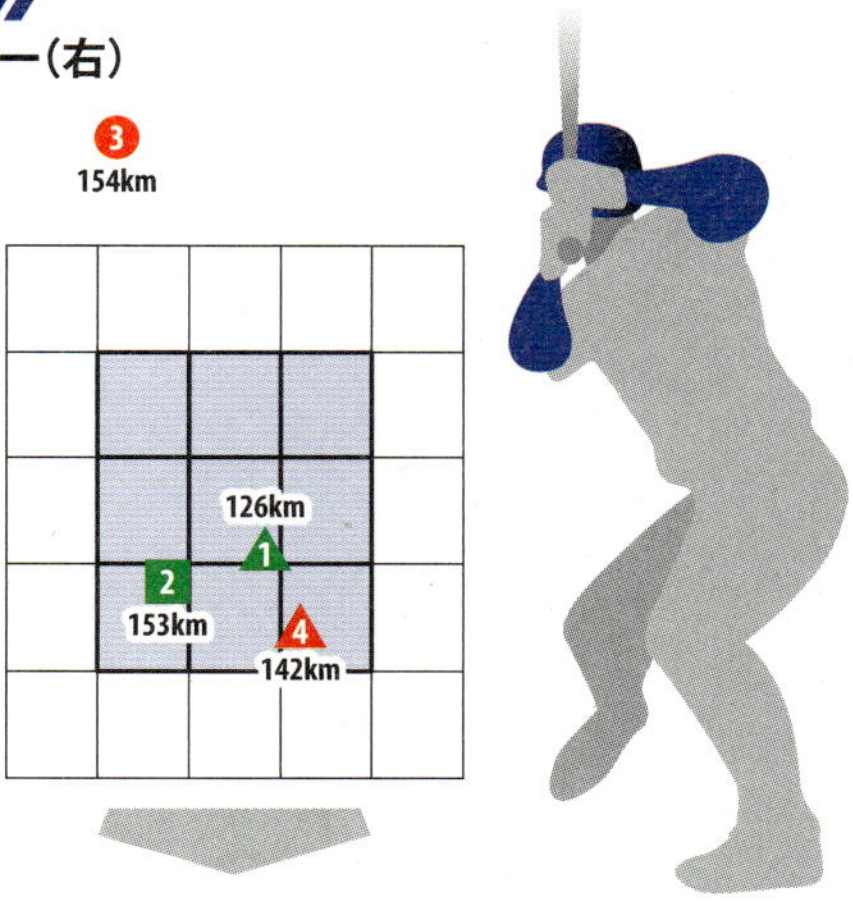

フォーシーム　ツーシーム　カットボール
スプリット　チェンジアップ　スライダー
カーブ

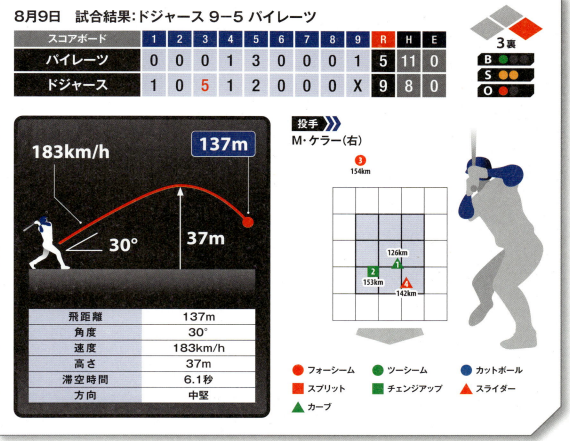

36号

1番・DH

8月12日

SHOHEI OHTANI 36th HOME RUN

自身MLB初のカウント3-0で本塁打

盟友の復帰に"祝砲"を打ち上げた。2点リードの5回表、奪三振率の高い右腕フレディ・ペラルタは初球から3球連続でコースを散らしてきた。4球目もボール球気味、外角の直球を逆方向へ打ち返した。高さ39メートルの36号3ラン。3ボールノーストライクでの本塁打はMLBで自身初だった。

8月の打率はこの日までの9試合で1割7分9厘と低調だったが、6月から離脱していたムーキー・ベッツが「2番・右翼」として復帰初戦。3回に11号先制2ランを放つなど、大谷と2人で全打点を叩き出した。

低調であっても、元1番打者ベッツが復帰しても、大谷の打順1番は動かず。全幅の信頼に応えるべく四球で出塁した7回には二盗を決め、今季33個目の盗塁。自身初のポストシーズン進出へ仲間たちとひた走る。

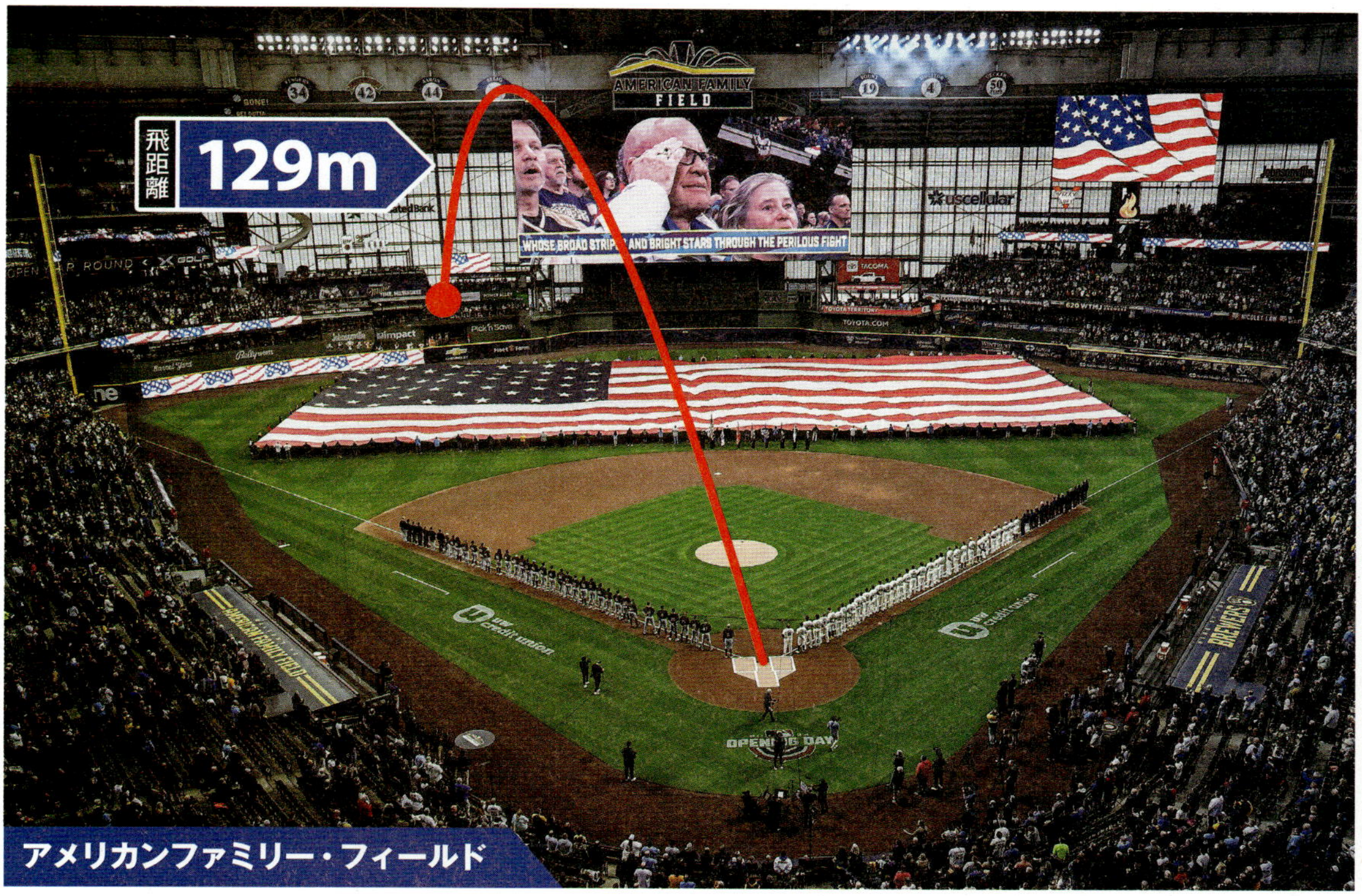

アメリカンファミリー・フィールド

8月12日　試合結果:ドジャース 5−2 ブルワーズ

スコアボード	1	2	3	4	5	6	7	8	9	R	H	E
ドジャース	0	0	2	0	2	0	1	0	0	5	6	0
ブルワーズ	0	0	0	0	0	2	0	0	0	2	6	0

5表
B
S
O

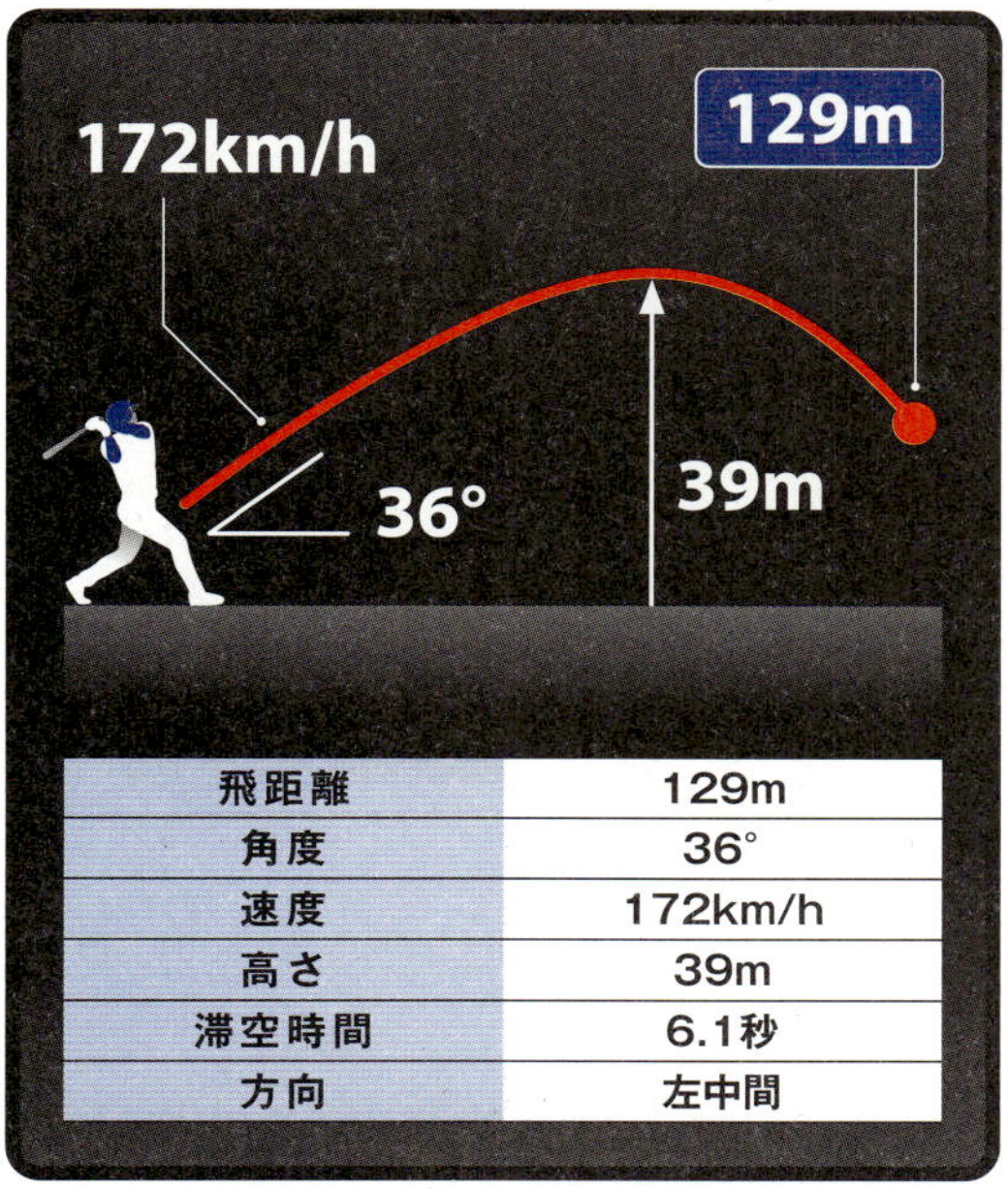

飛距離	129m
角度	36°
速度	172km/h
高さ	39m
滞空時間	6.1秒
方向	左中間

投手
F・ペラルタ(右)

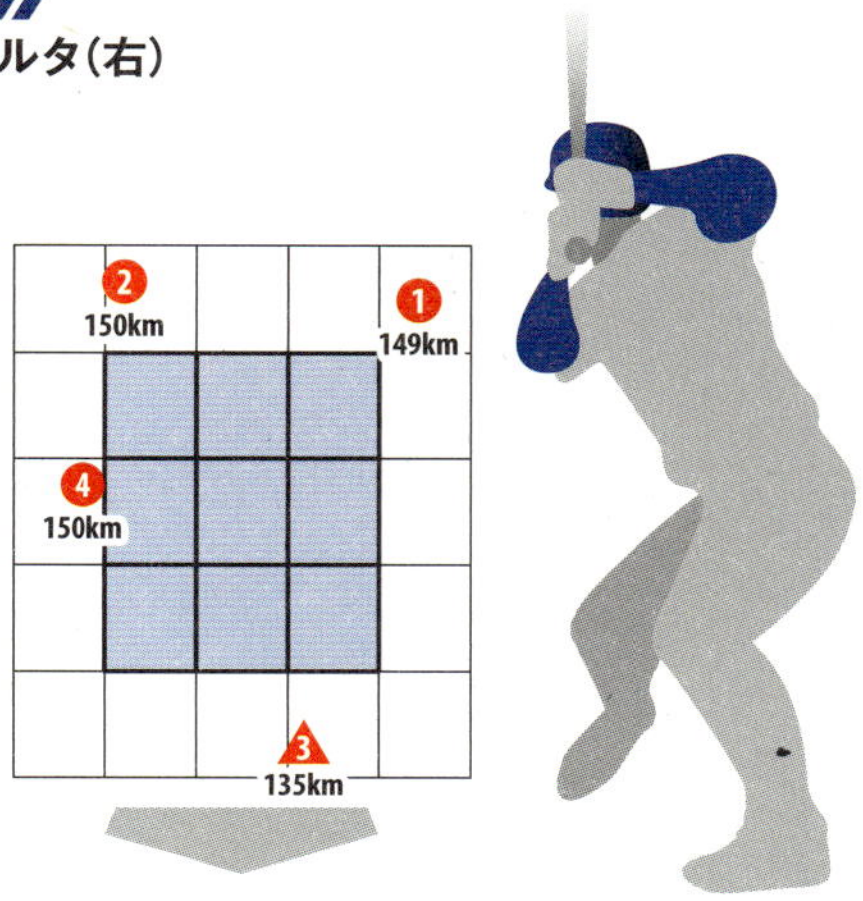

フォーシーム　ツーシーム　カットボール
スプリット　チェンジアップ　スライダー
カーブ

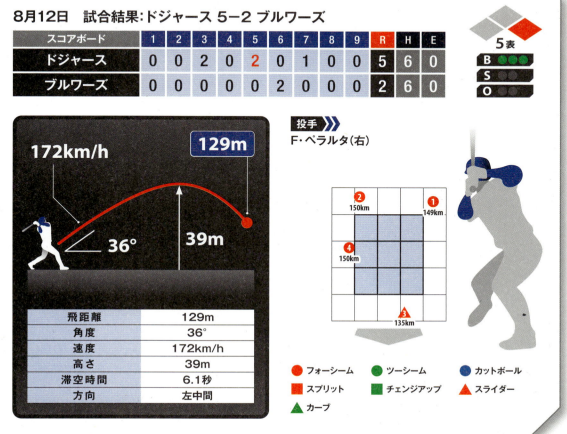

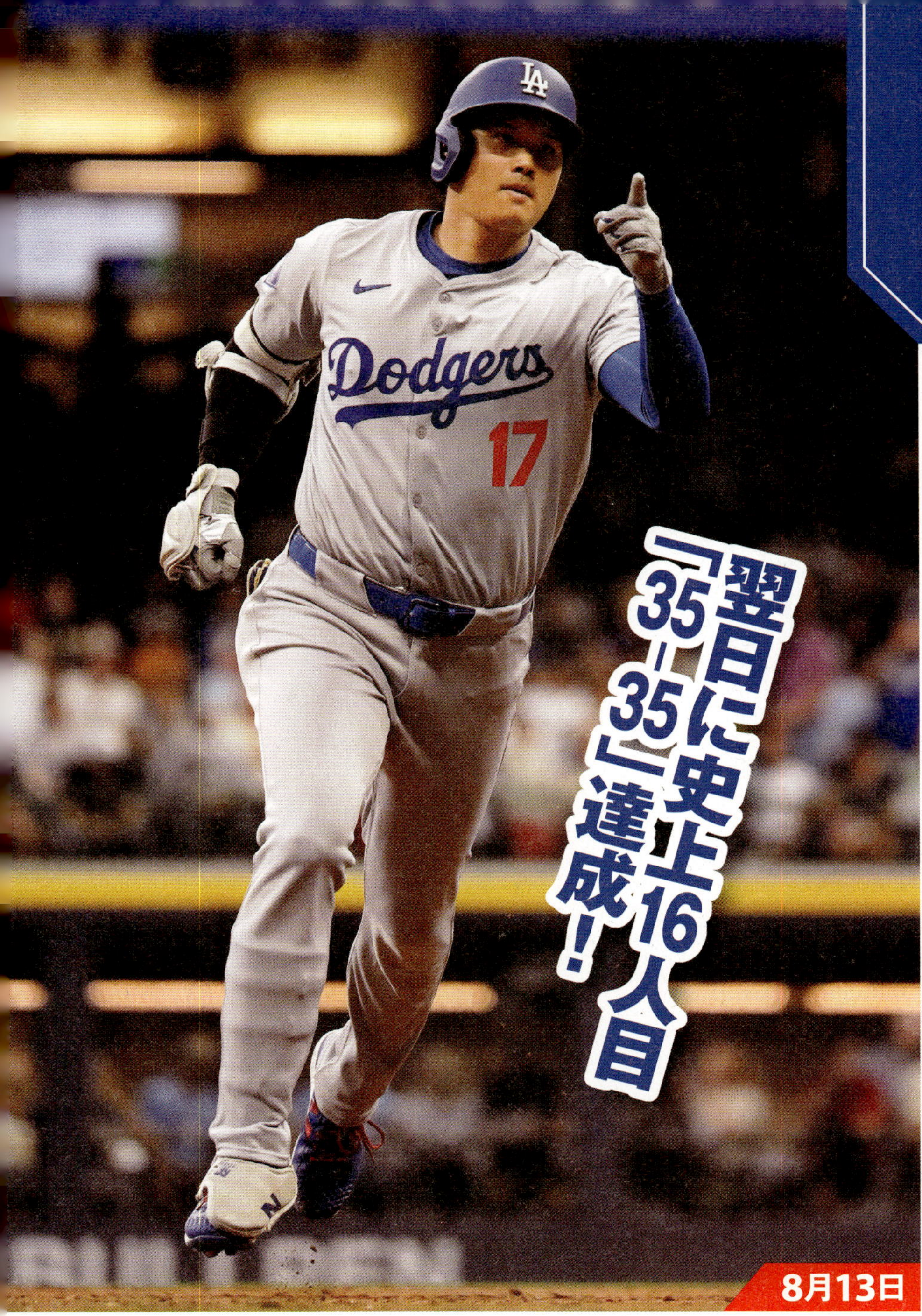

8月13日

37号

1番・DH

SHOHEI OHTANI 37th HOME RUN

今季7度目の2試合連続弾は低空アーチ

1点リードの3回表2死、今季2桁勝利の右腕コリン・レイが投じたど真ん中のスプリットをかっ飛ばした。高さ22メートルのライナーは伸び、右中間2階席に着弾した。今季7度目の2試合連続弾となる37号ソロ。本塁打王争いで追いつ追われつのマルセル・オズナ（ブレーブス）に2本差をつけた。

7月は月間6本も、8月は11試合で5本。打率では苦戦も、直近6安打の内訳は二塁打、三塁打が各1本、本塁打が4本と、打てば長打のパワーは健在だ。

翌14日のブルワーズ戦では今季35盗塁目を決め、盗塁部門でリーグ2位に浮上。これでMLB史上16人目の「35-35」を達成した。出場118試合目はMLB史上2番目のスピード達成。史上6人目の「40-40」は目前で、史上初の「45-45」も射程圏内となった。

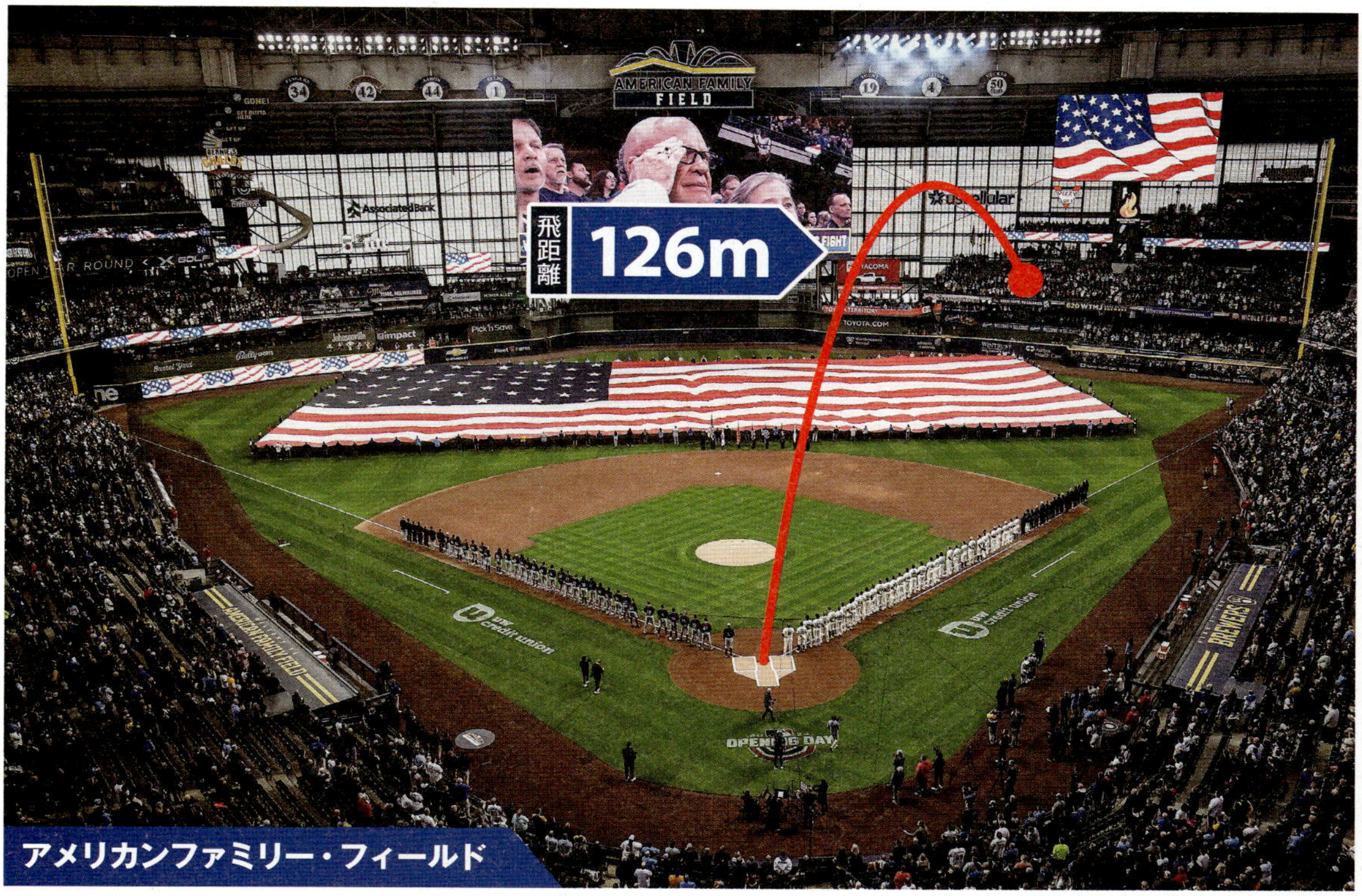

アメリカンファミリー・フィールド

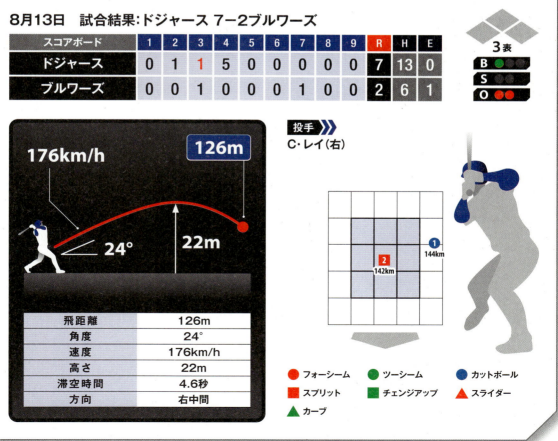

8月13日　試合結果:ドジャース 7−2ブルワーズ

スコアボード	1	2	3	4	5	6	7	8	9	R	H	E
ドジャース	0	1	1	5	0	0	0	0	0	7	13	0
ブルワーズ	0	0	1	0	0	0	1	0	0	2	6	1

3表
B
S
O

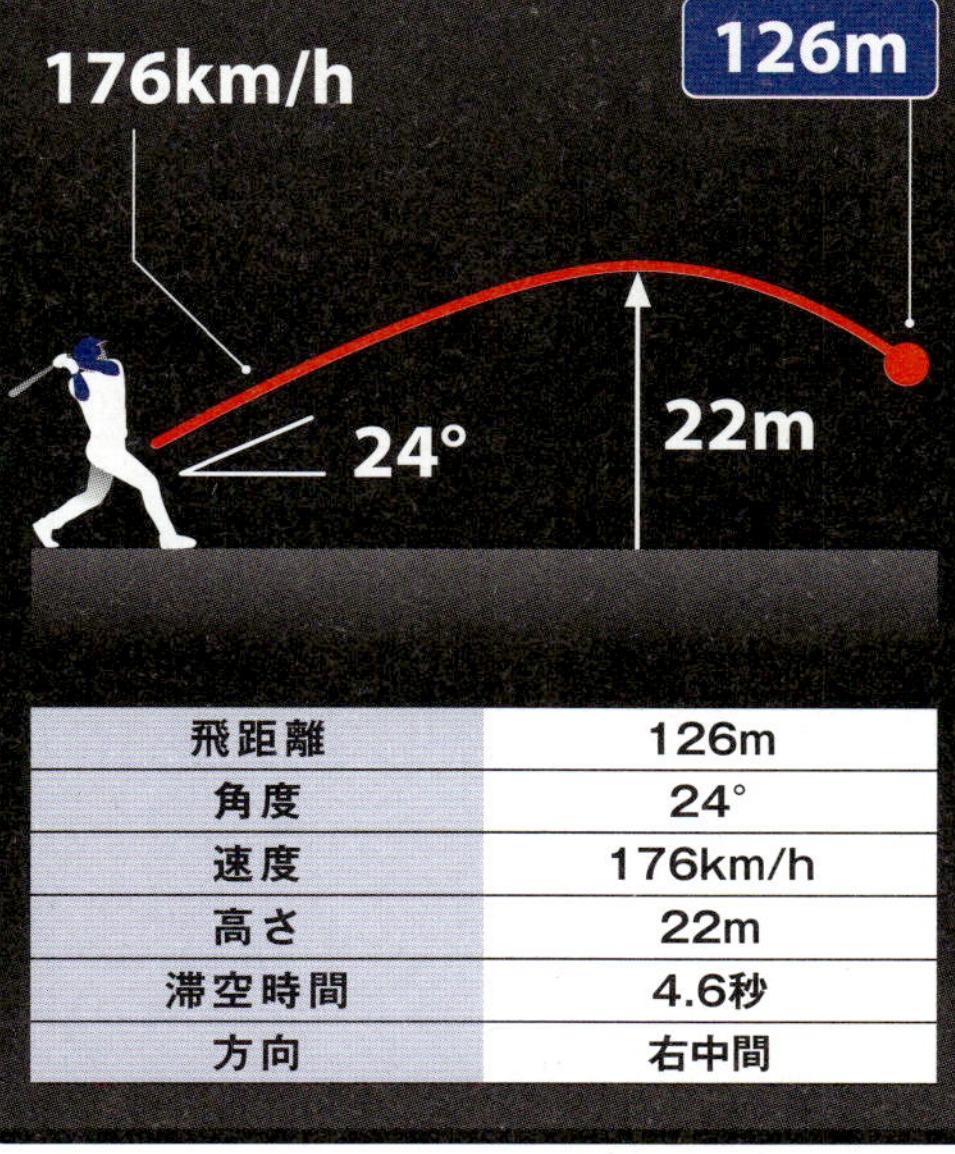

飛距離	126m
角度	24°
速度	176km/h
高さ	22m
滞空時間	4.6秒
方向	右中間

投手
C･レイ(右)

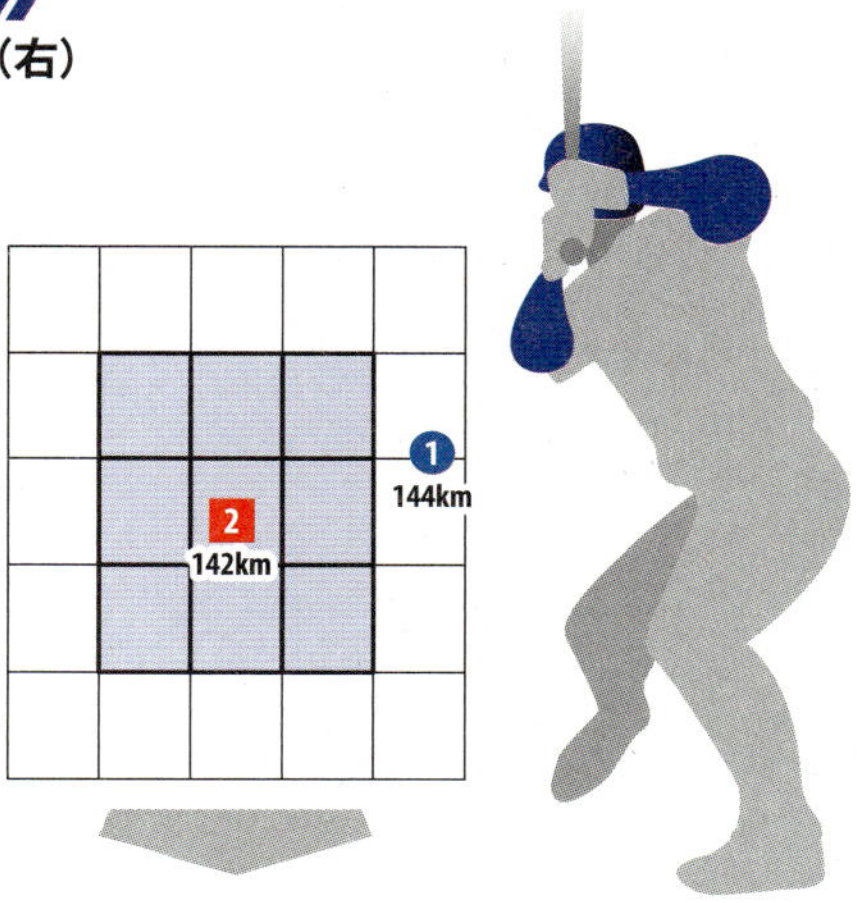

フォーシーム　ツーシーム　カットボール
スプリット　チェンジアップ　スライダー
カーブ

38号

1番・DH

SHOHEI OHTANI 38th HOME RUN

日本選手史上初の全30球団制覇アーチ

8月17日

またも大記録を打ち立てた。

2点を追う5回表、昨年のWBCイタリア代表、右腕アンドレ・パランテのナックルカーブをすくい上げた。打球角度21度、滞空時間3・6秒、高さ15メートルの超低空38号ソロ。打球は右翼手ラーズ・ヌートバーの頭上を越え、右中間フェンス外にある敵軍ブルペンへ消えた。

カージナルス戦では初本塁打となり、エンゼルス時代の24球団と合わせ、ついに30球団から本塁打を放つ「全球団制覇」を達成。日本選手初の快挙だ。また、ブッシュ・スタジアムでは初本塁打でもあり、これでMLB本拠地28球場目。「全本拠地制覇」まであと4球場とし、日米通算でも38球場目。イチロー、城島健司（マリナーズなど）、福留孝介（カブスなど）、青木宣親（ブルワーズなど）を抜いて日本人最多となった。

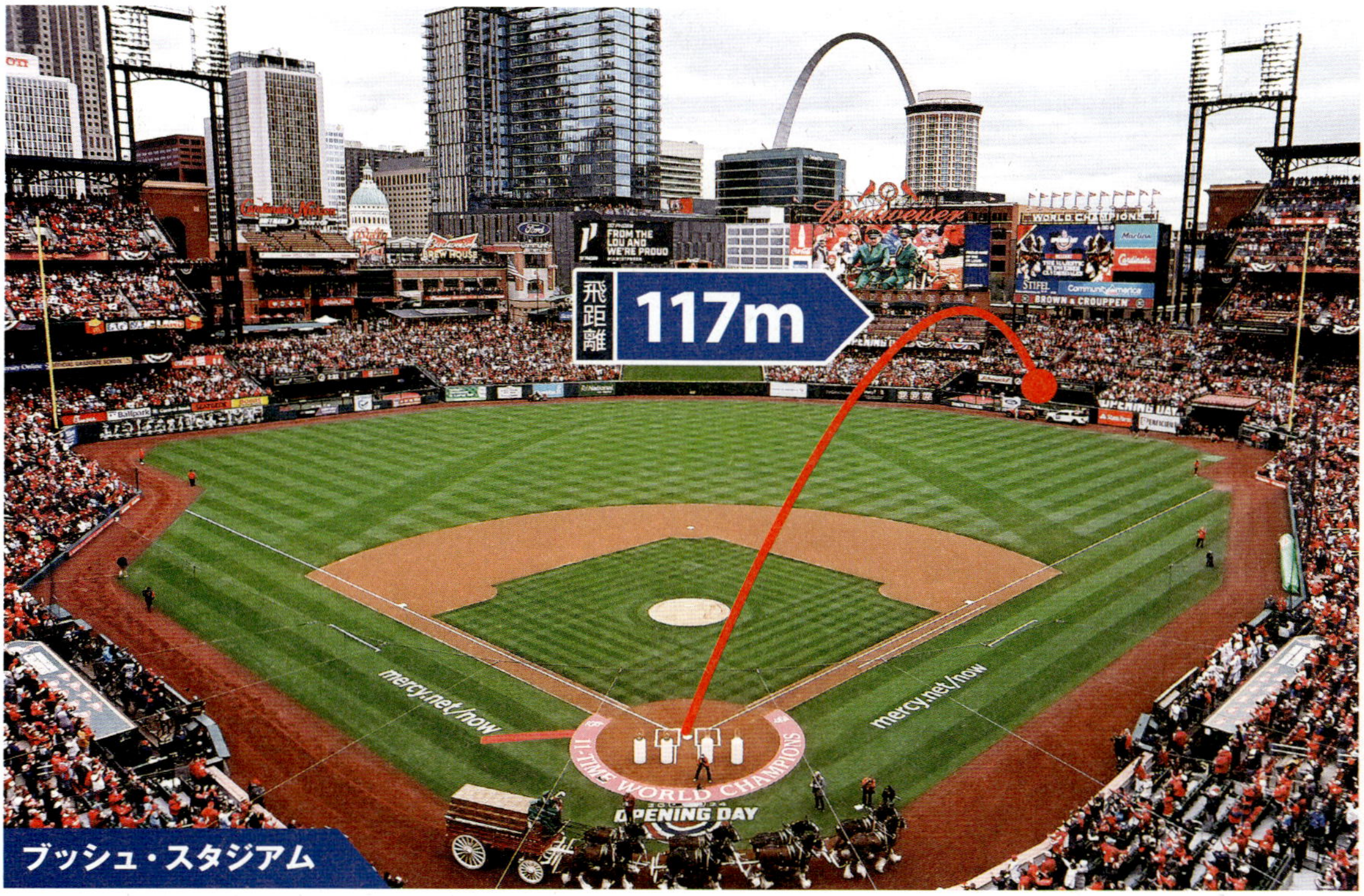

8月17日　試合結果:ドジャース 2−5 カージナルス

スコアボード	1	2	3	4	5	6	7	8	9	R	H	E
ドジャース	1	0	0	0	1	0	0	0	0	2	4	0
カージナルス	1	0	2	0	1	0	0	1	X	5	11	0

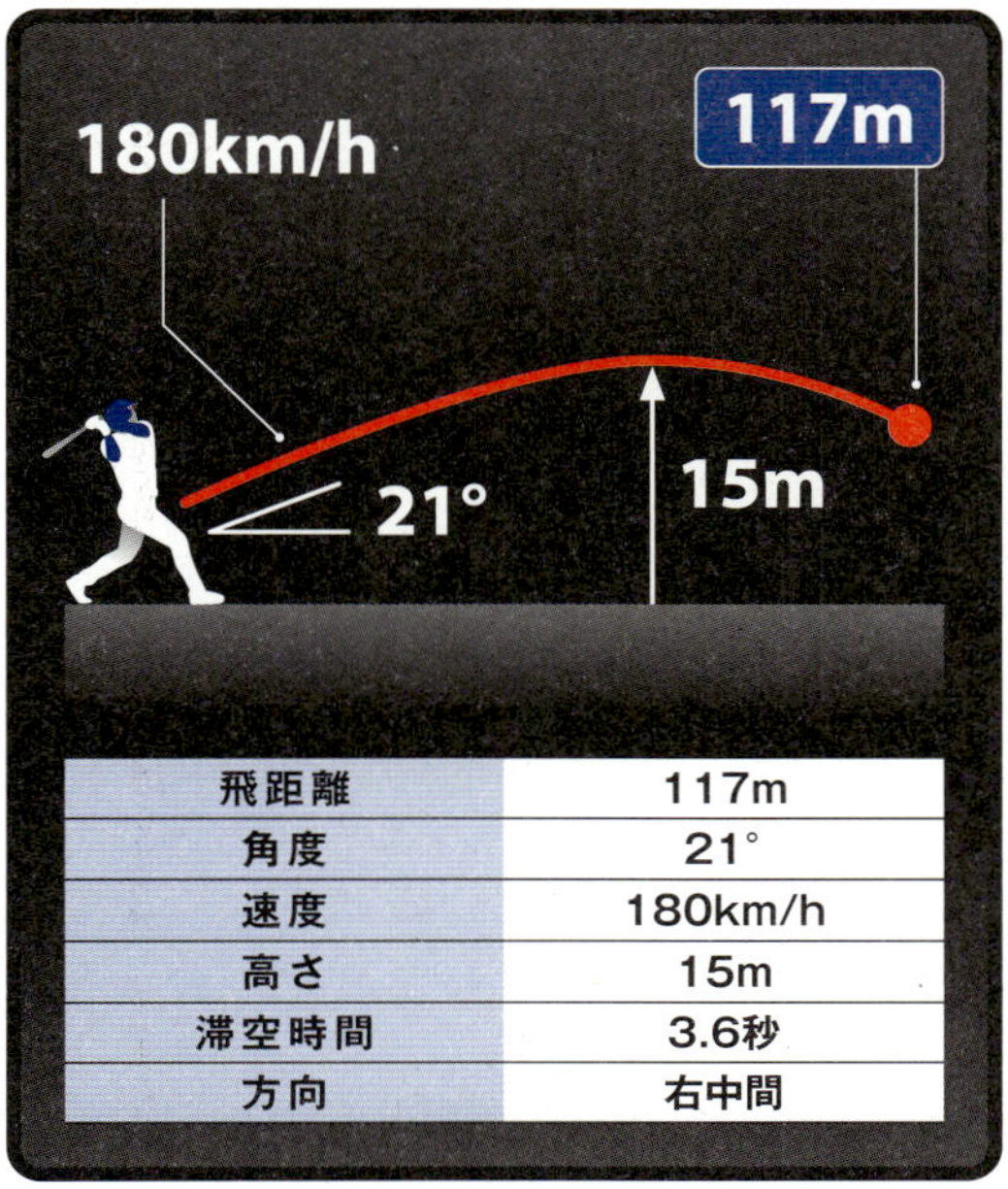

飛距離	117m
角度	21°
速度	180km/h
高さ	15m
滞空時間	3.6秒
方向	右中間

投手

A・パランテ(右)

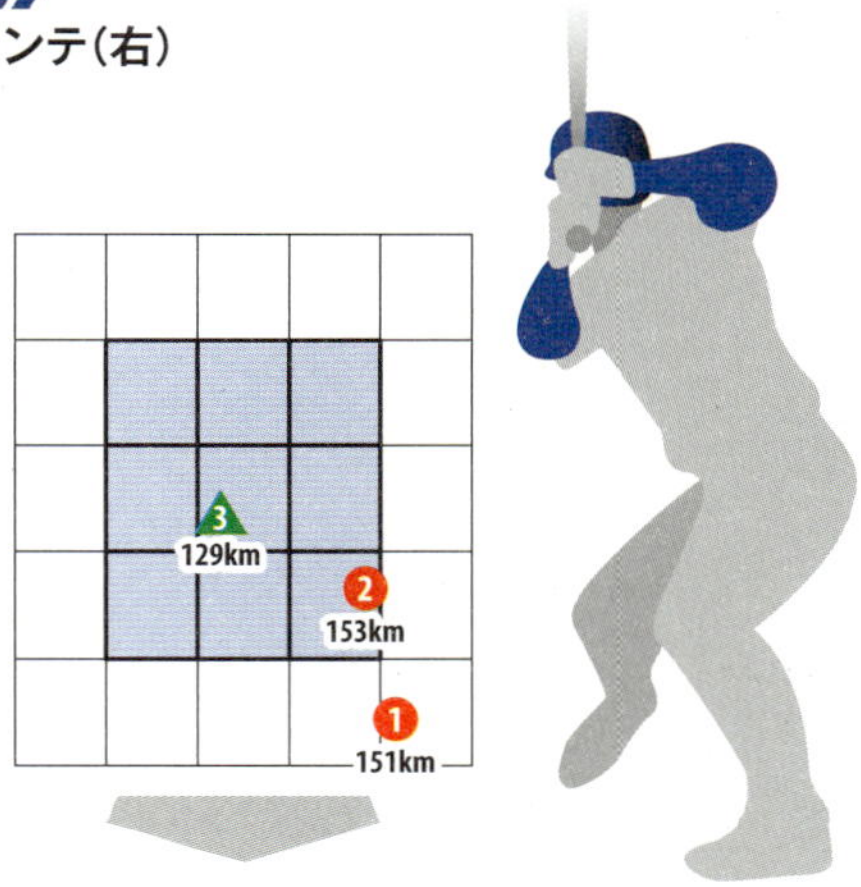

フォーシーム　ツーシーム　カットボール
スプリット　チェンジアップ　スライダー
カーブ

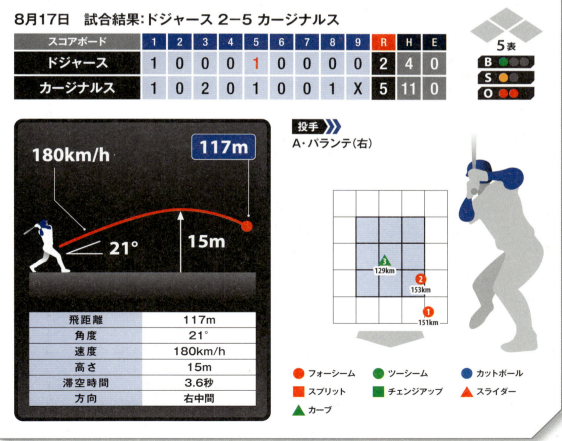

39号

1番・DH

SHOHEI OHTANI 39th HOME RUN

2年連続3度目の40本塁打へ王手弾

滞空時間3・9秒の低空ライナー

8月18日

早くも「40発」に王手をかけた。両チーム無得点の5回表、右腕ソニー・グレイの初球カーブを捉え、打球角度22度、高さ17メートル、滞空時間3・9秒のライナーが右中間フェンス後方のブルペンへ消え去った。

今季8度目の2試合連続となる39号先制ソロ。これで39本塁打・37盗塁となり、MLB史上6人目の「40本塁打・40盗塁」まであと1本塁打、3盗塁に迫る。2年連続3度目の40本塁打にもリーチをかけた。

113マイル（約182キロ）以上の本塁打は今季13本目。2015年のスタットキャスト導入以降では、2017年ジアンカルロ・スタントンの18本、アーロン・ジャッジ（ともにヤンキース）の15本に次ぐ3位だ。本塁打は50・5本ペースの大台に乗り、偉大なる記録の誕生が現実味を帯びてきた。

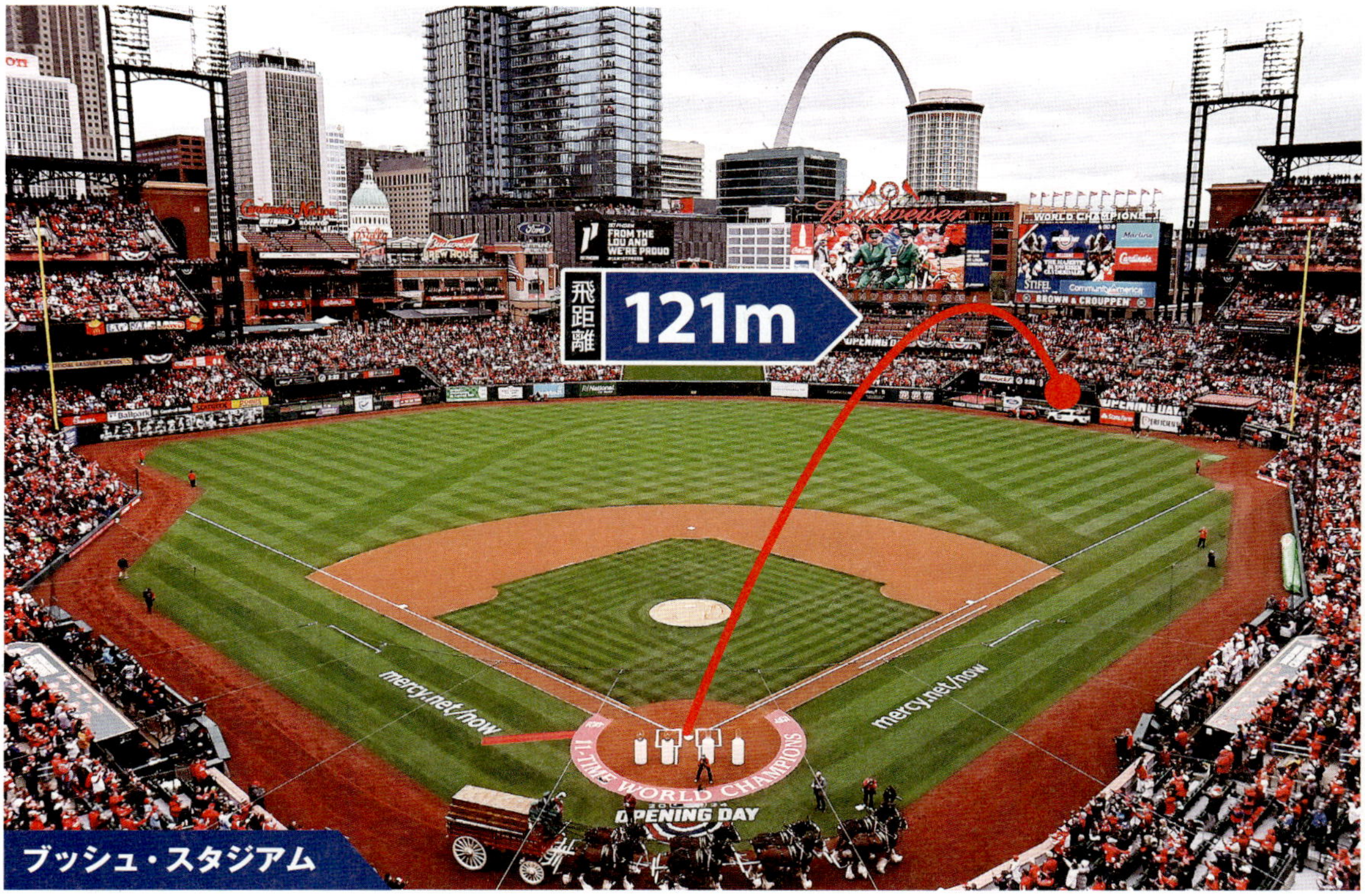

8月18日　試合結果：ドジャース 2−1 カージナルス

スコアボード	1	2	3	4	5	6	7	8	9	R	H	E
ドジャース	0	0	0	0	2	0	0	0	0	2	9	1
カージナルス	0	0	0	0	0	0	0	1	0	1	6	0

5表
B
S
O

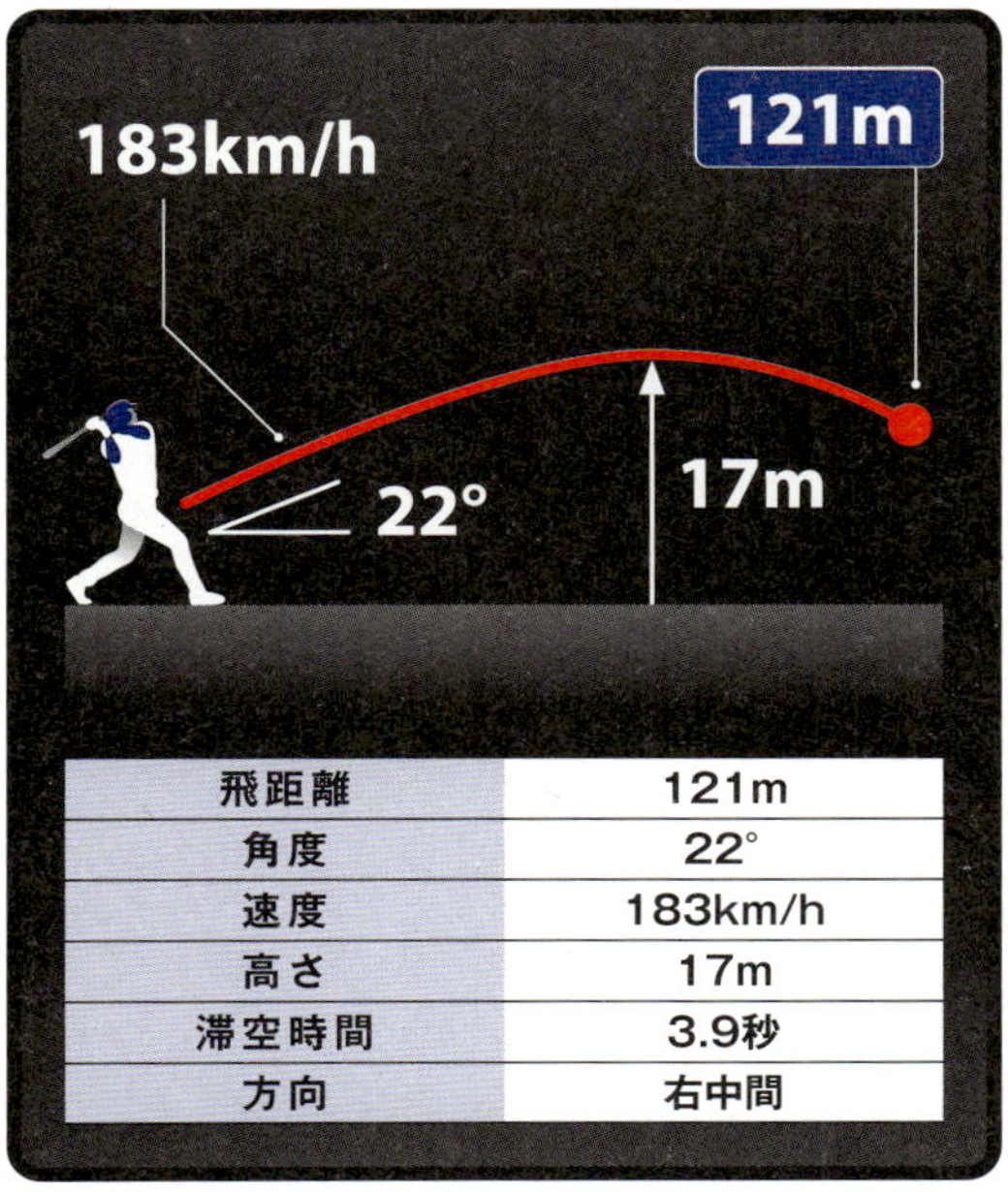

飛距離	121m
角度	22°
速度	183km/h
高さ	17m
滞空時間	3.9秒
方向	右中間

投手
S·グレイ（右）

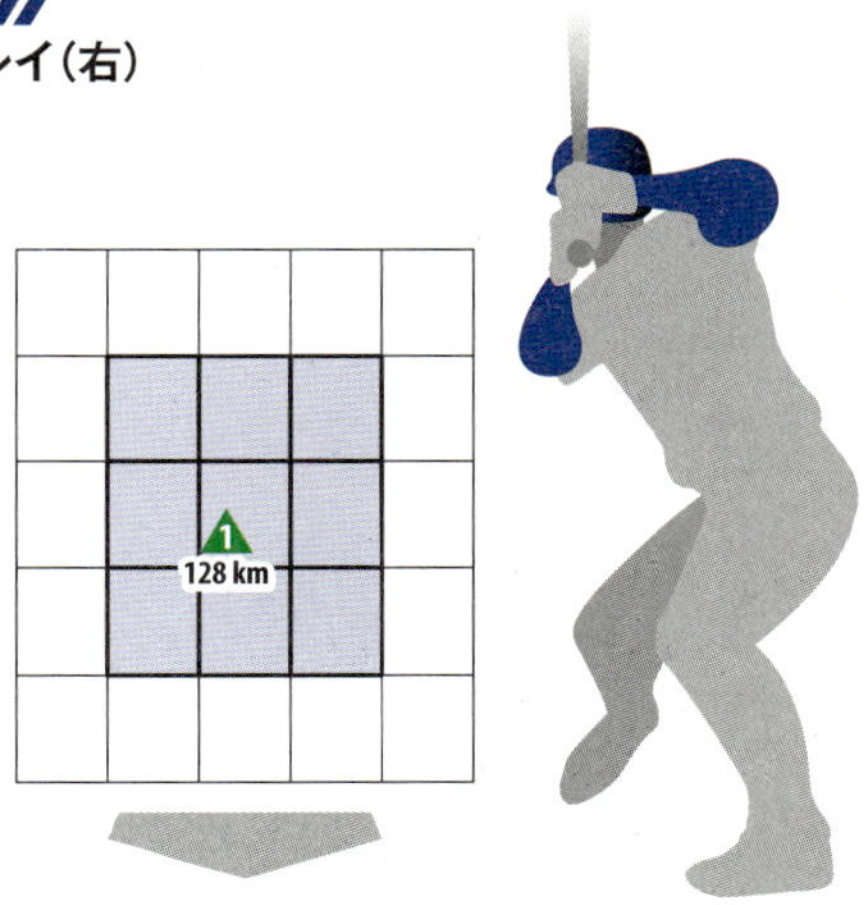

● フォーシーム　● ツーシーム　● カットボール
■ スプリット　■ チェンジアップ　▲ スライダー
▲ カーブ

40号

1番・DH

SHOHEI OHTANI 40th HOME RUN

「40-40」をサヨナラ満塁弾で決める衝撃

大記録の達成は劇的な一発だった。同点の9回裏、2死満塁。左腕コリン・ポシェの初球、外角低めスライダーを右中間へ放り込んだ。節目の40号はサヨナラ満塁弾！　三塁を回るとヘルメットを脱ぎ、本塁で出迎えた仲間からもみくちゃにされた。

2年連続3度目の40号。4回にマークしていた40盗塁と合わせ、MLB史上6人目となる「40-40」を史上最速で達成。しかも、史上初の「40-40」同日達成というおまけつきだ。

大記録とあって40盗塁を決めた二塁ベースは球団職員が回収したが、40本塁打の記念球は相手中堅手ホセ・シリが観客席へ投げ入れてしまう珍事も。

サヨナラ満塁弾自体も日本選手初で、3年連続満塁弾も日本選手初。「史上初」を連発する活躍ぶりで、夢の記録「50-50」を完全に視界に捉えた。

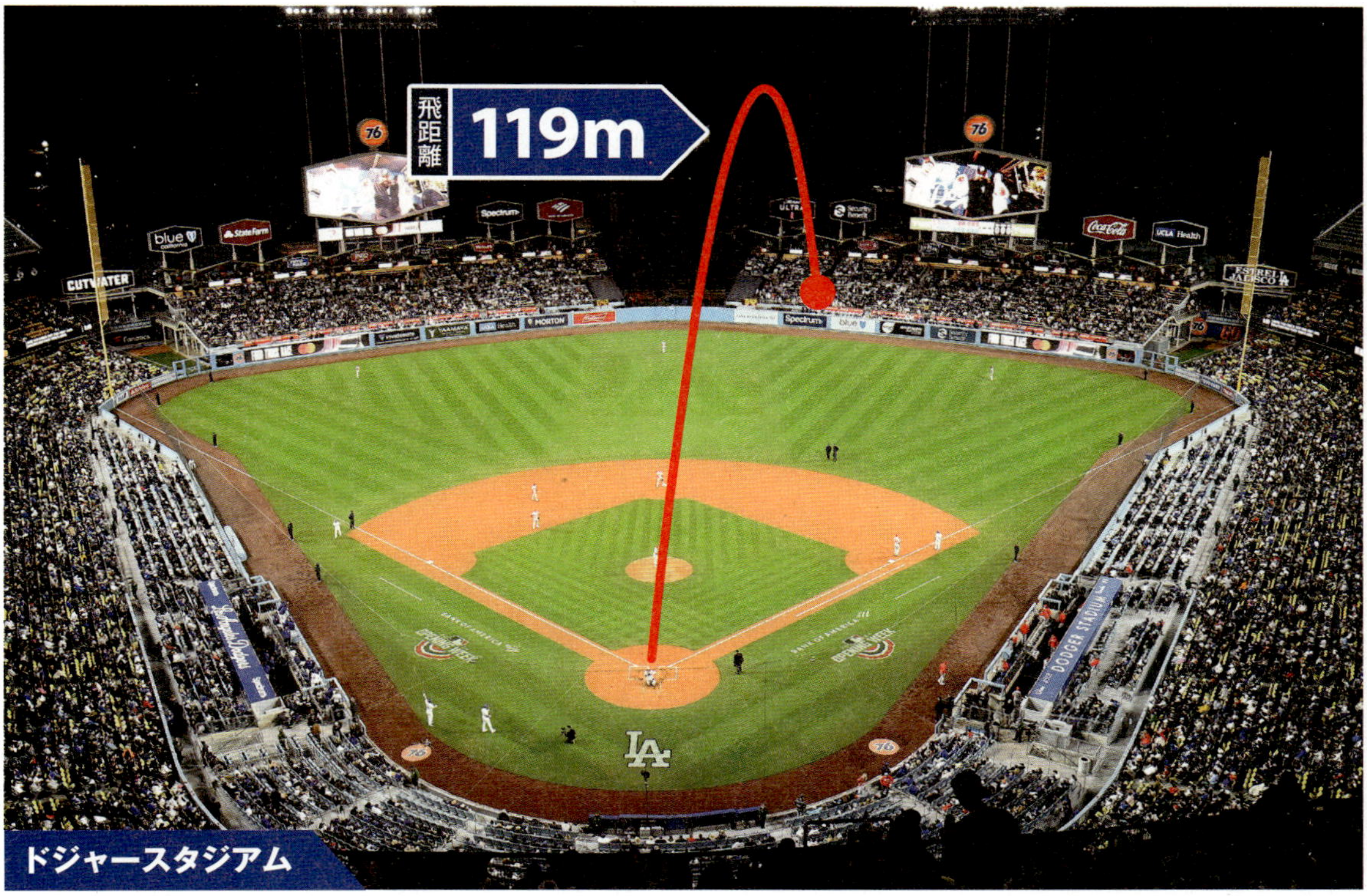

ドジャースタジアム

8月23日　試合結果:ドジャース 7−3 レイズ

スコアボード	1	2	3	4	5	6	7	8	9	R	H	E
レイズ	1	0	2	0	0	0	0	0	0	3	8	0
ドジャース	0	0	0	0	3	0	0	0	4x	7	9	2

9裏
B
S
O

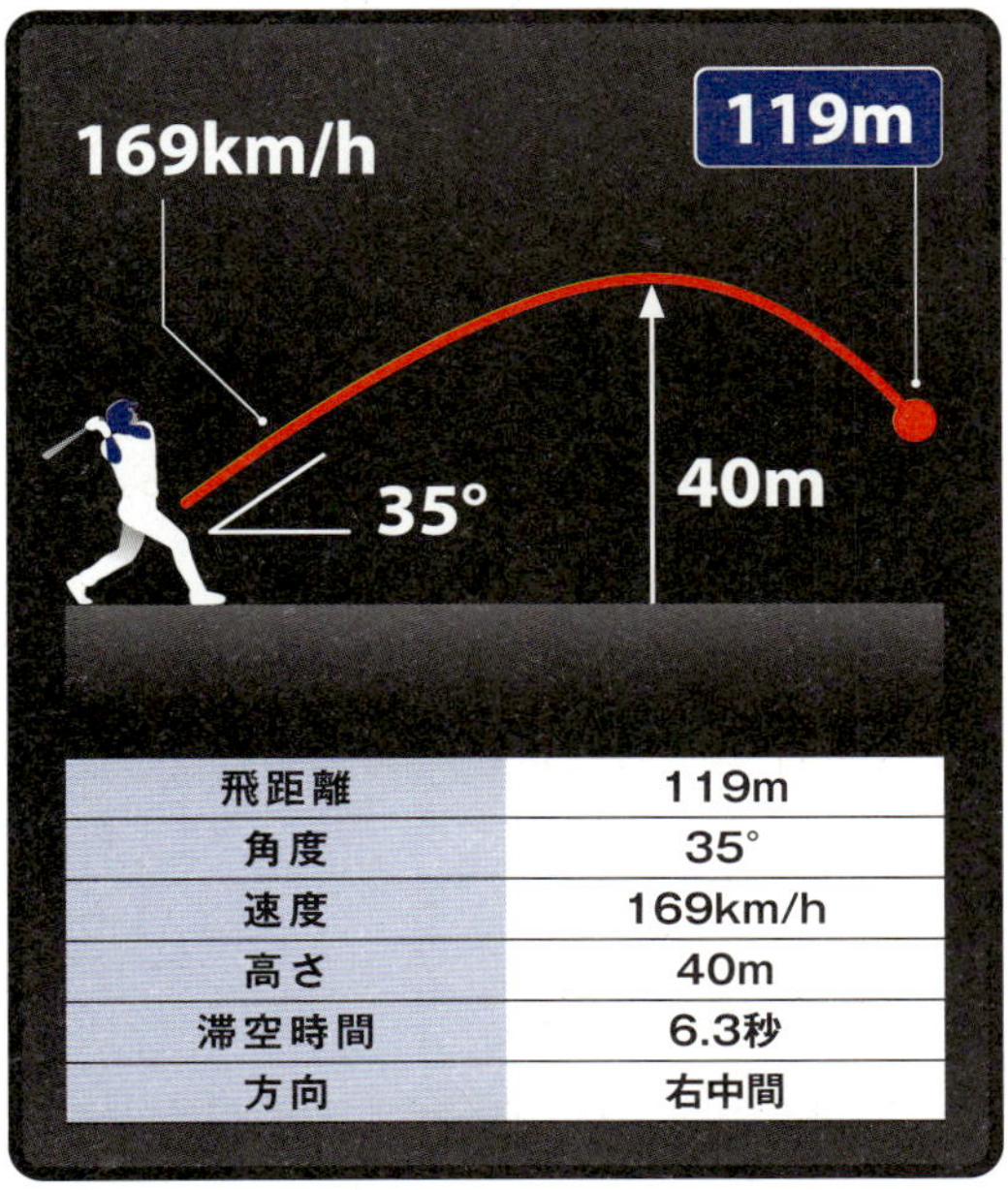

飛距離	119m
角度	35°
速度	169km/h
高さ	40m
滞空時間	6.3秒
方向	右中間

投手
C・ポシェ(左)

1
136km

フォーシーム　ツーシーム　カットボール
スプリット　チェンジアップ　スライダー
カーブ

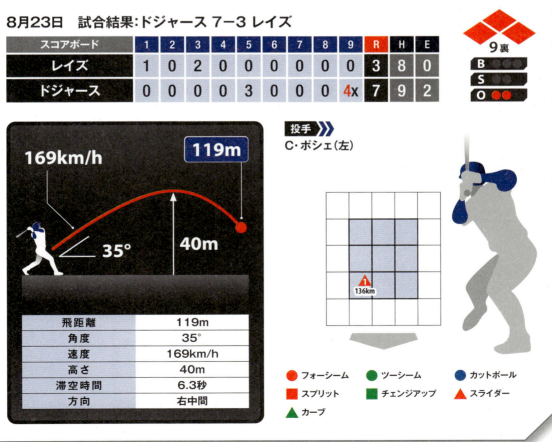

41号

1番・DH

SHOHEI OHTANI 41st HOME RUN

大記録樹立の翌日は自身のMLB最短弾

打点でもリーグトップタイに

8月24日

史上最速の「40-40」達成から一夜明け、今度は〝ミニマム〟な記録を残した。1点を追う5回裏、右腕タジ・ブラッドリーの外角低めスプリットを泳がされながらも、右手一本ですくい上げる。打球は右翼ポール際のスタンド最前列、フェンスぎりぎりのところへ飛び込んだ。飛距離３３８フィート（約１０３メートル）は、MLBでは自身「最短弾」。逆転の41号2ランでマルセル・オズナ（ブレーブス）を4本差に突き放し、打点でもオズナと並ぶリーグトップタイの94打点とした。

前夜に「40-40」を達成し、この日の試合前練習では、昨年9月の右肘手術後初めてブルペン入り。捕手を立たせたまま10球を投げた。投手としてリハビリをしながら、試合本番では本塁打を連発。規格外の活躍は並外れた努力に裏打ちされている。

8月24日　試合結果:ドジャース 8−9 レイズ

スコアボード	1	2	3	4	5	6	7	8	9	10	R	H	E
レイズ	4	0	0	0	1	0	0	1	1	2	9	15	2
ドジャース	0	0	0	3	3	0	1	0	0	1	8	8	1

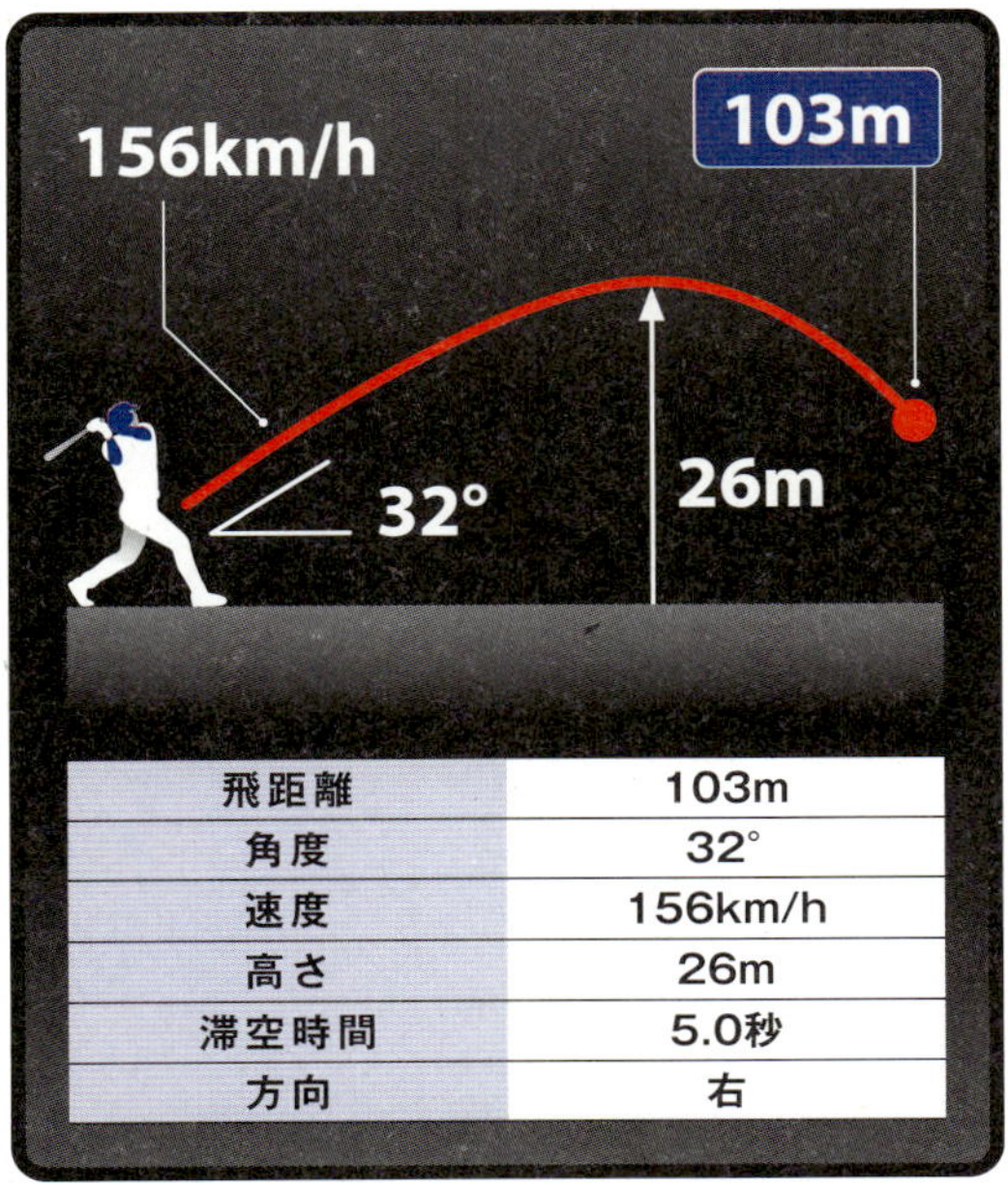

飛距離	103m
角度	32°
速度	156km/h
高さ	26m
滞空時間	5.0秒
方向	右

投手

T・ブラッドリー(右)

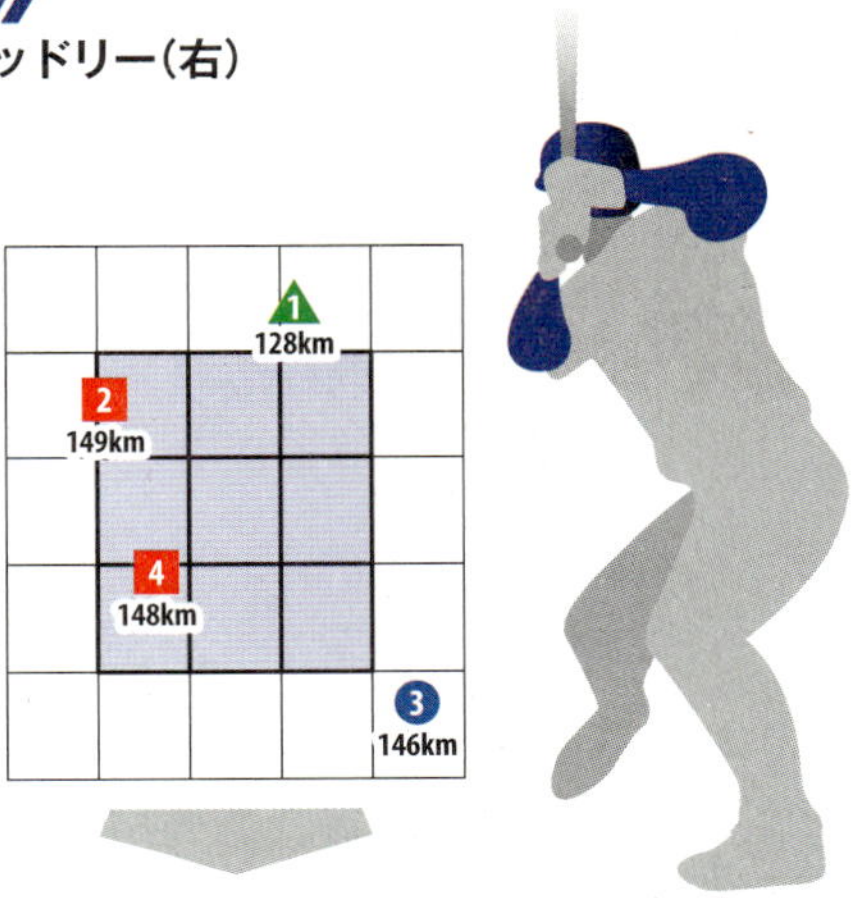

フォーシーム　ツーシーム　カットボール
スプリット　チェンジアップ　スライダー
カーブ

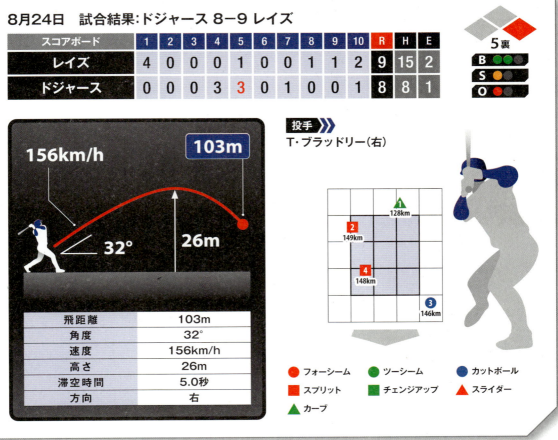

42号

1番・DH

SHOHEI OHTANI 42nd HOME RUN

デコピン始球式後に史上2人目「42-42」

1998年のA・ロッド以来

8月28日

またも史上初の記録を樹立した。1回裏、4年連続2桁勝利の右腕コービン・バーンズのスライダーをすくい上げ、最後は右手一本で右翼まで運んだ。今季4度目の先頭打者弾でチームを勢いづけると、3回には今季42盗塁目となる三盗。１９９８年のアレックス・ロドリゲス（当時マリナーズ）以来、ＭＬＢ史上2人目の「42-42」を達成した。

試合前には、愛犬デコピンとの始球式に臨んだ。デコピンがマウンドからボールをくわえ、捕手役・大谷のもとへ届ける方式で見事成功。試合前には右肘手術後2度目のブルペン投球を行い、試合では「42-42」に加え、5回の１０４得点では自己記録を更新した。

8月は10本塁打・13盗塁で史上8人目の月間「10-10」も達成。笑顔と記録に彩られたフル回転の一日となった。

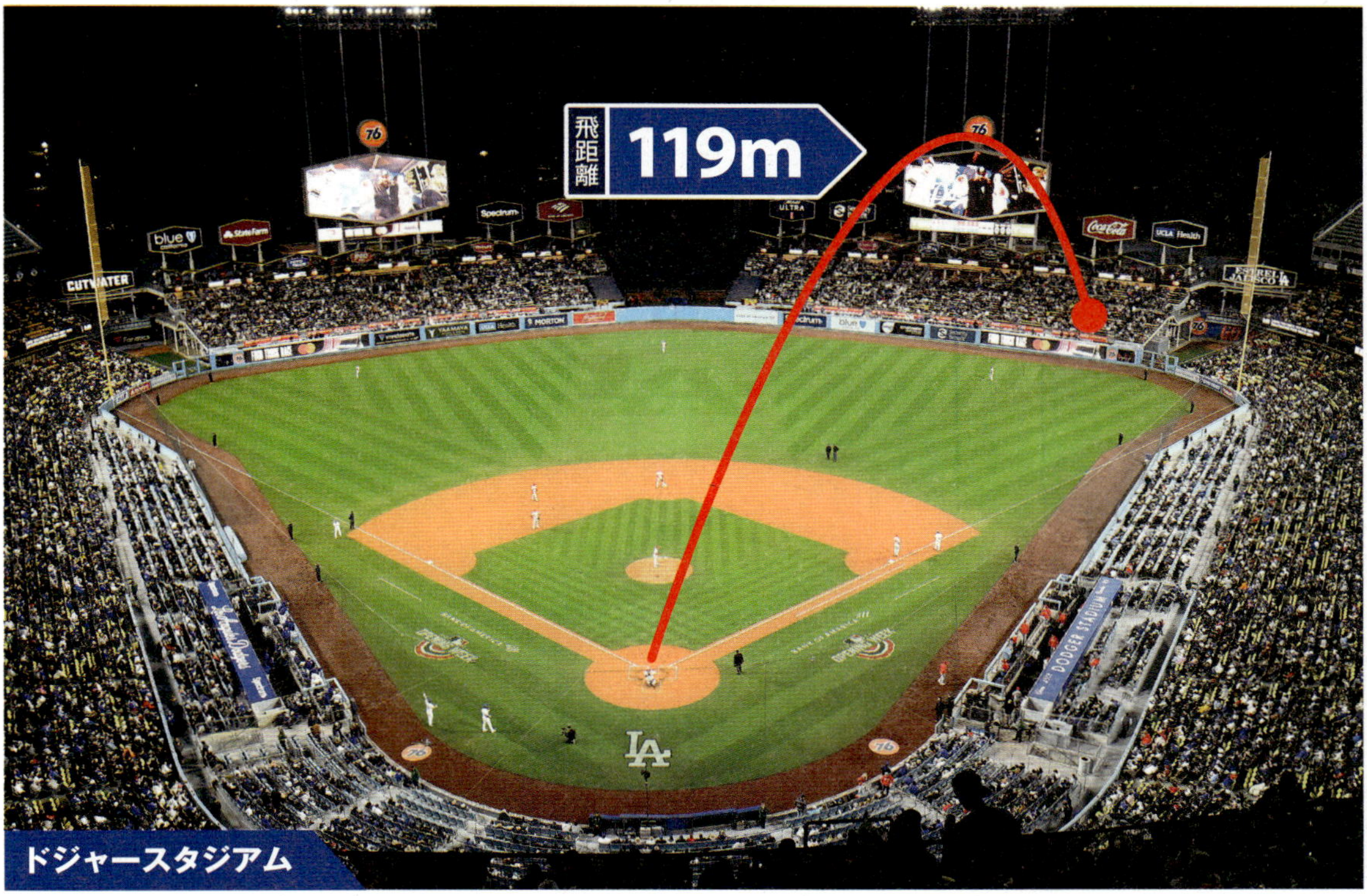

8月28日　試合結果：ドジャース 6−4 オリオールズ

スコアボード	1	2	3	4	5	6	7	8	9	R	H	E
オリオールズ	0	3	0	0	1	0	0	0	0	4	7	3
ドジャース	1	0	4	0	1	0	0	0	X	6	5	1

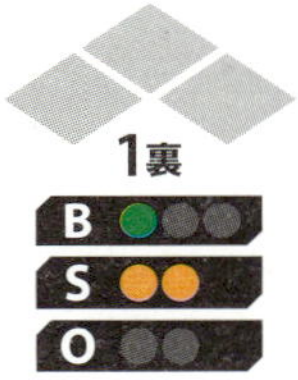

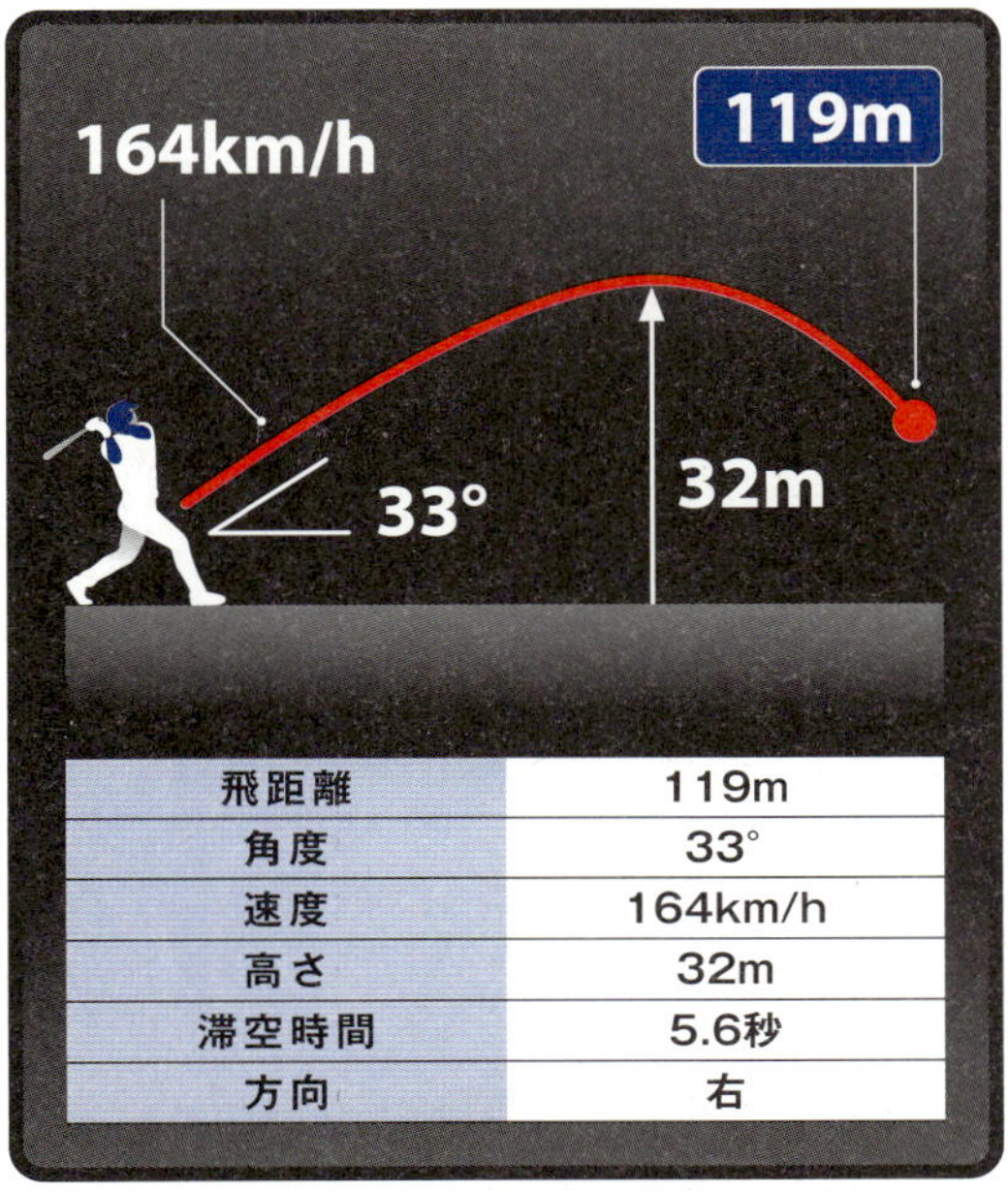

飛距離	119m
角度	33°
速度	164km/h
高さ	32m
滞空時間	5.6秒
方向	右

投手
C・バーンズ（右）

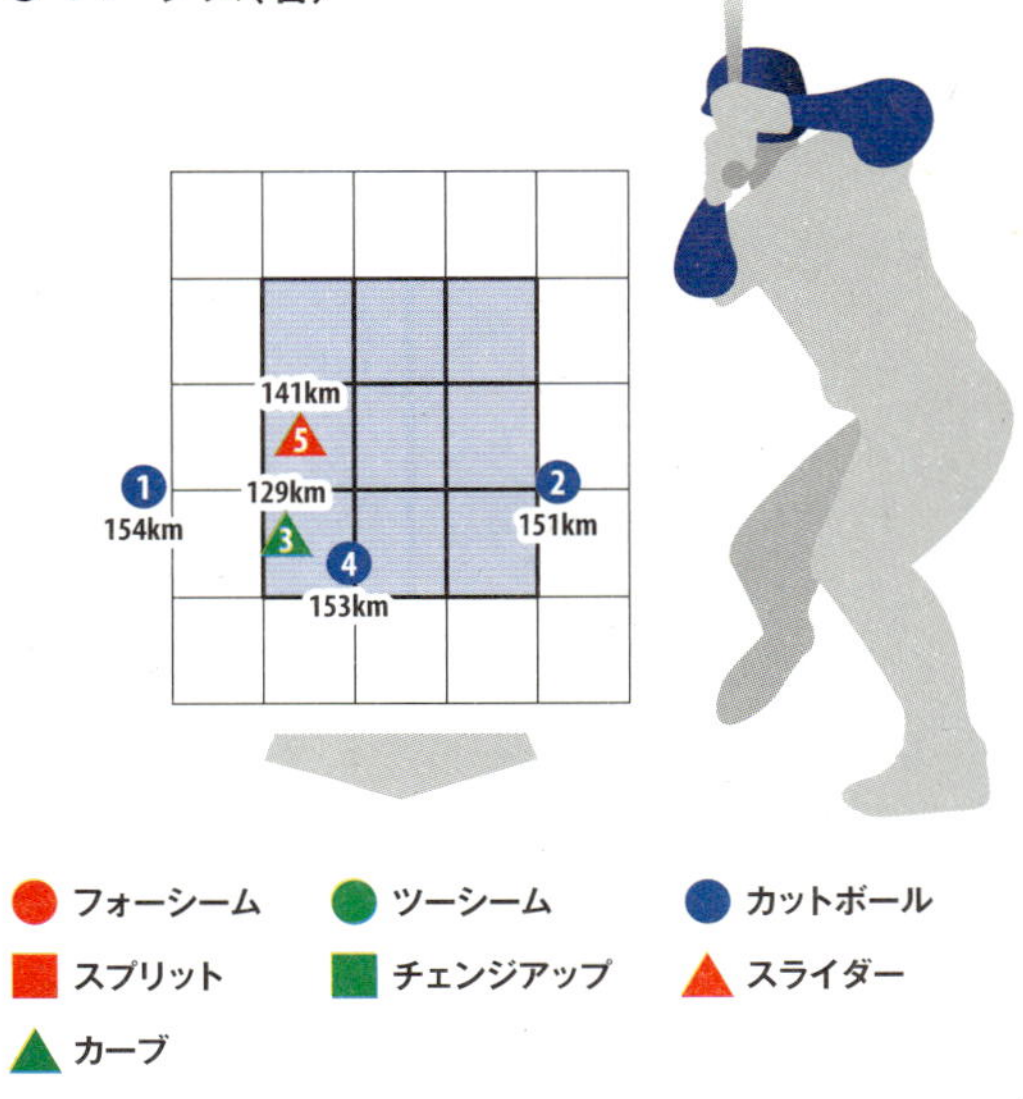

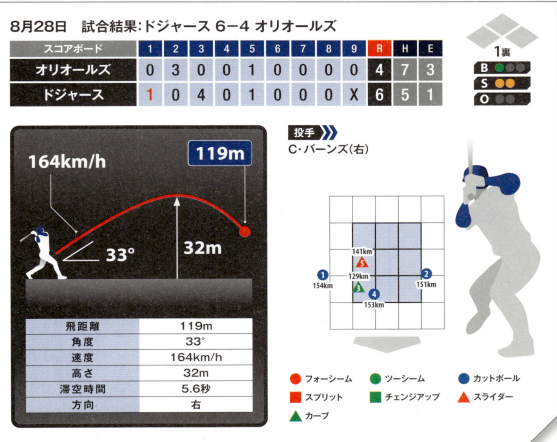

43号

1番・DH

SHOHEI OHTANI 43rd HOME RUN

MLB史上初の「43-43」も同日に達成！

「40-40」は史上初の同日達成だったが、記録自体が史上初の「43-43」も同日に達成するという千両役者ぶりを発揮した。

まずは2回の二盗で今季43盗塁目とし、大記録へ王手。4点リードの8回表、右腕ポール・シーウォルドの真ん中に入ってきた150キロ直球を左中間席最前部へ放り込んだ。MLB史上初となる「43-43」の偉業を達成。スキップをするかのように、軽やかに大記録達成のホームベースを踏んだ。

9回にダイヤモンドバックスが4点を返し、結果的にこの一発が決勝打となった。本塁打王争いではマルセル・オズナ（ブレーブス）との差を6本に広げ、独走態勢に。チェイスフィールド初アーチでもあり、自身が持つ日本選手最多記録を更新する29球場目での本塁打に。全本拠地制覇まで残り3球場とした。

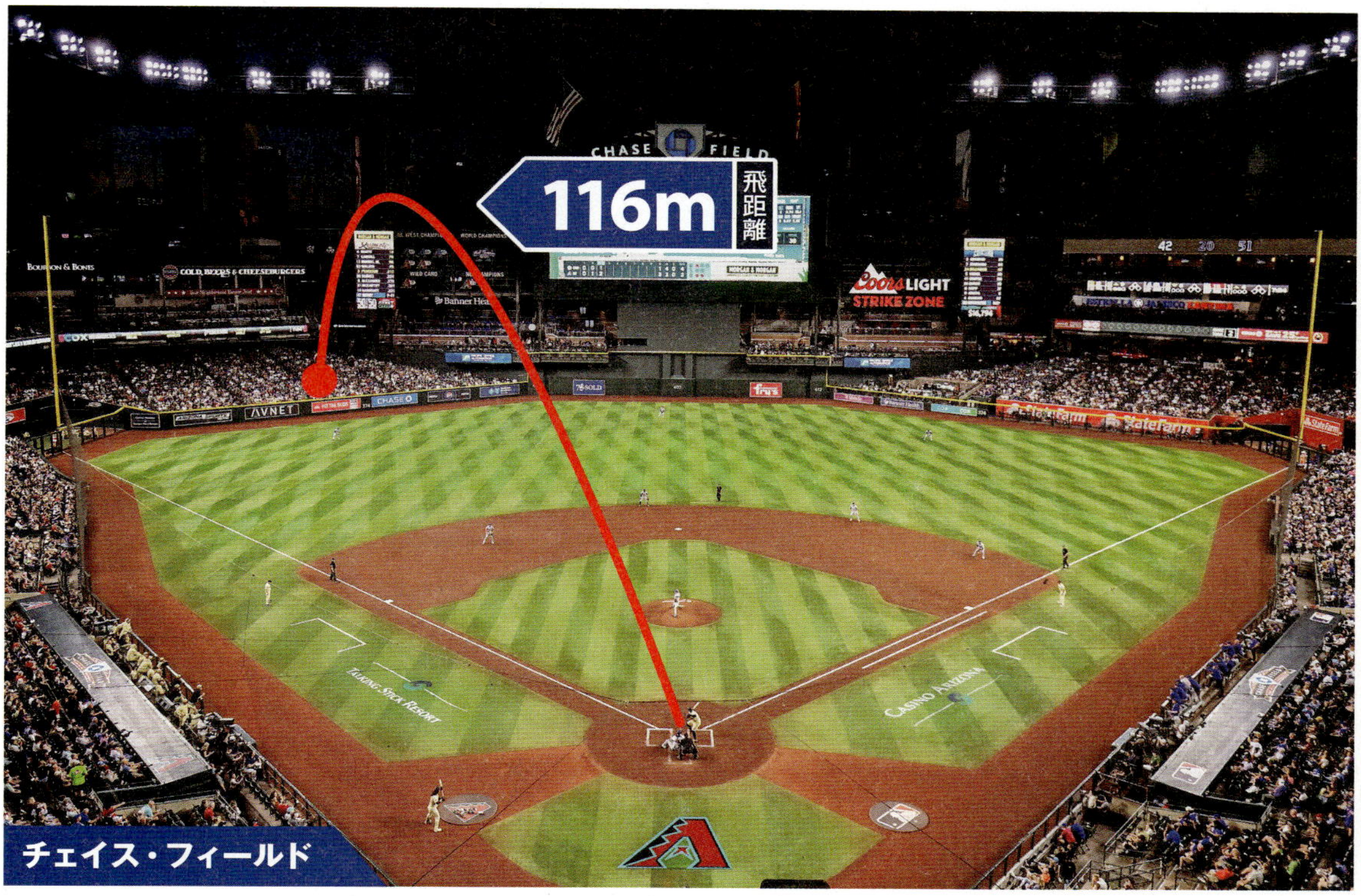

チェイス・フィールド

8月30日　試合結果:ドジャース 10−9 ダイヤモンドバックス

スコアボード	1	2	3	4	5	6	7	8	9	R	H	E
ドジャース	2	3	0	0	0	1	3	1	0	10	10	0
ダイヤモンドバックス	2	1	2	0	0	0	0	0	4	9	13	0

8表
B
S
O

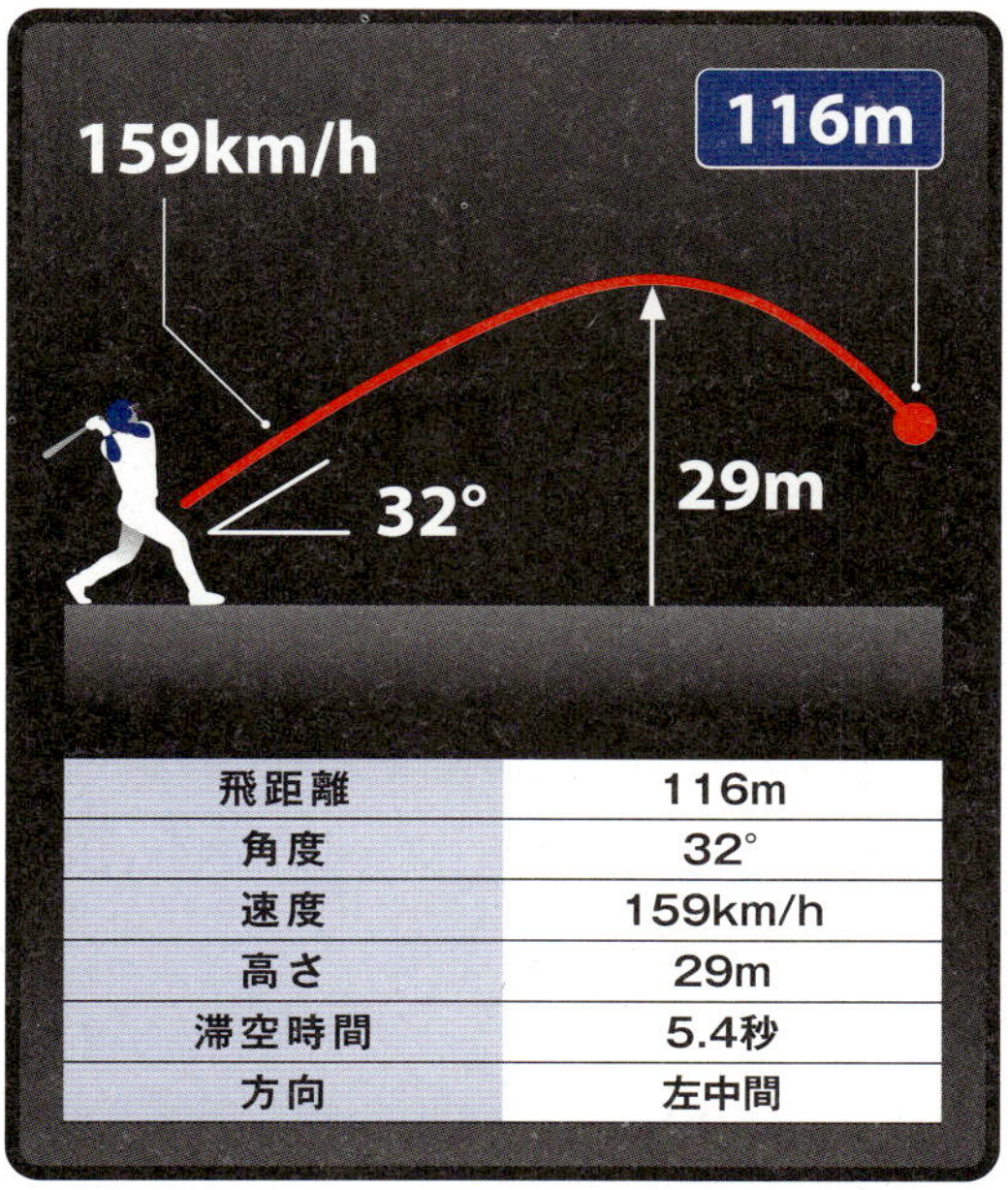

飛距離	116m
角度	32°
速度	159km/h
高さ	29m
滞空時間	5.4秒
方向	左中間

投手
P・シーウォルド(右)

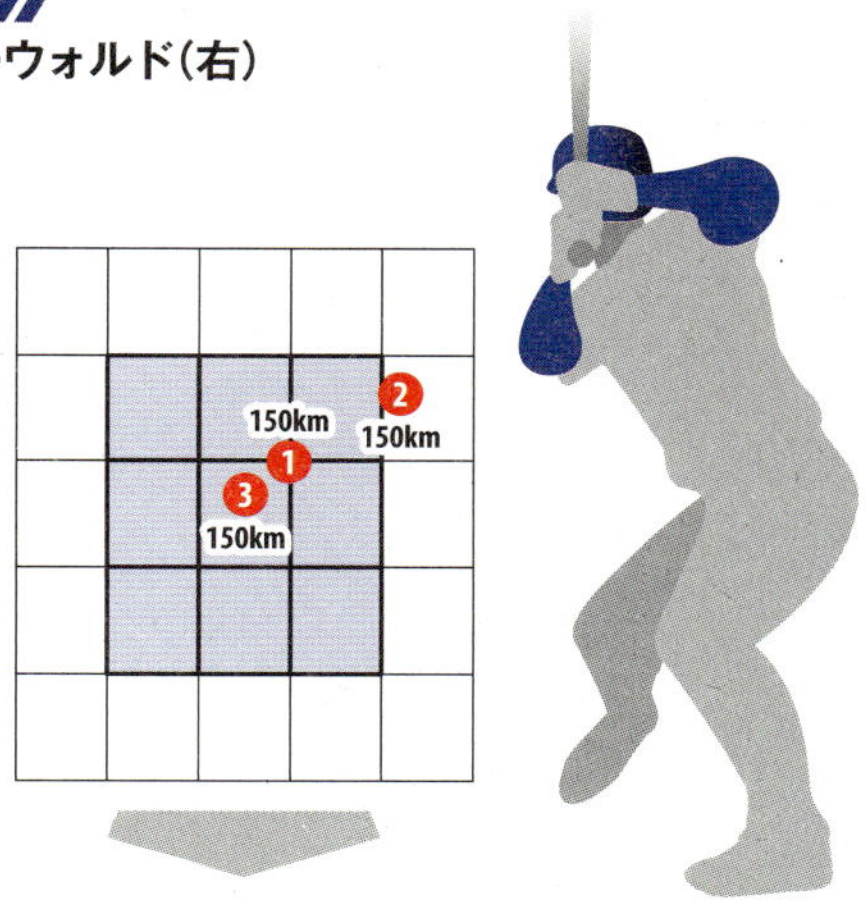

フォーシーム　ツーシーム　カットボール
スプリット　チェンジアップ　スライダー
カーブ

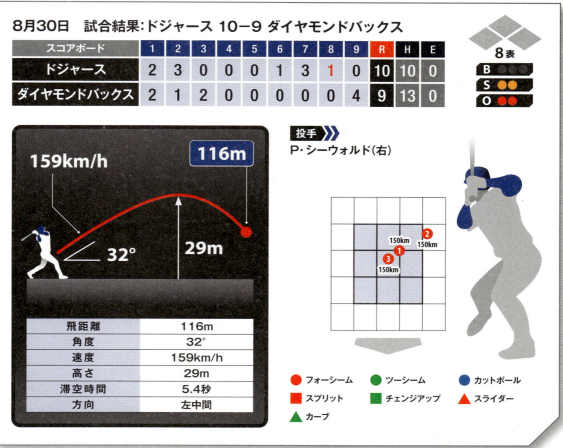

44号

1番・DH

今季10度目の
3戦連発!!
8月31日

SHOHEI OHTANI 44th HOME RUN

MVPトリオ「3者連続弾」口火の一発

開始早々の3者連続アーチ、その口火を切った。1回表、フルカウントから右腕メリル・ケリーの8球目、この打席で最も甘く入ってきたカーブを強振。バットの先端で捉えた打球は高さ41メートルまで到達し、バックスクリーン左の観客席に吸い込まれる。今季5度目の先頭打者アーチで先制すると、続くムーキー・ベッツ、フレディ・フリーマンも本塁打で続き、MVPトリオが今季初の3連発。1回先頭から3者連発は球団史上初の記録となった。

この本塁打で今季10度目の3戦連発。8月は月間12本とし、6月の本塁打数と並んだ。98打点もマルセル・オズナ（ブレーブス）と並ぶリーグ1位タイとなり、本塁打と打点の二冠へ視界良好。9月4日のダイヤモンドバックス戦では史上初の「44-44」も達成した。

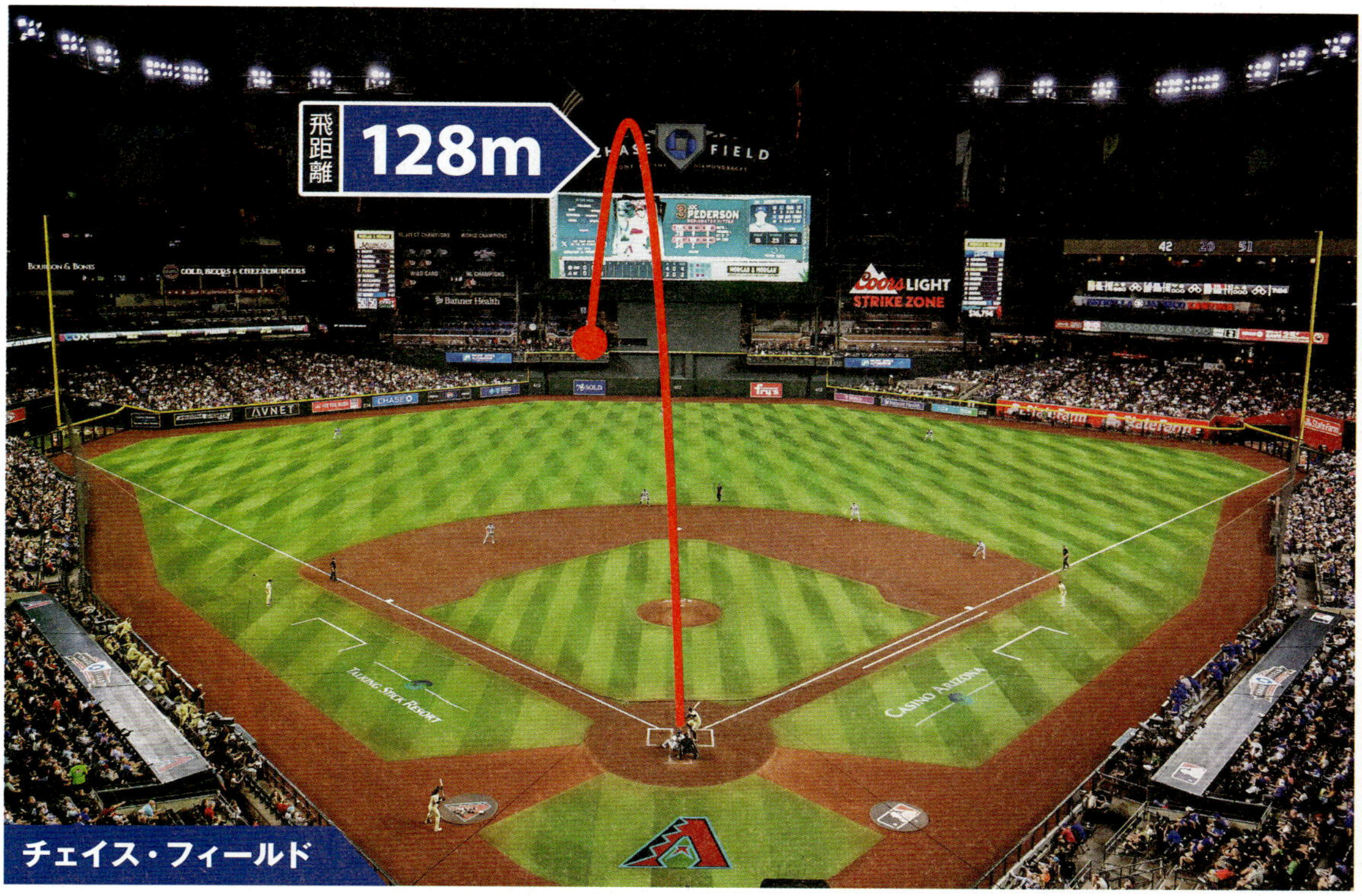

チェイス・フィールド

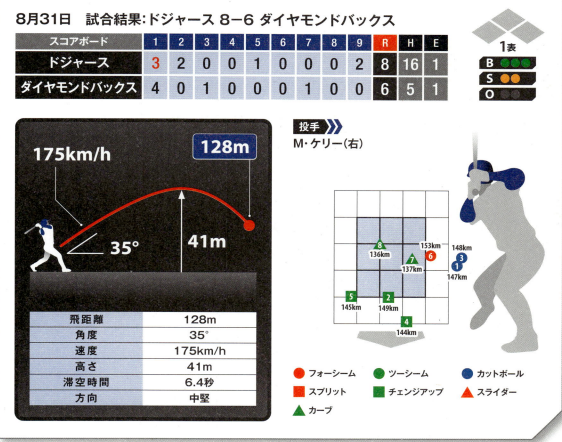

8月31日　試合結果:ドジャース 8−6 ダイヤモンドバックス

スコアボード	1	2	3	4	5	6	7	8	9	R	H	E
ドジャース	3	2	0	0	1	0	0	0	2	8	16	1
ダイヤモンドバックス	4	0	1	0	0	0	1	0	0	6	5	1

1表
B
S
O

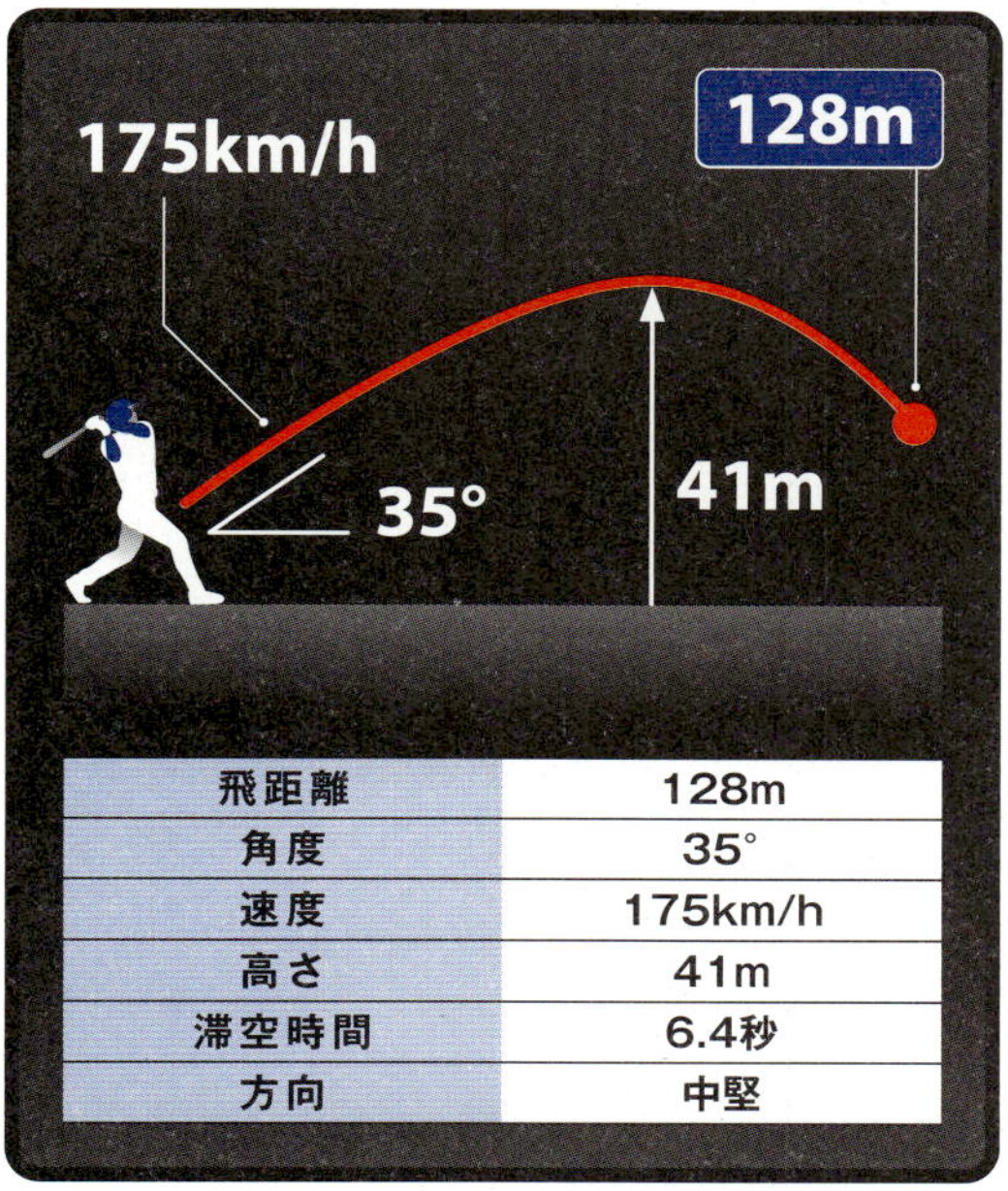

飛距離	128m
角度	35°
速度	175km/h
高さ	41m
滞空時間	6.4秒
方向	中堅

投手
M・ケリー(右)

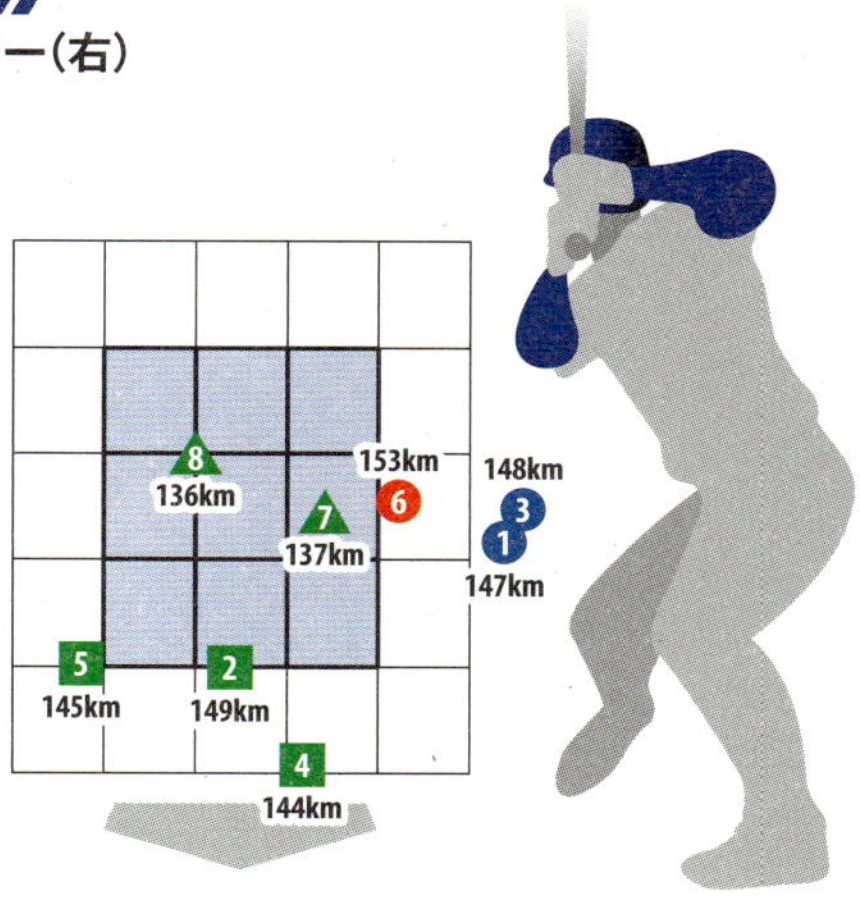

フォーシーム　ツーシーム　カットボール
スプリット　チェンジアップ　スライダー
カーブ

45号

1番・DH

SHOHEI OHTANI 45th HOME RUN

高さ45メートル弾で前人未到の「45-45」

9月6日

9月に入っても勢いは止まらない。2点を追う6回裏、左腕マシュー・ボイドの2球目、シンカーをフルスイング。最高到達点45メートルまで上がった打球は、滞空時間6・6秒でバックスクリーン左奥へ着弾した。9月1発目の45号ソロ。この日までにマークした46盗塁で「45本塁打・46盗塁」とし、史上初の「45-45」を達成した。

これで自己最多を一挙に更新した。2021年以来のシーズン100打点、8回の右前打で2022年以来の160安打にも到達。2021年の自己最多46本塁打にもあと1と迫った。

2021年9月、大谷はエンゼルス時代に「ヒリヒリするような9月を過ごしたい」と語った。移籍1年目の今季、チームは地区優勝争いの真っ只中。自身初のポストシーズン進出は目前で、夢が実現しつつある。

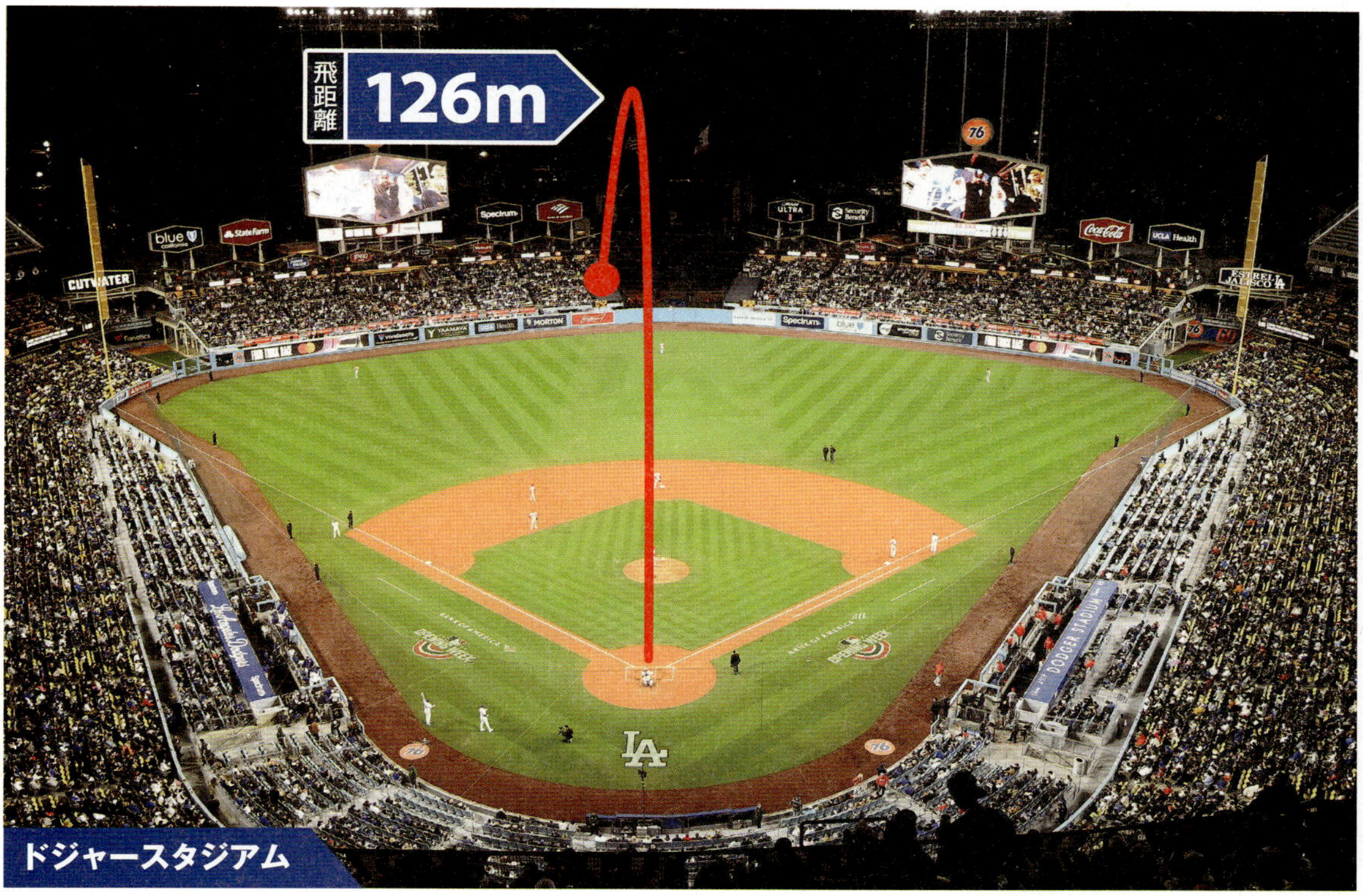

9月6日　試合結果:ドジャース 1−3 ガーディアンズ

スコアボード	1	2	3	4	5	6	7	8	9	R	H	E
ガーディアンズ	0	0	0	0	0	2	0	1	0	3	5	0
ドジャース	0	0	0	0	0	1	0	0	0	1	6	0

6裏
B
S
O

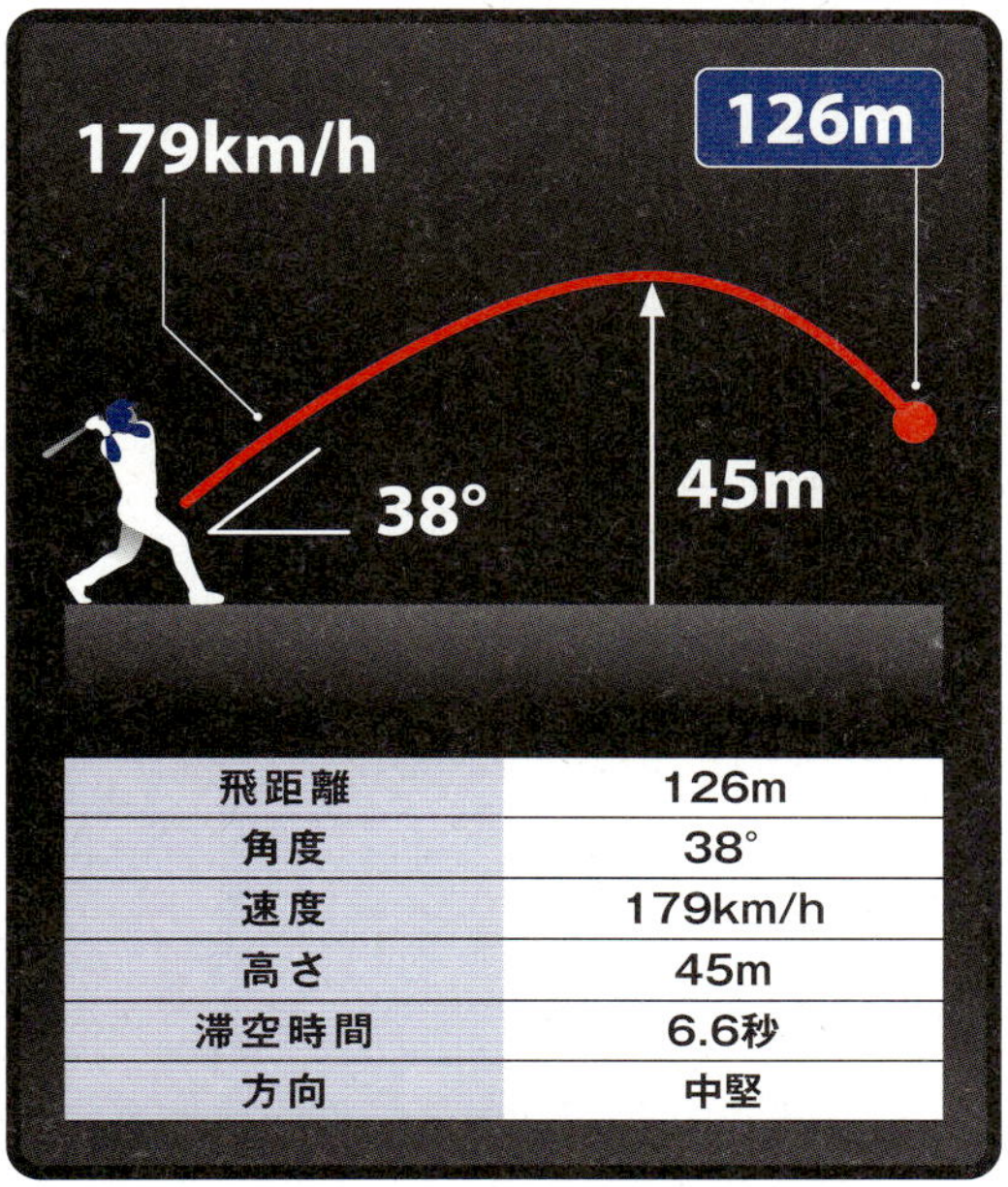

飛距離	126m
角度	38°
速度	179km/h
高さ	45m
滞空時間	6.6秒
方向	中堅

投手
M・ボイド(左)

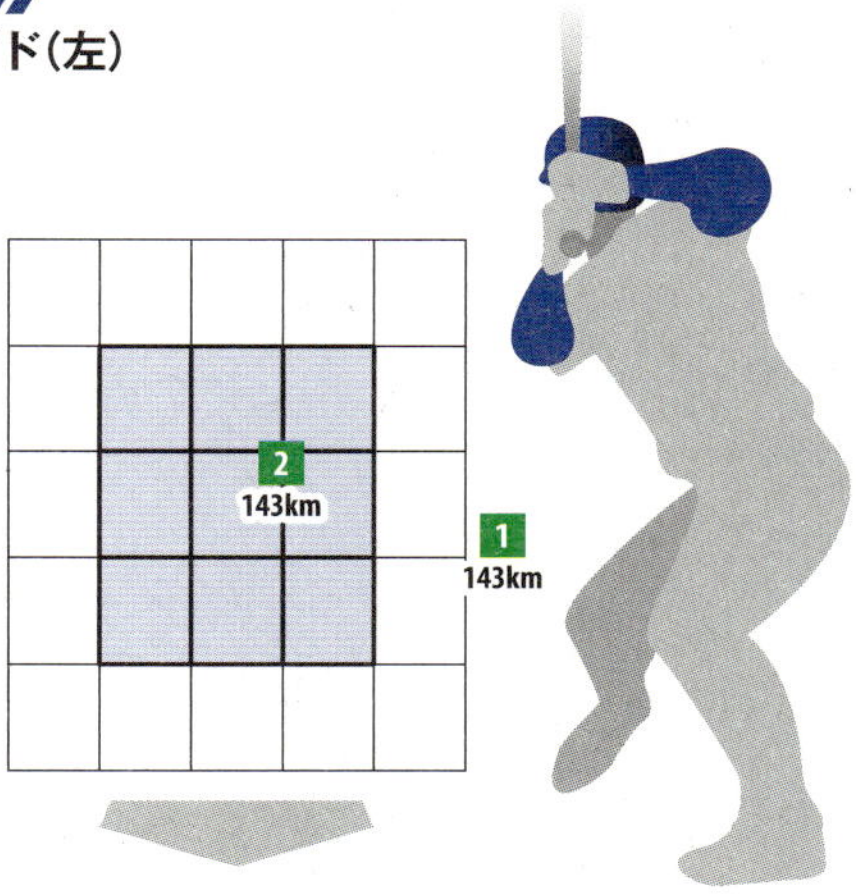

フォーシーム　ツーシーム　カットボール
スプリット　チェンジアップ　スライダー
カーブ

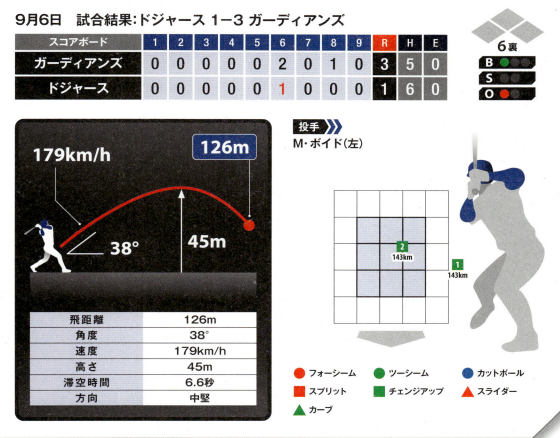

46号

1番・DH

SHOHEI OHTANI 46th HOME RUN

2021年以来の自己最多本塁打に並ぶ

9月8日

「史上初」を日々生み出している。1点リードの5回裏、奪三振率の高い右腕タナー・バイビーのチェンジアップを捉え、超高速弾をかっ飛ばした。右翼ポール左の相手ブルペン上空を通過する右越え46号ソロ。打球速度188キロ、飛距離137メートルの高速特大弾は、審判団によるビデオ検証まで行われたが、無事に本塁打と認定された。シーズン自己最多タイとなる一発で、キャリアハイとなる101打点目を記録。これで「46本塁打・46盗塁」とし、史上初の「46-46」も達成した。

この日のドジャースタジアムの試合は、熱波により2017年10月24日、アストロズとのワールドシリーズ第1戦で記録された華氏103度（摂氏約39・4度）と並ぶ猛暑のなかで行われた。大谷の熱いシーズンはまだまだ終わらない！

9月8日　試合結果:ドジャース 4−0 ガーディアンズ

スコアボード	1	2	3	4	5	6	7	8	9	R	H	E
ガーディアンズ	0	0	0	0	0	0	0	0	0	0	6	0
ドジャース	0	0	0	1	1	0	0	2	X	4	9	1

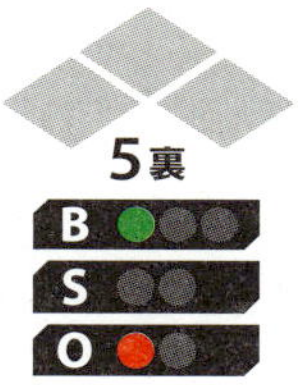

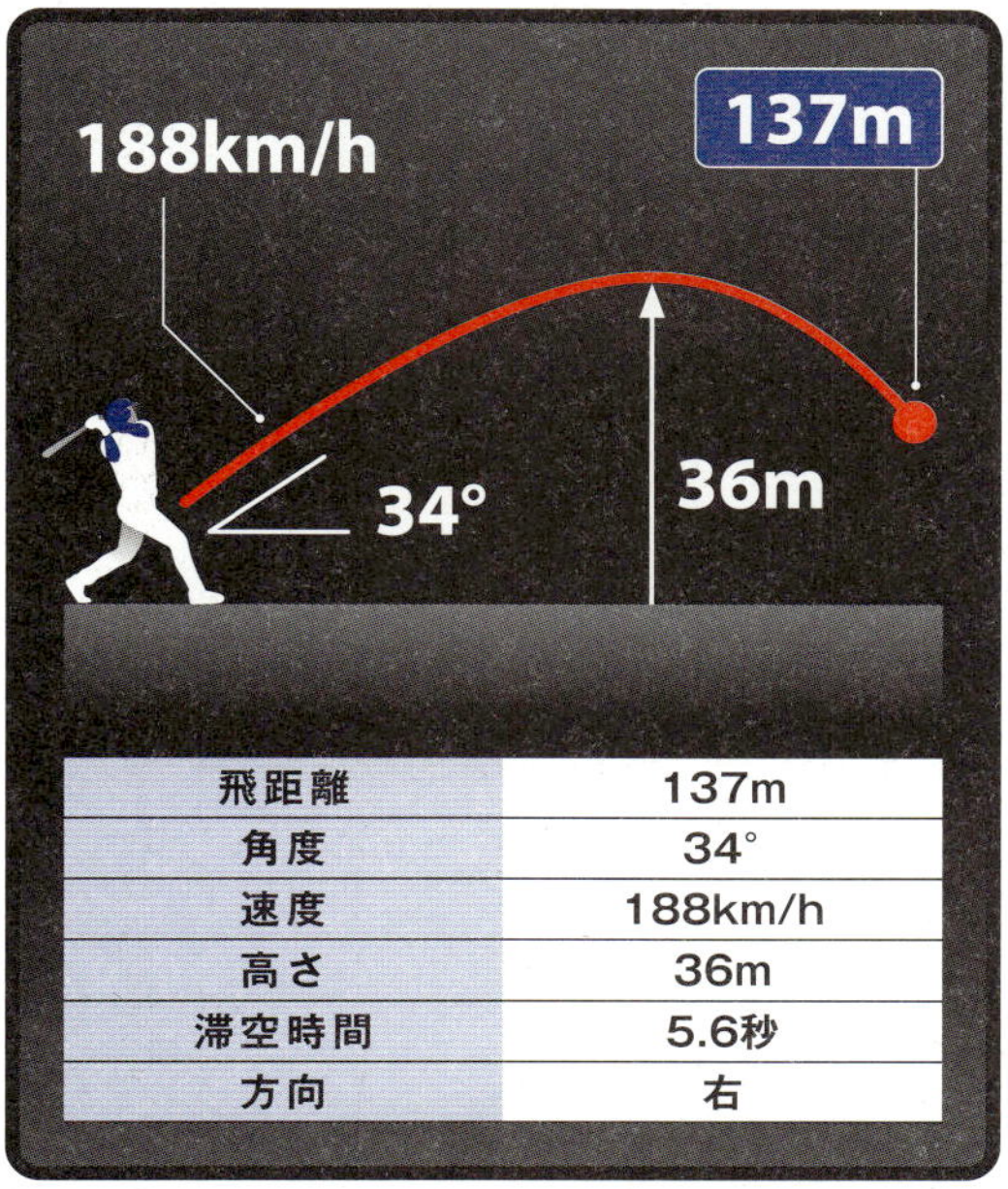

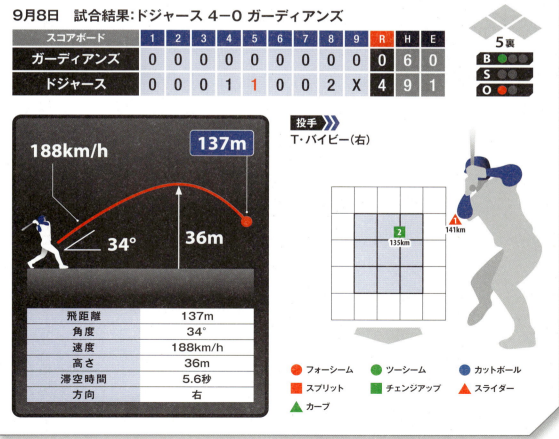

飛距離	137m
角度	34°
速度	188km/h
高さ	36m
滞空時間	5.6秒
方向	右

投手
T·バイビー(右)

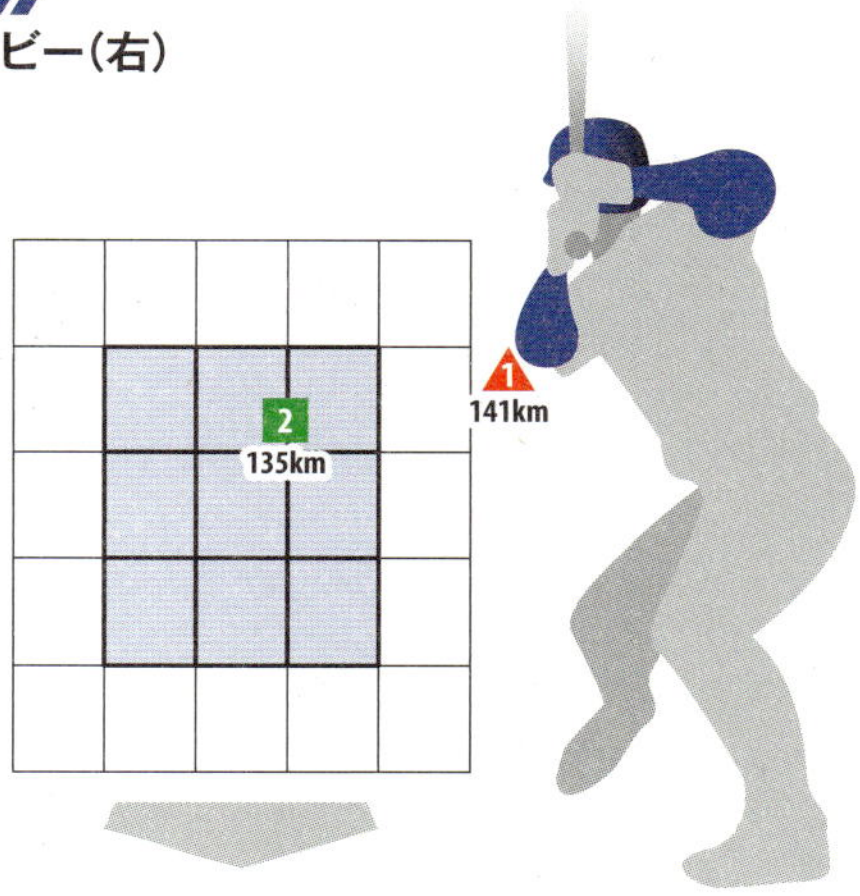

フォーシーム　ツーシーム　カットボール
スプリット　チェンジアップ　スライダー
カーブ

47号

1番・DH

SHOHEI OHTANI 47th HOME RUN

アジア出身選手最多タイ通算218本

夢の「50-50」へカウントダウンだ。1回裏、左腕ジョーダン・ウィックスに2ストライクと追い込まれながら、4球目の内寄りのスライダーを強振した。打球角度19度、打球速度は今季3番目の118・1マイル（約190・1キロ）の弾丸ライナーは、右中間へ一直線。滞空時間3・8秒で着弾した。

今季6度目の先頭打者アーチで、自己最多となる47号。これで史上初の「47-47」を達成し、レンジャーズなどで活躍した秋信守（韓国）のアジア出身選手のMLB通算最多本塁打記録、218本に並んだ。

2回には二盗で今季48盗塁目を決め、1試合で本塁打と盗塁をマークするのは今季12度目。1900年以降の近代野球では1986年リッキー・ヘンダーソン（当時ヤンキース）の13度に次ぐ2位タイとなった。

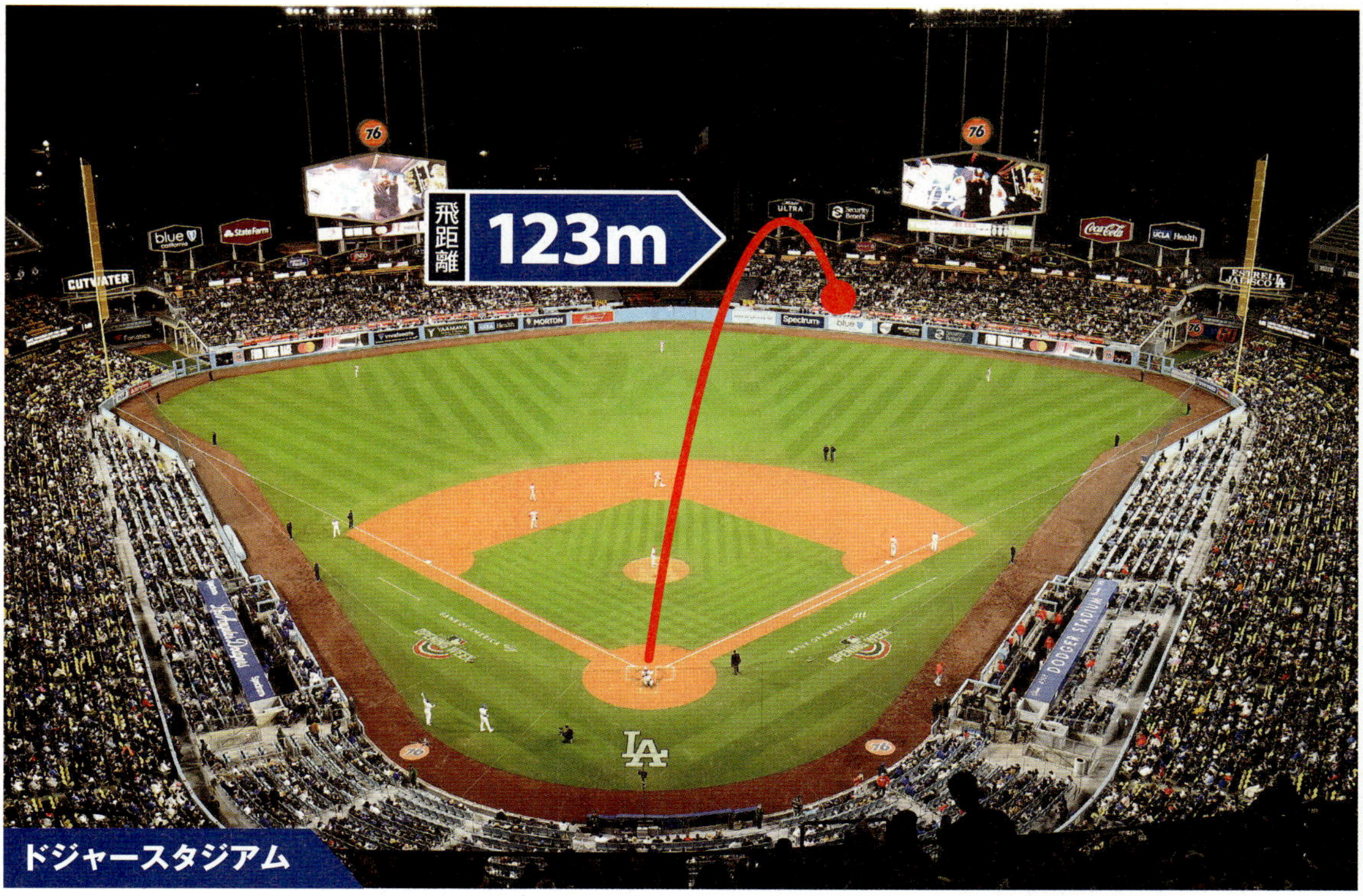

9月11日　試合結果：ドジャース 10－8 カブス

スコアボード	1	2	3	4	5	6	7	8	9	R	H	E
カブス	2	0	1	0	4	0	0	0	1	8	6	0
ドジャース	5	0	2	0	0	0	1	2	X	10	12	1

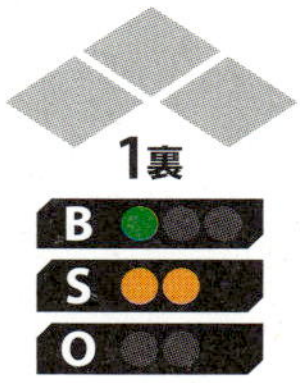

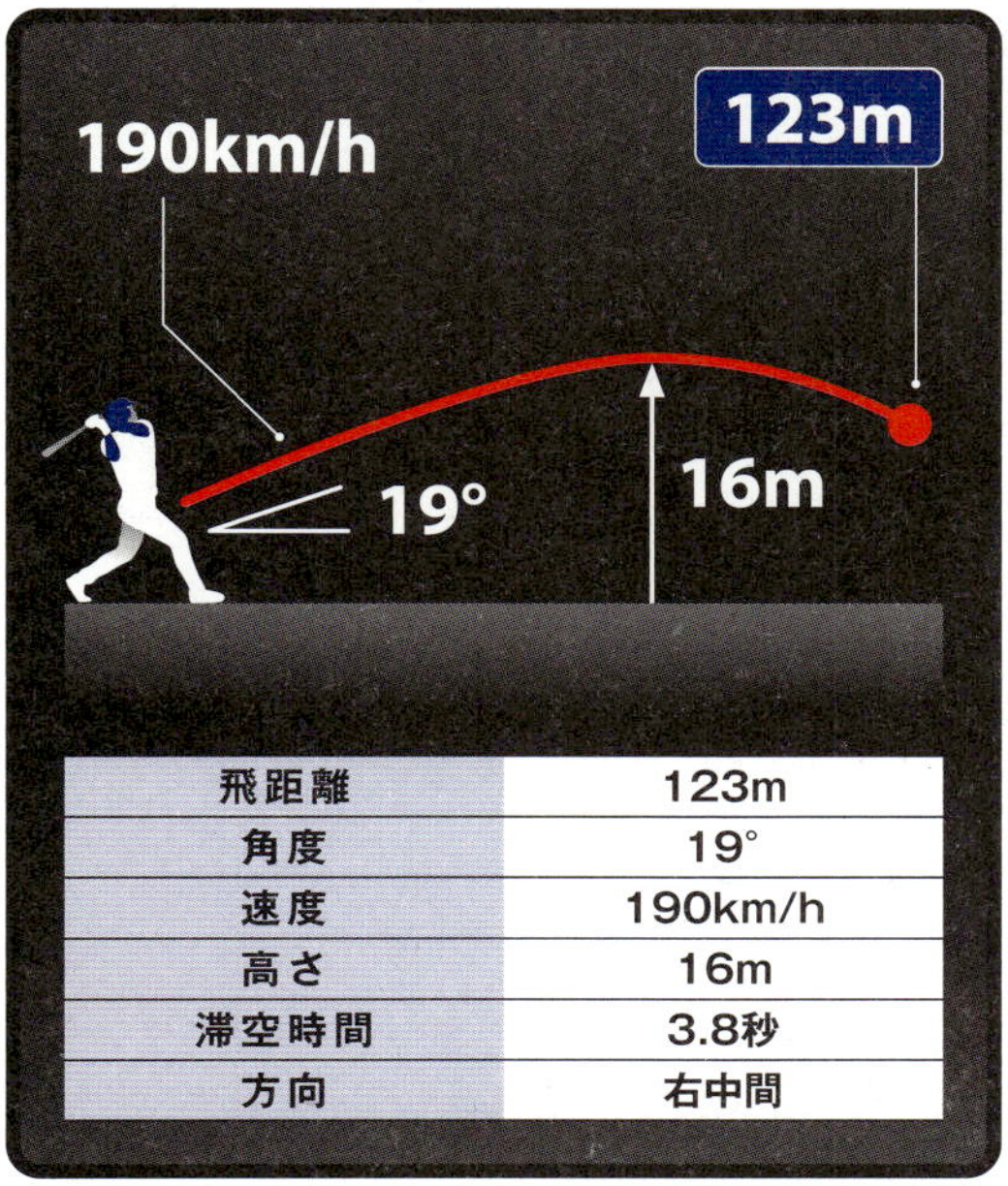

飛距離	123m
角度	19°
速度	190km/h
高さ	16m
滞空時間	3.8秒
方向	右中間

投手

J・ウィックス（左）

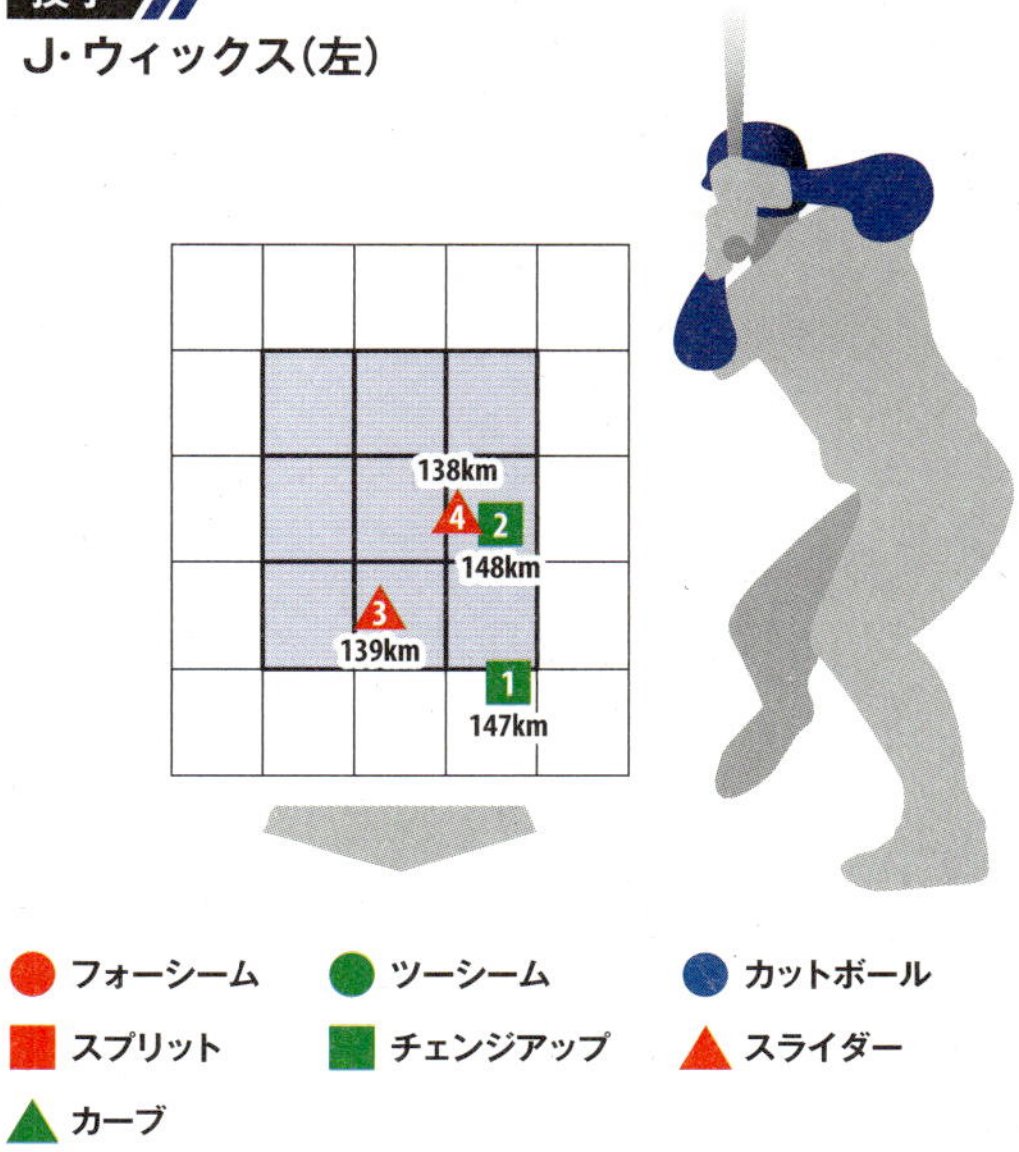

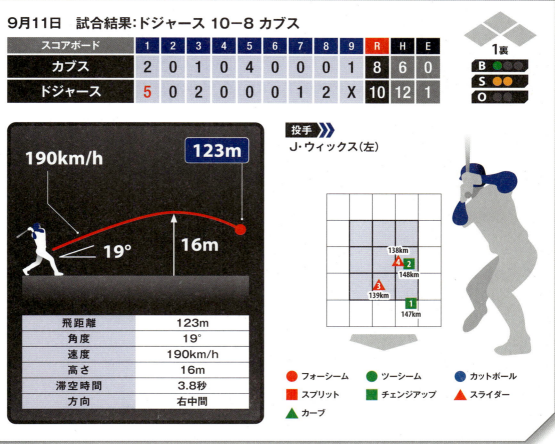

48号

1番・DH

あのWBC決勝を戦った思い出の地

9月17日

SHOHEI OHTANI 48th HOME RUN

オルティスを抜くDHシーズン新記録

思い出の地で金字塔を打ち立てた。4点を追う3回表、右腕ダレン・マコーガンの低めスイーパーを思い切りすくい上げる。大谷は打った瞬間、〝確信顔〟で打球の行方を見つめた。右翼2階席へ放り込む48号2ラン。これで「48-48」を達成。MLB通算219本塁打とし、アジア出身選手のMLB通算本塁打記録で単独トップに立った。

ローンデポパークは2023年のWBC決勝で胴上げ投手となった思い出の球場。この48号で30球場目とし、全本拠地制覇まで残すは2球場となった。

DHでの48本は2006年デービッド・オルティス（当時レッドソックス）の47本（シーズン54本のうち7本が一塁手）を抜きシーズン最多。110打点はウィリー・アダメズ（ブルワーズ）を抜いて単独トップ。本塁打、打点の二冠を引き寄せる。

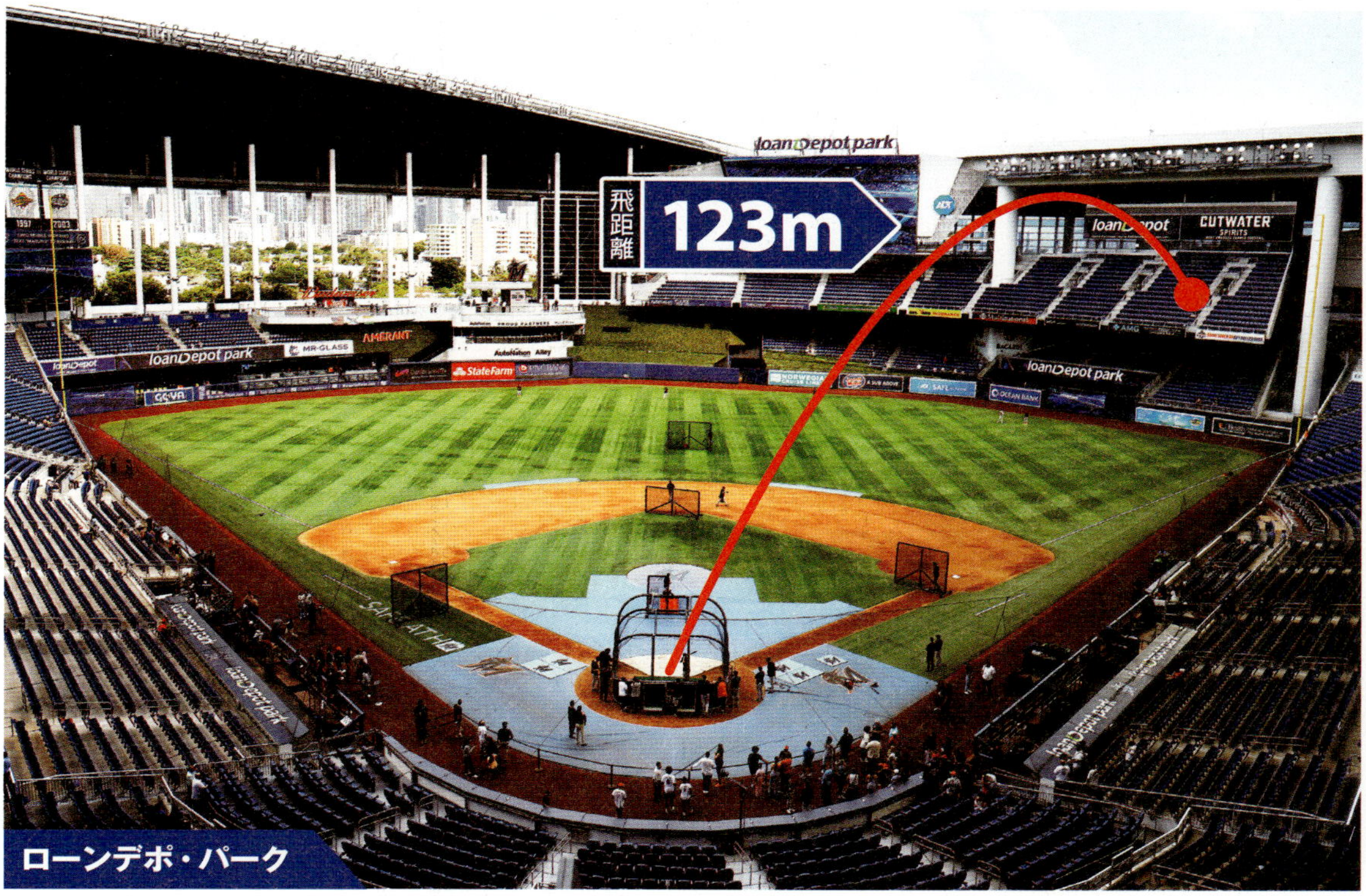

9月17日　試合結果:ドジャース 9−11 マーリンズ

スコアボード	1	2	3	4	5	6	7	8	9	R	H	E
ドジャース	0	0	4	1	1	0	1	0	2	9	12	0
マーリンズ	2	2	1	2	0	2	0	2	X	11	15	0

3表
B
S
O

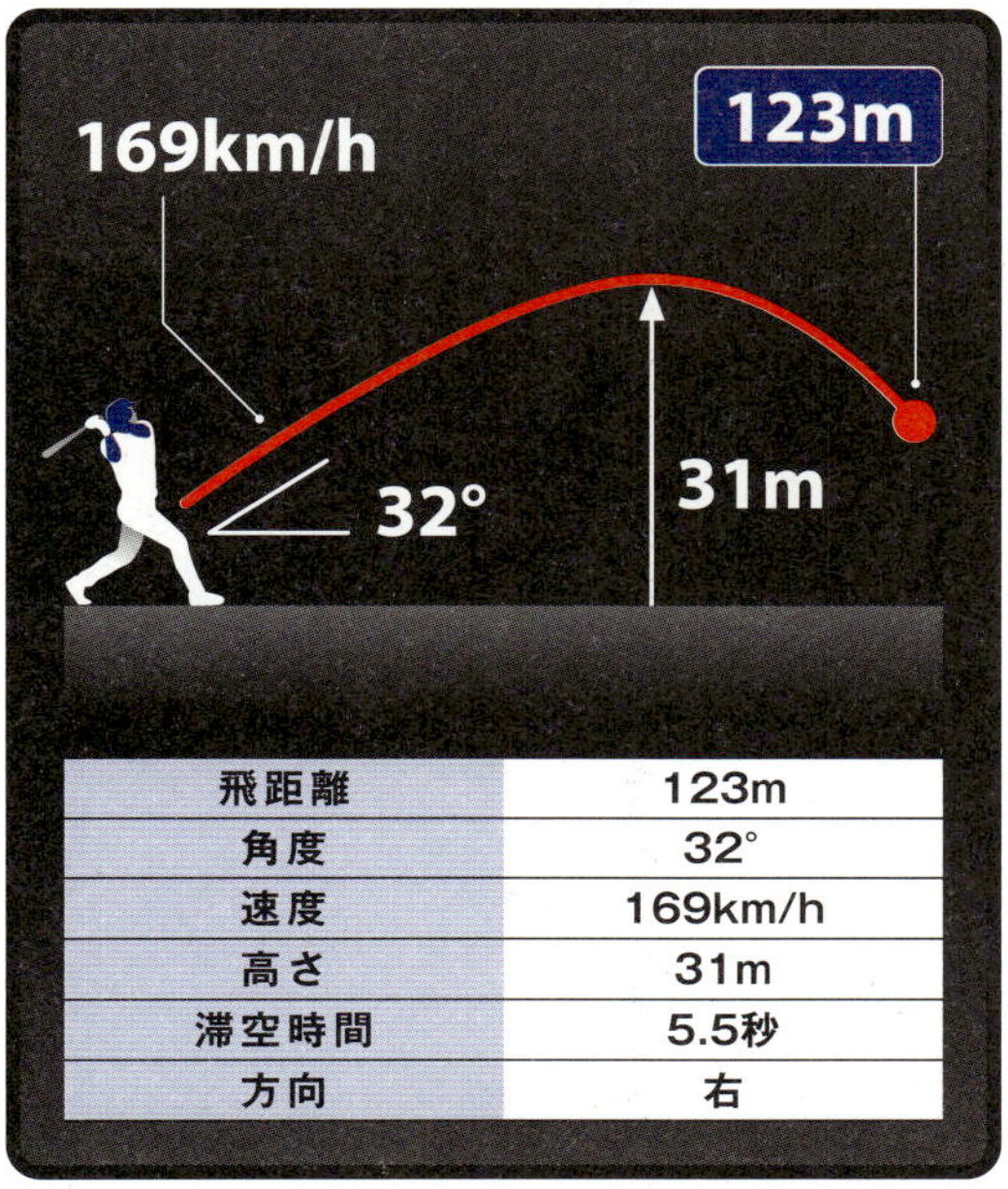

飛距離	123m
角度	32°
速度	169km/h
高さ	31m
滞空時間	5.5秒
方向	右

投手
D・マコーガン(右)

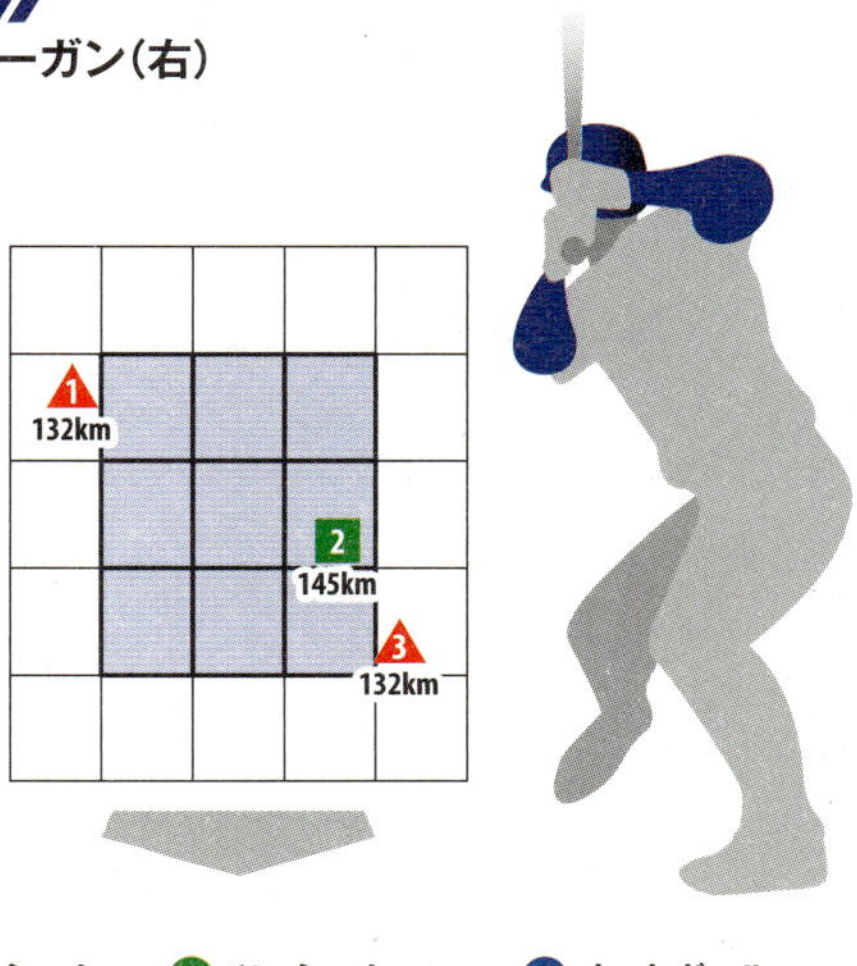

● フォーシーム　● ツーシーム　● カットボール
■ スプリット　■ チェンジアップ　▲ スライダー
▲ カーブ

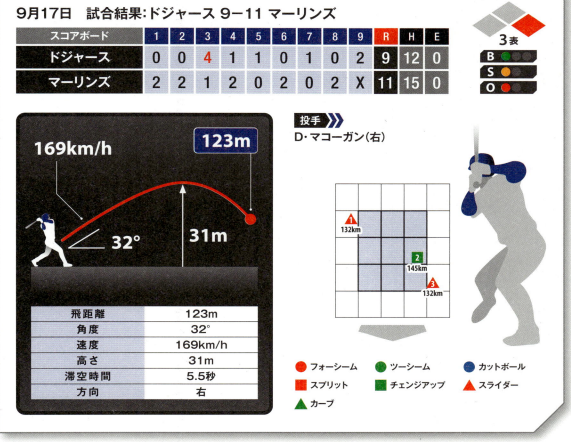

49号

50号
51号

1番・DH

SHOHEI OHTANI 49th HOME RUN

移籍初年で球団シーズン記録に並んだ

夢の記録に王手――。4点リードの6回表、右腕ジョージ・ソリアーノが投じた内角寄りの低めスライダーを右中間2階席へ放り込んだ。最高到達点42メートルの打球は、飛距離134メートルの超特大弾。2001年ショーン・グリーンの球団シーズン最多本塁打記録に並び、史上初の「49-49」を達成した。

ほかにも多彩な記録へ王手をかけた。この日は6回までに4打数4安打、5打点と大爆発。シーズン115打点とし、松井秀喜が2005年に記録した日本選手最多116打点にあと1とした。1回に三盗で今季50盗塁目、2回にも二盗で51盗塁とし、この一発で「50-50」にリーチ。1試合に本塁打と盗塁を同時にマークしたのは今季13度目で、1900年以降では史上最多タイ。「50-50」への条件は整い、7回を迎える――。

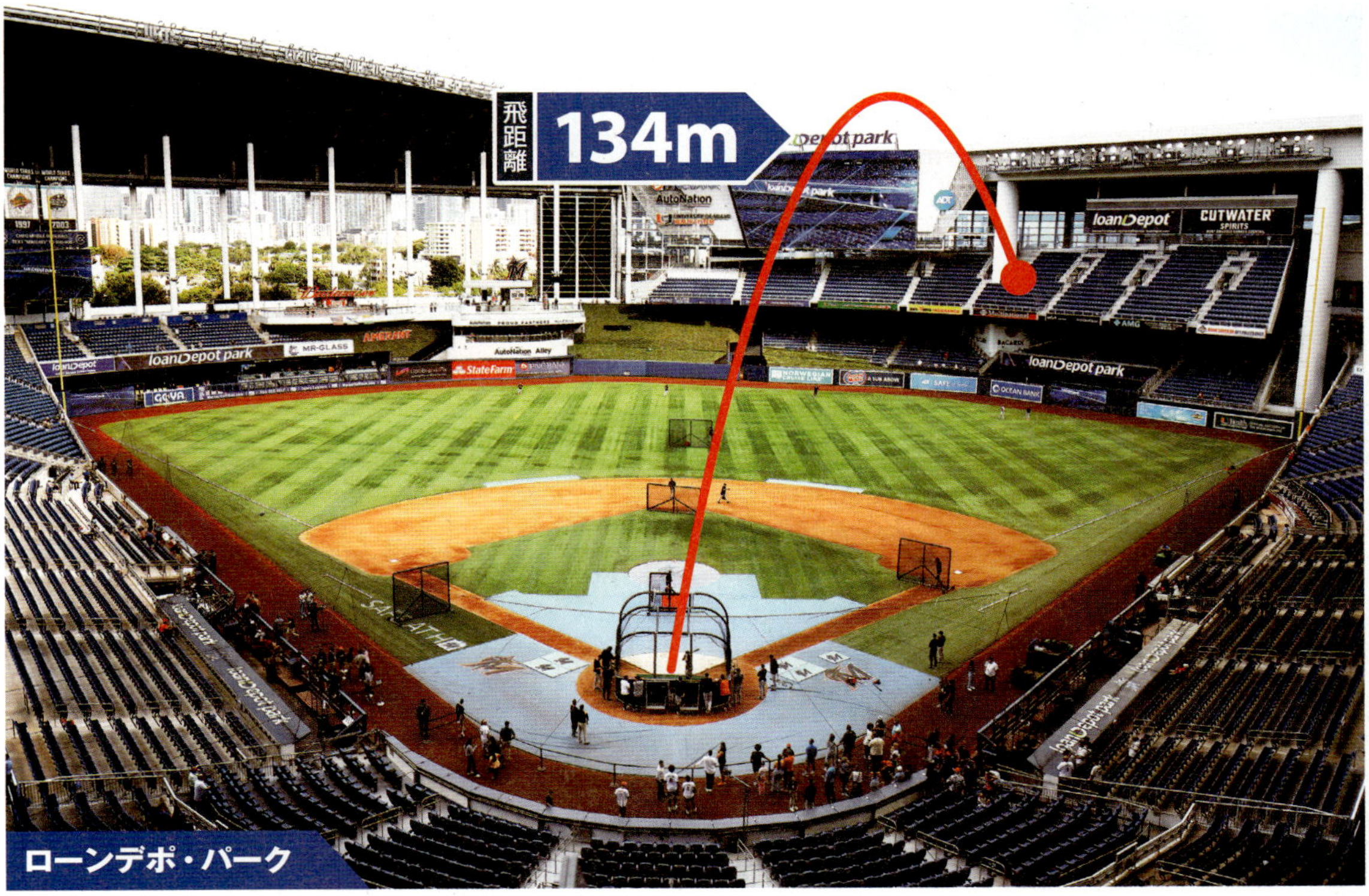

ローンデポ・パーク

9月19日　試合結果:ドジャース 20−4 マーリンズ

スコアボード	1	2	3	4	5	6	7	8	9	R	H	E
ドジャース	1	1	5	0	0	2	5	0	6	20	16	1
マーリンズ	0	1	0	0	2	0	0	0	1	4	9	0

6表
B
S
O

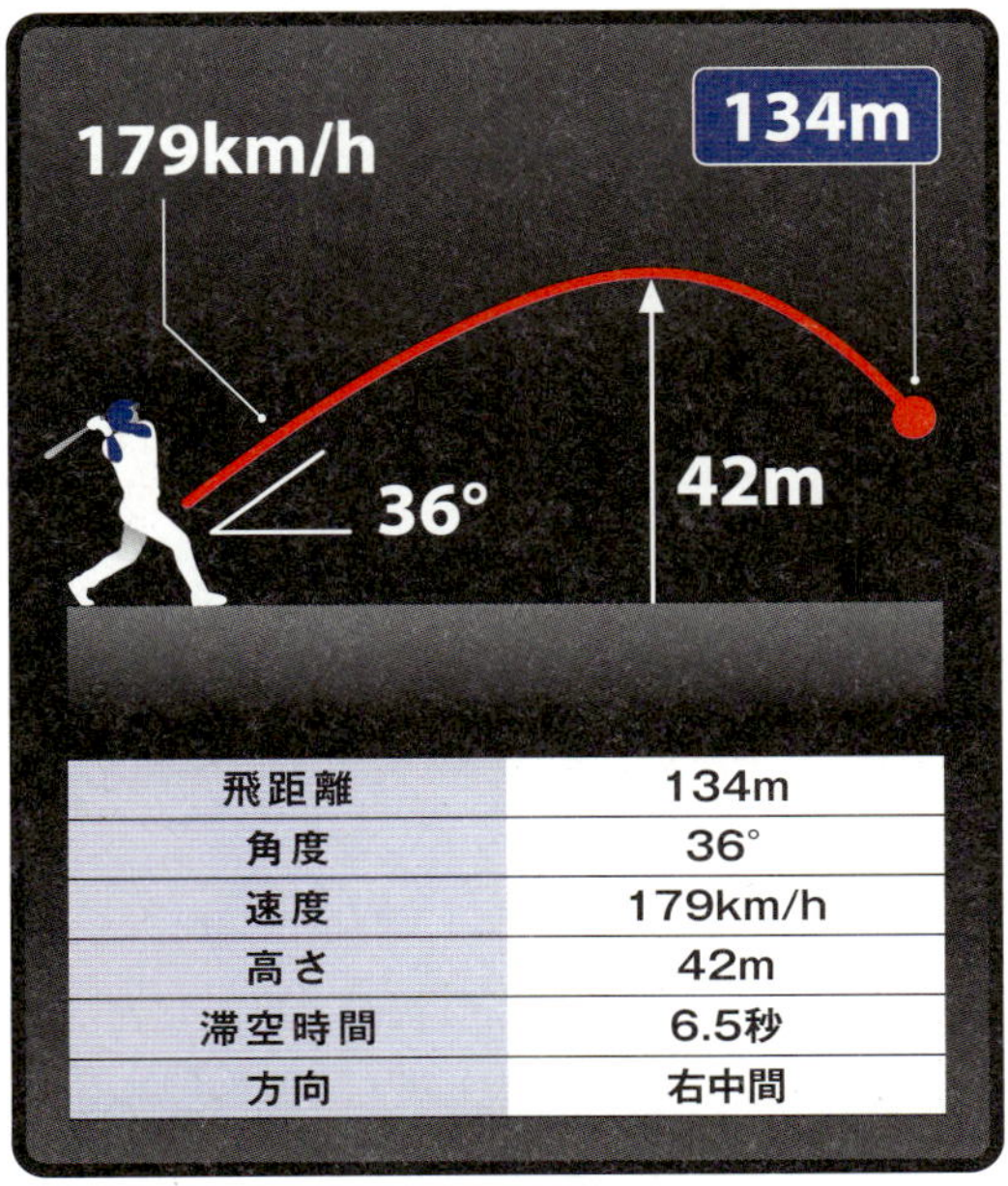

飛距離	134m
角度	36°
速度	179km/h
高さ	42m
滞空時間	6.5秒
方向	右中間

投手
J・ソリアーノ(右)

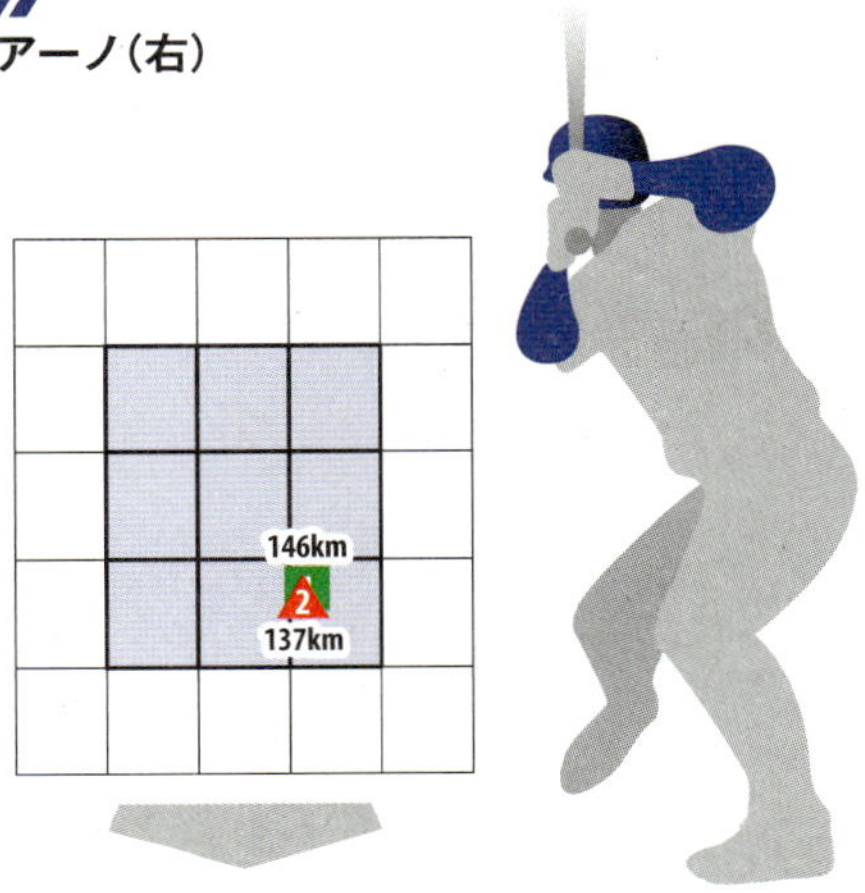

フォーシーム　ツーシーム　カットボール
スプリット　チェンジアップ　スライダー
カーブ

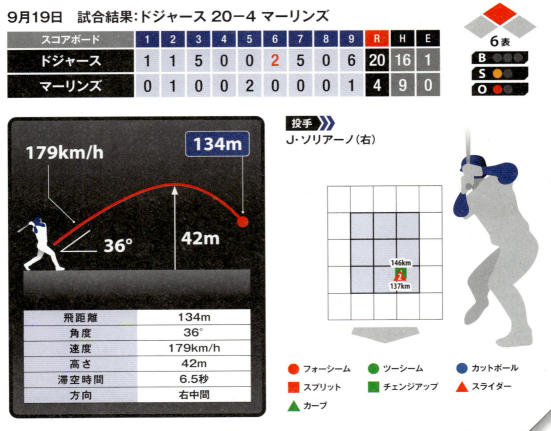

50号

49号 51号

1番・DH

SHOHEI OHTANI 50th HOME RUN

2打席連続弾で前人未到「50-50」達成

9月19日

6回に「49-49」を達成し、観客の興奮冷めやらぬなか迎えた7回表の打席。2死三塁から右腕マイケル・バウマンに2ストライクと追い込まれてから、4球目のナックルカーブを振り抜く。打った瞬間、バウマンが頭を抱える2打席連続の確信弾。左越え2ランで前人未到の「50-50」を達成した。

大谷は一塁の手前で雄叫び。敵地にもかかわらず、ベンチに戻ってからも大歓声は収まらない。再びグラウンドへ出てのカーテンコール。WBC優勝の地で伝説の記録が誕生した。

シーズン50本塁打以上を放った選手の盗塁は24(ウィリー・メイズとアレックス・ロドリゲス)が過去最多。「パワー&スピード」を標榜するMLBで、「50-50」は最強の記録と言える。この大記録だけでは終わらない。ドラマは9回に続く!

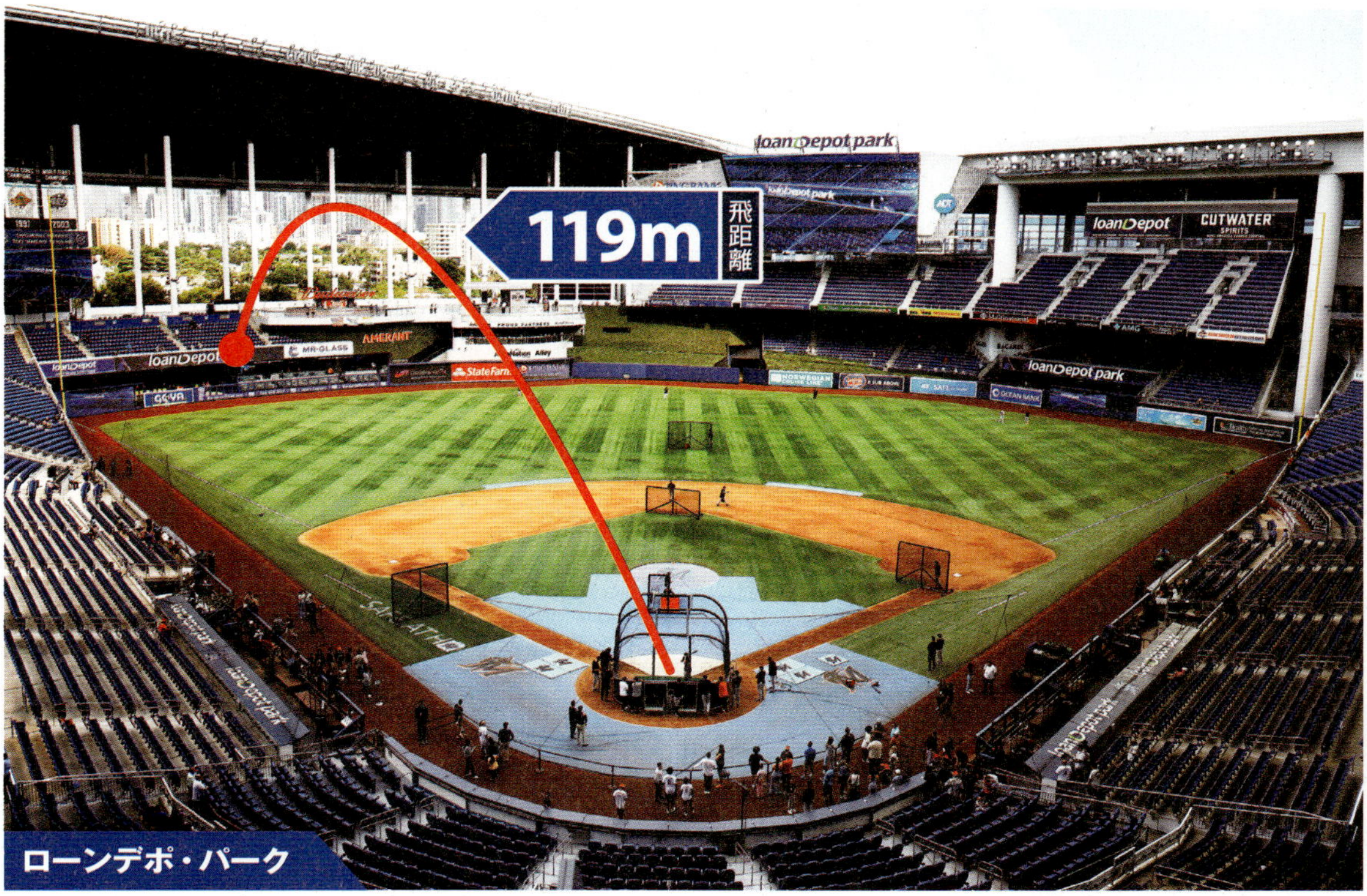

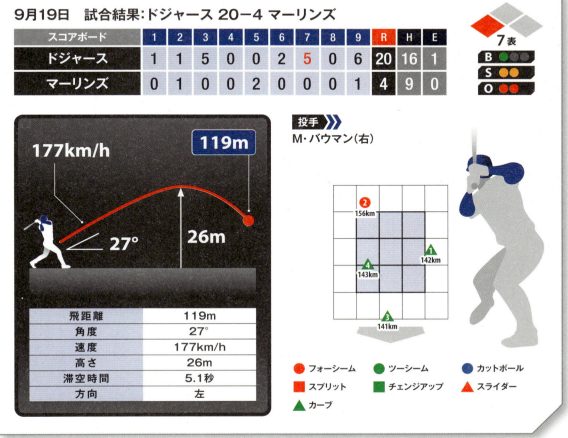

9月19日　試合結果：ドジャース 20−4 マーリンズ

スコアボード	1	2	3	4	5	6	7	8	9	R	H	E
ドジャース	1	1	5	0	0	2	5	0	6	20	16	1
マーリンズ	0	1	0	0	2	0	0	0	1	4	9	0

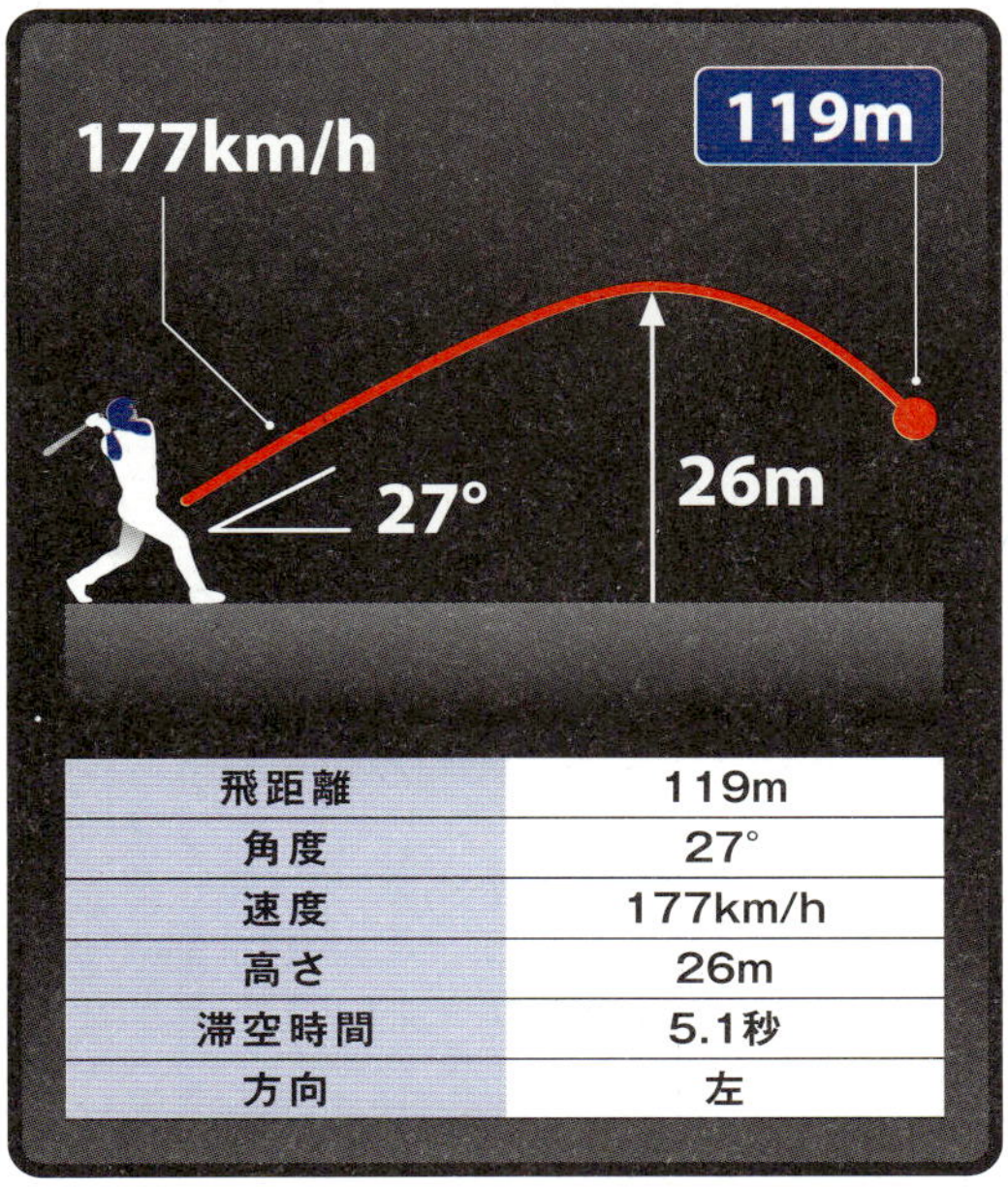

飛距離	119m
角度	27°
速度	177km/h
高さ	26m
滞空時間	5.1秒
方向	左

投手

M・バウマン（右）

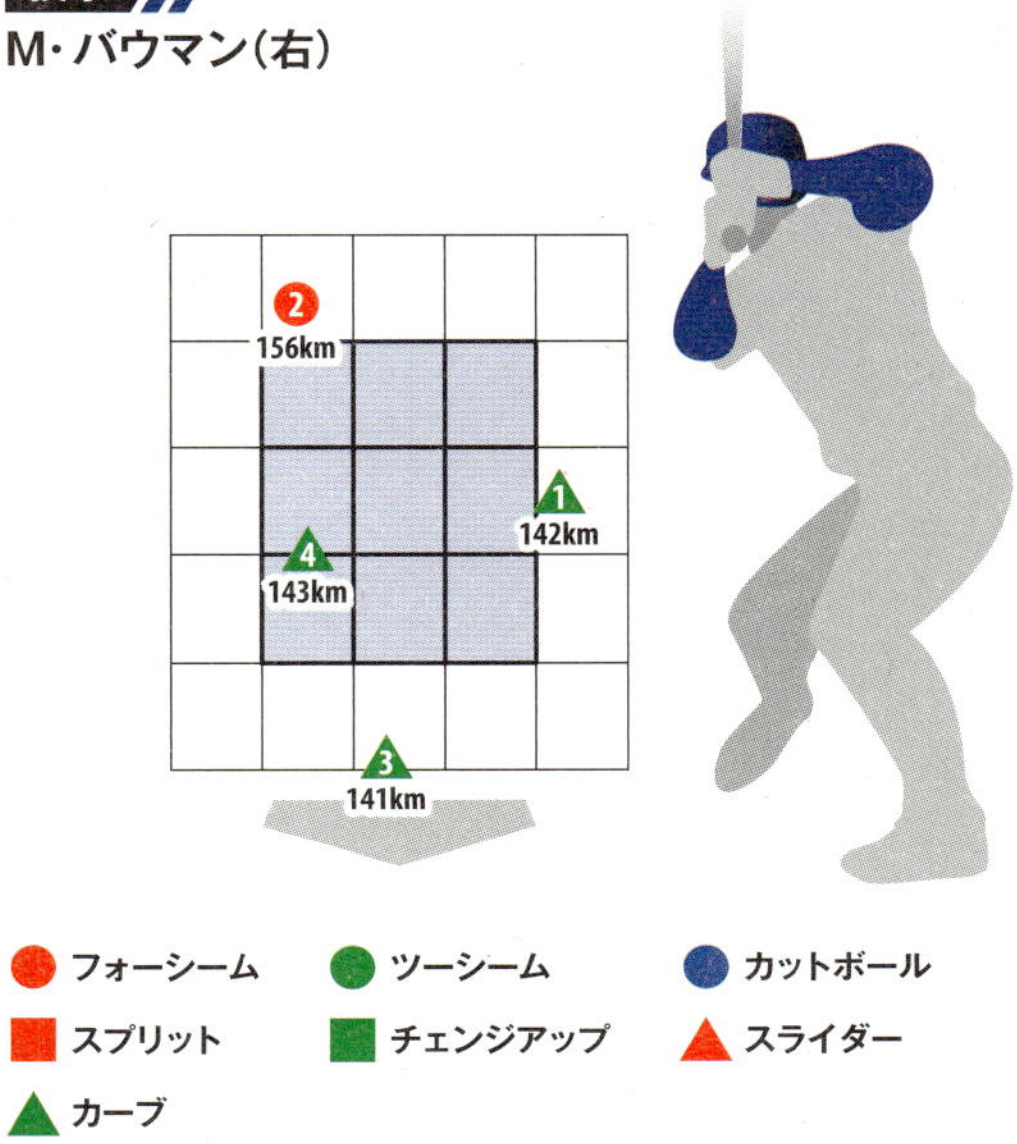

49号
50号

51号

1番・DH

SHOHEI OHTANI 51st HOME RUN

3連発締め「史上最大のSHO-TIME」

1試合10打点はド軍で初の快挙

9月19日

たった一晩で「49-49」「50-50」を一挙に達成。しかし「史上最大のSHO-TIME」は、まだ終わっていなかった。

大量リードの9回表、野手登板していたビダル・ブルーハンのファーストストライクを振り抜くと、134メートル弾が右中間2階席中段へ飛び込んだ。自身初、そして日本選手初の1試合3本塁打となる51号3ラン。「51-51」に記録を伸ばした。

これで6打数6安打3本塁打10打点2盗塁の大爆発。今季120打点となり、2005年松井秀喜のシーズン116打点の日本選手記録を一気に抜き去った。1920年以降の1試合10打点は史上16人目で、日本選手では初。チームは16安打20得点の大勝で12年連続、大谷にとってはメジャー7年目で初のポストシーズン進出を決めた。

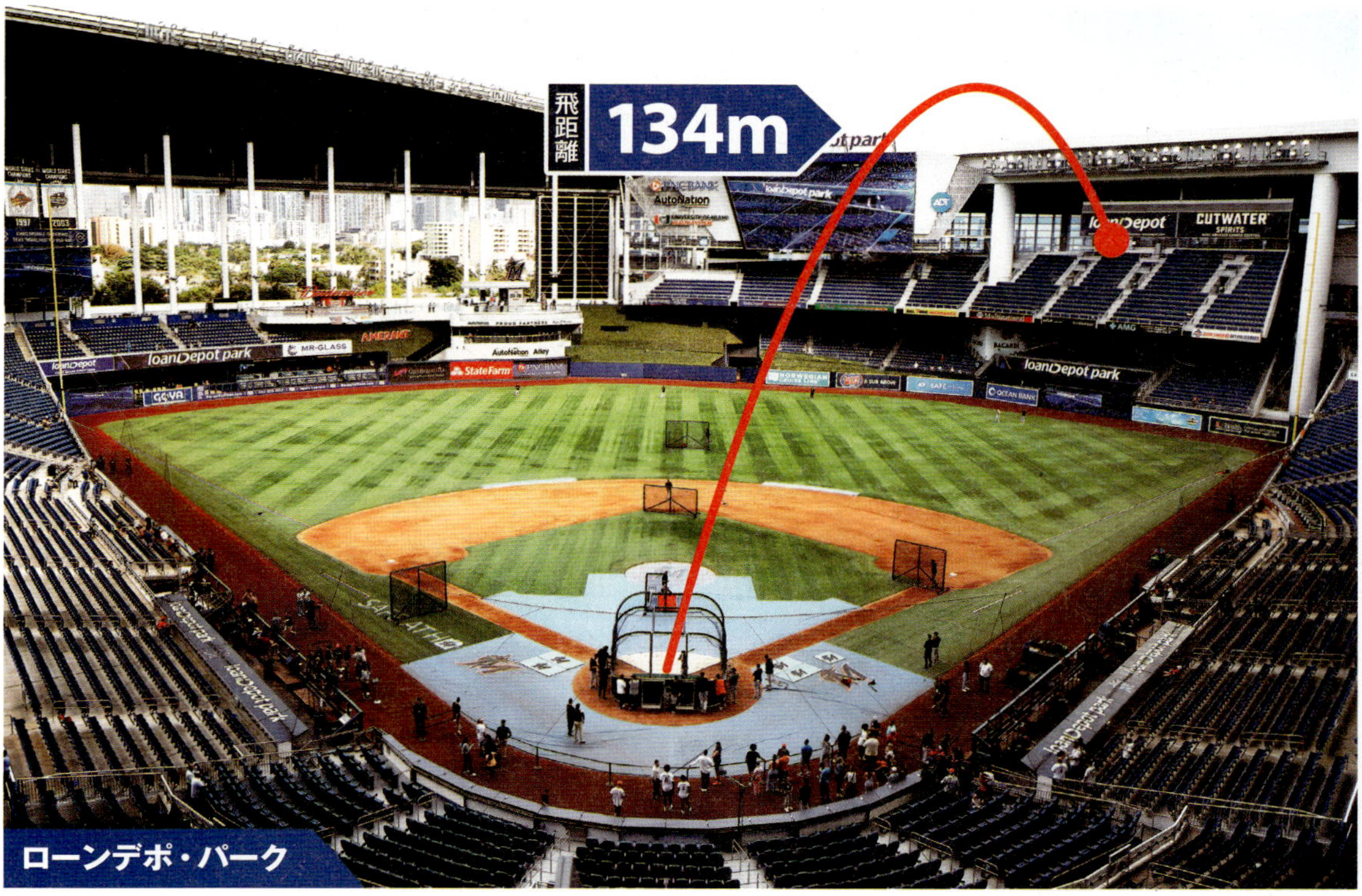

ローンデポ・パーク

9月19日　試合結果：ドジャース 20−4 マーリンズ

スコアボード	1	2	3	4	5	6	7	8	9	R	H	E
ドジャース	1	1	5	0	0	2	5	0	6	20	16	1
マーリンズ	0	1	0	0	2	0	0	0	1	4	9	0

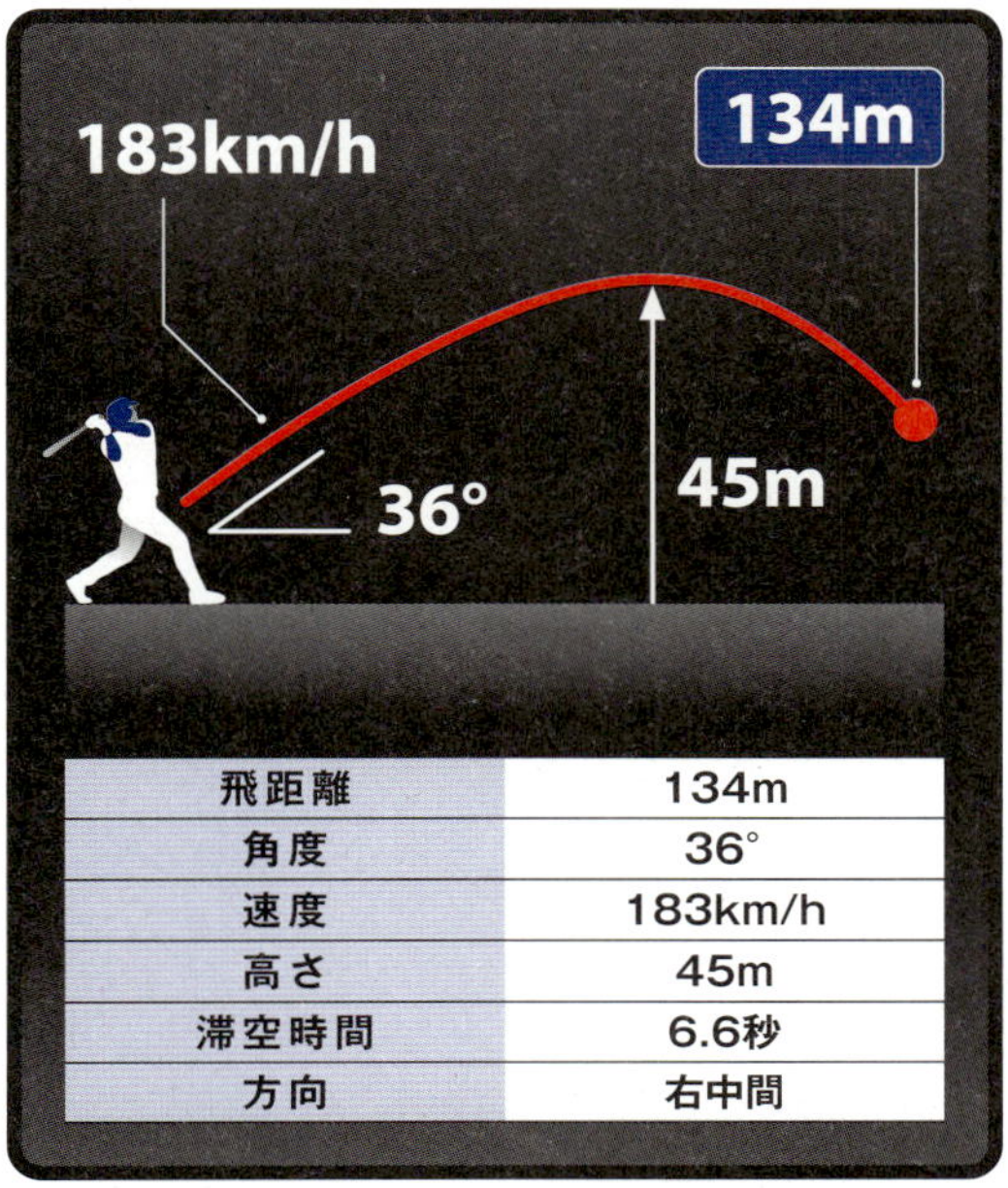

飛距離	134m
角度	36°
速度	183km/h
高さ	45m
滞空時間	6.6秒
方向	右中間

投手
B・ブルーハン（右）

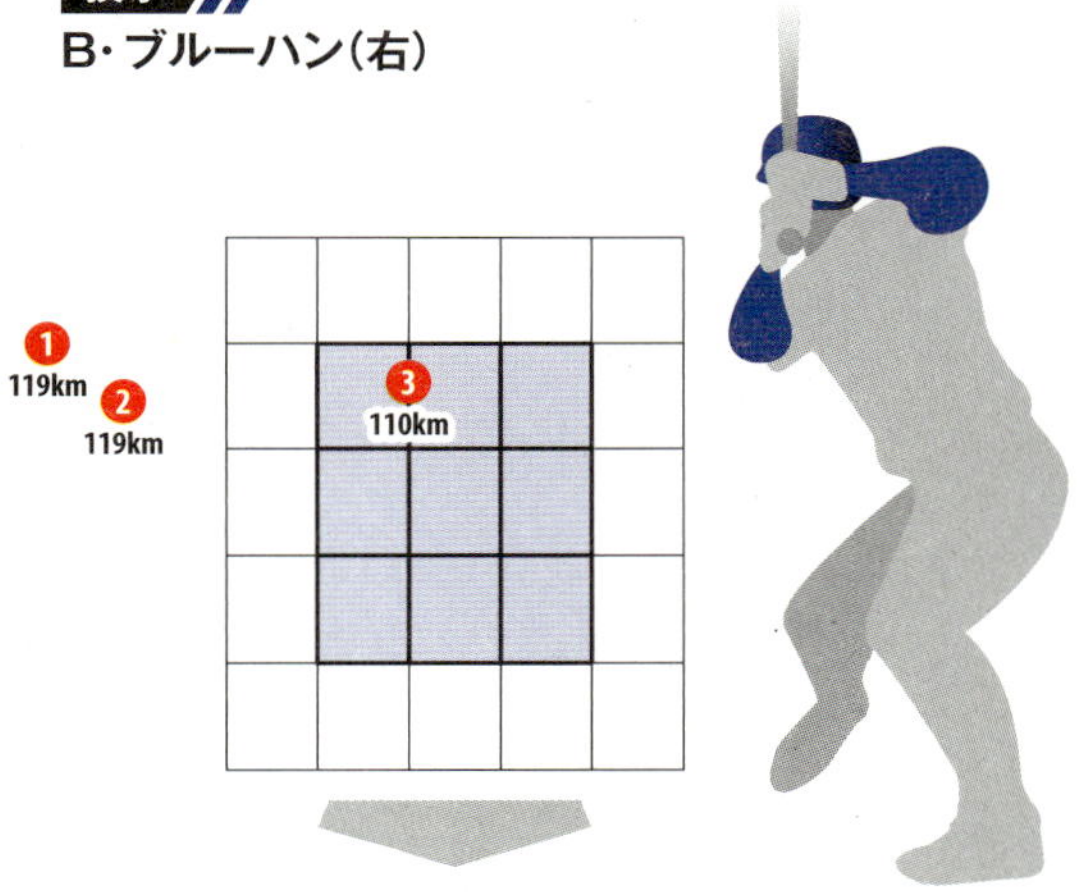

フォーシーム　ツーシーム　カットボール
スプリット　チェンジアップ　スライダー
カーブ

52号

1番・DH

SHOHEI OHTANI 52nd HOME RUN

ベッツも唖然とした驚愕の〝変態アーチ〟

ドジャースタジアムで27本目は最多タイ

9月20日

ロードで偉業を達成して本拠地へ帰還。ドジャースタジアムのファンは、1回の打席に立つ大谷をスタンディングオベーションで迎えた。

この日は5回裏2死二塁の場面。左腕カイル・フリーランドの高めに外れたボール球をバックスクリーン左へ。2021年5月17日インディアンス戦で放ったグラウンドから4・19フィート（約128センチ）の高さに次ぐ、3・86フィート（約118センチ）の〝悪球打ち〟。ネクストバッターズサークルのムーキー・ベッツも唖然の一打だった。ドジャースタジアムでは2019年コディ・ベリンジャーのシーズン最多27本に並んだ。

7回の二盗で、「52−52」を達成。本塁打王争いでは2位に14本差、打点も122打点で2位に13点差。二冠をほぼ手中にした格好だ。

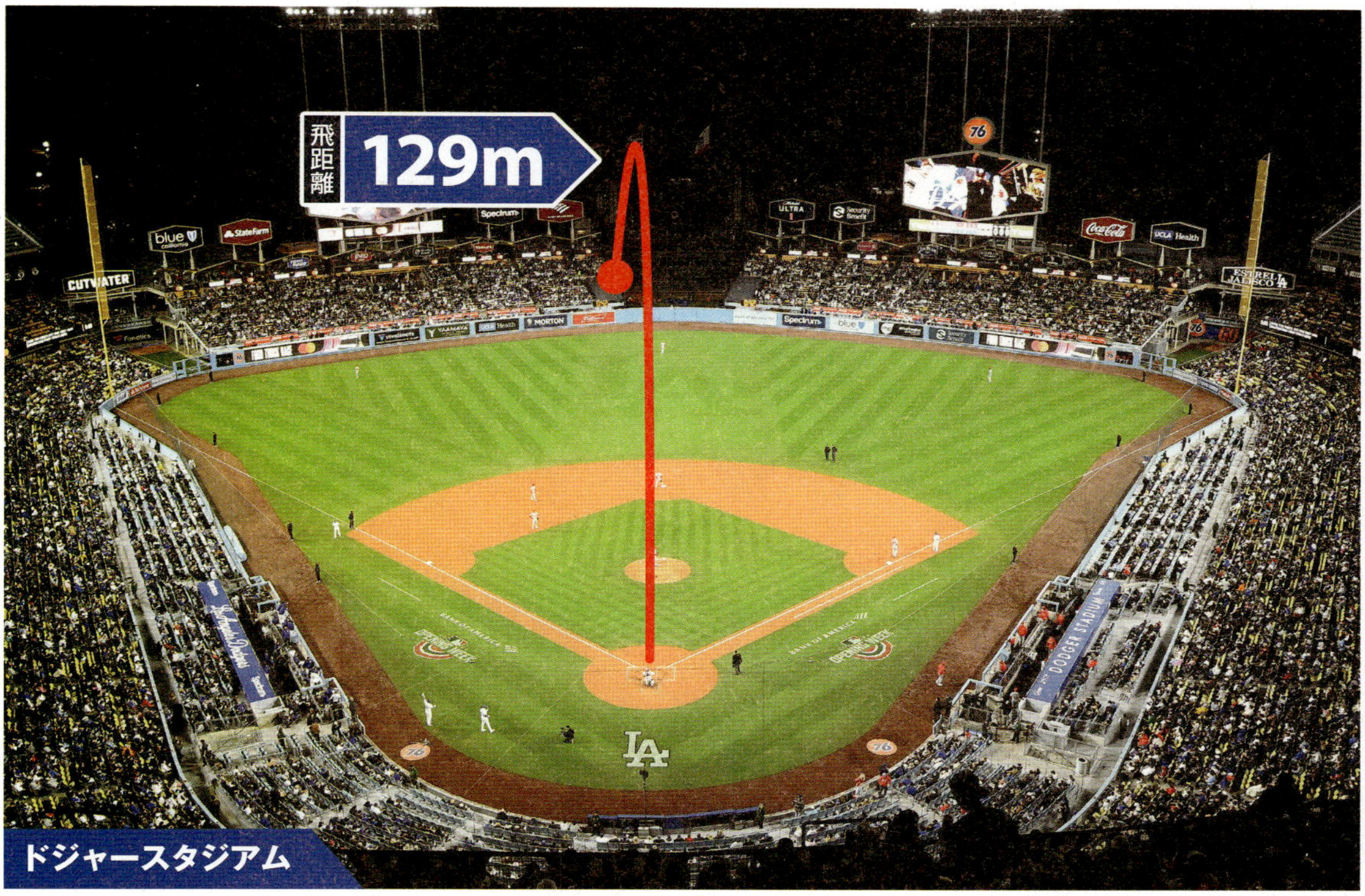

ドジャースタジアム

9月20日　試合結果:ドジャース 6−4 ロッキーズ

スコアボード	1	2	3	4	5	6	7	8	9	R	H	E
ロッキーズ	0	1	0	0	1	1	0	0	1	4	5	1
ドジャース	0	0	0	0	3	1	2	0	X	6	9	1

5裏
B
S
O

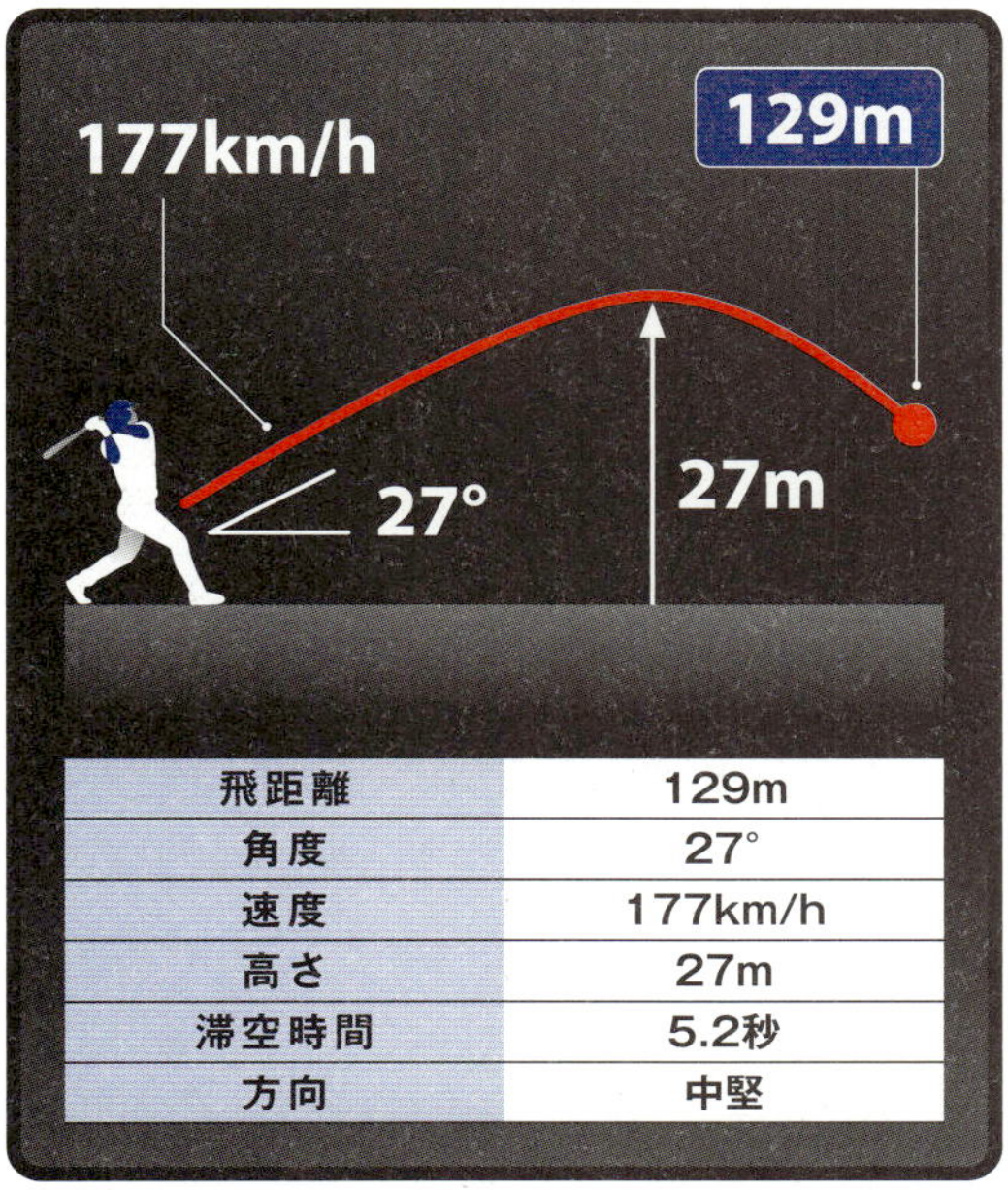

飛距離	129m
角度	27°
速度	177km/h
高さ	27m
滞空時間	5.2秒
方向	中堅

投手

K・フリーランド(左)

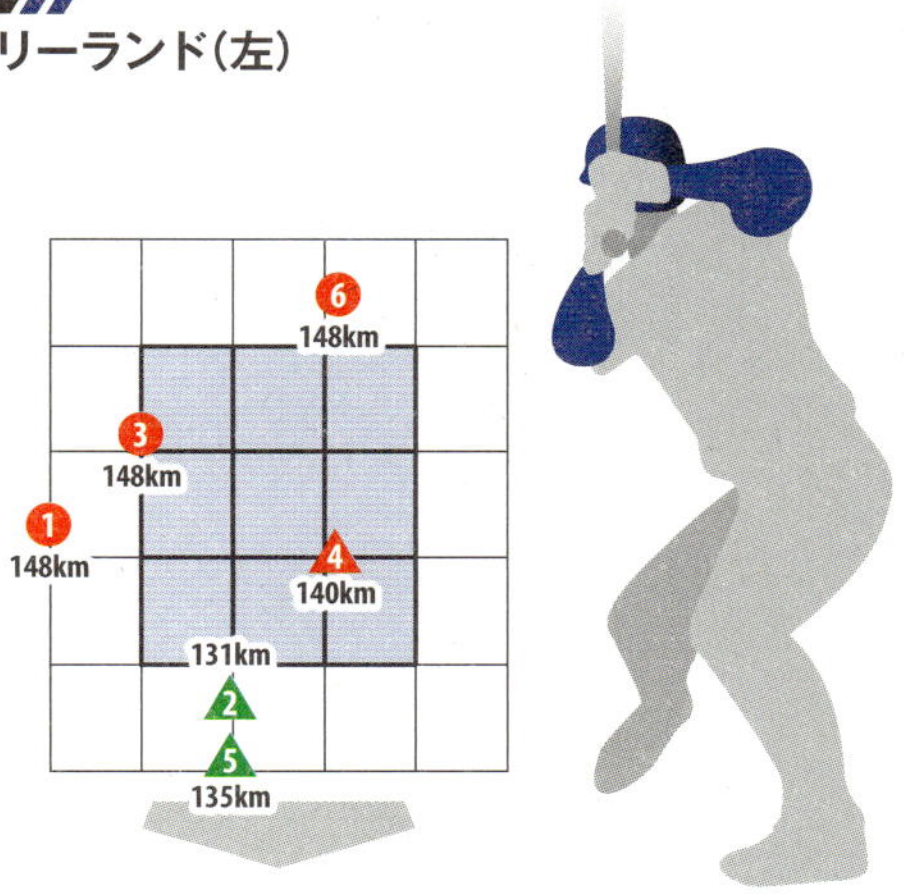

● フォーシーム　● ツーシーム　● カットボール
■ スプリット　■ チェンジアップ　▲ スライダー
▲ カーブ

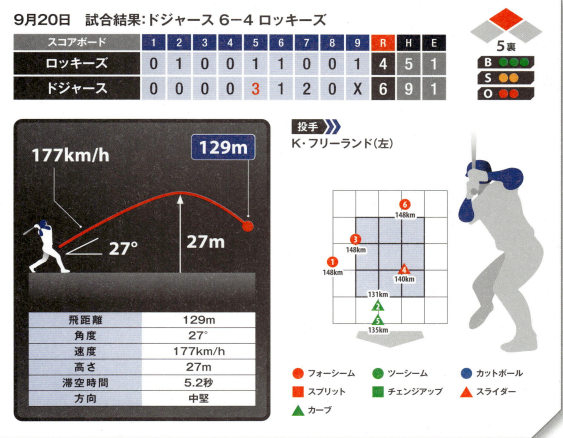

53号

1番・DH

SHOHEI OHTANI 53rd HOME RUN

9回裏、サヨナラ呼ぶ同点ソロで吠えた！

今季5度目の本塁打&複数盗塁

9月22日

1点を追う9回裏。右腕セス・ハルボーセンの低めスプリットをすくい上げ、右中間席へ放り込んだ。飛距離132メートル、起死回生の同点53号ソロ。これで「53-53」も達成し、続くベッツのサヨナラ弾を呼び込んだ。

記録ラッシュが止まらない。この日は2盗塁を決め、日本選手最長となる5試合連続、シーズン55盗塁目を記録。今季5度目の本塁打&複数盗塁は1900年以降で最多タイとした。今季128得点は2001年イチローの127得点を抜く快挙。今季の大谷は、MLBに歴史を刻んだ偉大な日本のレジェンドたちの記録を次々と更新している。

25日のパドレス戦ではイチローに並ぶ日本選手最多の56盗塁目を記録。翌26日のパドレス戦に勝利、ド軍は3年連続地区優勝を飾った。仲間と抱き合う大谷の顔は笑顔に満ちあふれていた。

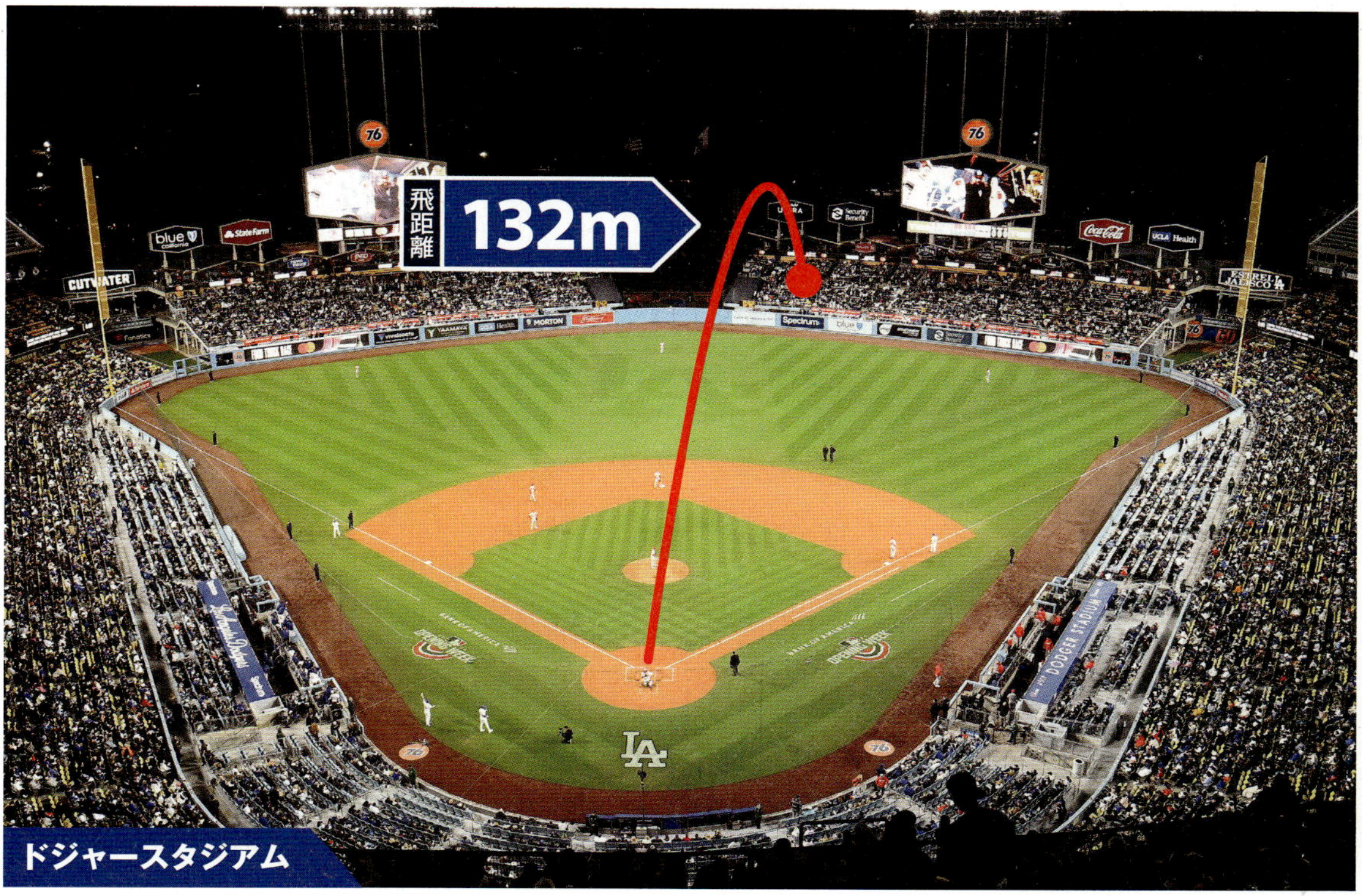

9月22日　試合結果:ドジャース 6−5 ロッキーズ

スコアボード	1	2	3	4	5	6	7	8	9	R	H	E
ロッキーズ	3	0	1	0	0	1	0	0	0	5	9	0
ドジャース	0	0	0	1	0	0	3	0	2x	6	11	0

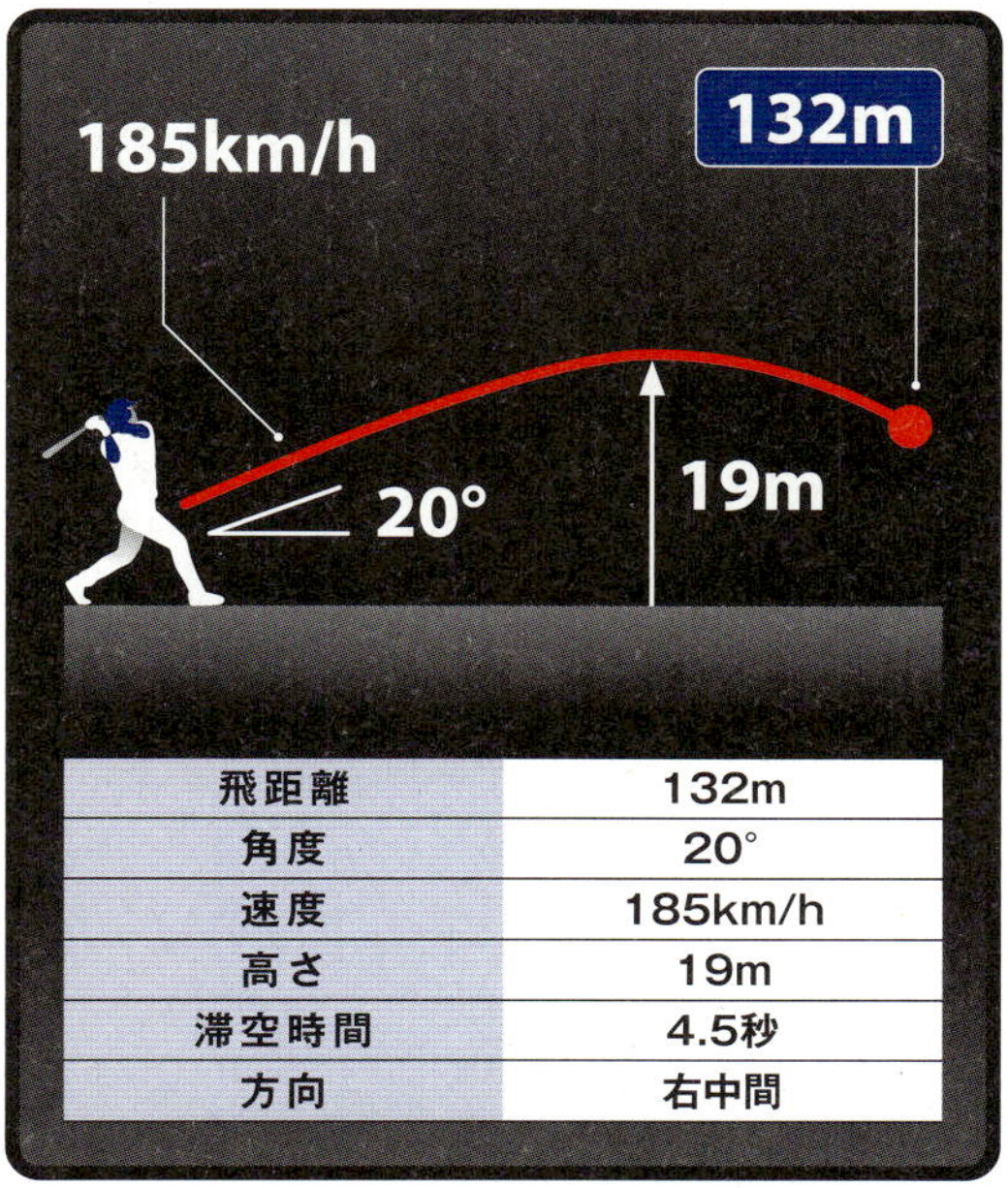

飛距離	132m
角度	20°
速度	185km/h
高さ	19m
滞空時間	4.5秒
方向	右中間

投手
S･ハルボーセン(右)

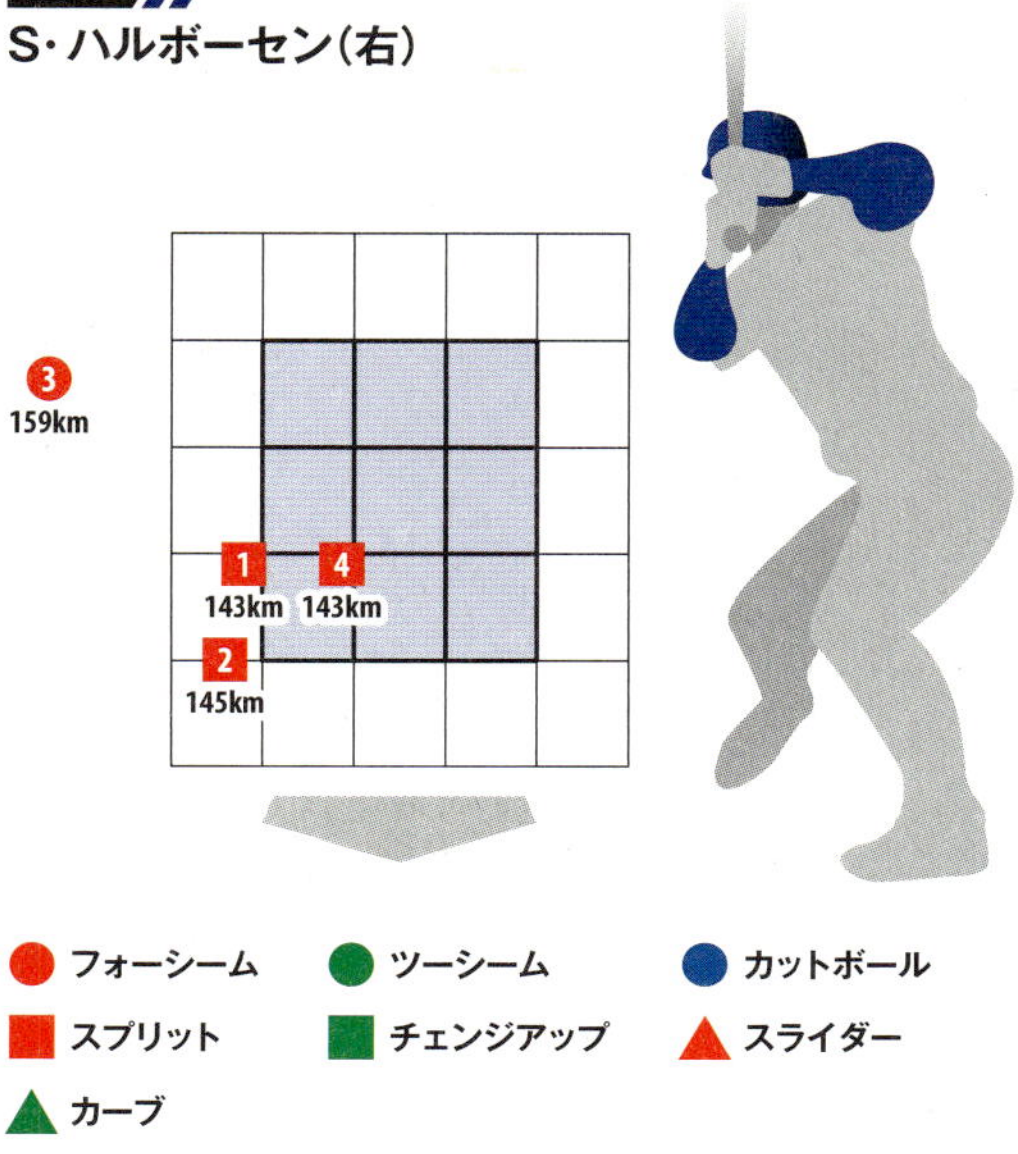

54号

1番・DH

SHOHEI OHTANI 54th HOME RUN

MLB史上「最強の指名打者」は大谷翔平

今季3度目の月間2桁本塁打

9月27日

地区優勝から一夜明け、2024年の〝最終アーチ〟も豪快だった。4点リードの6回表、右腕アンソニー・モリーナの高めチェンジアップを芯で捉え、右翼席へブチ込んだ。133メートルの特大3ラン。9月は10本塁打で、今季3度目の月間2桁本塁打とした。

2回には二盗で2001年イチローを超え、日本選手最多を更新する57盗塁目。さらに、28、29日のロッキーズ戦でも盗塁を決め、今季を「54-59」で締めた。

29日の最終戦では首位打者の可能性を残していたが、4打数1安打で惜しくも三冠王は逃した。しかし、数々の「史上初」を打ち立て、54本塁打、130打点で二冠を獲得。異なるリーグでの2年連続本塁打王も史上初。打者専念のシーズン、「史上最強のDH」として数々の不滅の記録を残した。

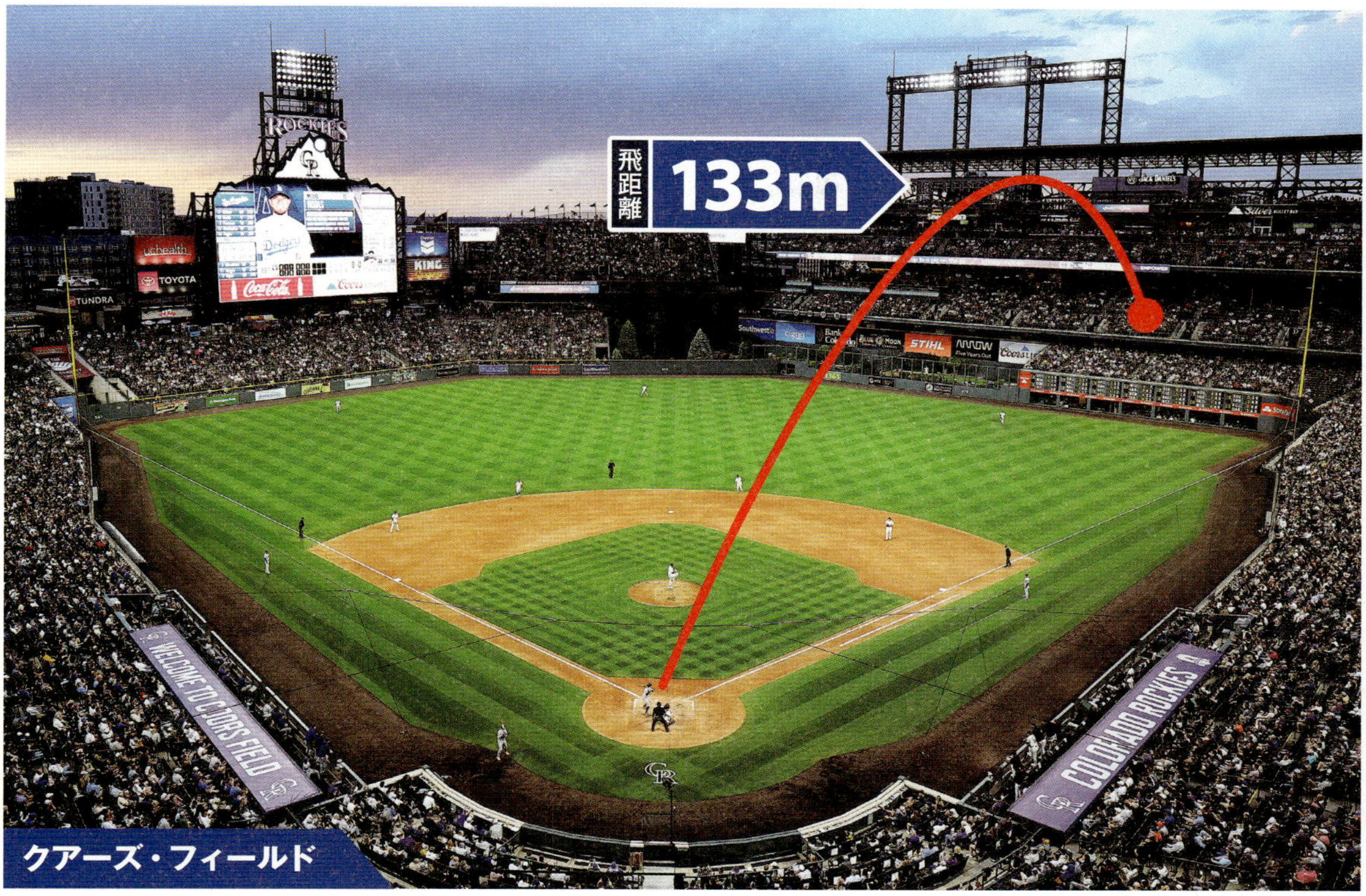

クアーズ・フィールド

9月27日　試合結果:ドジャース 11−4 ロッキーズ

スコアボード	1	2	3	4	5	6	7	8	9	R	H	E
ドジャース	2	3	0	1	0	4	0	1	0	11	15	2
ロッキーズ	1	0	0	0	1	1	0	1	0	4	8	2

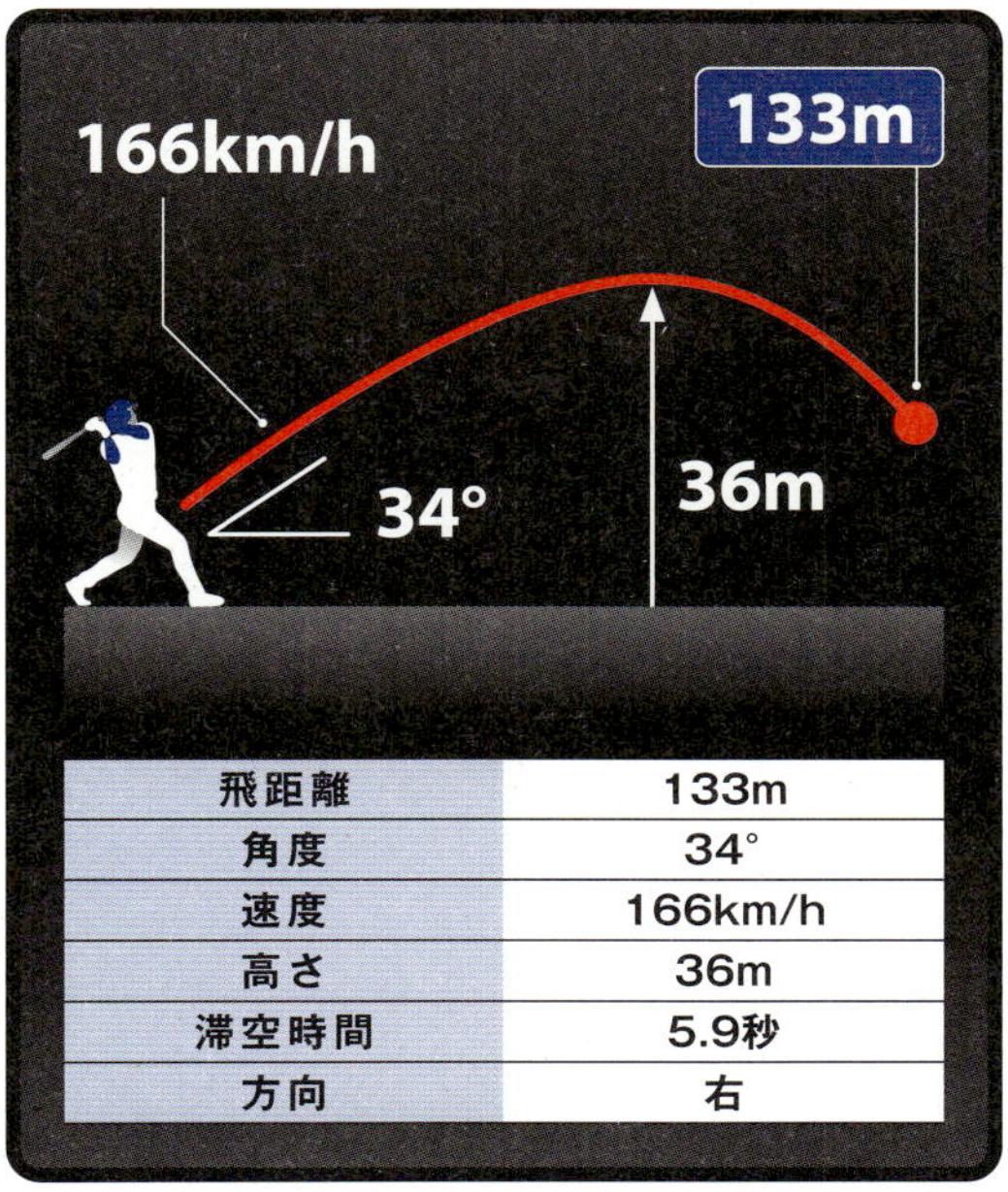

飛距離	133m
角度	34°
速度	166km/h
高さ	36m
滞空時間	5.9秒
方向	右

投手
A・モリーナ(右)

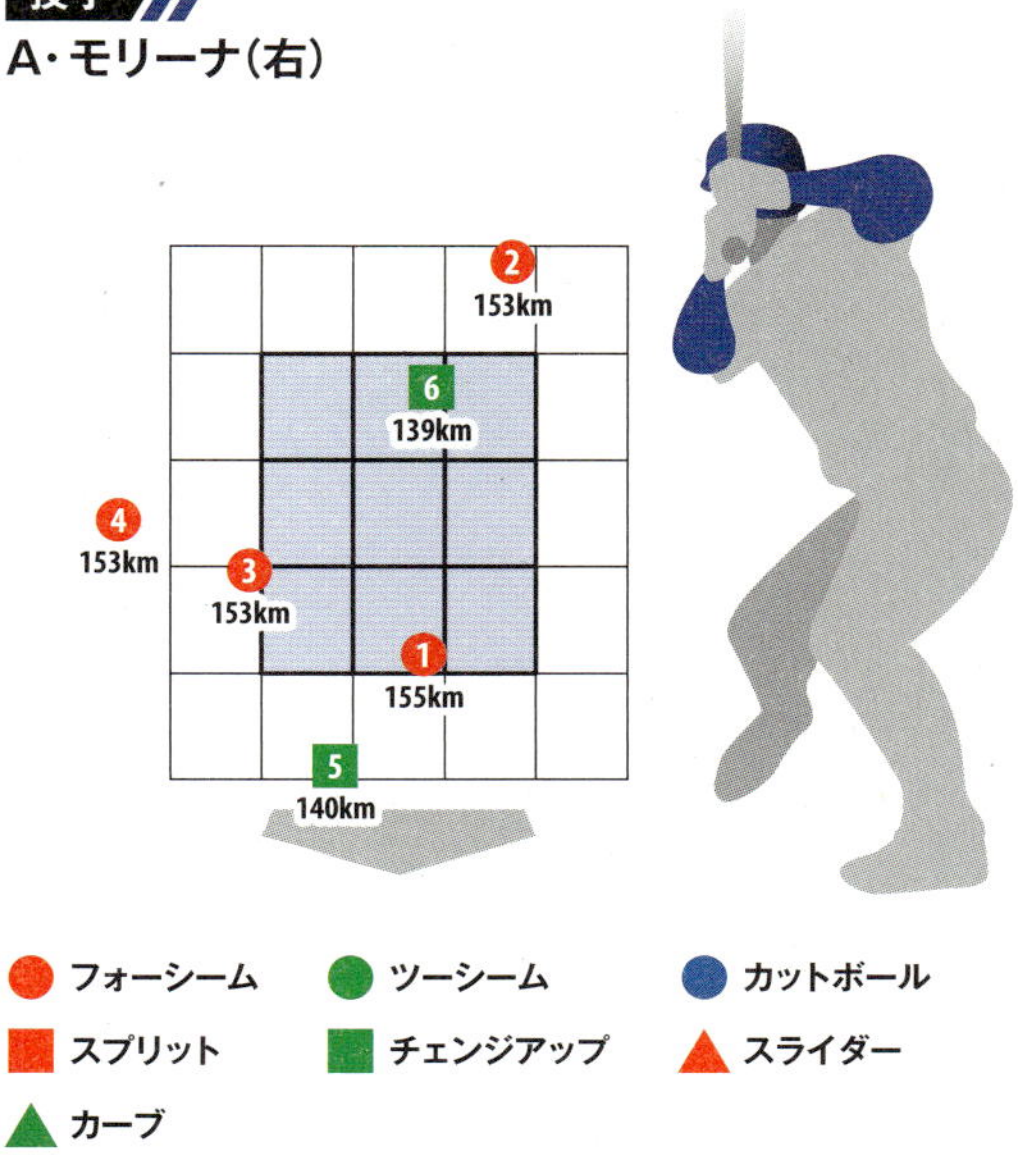

2024年シーズン 全出場試合成績

日付	勝敗	スコア	球場	対戦チーム	打順	ポジション	打数	安打	本塁打	打点	四球	死球	三振	犠飛	盗塁	打率
3/20	○	5-2	高尺スカイドーム	パドレス	2	DH	5	2	0	1	0	0	0	0	1	.400
3/21	●	11-15	高尺スカイドーム	パドレス	2	DH	5	1	0	1	0	0	0	1	0	.300
3/28	○	7-1	ドジャースタジアム	カージナルス	2	DH	3	2	0	0	1	0	1	0	0	.385
3/29	○	6-3	ドジャースタジアム	カージナルス	2	DH	4	0	0	0	0	0	1	0	0	.294
3/30	●	5-6	ドジャースタジアム	カージナルス	2	DH	5	1	0	0	1	0	2	0	0	.273
3/31	○	5-4	ドジャースタジアム	カージナルス	2	DH	4	1	0	0	0	0	2	0	0	.269
3月							26	7	0	2	2	0	6	1	1	.269
4/1	○	8-3	ドジャースタジアム	ジャイアンツ	2	DH	4	1	0	1	0	0	1	0	0	.267
4/2	○	5-4	ドジャースタジアム	ジャイアンツ	2	DH	3	0	0	0	1	0	1	0	0	.242
4/3	○	5-4	ドジャースタジアム	ジャイアンツ	2	DH	4	2	1	1	0	0	1	0	0	.270
4/5	●	7-9	リグリー・フィールド	カブス	2	DH	5	2	1	2	0	0	0	0	0	.286
4/6	○	4-1	リグリー・フィールド	カブス	2	DH	4	2	0	0	1	0	1	0	0	.304
4/7	●	1-8	リグリー・フィールド	カブス	2	DH	4	2	0	1	0	0	1	0	0	.320
4/8	○	4-2	ターゲット・フィールド	ツインズ	2	DH	5	3	1	1	0	0	1	0	0	.345
4/9	○	6-3	ターゲット・フィールド	ツインズ	2	DH	5	1	0	0	0	0	2	0	0	.333
4/10	●	2-3	ターゲット・フィールド	ツインズ	2	DH	3	1	0	0	1	0	0	0	0	.333
4/12	●	7-8	ドジャースタジアム	パドレス	2	DH	5	3	1	1	0	0	0	0	0	.353
4/13	○	5-2	ドジャースタジアム	パドレス	2	DH	2	0	0	1	2	0	0	1	1	.343
4/14	●	3-6	ドジャースタジアム	パドレス	2	DH	4	1	0	0	0	0	2	0	0	.338
4/15	●	4-6	ドジャースタジアム	ナショナルズ	2	DH	3	1	0	0	0	0	1	0	1	.338
4/16	○	6-2	ドジャースタジアム	ナショナルズ	2	DH	5	2	0	0	0	0	0	0	0	.341
4/17	●	0-2	ドジャースタジアム	ナショナルズ	2	DH	4	3	0	0	0	0	0	0	1	.360
4/19	●	4-9	ドジャースタジアム	メッツ	2	DH	4	1	0	1	1	0	1	0	1	.356
4/20	●	4-6	ドジャースタジアム	メッツ	2	DH	2	1	0	0	3	0	1	0	0	.359
4/21	○	10-0	ドジャースタジアム	メッツ	2	DH	3	2	1	2	1	0	1	0	0	.368
4/23	○	4-1	ナショナルズ・パーク	ナショナルズ	2	DH	4	1	1	1	1	0	0	0	0	.364
4/24	○	11-2	ナショナルズ・パーク	ナショナルズ	2	DH	6	3	0	2	0	0	1	0	0	.371
4/25	○	2-1	ナショナルズ・パーク	ナショナルズ	2	DH	4	0	0	0	0	0	2	0	0	.358
4/26	○	12-2	ロジャース・センター	ブルージェイズ	2	DH	4	1	1	1	1	0	0	0	0	.354
4/27	○	4-2	ロジャース・センター	ブルージェイズ	2	DH	5	1	0	1	0	0	1	0	0	.347
4/28	●	1-3	ロジャース・センター	ブルージェイズ	2	DH	4	0	0	0	0	0	1	0	0	.336
4/29	○	8-4	チェイス・フィールド	ダイヤモンドバックス	2	DH	4	2	0	1	1	0	0	0	0	.341
4/30	●	3-4	チェイス・フィールド	ダイヤモンドバックス	2	DH	5	1	0	0	0	0	3	0	0	.336
4月							105	37	7	17	13	0	22	1	4	.352
5/3	○	4-3	ドジャースタジアム	ブレーブス	2	DH	3	1	0	1	2	0	1	0	2	.336
5/4	○	11-2	ドジャースタジアム	ブレーブス	2	DH	5	3	1	2	0	0	1	0	0	.345
5/5	○	5-1	ドジャースタジアム	ブレーブス	2	DH	4	4	2	3	0	0	0	0	0	.364
5/6	○	6-3	ドジャースタジアム	マーリンズ	2	DH	3	2	1	2	1	0	1	0	2	.370
5/7	○	8-2	ドジャースタジアム	マーリンズ	2	DH	2	0	0	0	2	0	0	0	0	.365

日付	勝敗	スコア	球場	対戦チーム	打順	ポジション	打数	安打	本塁打	打点	四球	死球	三振	犠飛	盗塁	打率
5/8	○	3-1	ドジャースタジアム	マーリンズ	2	DH	4	0	0	0	0	0	2	0	0	.355
5/10	●	1-2	ペトコ・パーク	パドレス	2	DH	4	2	0	0	0	0	1	0	0	.359
5/11	○	5-0	ペトコ・パーク	パドレス	2	DH	3	0	0	0	1	0	0	0	0	.352
5/13	○	6-4	オラクル・パーク	ジャイアンツ	2	DH	5	2	0	1	0	0	2	0	1	.354
5/14	○	10-2	オラクル・パーク	ジャイアンツ	2	DH	5	3	1	2	0	0	0	0	0	.361
5/15	●	1-4	オラクル・パーク	ジャイアンツ	2	DH	4	2	0	0	1	0	2	0	0	.364
5/16	●	2-7	ドジャースタジアム	レッズ	2	DH	2	0	0	0	1	0	1	0	1	.360
5/17	○	7-3	ドジャースタジアム	レッズ	2	DH	4	1	1	2	0	0	1	0	0	.358
5/18	○	4-0	ドジャースタジアム	レッズ	1	DH	4	0	0	0	0	0	0	0	0	.350
5/19	○	3-2	ドジャースタジアム	レッズ	2	DH	4	2	0	1	0	1	1	0	0	.353
5/20	○	6-4	ドジャースタジアム	ダイヤモンドバックス	2	DH	3	0	0	0	1	0	0	0	0	.347
5/21	●	3-7	ドジャースタジアム	ダイヤモンドバックス	2	DH	4	2	0	1	0	0	1	0	2	.351
5/22	●	0-6	ドジャースタジアム	ダイヤモンドバックス	2	DH	4	1	0	0	0	0	0	0	0	.348
5/24	●	6-9	グレート・アメリカン・ボール・パーク	レッズ	2	DH	5	0	0	1	0	0	0	0	0	.340
5/25	●	1-3	グレート・アメリカン・ボール・パーク	レッズ	2	DH	4	1	0	0	0	0	3	0	0	.338
5/26	●	1-4	グレート・アメリカン・ボール・パーク	レッズ	2	DH	4	1	0	0	0	0	1	0	0	.336
5/28	○	5-2	シティ・フィールド	メッツ	2	DH	5	0	0	0	0	0	2	0	0	.329
5/29	○	10-3	シティ・フィールド	メッツ	2	DH	5	2	1	3	0	0	1	0	0	.330
5/31	●	1-4	ドジャースタジアム	ロッキーズ	2	DH	3	0	0	0	1	0	1	0	0	.326
5月							93	29	7	19	10	1	22	0	8	.312
6/1	○	4-1	ドジャースタジアム	ロッキーズ	2	DH	3	1	0	0	1	0	1	0	1	.326
6/2	○	4-0	ドジャースタジアム	ロッキーズ	2	DH	3	0	0	0	1	0	2	0	0	.322
6/4	●	0-1	PNCパーク	パイレーツ	2	DH	4	1	0	0	0	0	2	0	0	.321
6/5	●	6-10	PNCパーク	パイレーツ	2	DH	5	2	1	2	0	0	2	0	0	.322
6/6	○	11-7	PNCパーク	パイレーツ	2	DH	6	1	0	0	0	0	3	0	0	.318
6/7	○	2-1	ヤンキースタジアム	ヤンキース	2	DH	5	0	0	0	0	0	0	0	0	.312
6/8	○	11-3	ヤンキースタジアム	ヤンキース	2	DH	4	1	0	1	1	0	1	0	0	.311
6/9	●	4-6	ヤンキースタジアム	ヤンキース	2	DH	4	1	0	0	0	0	0	0	0	.310
6/11	○	15-2	ドジャースタジアム	レンジャーズ	2	DH	2	1	1	2	2	1	1	0	1	.312
6/12	●	2-3	ドジャースタジアム	レンジャーズ	2	DH	4	1	1	1	0	0	1	0	0	.311
6/13	●	1-3	ドジャースタジアム	レンジャーズ	2	DH	4	0	0	0	0	0	1	0	0	.306
6/14	○	4-3	ドジャースタジアム	ロイヤルズ	2	DH	4	2	0	0	0	0	0	0	0	.309
6/15	●	2-7	ドジャースタジアム	ロイヤルズ	2	DH	3	0	0	0	1	0	0	0	0	.305
6/16	○	3-0	ドジャースタジアム	ロイヤルズ	2	DH	3	2	2	2	1	0	0	0	0	.309
6/17	○	9-5	クアーズ・フィールド	ロッキーズ	1	DH	5	3	0	1	1	0	0	0	1	.314
6/18	○	11-9	クアーズ・フィールド	ロッキーズ	1	DH	5	2	1	2	0	0	0	0	0	.316
6/19	●	6-7	クアーズ・フィールド	ロッキーズ	1	DH	5	2	0	3	0	0	1	0	0	.317
6/20	○	5-3	クアーズ・フィールド	ロッキーズ	1	DH	3	1	1	1	2	0	1	0	0	.318
6/21	●	2-3	ドジャースタジアム	エンゼルス	1	DH	2	2	1	2	2	0	0	0	0	.322
6/22	○	7-2	ドジャースタジアム	エンゼルス	1	DH	4	1	1	2	1	0	0	0	0	.321
6/24	○	3-0	ギャランティード・レート・フィールド	ホワイトソックス	1	DH	3	0	0	1	1	0	2	1	0	.318
6/25	○	4-3	ギャランティード・レート・フィールド	ホワイトソックス	1	DH	4	2	1	2	1	0	2	0	0	.320

日付	勝敗	スコア	球場	対戦チーム	打順	ポジション	打数	安打	本塁打	打点	四球	死球	三振	犠飛	盗塁	打率
6/26	○	4-0	ギャランティード・レート・フィールド	ホワイトソックス	1	DH	2	1	1	1	2	0	0	0	0	.322
6/28	●	3-5	オラクル・パーク	ジャイアンツ	1	DH	3	1	0	0	1	0	1	0	0	.322
6/29	○	14-7	オラクル・パーク	ジャイアンツ	1	DH	4	1	1	1	2	0	2	0	0	.321
6/30	●	4-10	オラクル・パーク	ジャイアンツ	1	DH	5	0	0	0	0	0	3	0	0	.316
6月							99	29	12	24	20	1	26	1	3	.293
7/2	○	6-5	ドジャースタジアム	ダイヤモンドバックス	1	DH	5	3	1	2	0	0	2	0	0	.320
7/3	●	4-12	ドジャースタジアム	ダイヤモンドバックス	1	DH	4	1	0	0	0	0	1	0	0	.319
7/4	●	3-9	ドジャースタジアム	ダイヤモンドバックス	1	DH	3	0	0	0	1	0	3	0	1	.316
7/5	○	8-5	ドジャースタジアム	ブルワーズ	1	DH	5	0	0	0	0	0	3	0	0	.312
7/6	○	5-3	ドジャースタジアム	ブルワーズ	1	DH	2	2	1	1	2	1	0	0	1	.316
7/7	●	2-9	ドジャースタジアム	ブルワーズ	1	DH	5	1	0	0	0	0	2	0	2	.314
7/9	●	1-10	シチズンズ・バンク・パーク	フィリーズ	1	DH	2	1	0	0	1	0	1	0	1	.315
7/10	●	3-4	シチズンズ・バンク・パーク	フィリーズ	1	DH	4	2	0	1	0	0	1	0	1	.317
7/11	●	1-5	シチズンズ・バンク・パーク	フィリーズ	1	DH	4	0	0	0	0	0	2	0	0	.314
7/12	○	4-3	コメリカ・パーク	タイガース	1	DH	5	1	0	1	0	0	1	0	0	.312
7/13	●	9-11	コメリカ・パーク	タイガース	1	DH	4	2	1	2	2	0	1	0	1	.314
7/14	●	3-4	コメリカ・パーク	タイガース	1	DH	4	2	0	0	0	0	0	0	0	.316
7/19	○	4-1	ドジャースタジアム	レッドソックス	1	DH	4	1	0	0	0	0	3	0	0	.316
7/20	○	7-6	ドジャースタジアム	レッドソックス	1	DH	4	1	0	0	2	0	0	0	0	.315
7/21	○	9-6	ドジャースタジアム	レッドソックス	1	DH	3	1	1	1	1	0	1	0	0	.315
7/22	○	3-2	ドジャースタジアム	ジャイアンツ	1	DH	3	0	0	0	1	0	2	0	0	.313
7/23	○	5-2	ドジャースタジアム	ジャイアンツ	1	DH	5	2	0	3	0	0	3	0	1	.314
7/24	●	3-8	ドジャースタジアム	ジャイアンツ	1	DH	4	0	0	0	0	0	3	0	0	.310
7/25	○	6-4	ドジャースタジアム	ジャイアンツ	1	DH	4	2	1	1	1	0	0	0	0	.312
7/26	●	0-5	ミニッツメイド・パーク	アストロズ	1	DH	3	2	0	0	1	0	0	0	1	.315
7/27	●	6-7	ミニッツメイド・パーク	アストロズ	1	DH	3	2	1	2	2	0	0	0	1	.318
7/28	○	6-2	ミニッツメイド・パーク	アストロズ	1	DH	4	0	0	0	1	0	2	0	1	.314
7/30	●	5-6	ペトコ・パーク	パドレス	1	DH	4	0	0	0	1	0	2	0	1	.311
7/31	●	1-8	ペトコ・パーク	パドレス	1	DH	3	0	0	0	1	0	0	0	0	.309
7月							91	26	6	14	17	1	33	0	12	.286
8/2	●	5-6	オークランド・コロシアム	アスレチックス	1	DH	5	1	1	3	0	0	0	0	0	.308
8/3	○	10-0	オークランド・コロシアム	アスレチックス	1	DH	5	2	0	0	1	0	3	0	3	.309
8/4	○	3-2	オークランド・コロシアム	アスレチックス	1	DH	4	0	0	0	0	0	2	0	0	.306
8/5	○	5-3	ドジャースタジアム	フィリーズ	1	DH	3	2	1	2	0	0	0	1	1	.309
8/6	●	2-6	ドジャースタジアム	フィリーズ	1	DH	4	0	0	0	0	0	0	0	0	.306
8/7	●	4-9	ドジャースタジアム	フィリーズ	1	DH	5	0	0	0	0	0	0	0	0	.302
8/9	○	9-5	ドジャースタジアム	パイレーツ	1	DH	4	1	1	2	0	0	1	0	0	.302
8/10	○	4-1	ドジャースタジアム	パイレーツ	1	DH	3	0	0	0	1	0	2	0	0	.300
8/11	○	6-5	ドジャースタジアム	パイレーツ	1	DH	6	1	0	0	0	0	0	0	0	.298
8/12	○	5-2	アメリカンファミリー・フィールド	ブルワーズ	1	DH	3	1	1	2	1	0	0	0	1	.298
8/13	○	7-2	アメリカンファミリー・フィールド	ブルワーズ	1	DH	5	1	1	1	0	0	2	0	0	.297
8/14	●	4-5	アメリカンファミリー・フィールド	ブルワーズ	1	DH	4	0	0	0	1	0	1	0	2	.295
8/15	●	4-6	アメリカンファミリー・フィールド	ブルワーズ	1	DH	5	1	0	0	0	0	1	0	0	.294

日付	勝敗	スコア	球場	対戦チーム	打順	ポジション	打数	安打	本塁打	打点	四球	死球	三振	犠飛	盗塁	打率
8/16	○	7-6	ブッシュ・スタジアム	カージナルス	1	DH	5	0	0	0	0	0	2	0	0	.291
8/17	●	2-5	ブッシュ・スタジアム	カージナルス	1	DH	3	1	1	1	1	0	1	0	2	.291
8/18	○	2-1	ブッシュ・スタジアム	カージナルス	1	DH	5	1	1	1	0	0	2	0	0	.290
8/19	○	3-0	ドジャースタジアム	マリナーズ	1	DH	3	1	0	0	1	0	0	0	0	.290
8/20	○	6-3	ドジャースタジアム	マリナーズ	1	DH	5	2	0	0	0	0	1	0	1	.291
8/21	○	8-4	ドジャースタジアム	マリナーズ	1	DH	4	1	0	0	1	0	1	0	1	.291
8/23	○	7-3	ドジャースタジアム	レイズ	1	DH	5	2	1	4	0	0	0	0	1	.292
8/24	●	8-9	ドジャースタジアム	レイズ	1	DH	4	2	1	2	0	0	0	0	0	.294
8/25	○	3-1	ドジャースタジアム	レイズ	1	DH	3	0	0	0	0	1	1	0	0	.292
8/27	●	2-3	ドジャースタジアム	オリオールズ	1	DH	4	2	0	0	0	0	1	0	0	.294
8/28	○	6-4	ドジャースタジアム	オリオールズ	1	DH	4	2	1	1	0	0	1	0	2	.295
8/29	○	6-3	ドジャースタジアム	オリオールズ	1	DH	5	0	0	0	0	0	1	0	0	.292
8/30	○	10-9	チェイス・フィールド	ダイヤモンドバックス	1	DH	4	2	1	1	0	1	2	0	1	.294
8/31	○	8-6	チェイス・フィールド	ダイヤモンドバックス	1	DH	5	1	1	2	0	0	1	1	0	.293
8月							115	27	12	22	7	2	26	2	15	.235
9/1	●	3-14	チェイス・フィールド	ダイヤモンドバックス	1	DH	4	0	0	0	0	0	3	0	0	.291
9/2	○	11-6	チェイス・フィールド	ダイヤモンドバックス	1	DH	4	2	0	0	2	0	1	0	3	.292
9/3	○	6-2	エンゼルスタジアム	エンゼルス	1	DH	4	1	0	1	1	0	2	0	0	.292
9/4	●	1-10	エンゼルスタジアム	エンゼルス	1	DH	4	0	0	0	0	0	1	0	0	.290
9/6	●	1-3	ドジャースタジアム	ガーディアンズ	1	DH	4	2	1	1	0	0	1	0	0	.291
9/7	○	7-2	ドジャースタジアム	ガーディアンズ	1	DH	4	0	0	0	0	0	1	0	0	.289
9/8	○	4-0	ドジャースタジアム	ガーディアンズ	1	DH	4	2	1	1	0	0	1	0	0	.291
9/9	●	4-10	ドジャースタジアム	カブス	1	DH	4	2	0	0	1	0	1	0	1	.292
9/10	●	3-6	ドジャースタジアム	カブス	1	DH	4	0	0	0	0	0	0	0	0	.290
9/11	○	10-8	ドジャースタジアム	カブス	1	DH	4	2	1	3	1	0	0	0	1	.292
9/13	●	2-6	トゥルイスト・パーク	ブレーブス	1	DH	4	0	0	0	0	0	2	0	0	.290
9/14	●	1-10	トゥルイスト・パーク	ブレーブス	1	DH	2	0	0	0	1	0	1	0	0	.289
9/15	○	9-2	トゥルイスト・パーク	ブレーブス	1	DH	4	2	0	2	1	0	2	0	0	.290
9/16	○	9-0	トゥルイスト・パーク	ブレーブス	1	DH	4	0	0	2	1	0	2	0	0	.288
9/17	●	9-11	ローンデポ・パーク	マーリンズ	1	DH	5	1	1	2	0	0	3	0	0	.287
9/18	○	8-4	ローンデポ・パーク	マーリンズ	1	DH	5	1	0	0	0	0	2	0	1	.287
9/19	○	20-4	ローンデポ・パーク	マーリンズ	1	DH	6	6	3	10	0	0	0	0	2	.294
9/20	○	6-4	ドジャースタジアム	ロッキーズ	1	DH	4	3	1	2	0	0	1	0	1	.297
9/21	●	3-6	ドジャースタジアム	ロッキーズ	1	DH	3	1	0	0	1	1	1	0	1	.297
9/22	○	6-5	ドジャースタジアム	ロッキーズ	1	DH	5	4	1	1	0	0	0	0	2	.301
9/24	●	2-4	ドジャースタジアム	パドレス	1	DH	3	1	0	0	1	0	1	0	0	.301
9/25	○	4-3	ドジャースタジアム	パドレス	1	DH	3	2	0	2	1	0	1	0	1	.303
9/26	○	7-2	ドジャースタジアム	パドレス	1	DH	5	3	0	1	0	0	0	0	0	.305
9/27	○	11-4	クアーズ・フィールド	ロッキーズ	1	DH	5	4	1	4	0	0	0	0	1	.309
9/28	○	13-2	クアーズ・フィールド	ロッキーズ	1	DH	5	2	0	0	1	0	0	0	1	.310
9/29	○	2-1	クアーズ・フィールド	ロッキーズ	1	DH	4	1	0	0	0	0	0	0	1	.310
9月							107	42	10	32	12	1	27	0	16	.393
24年計							636	197	54	130	81	6	162	5	59	.310

2024年シーズン 全打席完全データ

日付	球場	曜日	デー・ナイター	対戦チーム	対戦投手名	投手左右	打順	ポジション	試合状況	ランナー状況	アウト	カウント	打席結果	投球数	球種名	球速	コース
3/20	高尺スカイドーム	水	N	パドレス	ダルビッシュ有	右	2	DH	1回表	一塁	無死	2-1	遊ゴロ	4	スプリット	147	外中
					ダルビッシュ有	右	2	DH	3回表	-	二死	2-2	右安	5	シンカー	152	外高
					トム・コスグローブ	左	2	DH	5回表	一塁	無死	1-0	三ゴロ	2	シンカー	148	内中
					ワンディ・ペラルタ	左	2	DH	7回表	-	一死	1-1	投ゴロ	3	チェンジアップ	139	内低
					アドリアン・モレホン	左	2	DH	8回表	一二塁	一死	0-0	左安	1	シンカー	158	内低
3/21	高尺スカイドーム	木	N	パドレス	ジョー・マスグローブ	右	2	DH	1回裏	-	一死	0-0	右安	1	カットボール	145	中中
					ジョー・マスグローブ	右	2	DH	2回裏	二三塁	一死	1-0	右犠飛	2	チェンジアップ	141	外中
					トム・コスグローブ	左	2	DH	3回裏	二塁	二死	2-2	投ゴロ	6	スイーパー	126	中低
					マイケル・キング	右	2	DH	5回裏	-	一死	1-2	右直	4	チェンジアップ	141	外低
					松井裕樹	左	2	DH	7回裏	一塁	一死	0-0	右飛	1	スプリット	137	中低
					ロベルト・スアレス	右	2	DH	8回裏	二塁	二死	0-0	一ゴロ	1	チェンジアップ	145	中中
3/28	ドジャースタジアム	木	D	カージナルス	マイルズ・マイコラス	右	2	DH	1回裏	一塁	無死	1-2	右二	4	チェンジアップ	140	外低
					マイルズ・マイコラス	右	2	DH	3回裏	-	無死	3-1	四球	5	チェンジアップ	138	外中
					マイルズ・マイコラス	右	2	DH	5回裏	-	一死	2-1	右安	4	スライダー	140	外低
					ライリー・オブライエン	右	2	DH	7回裏	一塁	無死	1-2	空三振	6	スライダー	145	内高
3/29	ドジャースタジアム	金	N	カージナルス	ザック・トンプソン	左	2	DH	1回裏	-	無死	2-2	二直	5	スライダー	133	外低
					ザック・トンプソン	左	2	DH	3回裏	-	二死	0-1	左飛	2	スライダー	136	外高
					ザック・トンプソン	左	2	DH	5回裏	一二塁	無死	2-1	二ゴ併	4	スライダー	132	中高
					ジオバニー・ガジェゴス	右	2	DH	7回裏	-	二死	3-2	空三振	6	スライダー	134	内低
3/30	ドジャースタジアム	土	N	カージナルス	ランス・リン	右	2	DH	1回裏	一塁	無死	2-1	右安	4	チェンジアップ	137	外中
					ランス・リン	右	2	DH	2回裏	一三塁	二死	3-2	空三振	6	カットボール	142	中中
					マシュー・リベラトーレ	左	2	DH	5回裏	一塁	一死	3-2	四球	7	シンカー	152	外中
					ジョジョ・ロメロ	左	2	DH	7回裏	二塁	無死	1-2	右飛	4	スライダー	138	外中
					ライアン・ヘルスリー	右	2	DH	9回裏	-	一死	1-2	空三振	4	スライダー	144	中高
					ジオバニー・ガジェゴス	右	2	DH	10回裏	満塁	二死	2-1	遊飛	4	フォーシーム	147	内中
3/31	ドジャースタジアム	日	D	カージナルス	スティーブン・マッツ	左	2	DH	1回裏	-	一死	2-2	見三振	5	シンカー	155	外高
					スティーブン・マッツ	左	2	DH	3回裏	一塁	二死	2-2	空三振	5	チェンジアップ	136	外低
					スティーブン・マッツ	左	2	DH	6回裏	-	無死	0-1	右二	2	チェンジアップ	134	中高
					アンドレ・パランテ	右	2	DH	7回裏	-	二死	2-2	投ゴロ	6	フォーシーム	155	中中
4/1	ドジャースタジアム	月	N	ジャイアンツ	キートン・ウィン	右	2	DH	1回裏	三塁	無死	1-1	二ゴロ	3	スプリット	146	中高
					キートン・ウィン	右	2	DH	3回裏	一塁	一死	2-0	右二	3	スプリット	143	中低
					キートン・ウィン	右	2	DH	5回裏	-	二死	3-2	左飛	9	スプリット	143	外中
					ニック・アビラ	右	2	DH	7回裏	二塁	一死	1-2	空三振	7	フォーシーム	152	中高
4/2	ドジャースタジアム	火	N	ジャイアンツ	ローガン・ウェブ	右	2	DH	1回裏	一塁	無死	3-2	見三振	6	スイーパー	135	外低
					ローガン・ウェブ	右	2	DH	3回裏	-	一死	0-1	中飛	2	シンカー	147	中中
					ローガン・ウェブ	右	2	DH	4回裏	一塁	二死	3-0	四球	4	シンカー	146	外高
					テーラー・ロジャーズ	左	2	DH	6回裏	一二塁	二死	0-0	二ゴロ	1	シンカー	149	外高
4/3	ドジャースタジアム	水	N	ジャイアンツ	カイル・ハリソン	左	2	DH	1回裏	一塁	無死	2-2	空三振	5	チェンジアップ	139	中低
					カイル・ハリソン	左	2	DH	3回裏	-	無死	1-0	一安	2	フォーシーム	150	内高
					カイル・ハリソン	左	2	DH	4回裏	一塁	二死	1-2	左直	6	フォーシーム	151	中高
					テーラー・ロジャーズ	左	2	DH	7回裏	-	二死	3-1	右中本	5	シンカー	150	外高
4/5	リグリー・フィールド	金	D	カブス	カイル・ヘンドリックス	右	2	DH	1回表	-	一死	1-1	左二	3	シンカー	142	外低
					カイル・ヘンドリックス	右	2	DH	3回表	-	無死	1-2	一ゴロ	4	チェンジアップ	130	外高
					カイル・ヘンドリックス	右	2	DH	5回表	一塁	無死	0-0	右本	1	チェンジアップ	128	中中
					ドリュー・スマイリー	左	2	DH	7回表	-	無死	1-1	中直	3	ナックルカーブ	130	中低
					ジュリアン・メリーウェザー	右	2	DH	8回表	二塁	二死	3-2	中飛	6	スライダー	136	内高
4/6	リグリー・フィールド	土	D	カブス	ジョーダン・ウィックス	左	2	DH	1回表	一塁	無死	1-2	右安	4	スライダー	132	内低
					ジョーダン・ウィックス	左	2	DH	3回表	-	無死	3-2	中飛	7	フォーシーム	148	外高
					ジョーダン・ウィックス	左	2	DH	5回表	一塁	一死	1-0	左安	2	シンカー	147	内高
					ルーク・リトル	左	2	DH	7回表	-	無死	3-1	四球	5	フォーシーム	156	外低
					マーク・ライター・ジュニア	右	2	DH	9回表	一塁	無死	1-2	空三振	4	スプリット	137	内低
4/7	リグリー・フィールド	日	D	カブス	今永昇太	左	2	DH	1回表	-	一死	3-2	空三振	9	フォーシーム	152	内高
					今永昇太	左	2	DH	3回表	-	二死	0-1	三邪	2	フォーシーム	147	内高
					マーク・ライター・ジュニア	右	2	DH	6回表	-	二死	0-0	右三	1	カーブ	116	中中
					ダニエル・パレンシア	右	2	DH	8回表	一塁	二死	2-1	中二	4	フォーシーム	156	内中
4/8	ターゲット・フィールド	月	N	ツインズ	ベイリー・オバー	右	2	DH	1回表	一塁	無死	2-2	中二	5	フォーシーム	149	外中
					ベイリー・オバー	右	2	DH	3回表	-	二死	2-2	中直	5	カットボール	138	内高
					スティーブン・オカート	左	2	DH	6回表	-	無死	0-0	左二	1	シンカー	150	内高
					ジェイ・ジャクソン	右	2	DH	7回表	-	二死	2-1	左本	4	スライダー	138	中中
					コディ・ファンダーバーク	左	2	DH	9回表	一塁	一死	2-2	見三振	5	スライダー	131	内中
4/9	ターゲット・フィールド	火	N	ツインズ	ルイ・バーランド	右	2	DH	1回表	一塁	無死	1-2	見三振	4	カットボール	145	中中
					ルイ・バーランド	右	2	DH	3回表	-	二死	0-1	右二	2	カットボール	144	中低
					ルイ・バーランド	右	2	DH	5回表	一塁	無死	0-0	左飛	1	フォーシーム	153	内高
					コール・サンズ	右	2	DH	6回表	一二塁	二死	0-2	空三振	3	スプリット	141	中低
					ブロック・スチュワート	右	2	DH	8回表	満塁	二死	0-1	二ゴロ	2	カットボール	149	内高
4/10	ターゲット・フィールド	水	D	ツインズ	クリス・パダック	右	2	DH	1回表	一塁	無死	3-0	四球	4	フォーシーム	152	内低
					クリス・パダック	右	2	DH	3回表	-	一死	1-0	左飛	2	スライダー	140	内高
					クリス・パダック	右	2	DH	5回表	-	一死	2-2	右安	5	スライダー	141	内中
					ブロック・スチュワート	右	2	DH	7回表	一塁	一死	0-1	二ゴロ	2	カットボール	153	内低
4/12	ドジャースタジアム	金	N	パドレス	マイケル・キング	右	2	DH	1回裏	-	一死	1-0	中本	2	フォーシーム	154	外高
					マイケル・キング	右	2	DH	2回裏	-	二死	1-1	中直	3	フォーシーム	150	外高
					マイケル・キング	右	2	DH	5回裏	-	無死	1-2	左二	4	スライダー	138	外低
					松井裕樹	左	2	DH	7回裏	-	一死	2-1	右二	4	スプリット	138	中中
					トム・コスグローブ	左	2	DH	9回裏	-	一死	0-1	中直	2	シンカー	145	内高
4/13	ドジャースタジアム	土	N	パドレス	マシュー・ウォルドロン	右	2	DH	1回裏	-	一死	3-0	四球	4	カットボール	141	外高
					マシュー・ウォルドロン	右	2	DH	3回裏	一塁	無死	3-2	四球	6	カットボール	140	外低
					マシュー・ウォルドロン	右	2	DH	4回裏	二三塁	二死	1-0	三直	2	カットボール	140	内中
					アドリアン・モレホン	左	2	DH	6回裏	二三塁	一死	1-1	中犠飛	3	スイーパー	131	中中
					ジョニー・ブリトー	右	2	DH	8回裏	一塁	二死	2-1	右飛	4	フォーシーム	154	内高
4/14	ドジャースタジアム	日	N	パドレス	ダルビッシュ有	右	2	DH	1回裏	二塁	無死	1-2	空三振	7	カットボール	150	内低
					ダルビッシュ有	右	2	DH	3回裏	-	二死	3-2	三飛	6	カットボール	148	外中
					ダルビッシュ有	右	2	DH	5回裏	-	一死	0-2	空三振	5	カットボール	144	中低
					ワンディ・ペラルタ	左	2	DH	8回裏	-	無死	0-0	遊安	1	チェンジアップ	141	内中
4/15	ドジャースタジアム	月	D	ナショナルズ	ミッチェル・パーカー	左	2	DH	1回裏	-	一死	2-1	右安	4	カーブ	130	中低
					ミッチェル・パーカー	左	2	DH	3回裏	-	一死	2-2	空三振	6	カーブ	129	内低
					マット・バーンズ	右	2	DH	6回裏	-	無死	3-2	打撃妨害	8	フォーシーム	147	外高

日付	球場	曜日	デー・ナイター	対戦チーム	対戦投手名	投手左右	打順	ポジション	試合状況	ランナー状況	アウト	カウント	打席結果	投球数	球種名	球速	コース
					ハンター・ハービー	右	2	DH	7回裏	一二塁	二死	0-2	中直	5	フォーシーム	159	外中
4/16	ドジャースタジアム	火	N	ナショナルズ	パトリック・コービン	左	2	DH	1回裏	一塁	無死	0-2	左安	3	シンカー	149	中低
					パトリック・コービン	左	2	DH	2回裏	二三塁	一死	0-0	二ゴロ	1	シンカー	149	中中
					パトリック・コービン	左	2	DH	4回裏	一三塁	二死	0-0	二ゴロ	1	シンカー	149	外中
					パトリック・コービン	左	2	DH	7回裏	二塁	無死	0-0	中飛	1	シンカー	147	外中
					タナー・レイニー	右	2	DH	8回裏	一塁	二死	2-2	三安	5	フォーシーム	152	外高
4/17	ドジャースタジアム	水	D	ナショナルズ	ジェイク・アービン	右	2	DH	1回裏	-	一死	0-1	右安	2	カットボール	149	内中
					ジェイク・アービン	右	2	DH	3回裏	-	一死	0-1	左飛	2	フォーシーム	155	中高
					ジェイク・アービン	右	2	DH	6回裏	-	無死	1-2	右安	4	カーブ	130	外低
					ハンター・ハービー	右	2	DH	8回裏	-	二死	2-2	中安	6	フォーシーム	159	外中
4/19	ドジャースタジアム	金	N	メッツ	ショーン・マナエア	左	2	DH	1回裏	-	一死	3-2	二ゴロ	6	シンカー	152	中中
					ショーン・マナエア	左	2	DH	4回裏	-	無死	3-1	四球	5	シンカー	149	外中
					ショーン・マナエア	左	2	DH	5回裏	一二塁	二死	2-2	右安	6	スイーパー	127	外中
					ブルックス・レイリー	左	2	DH	7回裏	-	無死	3-2	空三振	6	スイーパー	131	内高
					ジェーク・ディークマン	左	2	DH	9回裏	一塁	無死	1-0	二ゴロ	2	スイーパー	130	中低
4/20	ドジャースタジアム	土	D	メッツ	ホセ・ブット	右	2	DH	1回裏	二塁	無死	3-1	四球	5	スライダー	140	内低
					ホセ・ブット	右	2	DH	2回裏	二塁	二死	3-1	四球	5	フォーシーム	154	中高
					ホセ・ブット	右	2	DH	5回裏	-	無死	2-2	右二	5	スライダー	141	内低
					ドリュー・スミス	右	2	DH	6回裏	満塁	一死	2-2	空三振	5	カットボール	145	内中
					エドウィン・ディアス	右	2	DH	8回裏	二塁	一死	3-1	四球	5	フォーシーム	155	外高
4/21	ドジャースタジアム	日	D	メッツ	エイドリアン・ハウザー	右	2	DH	1回裏	-	一死	1-2	空三振	5	スライダー	135	中低
					エイドリアン・ハウザー	右	2	DH	3回裏	一塁	一死	0-1	右本	2	スライダー	132	中中
					エイドリアン・ハウザー	右	2	DH	5回裏	一二塁	無死	1-2	投安	5	シンカー	149	内中
					グラント・ハートウィグ	右	2	DH	6回裏	-	一死	3-2	四球	6	スイーパー	134	外中
4/23	ナショナルズ・パーク	火	N	ナショナルズ	パトリック・コービン	左	2	DH	1回表	-	一死	3-2	二ゴロ	9	スライダー	132	外低
					パトリック・コービン	左	2	DH	3回表	一塁	一死	2-2	中直	5	シンカー	150	内高
					パトリック・コービン	左	2	DH	5回表	二塁	二死	2-0	中飛	3	フォーシーム	147	内中
					ジョーダン・ウィームズ	右	2	DH	7回表	-	二死	3-0	四球	4	フォーシーム	153	外低
					マット・バーンズ	右	2	DH	9回表	-	無死	1-0	右中本	2	スプリット	138	中中
4/24	ナショナルズ・パーク	水	N	ナショナルズ	ジェイク・アービン	右	2	DH	1回表	-	一死	0-1	中二	2	フォーシーム	156	中高
					ジェイク・アービン	右	2	DH	2回表	一塁	一死	1-1	一ゴ併	3	カットボール	146	内高
					ジェイク・アービン	右	2	DH	4回表	一塁	一死	0-1	中飛	2	カットボール	144	内中
					デレク・ロー	右	2	DH	6回表	-	一死	1-2	空三振	7	スライダー	140	内低
					タナー・レイニー	右	2	DH	8回表	三塁	一死	1-2	右二	4	フォーシーム	151	外中
					マット・バーンズ	右	2	DH	9回表	一三塁	二死	1-1	左二	3	フォーシーム	149	外高
4/25	ナショナルズ・パーク	木	D	ナショナルズ	マッケンジー・ゴア	左	2	DH	1回表	-	一死	0-2	空三振	3	フォーシーム	158	中高
					マッケンジー・ゴア	左	2	DH	3回表	二塁	無死	2-2	空三振	6	フォーシーム	157	外中
					マッケンジー・ゴア	左	2	DH	5回表	一三塁	一死	0-0	二ゴ併	1	スライダー	149	外低
					ジョーダン・ウィームズ	右	2	DH	8回表	二塁	無死	3-2	三直	6	フォーシーム	154	内高
4/26	ロジャース・センター	金	N	ブルージェイズ	クリス・バシット	右	2	DH	1回表	-	一死	1-1	右本	3	スライダー	134	内中
					クリス・バシット	右	2	DH	3回表	二塁	無死	3-1	四球	5	シンカー	150	外高
					トレバー・リチャーズ	右	2	DH	3回表	一二塁	二死	2-2	一ゴロ	6	チェンジアップ	127	外低
					ブレンドン・リトル	左	2	DH	5回表	二塁	一死	2-2	投ゴロ	5	ナックルカーブ	140	外低
					ティム・メイザ	左	2	DH	7回表	-	無死	2-0	二ゴロ	3	シンカー	148	中高
4/27	ロジャース・センター	土	D	ブルージェイズ	菊池雄星	左	2	DH	1回表	三塁	無死	1-2	二ゴロ	5	フォーシーム	157	内中
					菊池雄星	左	2	DH	2回表	一三塁	二死	2-2	右安	5	フォーシーム	158	内中
					菊池雄星	左	2	DH	4回表	一塁	一死	2-2	空三振	5	カーブ	132	中低
					ゲネシス・カブレラ	左	2	DH	7回表	-	一死	0-0	二失	1	カットボール	144	内低
					ジョーダン・ロマノ	右	2	DH	9回表	二塁	一死	3-1	左飛	5	スライダー	137	中中
4/28	ロジャース・センター	日	D	ブルージェイズ	ケビン・ガウスマン	右	2	DH	1回表	-	一死	3-2	中飛	6	スプリット	134	内低
					ケビン・ガウスマン	右	2	DH	4回表	-	無死	0-0	二直	1	フォーシーム	148	内高
					ケビン・ガウスマン	右	2	DH	6回表	-	一死	2-2	見三振	5	フォーシーム	155	内低
					イミ・ガルシア	右	2	DH	8回表	二三塁	無死	0-1	二飛	2	フォーシーム	156	内高
4/29	チェイス・フィールド	月	N	ダイヤモンドバックス	トミー・ヘンリー	左	2	DH	1回表	-	一死	3-2	中安	7	カーブ	129	外低
					トミー・ヘンリー	左	2	DH	2回表	満塁	一死	0-0	二ゴ併	1	カーブ	124	中低
					アンドルー・サールフランク	左	2	DH	5回表	-	一死	3-1	四球	5	シンカー	146	外中
					ローガン・アレン	左	2	DH	6回表	-	無死	0-1	遊ゴロ	2	スイーパー	134	外低
					ローガン・アレン	左	2	DH	8回表	一二塁	無死	0-1	左安	2	フォーシーム	146	中高
4/30	チェイス・フィールド	火	N	ダイヤモンドバックス	ブランドン・ヒューズ	左	2	DH	1回表	-	一死	3-2	中安	6	スライダー	133	外高
					ブライス・ジャービス	右	2	DH	4回表	-	無死	1-2	見三振	4	スライダー	142	中中
					ジョー・マンティプリー	左	2	DH	5回表	満塁	一死	3-2	空三振	6	シンカー	143	外低
					ライアン・トンプソン	右	2	DH	7回表	-	二死	2-2	空三振	5	シンカー	146	中高
					スコット・マクガフ	右	2	DH	10回表	一二塁	無死	3-1	二ゴロ	5	フォーシーム	151	外高
5/3	ドジャースタジアム	金	N	ブレーブス	チャーリー・モートン	右	2	DH	1回裏	-	一死	3-2	一ゴロ	7	フォーシーム	155	中中
					チャーリー・モートン	右	2	DH	3回裏	-	一死	3-2	四球	8	フォーシーム	152	中低
					チャーリー・モートン	右	2	DH	5回裏	-	一死	1-2	空三振	4	フォーシーム	151	外高
					A.J.ミンター	左	2	DH	8回裏	-	一死	3-1	四球	5	フォーシーム	152	外中
					ライゼル・イグレシアス	右	2	DH	10回裏	二塁	一死	1-2	中安	4	チェンジアップ	142	外低
5/4	ドジャースタジアム	土	N	ブレーブス	ブライス・エルダー	右	2	DH	1回裏	-	一死	0-2	空三振	3	スライダー	134	内低
					ブライス・エルダー	右	2	DH	3回裏	-	無死	0-1	右中本	2	フォーシーム	145	内高
					ブライス・エルダー	右	2	DH	4回裏	一二塁	一死	2-1	左安	4	シンカー	145	外高
					ダイラン・リー	左	2	DH	6回裏	-	一死	2-2	左飛	5	フォーシーム	151	内高
					ジャクソン・スティーブンス	右	2	DH	7回裏	一塁	二死	0-0	中安	1	シンカー	147	内中
5/5	ドジャースタジアム	日	D	ブレーブス	マックス・フリード	左	2	DH	1回裏	一塁	無死	1-2	中本	5	カーブ	120	内高
					マックス・フリード	左	2	DH	3回裏	-	二死	2-2	左安	5	フォーシーム	158	外中
					マックス・フリード	左	2	DH	6回裏	-	無死	1-2	中安	5	スライダー	134	外中
					A.J.ミンター	左	2	DH	8回裏	-	無死	0-0	中本	1	フォーシーム	151	中中
5/6	ドジャースタジアム	月	N	マーリンズ	ロデリー・ムニョス	右	2	DH	1回裏	一塁	無死	2-2	中本	5	フォーシーム	155	外高
					ロデリー・ムニョス	右	2	DH	2回裏	-	一死	1-2	見三振	4	シンカー	154	内高
					ロデリー・ムニョス	右	2	DH	4回裏	一塁	一死	1-1	右安	3	チェンジアップ	144	外低
					イーライ・ビヤロボス	右	2	DH	6回裏	一塁	一死	3-2	四球	6	スライダー	134	外低
5/7	ドジャースタジアム	火	N	マーリンズ	エドワード・カブレラ	右	2	DH	1回裏	-	一死	3-1	四球	5	チェンジアップ	151	外低
					エドワード・カブレラ	右	2	DH	2回裏	一塁	二死	3-2	四球	6	フォーシーム	153	内低
					ジョージ・ソリアーノ	右	2	DH	4回裏	-	無死	1-0	右直	2	チェンジアップ	141	中低
					バーチ・スミス	右	2	DH	6回裏	一塁	二死	0-1	左飛	2	カットボール	142	内中
5/8	ドジャースタジアム	水	D	マーリンズ	ライアン・ウェザーズ	左	2	DH	1回裏	-	一死	3-2	見三振	6	フォーシーム	154	外中
					ライアン・ウェザーズ	左	2	DH	3回裏	-	二死	1-2	空三振	4	スイーパー	136	外低
					ライアン・ウェザーズ	左	2	DH	6回裏	-	一死	3-2	左直	8	フォーシーム	156	中中
					アンドリュー・ナーディ	左	2	DH	8回裏	一塁	一死	2-2	左邪飛	5	フォーシーム	153	外高
5/10	ペトコ・パーク	金	N	パドレス	マイケル・キング	右	2	DH	1回表	-	一死	1-2	空三振	4	シンカー	151	外高
					マイケル・キング	右	2	DH	3回表	一塁	一死	0-1	左安	2	シンカー	149	外中
					マイケル・キング	右	2	DH	6回表	-	無死	1-1	一ゴロ	3	チェンジアップ	138	外低

日付	球場	曜日	デー・ナイター	対戦チーム	対戦投手名	投手左右	打順	ポジション	試合状況	ランナー状況	アウト	カウント	打席結果	投球数	球種名	球速	コース
					松井裕樹	左	2	DH	8回表	一塁	無死	1-1	左二	3	スライダー	140	外低
5/11	ペトコ・パーク	土	N	パドレス	マット・ウォルドロン	右	2	DH	1回表	-	一死	2-2	左飛	5	フォーシーム	149	中高
					マット・ウォルドロン	右	2	DH	3回表	二塁	二死	1-1	左飛	3	ナックルボール	130	外中
					マット・ウォルドロン	右	2	DH	6回表	-	一死	3-2	四球	7	ナックルボール	121	内中
					ジョニー・ブリトー	右	2	DH	7回表	一二塁	一死	1-0	投ゴロ	2	シンカー	155	中高
5/13	オラクル・パーク	月	N	ジャイアンツ	ジョーダン・ヒックス	右	2	DH	1回表	-	無死	0-0	右安	1	シンカー	153	内低
					ジョーダン・ヒックス	右	2	DH	3回表	一塁	一死	2-2	二ゴロ	5	シンカー	153	外高
					ジョーダン・ヒックス	右	2	DH	5回表	三塁	二死	3-2	二安	6	シンカー	159	外低
					エリック・ミラー	左	2	DH	7回表	-	一死	3-2	空三振	6	スライダー	135	外中
					テーラー・ロジャーズ	左	2	DH	10回表	二塁	無死	2-2	空三振	5	スイーパー	127	内中
5/14	オラクル・パーク	火	N	ジャイアンツ	キートン・ウィン	右	2	DH	1回表	-	一死	2-1	左飛	4	フォーシーム	157	内高
					キートン・ウィン	右	2	DH	4回表	-	無死	0-0	右中本	1	スライダー	143	内中
					キートン・ウィン	右	2	DH	5回表	一塁	無死	0-1	中安	2	シンカー	149	中低
					ランディ・ロドリゲス	右	2	DH	7回表	三塁	無死	1-0	左二	2	フォーシーム	157	中高
					ニック・アビラ	右	2	DH	9回表	二塁	無死	1-2	二ゴロ	4	カットボール	142	外中
5/15	オラクル・パーク	水	N	ジャイアンツ	ローガン・ウェブ	右	2	DH	1回表	一塁	無死	3-2	四球	6	シンカー	150	内高
					ローガン・ウェブ	右	2	DH	3回表	-	無死	1-2	見三振	4	スイーパー	134	中低
					ローガン・ウェブ	右	2	DH	5回表	-	二死	0-1	中安	2	シンカー	148	中中
					エリック・ミラー	左	2	DH	7回表	一塁	二死	1-2	見三振	4	フォーシーム	160	外高
					カミロ・ドバル	右	2	DH	9回表	一塁	二死	2-2	左安	5	カットボール	163	外低
5/16	ドジャースタジアム	木	N	レッズ	ブレント・スーター	左	2	DH	1回裏	-	一死	3-2	四球	6	スライダー	127	内低
					ニック・マルティネス	右	2	DH	3回裏	-	二死	2-2	捕邪飛	5	チェンジアップ	133	外高
					ニック・マルティネス	右	2	DH	6回裏	-	一死	1-2	空三振	4	チェンジアップ	130	外低
5/17	ドジャースタジアム	金	N	レッズ	フランキー・モンタス	右	2	DH	1回裏	-	無死	2-2	一ゴロ	6	フォーシーム	155	内中
					フランキー・モンタス	右	2	DH	3回裏	一塁	一死	0-0	左本	1	フォーシーム	153	外中
					フランキー・モンタス	右	2	DH	4回裏	一二塁	二死	3-2	空三振	6	スプリット	138	外低
					フェルナンド・クルーズ	右	2	DH	7回裏	一塁	一死	1-2	一ゴロ	4	スプリット	132	外高
5/18	ドジャースタジアム	土	N	レッズ	グラハム・アシュクラフト	右	1	DH	1回裏	-	無死	3-2	三ゴロ	7	カットボール	158	内高
					グラハム・アシュクラフト	右	1	DH	3回裏	三塁	二死	1-2	二ゴロ	4	カットボール	155	内高
					グラハム・アシュクラフト	右	1	DH	5回裏	二塁	一死	1-2	左飛	5	スライダー	141	内低
					カーソン・スピアーズ	右	1	DH	7回裏	-	二死	1-1	一ゴロ	3	チェンジアップ	140	中低
5/19	ドジャースタジアム	日	D	レッズ	ハンター・グリーン	右	2	DH	1回裏	-	一死	1-2	空三振	4	フォーシーム	159	外高
					ハンター・グリーン	右	2	DH	3回裏	一塁	二死	1-1	左飛	3	スプリット	139	外高
					ハンター・グリーン	右	2	DH	5回裏	二塁	二死	0-2	死球	3	スライダー	142	内低
					サム・モール	左	2	DH	8回裏	-	無死	2-2	一安	5	スイーパー	132	外中
					アレクシス・ディアス	右	2	DH	10回裏	一二塁	二死	1-2	右安	6	フォーシーム	151	内低
5/20	ドジャースタジアム	月	N	ダイヤモンドバックス	ジョセフ・マンティプリー	左	2	DH	1回裏	-	一死	0-0	投失	1	シンカー	145	内中
					スレイド・セコーニ	右	2	DH	3回裏	一二塁	無死	3-1	四球	5	フォーシーム	151	内低
					スレイド・セコーニ	右	2	DH	5回裏	-	無死	0-0	左飛	1	フォーシーム	150	中中
					ブライス・ジャービス	右	2	DH	8回裏	-	無死	0-0	一直	1	フォーシーム	151	中高
5/21	ドジャースタジアム	火	N	ダイヤモンドバックス	ブランドン・ファート	右	2	DH	1回裏	一塁	無死	3-2	空三振	8	スイーパー	136	内低
					ブランドン・ファート	右	2	DH	4回裏	-	無死	0-0	左二	1	フォーシーム	153	中中
					ブランドン・ファート	右	2	DH	6回裏	三塁	一死	2-0	右安	3	チェンジアップ	140	外低
					ジョー・マンティプリー	左	2	DH	8回裏	-	一死	0-0	右飛	1	カーブ	125	内中
5/22	ドジャースタジアム	水	N	ダイヤモンドバックス	ブランドン・ヒューズ	左	2	DH	1回裏	-	一死	0-0	左安	1	スライダー	135	外中
					ライン・ネルソン	右	2	DH	3回裏	二塁	一死	2-2	二ゴロ	6	フォーシーム	155	内中
					ライン・ネルソン	右	2	DH	5回裏	一二塁	無死	0-0	中飛	1	カットボール	146	内高
					ジョー・マンティプリー	左	2	DH	7回裏	-	二死	0-0	一ゴロ	1	シンカー	144	内中
5/24	グレート・アメリカン・ボール・パーク	金	N	レッズ	グラハム・アシュクラフト	右	2	DH	1回表	一塁	無死	0-0	三ゴロ	1	カットボール	155	内中
					グラハム・アシュクラフト	右	2	DH	2回表	二三塁	一死	0-0	遊ゴロ	1	チェンジアップ	147	外中
					グラハム・アシュクラフト	右	2	DH	4回表	二塁	二死	0-2	遊ゴロ	3	シンカー	154	外中
					サム・モール	左	2	DH	6回表	-	二死	0-1	遊飛	2	スイーパー	133	外低
					ルーカス・シムズ	右	2	DH	8回表	一二塁	一死	0-0	遊飛	1	フォーシーム	153	内中
5/25	グレート・アメリカン・ボール・パーク	土	N	レッズ	ハンター・グリーン	右	2	DH	1回表	一塁	無死	0-2	見三振	3	スプリット	141	中低
					ハンター・グリーン	右	2	DH	3回表	-	二死	0-2	空三振	5	スプリット	142	内低
					ハンター・グリーン	右	2	DH	6回表	-	一死	1-1	右三	3	スプリット	141	中低
					サム・モール	左	2	DH	8回表	-	二死	1-2	空三振	4	スイーパー	133	内低
5/26	グレート・アメリカン・ボール・パーク	日	D	レッズ	ブレント・スーター	左	2	DH	1回表	一塁	無死	0-0	一ゴロ	1	スライダー	128	中中
					ニック・マルティネス	右	2	DH	4回表	-	無死	2-2	二ゴロ	5	チェンジアップ	130	外低
					カーソン・スピアーズ	右	2	DH	6回表	-	二死	2-2	空三振	5	スイーパー	135	内低
					カーソン・スピアーズ	右	2	DH	9回表	-	一死	2-1	一安	4	チェンジアップ	139	中中
5/28	シティ・フィールド	火	D	メッツ	タイラー・メギル	右	2	DH	1回表	-	一死	0-2	空三振	4	スライダー	139	内低
					タイラー・メギル	右	2	DH	3回表	一塁	一死	1-1	一ゴロ	3	カットボール	146	中高
					タイラー・メギル	右	2	DH	6回表	-	無死	0-1	一ゴロ	2	カットボール	146	内高
					ジェイク・ディークマン	左	2	DH	8回表	一二塁	一死	2-2	遊ゴロ	5	フォーシーム	157	外低
					ホルヘ・ロペス	右	2	DH	10回表	一塁	無死	0-2	空三振	3	スライダー	139	外高
5/29	シティ・フィールド	水	N	メッツ	デビッド・ピーターソン	左	2	DH	1回表	-	一死	1-2	左飛	4	フォーシーム	155	中中
					デビッド・ピーターソン	左	2	DH	3回表	-	一死	0-2	二ゴロ	3	チェンジアップ	138	中中
					デビッド・ピーターソン	左	2	DH	5回表	二塁	一死	0-1	中安	2	シンカー	147	内低
					ジェイク・ディークマン	左	2	DH	7回表	一塁	一死	1-2	空三振	5	フォーシーム	155	内高
					ホルヘ・ロペス	右	2	DH	8回表	二塁	二死	0-2	左中本	4	シンカー	154	外中
5/31	ドジャースタジアム	金	N	ロッキーズ	ダコタ・ハドソン	右	2	DH	1回裏	-	一死	1-0	二ゴロ	2	シンカー	146	中低
					ダコタ・ハドソン	右	2	DH	4回裏	-	無死	2-2	二直	6	カーブ	130	外中
					ダコタ・ハドソン	右	2	DH	6回裏	-	一死	3-2	空三振	7	カーブ	131	内低
					ビクター・ボドニク	右	2	DH	8回裏	三塁	二死	3-2	四球	6	フォーシーム	161	内低
6/1	ドジャースタジアム	土	N	ロッキーズ	キャル・クワントリル	右	2	DH	1回裏	-	一死	1-2	左飛	4	スプリット	140	外中
					キャル・クワントリル	右	2	DH	3回裏	-	一死	3-2	四球	7	カーブ	131	中高
					キャル・クワントリル	右	2	DH	5回裏	-	無死	3-2	空三振	7	シンカー	152	外中
					ジョシュ・ロジャース	左	2	DH	7回裏	-	無死	1-0	中安	2	フォーシーム	145	中中
6/2	ドジャースタジアム	日	D	ロッキーズ	オースティン・ゴンバー	左	2	DH	1回裏	-	無死	1-1	遊飛	3	スライダー	135	外低
					オースティン・ゴンバー	左	2	DH	2回裏	二塁	二死	3-2	見三振	7	ナックルカーブ	124	内高
					ピーター・ランバート	右	2	DH	4回裏	一塁	一死	1-2	空三振	8	チェンジアップ	142	外低
					ピーター・ランバート	右	2	DH	6回裏	一塁	二死	0-0	打撃妨害	1	フォーシーム	151	中高
					アンソニー・モリーナ	右	2	DH	8回裏	二三塁	一死	-	申告敬遠	-	ー	ー	ー
6/4	PNCパーク	火	N	パイレーツ	ジャレッド・ジョーンズ	右	2	DH	1回表	-	一死	1-2	空三振	4	フォーシーム	163	外高
					ジャレッド・ジョーンズ	右	2	DH	3回表	一塁	一死	2-1	遊ゴ併	4	チェンジアップ	146	外高
					ジャレッド・ジョーンズ	右	2	DH	5回表	-	一死	3-2	空三振	8	スライダー	143	中高
					アロルディス・チャプマン	左	2	DH	8回表	-	無死	2-2	中安	5	スプリット	148	中低
6/5	PNCパーク	水	N	パイレーツ	ポール・スキーンズ	右	2	DH	1回表	-	一死	0-2	空三振	3	フォーシーム	162	外中
					ポール・スキーンズ	右	2	DH	3回表	一塁	二死	3-2	中本	6	フォーシーム	161	中高
					ポール・スキーンズ	右	2	DH	5回表	一塁	一死	1-1	右安	3	フォーシーム	158	中高
					アロルディス・チャプマン	左	2	DH	7回表	-	一死	1-2	空三振	4	シンカー	166	内中

日付	球場	曜日	デー・ナイター	対戦チーム	対戦投手名	投手左右	打順	ポジション	試合状況	ランナー状況	アウト	カウント	打席結果	投球数	球種名	球速	コース
					コリン・ホルダーマン	右	2	DH	8回表	二三塁	二死	3-2	右飛	6	カットボール	151	内高
6/6	PNCパーク	木	N	パイレーツ	ベイリー・ファルター	左	2	DH	1回表	一塁	無死	1-2	右安	4	スライダー	135	外中
					ベイリー・ファルター	左	2	DH	2回表	-	一死	0-2	空三振	4	スライダー	137	外低
					ベイリー・ファルター	左	2	DH	4回表	一三塁	一死	1-2	空三振	5	スライダー	138	外高
					ベン・ヘラー	右	2	DH	5回表	-	一死	0-0	二ゴロ	1	カットボール	144	内低
					カイル・ニコラス	右	2	DH	7回表	-	一死	0-2	空三振	3	スライダー	151	中低
					カルメン・モジンスキ	右	2	DH	9回表	一二塁	一死	1-2	一ゴロ	4	スライダー	143	内低
6/7	ヤンキースタジアム	金	N	ヤンキース	コディ・ポティート	右	2	DH	1回表	-	一死	3-2	二ゴロ	6	シンカー	152	外中
					コディ・ポティート	右	2	DH	3回表	一塁	二死	0-0	中直	1	シンカー	150	中低
					ビクター・ゴンザレス	左	2	DH	5回表	一二塁	二死	0-1	一ゴロ	2	スライダー	139	外低
					ケイレブ・ファーガソン	左	2	DH	8回表	-	無死	1-2	左飛	4	フォーシーム	154	外高
					イアン・ハミルトン	右	2	DH	10回表	一二塁	二死	1-1	一ゴロ	3	スライダー	146	内低
6/8	ヤンキースタジアム	土	N	ヤンキース	ネスター・コルテス	左	2	DH	1回表	-	一死	3-2	空三振	7	カットボール	142	外中
					ネスター・コルテス	左	2	DH	3回表	一三塁	一死	2-2	左安	6	フォーシーム	153	外高
					ネスター・コルテス	左	2	DH	6回表	-	無死	0-2	三飛	3	スイーパー	125	外低
					トミー・ケインリー	右	2	DH	8回表	一塁	無死	1-2	二失	4	フォーシーム	154	内高
					デニス・サンタナ	右	2	DH	9回表	一塁	二死	3-0	四球	4	カットボール	149	内低
6/9	ヤンキースタジアム	日	N	ヤンキース	ルイス・ギル	右	2	DH	1回表	-	一死	1-1	中飛	3	フォーシーム	157	内高
					ルイス・ギル	右	2	DH	3回表	-	二死	2-1	右直	4	チェンジアップ	150	中低
					ルイス・ギル	右	2	DH	5回表	二塁	二死	0-1	左飛	2	チェンジアップ	149	外高
					ルーク・ウィーバー	右	2	DH	8回表	-	無死	1-2	左二	5	フォーシーム	156	内中
6/11	ドジャースタジアム	火	N	レンジャーズ	デーン・ダニング	右	2	DH	1回裏	-	一死	3-2	四球	6	チェンジアップ	137	内低
					デーン・ダニング	右	2	DH	3回裏	-	一死	3-1	四球	5	カットボール	140	外低
					ジョナサン・ヘルナンデス	右	2	DH	4回裏	二塁	二死	1-2	空三振	4	スライダー	138	内低
					グラント・アンダーソン	右	2	DH	6回裏	一塁	一死	2-2	右中本	6	フォーシーム	148	中高
					ヘスス・ティノコ	右	2	DH	7回裏	-	一死	1-2	死球	4	スライダー	139	内低
6/12	ドジャースタジアム	水	N	レンジャーズ	ジョン・グレイ	右	2	DH	1回裏	-	一死	3-2	右中本	6	スライダー	145	中中
					ジョン・グレイ	右	2	DH	3回裏	一塁	無死	1-0	右直	2	チェンジアップ	144	外中
					ジェーク・ラッツ	左	2	DH	5回裏	-	二死	1-2	中飛	4	フォーシーム	151	中高
					デビッド・ロバートソン	右	2	DH	8回裏	-	一死	0-2	空三振	3	ナックルカーブ	138	内低
6/13	ドジャースタジアム	木	N	レンジャーズ	マイケル・ロレンゼン	右	2	DH	1回裏	-	一死	0-1	二ゴロ	2	チェンジアップ	138	外中
					マイケル・ロレンゼン	右	2	DH	3回裏	一塁	二死	2-2	左直	6	シンカー	153	中中
					マイケル・ロレンゼン	右	2	DH	6回裏	-	一死	1-0	二ゴロ	2	カットボール	147	中高
					デビッド・ロバートソン	右	2	DH	8回裏	一三塁	一死	0-2	空三振	3	ナックルカーブ	141	中低
6/14	ドジャースタジアム	金	N	ロイヤルズ	コール・ラガンズ	左	2	DH	1回裏	-	一死	0-1	遊ゴロ	2	フォーシーム	158	中低
					コール・ラガンズ	左	2	DH	4回裏	-	一死	2-2	右安	5	スライダー	139	内低
					コール・ラガンズ	左	2	DH	6回裏	-	無死	2-1	中安	4	カットボール	148	外低
					ウィル・スミス	左	2	DH	8回裏	二塁	一死	2-2	遊飛	5	スライダー	134	外低
6/15	ドジャースタジアム	土	N	ロイヤルズ	セス・ルーゴ	右	2	DH	1回裏	一塁	無死	0-0	二ゴ併	1	フォーシーム	148	外中
					セス・ルーゴ	右	2	DH	3回裏	-	二死	1-0	二ゴロ	2	カーブ	133	内中
					セス・ルーゴ	右	2	DH	5回裏	-	一死	3-2	一ゴロ	8	フォーシーム	151	内中
					サムエル・ロング	左	2	DH	7回裏	一塁	二死	3-0	四球	4	フォーシーム	150	外低
6/16	ドジャースタジアム	日	D	ロイヤルズ	ブレイディ・シンガー	右	2	DH	1回裏	-	一死	3-2	四球	7	シンカー	150	中低
					ブレイディ・シンガー	右	2	DH	3回裏	-	一死	2-1	左中本	4	シンカー	149	中中
					ブレイディ・シンガー	右	2	DH	6回裏	-	無死	0-0	右本	1	スライダー	128	内低
					アンヘル・ゼルパ	左	2	DH	7回裏	一二塁	二死	1-1	中直	3	スライダー	140	外中
6/17	クアーズ・フィールド	月	N	ロッキーズ	キャル・クワントリル	右	1	DH	1回表	-	無死	2-2	遊ゴロ	5	シンカー	154	中中
					キャル・クワントリル	右	1	DH	2回表	二塁	二死	3-2	右安	6	スプリット	137	中中
					キャル・クワントリル	右	1	DH	4回表	-	一死	1-2	中二	4	スプリット	137	外高
					ジェイク・バード	右	1	DH	6回表	-	一死	2-0	左二	3	シンカー	153	内中
					ジェフ・ハートリーブ	右	1	DH	8回表	-	無死	3-2	四球	7	シンカー	155	内低
					ジャスティン・ローレンス	右	1	DH	9回表	二塁	無死	1-1	二ゴロ	3	シンカー	152	中中
6/18	クアーズ・フィールド	火	N	ロッキーズ	オースティン・ゴンバー	左	1	DH	1回表	-	無死	3-2	二ゴロ	6	スライダー	139	外中
					オースティン・ゴンバー	左	1	DH	3回表	三塁	一死	0-0	一ゴロ	1	ナックルカーブ	123	内高
					オースティン・ゴンバー	左	1	DH	6回表	-	無死	2-0	中本	3	スライダー	135	内中
					ジャレン・ビークス	左	1	DH	7回表	一二塁	二死	3-1	中直	5	フォーシーム	152	中高
					ビクター・ボドニク	右	1	DH	9回表	-	一死	1-1	左安	3	チェンジアップ	147	中中
6/19	クアーズ・フィールド	水	N	ロッキーズ	ライアン・フェルトナー	右	1	DH	1回表	-	無死	0-0	三邪飛	1	フォーシーム	152	中高
					ライアン・フェルトナー	右	1	DH	2回表	満塁	二死	1-1	中二	3	フォーシーム	155	中高
					ライアン・フェルトナー	右	1	DH	4回表	-	二死	0-1	三ゴロ	2	フォーシーム	153	中高
					ニック・メアーズ	右	1	DH	6回表	-	二死	1-2	右安	5	カーブ	133	内低
					ジェイク・バード	右	1	DH	8回表	一二塁	二死	0-2	見三振	3	スライダー	139	中低
6/20	クアーズ・フィールド	木	D	ロッキーズ	タイ・ブラック	左	1	DH	1回表	-	無死	2-1	中本	4	フォーシーム	143	中中
					タイ・ブラック	左	1	DH	2回表	一三塁	二死	3-1	四球	5	チェンジアップ	131	内高
					タイ・ブラック	左	1	DH	4回表	-	一死	3-2	空三振	6	チェンジアップ	131	外低
					アンソニー・モリーナ	右	1	DH	6回表	一塁	無死	2-2	中飛	5	チェンジアップ	133	外低
					タイラー・キンリー	右	1	DH	8回表	二塁	二死	3-1	故意四球	-	ー	ー	ー
6/21	ドジャースタジアム	金	N	エンゼルス	パトリック・サンドバル	左	1	DH	1回裏	-	無死	3-2	四球	6	スライダー	143	外低
					パトリック・サンドバル	左	1	DH	3回裏	二塁	一死	3-2	四球	7	シンカー	144	内高
					マット・ムーア	左	1	DH	5回裏	一塁	二死	1-1	中本	3	フォーシーム	147	中中
					ルイス・ガルシア	右	1	DH	8回裏	-	一死	1-0	投安	2	スプリット	141	中高
6/22	ドジャースタジアム	土	N	エンゼルス	ザック・プリーサック	右	1	DH	1回裏	-	無死	1-2	右直	4	チェンジアップ	137	外中
					ザック・プリーサック	右	1	DH	3回裏	一塁	無死	2-0	右中本	3	スライダー	137	中低
					カーソン・フルマー	右	1	DH	4回裏	一三塁	一死	3-0	四球	4	フォーシーム	151	中低
					ハンス・クラウス	右	1	DH	6回裏	-	無死	2-2	二ゴロ	5	チェンジアップ	141	外低
					ロアンジ・コントレラス	右	1	DH	8回裏	-	二死	0-0	二ゴロ	1	チェンジアップ	142	外中
6/24	ギャランティード・レート・フィールド	月	N	ホワイトソックス	ギャレット・クロシェ	左	1	DH	1回表	-	無死	2-2	空三振	5	カットボール	147	中高
					ギャレット・クロシェ	左	1	DH	3回表	-	一死	0-1	遊ゴロ	2	スライダー	137	外低
					ギャレット・クロシェ	左	1	DH	5回表	-	二死	1-2	見三振	4	フォーシーム	159	中中
					タナー・バンクス	左	1	DH	7回表	二塁	二死	3-0	四球	4	スライダー	143	外中
					マイケル・コペック	右	1	DH	9回表	三塁	一死	0-0	中犠飛	1	カットボール	146	中高
6/25	ギャランティード・レート・フィールド	火	N	ホワイトソックス	クリス・フレクセン	右	1	DH	1回表	-	無死	2-2	右中本	5	カーブ	117	外中
					クリス・フレクセン	右	1	DH	3回表	-	無死	3-2	四球	6	フォーシーム	150	外低
					クリス・フレクセン	右	1	DH	4回表	一三塁	二死	0-1	右安	2	カットボール	144	内低
					タナー・バンクス	左	1	DH	6回表	一塁	二死	3-2	空三振	6	シンカー	150	内高
					ジョン・ブレビア	右	1	DH	9回表	-	一死	1-2	空三振	4	フォーシーム	154	内高
6/26	ギャランティード・レート・フィールド	水	N	ホワイトソックス	エリック・フェッド	右	1	DH	1回表	-	無死	3-2	右中本	6	カットボール	146	外高
					エリック・フェッド	右	1	DH	3回表	一二塁	無死	3-0	四球	4	チェンジアップ	143	中低
					エリック・フェッド	右	1	DH	5回表	-	無死	0-0	三邪飛	1	カットボール	143	内高
					マイク・ソロカ	右	1	DH	7回表	一塁	二死	3-2	四球	6	フォーシーム	154	内中
6/28	オラクル・パーク	金	N	ジャイアンツ	ローガン・ウェブ	右	1	DH	1回表	-	無死	0-2	見三振	3	シンカー	150	外高
					ローガン・ウェブ	右	1	DH	3回表	-	一死	2-2	遊ゴロ	5	シンカー	150	中中

日付	球場	曜日	デー・ナイター	対戦チーム	対戦投手名	投手左右	打順	ポジション	試合状況	ランナー状況	アウト	カウント	打席結果	投球数	球種名	球速	コース
					ローガン・ウェブ	右	1	DH	5回表	三塁	一死	-	申告敬遠	-	ー	ー	ー
					タイラー・ロジャース	右	1	DH	8回表	-	無死	0-2	一安	3	シンカー	133	内高
6/29	オラクル・パーク	土	D	ジャイアンツ	エリック・ミラー	左	1	DH	1回表	-	無死	3-2	空三振	7	スライダー	133	外中
					スペンサー・ハワード	右	1	DH	3回表	-	一死	1-2	中本	6	スライダー	138	内高
					スペンサー・ハワード	右	1	DH	4回表	一三塁	二死	3-1	四球	5	フォーシーム	151	外高
					テーラー・ロジャース	左	1	DH	6回表	-	二死	1-2	左飛	4	シンカー	150	中中
					カミロ・ドバル	右	1	DH	9回表	-	無死	0-2	空三振	3	スライダー	145	内低
					ショーン・ジェレ	右	1	DH	11回表	二塁	無死	-	申告敬遠	-	ー	ー	ー
6/30	オラクル・パーク	日	D	ジャイアンツ	スペンサー・ビベンズ	右	1	DH	1回表	-	無死	1-1	一ゴロ	3	カットボール	147	内高
					スペンサー・ビベンズ	右	1	DH	3回表	二塁	二死	2-2	空三振	5	フォーシーム	153	内高
					スペンサー・ビベンズ	右	1	DH	5回表	二塁	二死	0-2	空三振	3	スイーパー	132	内低
					ランデン・ロウプ	右	1	DH	8回表	-	無死	1-1	右飛	3	チェンジアップ	141	中中
					タイラー・ロジャース	右	1	DH	9回表	二塁	二死	1-2	空三振	4	スライダー	118	中中
7/2	ドジャースタジアム	火	N	ダイヤモンドバックス	ジョー・マンティプリー	左	1	DH	1回裏	-	無死	1-1	左二	3	シンカー	142	内中
					ライン・ネルソン	右	1	DH	3回裏	-	無死	2-2	空三振	6	フォーシーム	154	内高
					ライン・ネルソン	右	1	DH	5回裏	-	一死	2-1	中安	4	カットボール	146	内高
					ジャスティン・マルティネス	右	1	DH	7回裏	一塁	無死	1-0	右中本	2	スライダー	144	内高
					ポール・シーウォルド	右	1	DH	9回裏	-	一死	1-2	空三振	4	フォーシーム	149	中高
7/3	ドジャースタジアム	水	N	ダイヤモンドバックス	クリスチャン・メナ	右	1	DH	1回裏	-	無死	1-1	中安	3	チェンジアップ	149	外中
					クリスチャン・メナ	右	1	DH	2回裏	-	一死	3-2	空三振	7	カーブ	141	内低
					ブライス・ジャービス	右	1	DH	4回裏	一塁	二死	0-2	右直	3	スライダー	139	中低
					ジョー・マンティプリー	左	1	DH	7回裏	-	一死	2-1	中飛	4	カーブ	127	内低
7/4	ドジャースタジアム	木	N	ダイヤモンドバックス	ザック・ギャレン	右	1	DH	1回裏	-	無死	3-2	四球	6	フォーシーム	157	外低
					ザック・ギャレン	右	1	DH	3回裏	-	無死	1-2	空三振	4	ナックルカーブ	128	内低
					ザック・ギャレン	右	1	DH	4回裏	二塁	二死	1-2	見三振	4	フォーシーム	152	中高
					ジャスティン・マルティネス	右	1	DH	7回裏	-	無死	3-2	空三振	6	スプリット	144	内低
7/5	ドジャースタジアム	金	N	ブルワーズ	アーロン・シバーレ	右	1	DH	1回裏	-	無死	2-2	空三振	5	スイーパー	128	外低
					アーロン・シバーレ	右	1	DH	3回裏	-	無死	3-2	見三振	6	カットボール	143	外高
					アーロン・シバーレ	右	1	DH	4回裏	一塁	二死	2-2	空三振	5	シンカー	150	中高
					ブライアン・ハドソン	左	1	DH	7回裏	-	一死	1-2	左直	4	スイーパー	136	外中
					エルビス・ペゲーロ	右	1	DH	8回裏	一二塁	一死	1-1	一ゴロ	3	シンカー	158	中低
7/6	ドジャースタジアム	土	D	ブルワーズ	フレディ・ペラルタ	右	1	DH	1回裏	-	無死	3-2	四球	7	フォーシーム	154	外中
					フレディ・ペラルタ	右	1	DH	2回裏	-	二死	1-2	死球	4	スライダー	132	内低
					フレディ・ペラルタ	右	1	DH	4回裏	一二塁	一死	3-2	四球	7	フォーシーム	157	外中
					ブライス・ウィルソン	右	1	DH	6回裏	-	二死	1-2	右三	6	カットボール	146	内高
					ブライアン・ハドソン	左	1	DH	8回裏	-	一死	0-1	右中本	2	カットボール	139	内低
7/7	ドジャースタジアム	日	D	ブルワーズ	ダラス・カイケル	左	1	DH	1回裏	-	無死	3-2	二ゴロ	6	シンカー	141	外高
					ダラス・カイケル	左	1	DH	3回裏	-	一死	3-2	中安	6	シンカー	143	外高
					ダラス・カイケル	左	1	DH	4回裏	一二塁	二死	3-2	二ゴロ	8	シンカー	144	中中
					ジェイコブ・ジュニス	右	1	DH	6回裏	-	一死	0-2	見三振	3	シンカー	151	内中
					トレバー・メギル	右	1	DH	9回裏	-	無死	0-2	空三振	3	ナックルカーブ	141	内低
7/9	シチズンズ・バンク・パーク	火	N	フィリーズ	ザック・ウィーラー	右	1	DH	1回表	-	無死	0-2	空三振	3	フォーシーム	157	内高
					ザック・ウィーラー	右	1	DH	3回表	-	一死	0-1	左安	2	カットボール	147	中高
					ザック・ウィーラー	右	1	DH	5回表	-	二死	3-0	四球	4	フォーシーム	155	外高
7/10	シチズンズ・バンク・パーク	水	N	フィリーズ	クリストファー・サンチェス	左	1	DH	1回表	-	無死	0-0	右安	1	シンカー	151	内中
					クリストファー・サンチェス	左	1	DH	3回表	-	二死	3-2	遊ゴロ	6	シンカー	152	内中
					クリストファー・サンチェス	左	1	DH	5回表	一三塁	一死	0-1	中安	2	シンカー	153	内低
					マット・ストラーム	左	1	DH	7回表	一三塁	一死	1-2	空三振	4	スライダー	134	外低
7/11	シチズンズ・バンク・パーク	木	N	フィリーズ	アーロン・ノラ	右	1	DH	1回表	-	無死	2-2	右飛	5	フォーシーム	152	外高
					アーロン・ノラ	右	1	DH	2回表	満塁	一死	1-2	空三振	4	ナックルカーブ	127	内低
					アーロン・ノラ	右	1	DH	5回表	-	無死	1-2	空三振	4	フォーシーム	152	中高
					マット・ストラーム	左	1	DH	7回表	一塁	二死	1-1	二ゴロ	3	スライダー	131	外中
7/12	コメリカ・パーク	金	N	タイガース	タリック・スクーバル	左	1	DH	1回表	-	無死	2-2	三ゴロ	5	シンカー	157	中高
					タリック・スクーバル	左	1	DH	3回表	一塁	二死	2-2	中飛	5	スライダー	145	中高
					タリック・スクーバル	左	1	DH	5回表	-	二死	1-1	左飛	3	シンカー	155	内低
					ボー・ブリスキー	右	1	DH	8回表	-	一死	3-2	空三振	8	チェンジアップ	143	外低
					タイラー・ホルトン	左	1	DH	9回表	一三塁	二死	1-0	中二	2	シンカー	152	内高
7/13	コメリカ・パーク	土	D	タイガース	ケイデル・モンテロ	右	1	DH	1回表	-	無死	0-1	右三	2	チェンジアップ	140	外中
					ケイデル・モンテロ	右	1	DH	3回表	二塁	無死	2-2	空三振	5	ナックルカーブ	128	中中
					ケイデル・モンテロ	右	1	DH	5回表	-	無死	1-0	右本	2	チェンジアップ	138	中中
					ジョーイ・ウェンツ	左	1	DH	6回表	一三塁	無死	0-1	二ゴロ	2	カットボール	140	外低
					アンドリュー・チェイフィン	左	1	DH	8回表	-	無死	3-1	四球	5	スライダー	134	外低
					ウィル・ベスト	右	1	DH	10回表	二塁	一死	-	申告敬遠	-	ー	ー	ー
7/14	コメリカ・パーク	日	D	タイガース	ボー・ブリスキー	右	1	DH	1回表	-	無死	0-0	中直	1	フォーシーム	154	中低
					タイラー・ホルトン	左	1	DH	3回表	-	無死	2-0	右直	3	シンカー	148	内中
					前田健太	右	1	DH	5回表	-	二死	2-1	遊安	4	スプリット	140	外中
					アンドリュー・チェイフィン	左	1	DH	8回表	-	二死	0-1	右安	2	フォーシーム	152	外高
7/19	ドジャースタジアム	金	N	レッドソックス	ニック・ピベッタ	右	1	DH	1回裏	-	無死	2-2	空三振	5	フォーシーム	152	外高
					ニック・ピベッタ	右	1	DH	3回裏	一塁	一死	1-2	空三振	5	フォーシーム	153	内高
					ニック・ピベッタ	右	1	DH	6回裏	-	無死	1-2	空三振	5	カットボール	144	外高
					ブレナン・ベルナルディノ	左	1	DH	8回裏	一塁	一死	0-0	左二	1	シンカー	146	外中
7/20	ドジャースタジアム	土	N	レッドソックス	ブライアン・ベロ	右	1	DH	1回裏	-	無死	0-1	一ゴロ	2	スライダー	140	中中
					ブライアン・ベロ	右	1	DH	3回裏	-	一死	1-1	三邪飛	3	チェンジアップ	142	外低
					ブライアン・ベロ	右	1	DH	6回裏	-	無死	2-1	左二	4	スライダー	141	中中
					キャム・ブーザー	左	1	DH	7回裏	一塁	二死	1-2	三飛	4	フォーシーム	154	外高
					ケンリー・ジャンセン	右	1	DH	9回裏	二塁	一死	-	申告敬遠	-	ー	ー	ー
					グレッグ・ワイサート	右	1	DH	11回裏	一三塁	一死	-	申告敬遠	-	ー	ー	ー
7/21	ドジャースタジアム	日	N	レッドソックス	カッター・クロフォード	右	1	DH	1回裏	-	無死	0-2	空三振	3	フォーシーム	149	外高
					カッター・クロフォード	右	1	DH	3回裏	-	無死	1-2	左飛	4	フォーシーム	148	内中
					カッター・クロフォード	右	1	DH	5回裏	-	無死	2-1	右中本	4	カットボール	138	中低
					チェース・アンダーソン	右	1	DH	7回裏	-	二死	3-2	四球	6	フォーシーム	154	外高
7/22	ドジャースタジアム	月	N	ジャイアンツ	ブレイク・スネル	左	1	DH	1回裏	-	無死	3-2	四球	7	スライダー	147	外低
					ブレイク・スネル	左	1	DH	3回裏	-	一死	1-2	空三振	4	カーブ	134	外低
					ブレイク・スネル	左	1	DH	6回裏	-	無死	0-1	一ゴロ	2	カーブ	132	中低
					エリック・ミラー	左	1	DH	8回裏	二塁	無死	1-2	空三振	4	チェンジアップ	137	内低
7/23	ドジャースタジアム	火	N	ジャイアンツ	ジョーダン・ヒックス	右	1	DH	1回裏	-	無死	2-2	空三振	7	スプリット	138	内低
					ジョーダン・ヒックス	右	1	DH	3回裏	-	無死	2-2	空三振	5	フォーシーム	150	内高
					ジョーダン・ヒックス	右	1	DH	4回裏	一三塁	二死	1-1	右二	3	スイーパー	133	内中
					テーラー・ロジャース	左	1	DH	6回裏	二塁	一死	1-2	空三振	4	スイーパー	128	外低
					ランディ・ロドリゲス	右	1	DH	8回裏	一三塁	二死	2-2	中安	5	フォーシーム	160	中低
7/24	ドジャースタジアム	水	N	ジャイアンツ	ロビー・レイ	左	1	DH	1回裏	-	無死	0-0	左飛	1	フォーシーム	152	中中
					ロビー・レイ	左	1	DH	2回裏	-	二死	1-2	空三振	4	フォーシーム	150	中高

日付	球場	曜日	デー・ナイター	対戦チーム	対戦投手名	投手左右	打順	ポジション	試合状況	ランナー状況	アウト	カウント	打席結果	投球数	球種名	球速	コース
					ロビー・レイ	左	1	DH	5回裏	-	二死	2-2	空三振	5	フォーシーム	154	内高
					エリック・ミラー	左	1	DH	8回裏	一塁	無死	2-2	見三振	6	チェンジアップ	137	中低
7/25	ドジャースタジアム	木	D	ジャイアンツ	ローガン・ウェブ	右	1	DH	1回裏	-	無死	3-1	四球	5	フォーシーム	146	内中
					ローガン・ウェブ	右	1	DH	2回裏	一三塁	二死	0-1	投ゴロ	2	シンカー	150	外中
					ローガン・ウェブ	右	1	DH	4回裏	一塁	二死	1-0	左二	2	シンカー	150	内高
					ショーン・ジェレ	右	1	DH	6回裏	-	無死	2-2	中飛	3	カットボール	148	中高
					テーラー・ロジャーズ	右	1	DH	8回裏	-	一死	0-0	右本	1	スライダー	120	内中
7/26	ミニッツメイド・パーク	金	N	アストロズ	フランバー・バルデス	左	1	DH	1回表	-	無死	0-0	中二	1	シンカー	154	内中
					フランバー・バルデス	左	1	DH	3回表	-	二死	2-2	左直	5	スライダー	141	外中
					フランバー・バルデス	左	1	DH	6回表	一塁	一死	3-2	四球	6	カーブ	131	外低
					ライアン・プレスリー	右	1	DH	8回表	-	無死	0-1	中安	2	フォーシーム	154	中低
7/27	ミニッツメイド・パーク	土	N	アストロズ	ロネル・ブランコ	右	1	DH	1回表	-	無死	3-2	左飛	6	スライダー	142	外低
					ロネル・ブランコ	右	1	DH	3回表	-	無死	2-1	右本	4	フォーシーム	148	内中
					ロネル・ブランコ	右	1	DH	5回表	一塁	無死	3-1	四球	5	チェンジアップ	140	内中
					ショーン・ダビン	右	1	DH	6回表	一二塁	一死	0-0	左安	1	カーブ	132	内中
					テイラー・スコット	右	1	DH	8回表	-	二死	3-2	四球	6	フォーシーム	151	外高
7/28	ミニッツメイド・パーク	日	D	アストロズ	スペンサー・アリゲッティ	右	1	DH	1回表	-	無死	2-2	中飛	6	カットボール	143	中中
					スペンサー・アリゲッティ	右	1	DH	3回表	-	一死	1-2	空三振	4	フォーシーム	154	外中
					スペンサー・アリゲッティ	右	1	DH	5回表	一塁	二死	0-0	右飛	1	カーブ	127	内中
					ブライアン・キング	左	1	DH	7回表	一塁	二死	0-2	見三振	3	フォーシーム	151	外中
					ラファエル・モンテロ	右	1	DH	9回表	-	無死	3-1	四球	5	フォーシーム	155	内高
7/30	ペトコ・パーク	火	N	パドレス	マット・ウォルドロン	右	1	DH	1回表	-	無死	3-1	四球	5	シンカー	147	内低
					マット・ウォルドロン	右	1	DH	2回表	-	一死	2-0	中飛	3	カットボール	139	内中
					松井裕樹	左	1	DH	5回表	-	無死	1-2	空三振	4	スライダー	140	外低
					アドリアン・モレホン	左	1	DH	7回表	一塁	一死	2-2	右飛	5	スライダー	139	外中
					ジェレミア・エストラダ	右	1	DH	8回表	-	一死	3-2	見三振	6	スプリット	134	中低
7/31	ペトコ・パーク	水	N	パドレス	ディラン・シース	右	1	DH	1回表	-	無死	3-2	二ゴロ	7	ナックルカーブ	132	中中
					ディラン・シース	右	1	DH	3回表	一塁	一死	3-2	四球	6	フォーシーム	160	内高
					ディラン・シース	右	1	DH	5回表	三塁	二死	3-1	二ゴロ	5	フォーシーム	157	中中
					ジェイソン・アダム	右	1	DH	9回表	-	一死	0-1	二直	2	チェンジアップ	145	外高
8/2	オークランド・コロシアム	金	N	アスレチックス	ジョーイ・エステス	右	1	DH	1回表	-	無死	0-0	中飛	1	フォーシーム	150	外高
					ジョーイ・エステス	右	1	DH	3回表	-	一死	0-1	中飛	2	フォーシーム	149	中中
					ジョーイ・エステス	右	1	DH	6回表	-	一死	1-2	三飛	5	フォーシーム	153	内中
					オースティン・アダムス	右	1	DH	7回表	満塁	二死	1-2	一ゴロ	5	スライダー	142	外高
					タイラー・ファーガソン	右	1	DH	9回表	一二塁	二死	1-1	右本	3	フォーシーム	150	中高
8/3	オークランド・コロシアム	土	N	アスレチックス	ミッチ・スペンス	右	1	DH	1回表	-	無死	3-1	四球	5	スライダー	136	外高
					ミッチ・スペンス	右	1	DH	3回表	一塁	一死	1-2	空三振	4	カーブ	135	内低
					ミッチ・スペンス	右	1	DH	5回表	-	二死	2-0	二安	3	カットボール	147	内中
					スコット・アレクサンダー	左	1	DH	7回表	-	一死	3-2	見三振	6	シンカー	150	外中
					カイル・ミュラー	左	1	DH	9回表	-	無死	1-1	中安	3	スライダー	137	外低
					カイル・ミュラー	左	1	DH	9回表	一塁	二死	3-2	見三振	6	フォーシーム	151	中中
8/4	オークランド・コロシアム	日	D	アスレチックス	オスバルド・ビド	右	1	DH	1回表	-	無死	2-2	見三振	5	フォーシーム	152	外低
					オスバルド・ビド	右	1	DH	2回表	一塁	一死	0-2	左飛	3	チェンジアップ	145	外低
					オスバルド・ビド	右	1	DH	5回表	-	無死	2-2	右飛	5	スライダー	137	中低
					ミシェル・オタネス	右	1	DH	7回表	-	一死	3-2	空三振	6	スライダー	138	内低
8/5	ドジャースタジアム	月	N	フィリーズ	アーロン・ノラ	右	1	DH	1回裏	-	無死	2-1	三邪飛	4	フォーシーム	150	内中
					アーロン・ノラ	右	1	DH	3回裏	一三塁	無死	0-0	右犠飛	1	フォーシーム	151	中中
					アーロン・ノラ	右	1	DH	5回裏	-	一死	3-0	右二	4	フォーシーム	150	中中
					タナー・バンクス	左	1	DH	8回裏	-	無死	1-0	左中本	2	チェンジアップ	139	中中
8/6	ドジャースタジアム	火		フィリーズ	クリストファー・サンチェス	左	1	DH	1回裏	-	無死	0-0	二ゴロ	1	シンカー	150	内低
					クリストファー・サンチェス	左	1	DH	3回裏	一塁	無死	2-2	左飛	5	シンカー	151	中中
					クリストファー・サンチェス	左	1	DH	5回裏	一塁	二死	0-0	二直	1	シンカー	150	内中
					マット・ストラム	左	1	DH	7回裏	一二塁	二死	3-2	右飛	7	スライダー	133	外中
8/7	ドジャースタジアム	水	N	フィリーズ	タイラー・フィリップス	右	1	DH	1回裏	-	無死	0-1	二ゴロ	2	カーブ	130	内低
					タイラー・フィリップス	右	1	DH	2回裏	一二塁	無死	0-1	一ゴロ	2	フォーシーム	150	内高
					タイラー・フィリップス	右	1	DH	4回裏	-	一死	1-2	二飛	5	フォーシーム	148	内高
					ホセ・アルバラド	左	1	DH	7回裏	一塁	無死	0-1	遊ゴロ	2	カットボール	151	外低
					ユニオル・マルテ	右	1	DH	9回裏	一二塁	一死	1-0	三邪飛	2	スライダー	137	中中
8/9	ドジャースタジアム	金	N	パイレーツ	ミッチ・ケラー	右	1	DH	1回裏	-	無死	0-2	空三振	3	フォーシーム	156	内高
					ミッチ・ケラー	右	1	DH	3回裏	一塁	一死	1-2	中本	4	スライダー	142	内低
					ミッチ・ケラー	右	1	DH	4回裏	二塁	一死	0-1	遊飛	2	シンカー	151	中高
					ドミンゴ・ヘルマン	右	1	DH	6回裏	-	一死	2-2	中直	5	フォーシーム	147	外高
8/10	ドジャースタジアム	土	N	パイレーツ	ポール・スキーンズ	右	1	DH	1回裏	-	無死	0-1	一ゴロ	2	シンカー	151	中低
					ポール・スキーンズ	右	1	DH	3回裏	一塁	無死	2-2	空三振	6	シンカー	150	外中
					ポール・スキーンズ	右	1	DH	5回裏	-	一死	2-2	空三振	5	カーブ	134	中中
					ベン・ヘラー	右	1	DH	7回裏	二三塁	無死	-	申告敬遠		―	―	―
8/11	ドジャースタジアム	日	D	パイレーツ	ベイリー・ファルター	左	1	DH	1回裏	-	無死	0-0	左飛	1	フォーシーム	147	内高
					ベイリー・ファルター	左	1	DH	2回裏	二三塁	一死	0-1	中飛	2	シンカー	150	内高
					ベイリー・ファルター	左	1	DH	4回裏	二三塁	一死	1-2	一ゴロ	7	シンカー	151	内中
					ジャレン・ビークス	左	1	DH	6回裏	-	二死	3-2	右三	6	カットボール	136	外中
					アロルディス・チャプマン	左	1	DH	8回裏	二塁	一死	0-1	遊飛	2	スライダー	146	中低
					デービッド・ベッドナー	右	1	DH	10回裏	一二塁	一死	1-2	三邪飛	4	フォーシーム	158	外高
8/12	アメリカンファミリー・フィールド	月	N	ブルワーズ	フレディ・ペラルタ	右	1	DH	1回表	-	無死	1-0	中直	2	フォーシーム	150	内中
					フレディ・ペラルタ	右	1	DH	3回表	三塁	一死	3-2	二ゴロ	6	フォーシーム	155	外中
					フレディ・ペラルタ	右	1	DH	5回表	一塁	無死	3-0	左中本	4	フォーシーム	150	外中
					ブライアン・ハドソン	左	1	DH	7回表	-	二死	3-2	四球	6	スイーパー	132	外低
8/13	アメリカンファミリー・フィールド	火	N	ブルワーズ	コリン・レイ	右	1	DH	1回表	-	無死	0-0	中飛	1	シンカー	148	外中
					コリン・レイ	右	1	DH	3回表	-	二死	1-0	右中本	2	スプリット	142	中中
					コリン・レイ	右	1	DH	4回表	-	一死	1-2	空三振	5	スイーパー	131	内中
					コリン・レイ	右	1	DH	6回表	一塁	一死	2-2	三ゴロ	5	シンカー	147	中低
					ニック・メアーズ	右	1	DH	8回表	二塁	二死	0-2	空三振	3	フォーシーム	156	中高
8/14	アメリカンファミリー・フィールド	水	N	ブルワーズ	フランキー・モンタス	右	1	DH	1回表	-	無死	0-2	三失	3	フォーシーム	157	中低
					フランキー・モンタス	右	1	DH	2回表	-	一死	3-2	四球	7	カットボール	147	外中
					フランキー・モンタス	右	1	DH	4回表	-	二死	0-1	左飛	2	フォーシーム	160	中中
					ジャレド・ケーニック	左	1	DH	7回表	-	無死	0-2	見三振	3	シンカー	156	中中
					デビン・ウィリアムズ	右	1	DH	9回表	-	無死	0-1	左飛	2	フォーシーム	153	外高
8/15	アメリカンファミリー・フィールド	木	D	ブルワーズ	トビアス・マイヤーズ	右	1	DH	1回表	-	無死	2-2	左飛	5	カットボール	143	外中
					トビアス・マイヤーズ	右	1	DH	3回表	-	無死	0-0	一ゴロ	1	カットボール	145	外低
					トビアス・マイヤーズ	右	1	DH	5回表	-	無死	2-2	右安	6	カットボール	144	外低
					エルビス・ペゲーロ	右	1	DH	6回表	一二塁	二死	0-0	中直	1	シンカー	155	中低
					デビン・ウィリアムズ	右	1	DH	9回表	-	二死	3-2	空三振	7	フォーシーム	154	外高
8/16	ブッシュ・スタジアム	金	N	カージナルス	マイルズ・マイコラス	右	1	DH	1回表	-	無死	3-2	空三振	11	スライダー	140	外高

日付	球場	曜日	デー・ナイター	対戦チーム	対戦投手名	投手左右	打順	ポジション	試合状況	ランナー状況	アウト	カウント	打席結果	投球数	球種名	球速	コース
					マイルズ・マイコラス	右	1	DH	2回表	二塁	二死	0-0	二直	1	スライダー	144	内低
					マイルズ・マイコラス	右	1	DH	5回表	-	二死	2-1	左飛	4	チェンジアップ	139	外低
					マシュー・リベラトーレ	左	1	DH	6回表	一塁	二死	2-2	遊ゴロ	5	シンカー	154	中高
					ジョジョ・ロメロ	左	1	DH	9回表	-	一死	3-2	空三振	7	スライダー	137	外中
8/17	ブッシュ・スタジアム	土	N	カージナルス	アンドレ・パランテ	右	1	DH	1回表	-	無死	3-2	四球	8	フォーシーム	153	中高
					アンドレ・パランテ	右	1	DH	3回表	-	無死	0-2	振逃	4	ナックルカーブ	130	外低
					アンドレ・パランテ	右	1	DH	5回表	-	二死	1-1	右中本	3	ナックルカーブ	129	中中
					ジョジョ・ロメロ	左	1	DH	8回表	-	一死	1-2	左飛	4	スライダー	137	外低
8/18	ブッシュ・スタジアム	日	D	カージナルス	ソニー・グレイ	右	1	DH	1回表	-	無死	1-2	空三振	4	スイーパー	136	内低
					ソニー・グレイ	右	1	DH	3回表	-	無死	1-1	三飛	3	カットボール	144	中高
					ソニー・グレイ	右	1	DH	5回表	-	一死	0-0	右中本	1	カーブ	128	中中
					マシュー・リベラトーレ	左	1	DH	7回表	-	無死	3-2	見三振	9	シンカー	155	外中
					ジョン・キング	左	1	DH	9回表	-	一死	0-1	一ゴロ	2	シンカー	152	内低
8/19	ドジャースタジアム	月	N	マリナーズ	ブライアン・ウー	右	1	DH	1回裏	-	無死	2-2	左安	5	シンカー	153	中高
					ブライアン・ウー	右	1	DH	3回裏	-	一死	0-1	中飛	2	フォーシーム	153	中高
					ブライアン・ウー	右	1	DH	6回裏	-	無死	0-1	二ゴロ	2	チェンジアップ	144	外低
					タイラー・サウセド	左	1	DH	7回裏	二塁	二死	3-2	四球	6	シンカー	146	外低
8/20	ドジャースタジアム	火	N	マリナーズ	ブライス・ミラー	右	1	DH	1回裏	-	無死	2-2	空三振	6	スプリット	138	外低
					ブライス・ミラー	右	1	DH	3回裏	-	一死	2-2	右三	6	スプリット	140	外低
					ブライス・ミラー	右	1	DH	4回裏	一塁	二死	2-1	投ゴロ	4	カットボール	147	内高
					アンドレス・ムニョス	右	1	DH	7回裏	二塁	一死	1-1	一直	3	スライダー	139	外低
					オースティン・ボス	右	1	DH	8回裏	-	二死	2-2	右安	6	カットボール	145	内低
8/21	ドジャースタジアム	水	N	マリナーズ	ローガン・ギルバート	右	1	DH	1回裏	-	無死	1-2	空三振	4	スライダー	149	内中
					ローガン・ギルバート	右	1	DH	3回裏	一塁	二死	3-1	四球	5	カーブ	135	外低
					ローガン・ギルバート	右	1	DH	5回裏	-	一死	3-1	右安	5	カットボール	151*	中中
					トレント・ソーントン	右	1	DH	6回裏	三塁	無死	0-0	左飛	1	スライダー	138	内低
					トロイ・テイラー	右	1	DH	8回裏	一塁	一死	1-2	二ゴロ	4	スイーパー	136	中低
8/23	ドジャースタジアム	金	N	レイズ	タイラー・アレクサンダー	左	1	DH	1回裏	-	無死	2-1	一直	4	シンカー	145	内低
					タイラー・アレクサンダー	左	1	DH	4回裏	-	無死	0-1	遊安	2	シンカー	144	内中
					リチャード・ラブレディー	左	1	DH	5回裏	-	一死	1-0	遊ゴロ	2	シンカー	149	内中
					ギャレット・クレビンジャー	左	1	DH	7回裏	一塁	二死	1-0	二ゴロ	2	シンカー	156	内中
					コリン・ポシェ	左	1	DH	9回裏	満塁	二死	0-0	右中本	1	スライダー	136	外低
8/24	ドジャースタジアム	土	N	レイズ	タジ・ブラッドリー	右	1	DH	1回裏	-	無死	1-1	右安	3	スプリット	148	中低
					タジ・ブラッドリー	右	1	DH	4回裏	-	無死	1-2	打撃妨害	4	フォーシーム	159	外高
					タジ・ブラッドリー	右	1	DH	5回裏	一塁	一死	2-1	右本	4	スプリット	148	外低
					ジョエル・クーネル	右	1	DH	7回裏	-	一死	2-1	左飛	4	フォーシーム	152	外中
					ギャレット・クレビンジャー	左	1	DH	10回裏	二塁	無死	1-1	右飛	3	スイーパー	128	内高
8/25	ドジャースタジアム	日	D	レイズ	ジェーコブ・ロペス	左	1	DH	1回裏	-	無死	0-0	右飛	1	フォーシーム	146	外中
					ジェーコブ・ロペス	左	1	DH	3回裏	一塁	二死	0-2	空三振	3	スライダー	127	外低
					ジェーコブ・ロペス	左	1	DH	5回裏	-	二死	0-1	左直	2	フォーシーム	146	中中
					リチャード・ラブレディー	左	1	DH	8回裏	-	無死	2-1	死球	4	シンカー	148	内高
8/27	ドジャースタジアム	火	N	オリオールズ	コール・アービン	左	1	DH	1回裏	-	無死	0-0	右安	1	シンカー	145	内高
					コール・アービン	左	1	DH	3回裏	-	二死	0-0	中安	1	シンカー	148	内中
					コール・アービン	左	1	DH	5回裏	一二塁	無死	1-0	三飛	2	カーブ	127	中中
					シオネル・ペレス	左	1	DH	8回裏	-	無死	2-2	見三振	5	シンカー	153	外中
8/28	ドジャースタジアム	水	D	オリオールズ	コービン・バーンズ	右	1	DH	1回裏	-	無死	1-2	右本	5	スライダー	141	外中
					コービン・バーンズ	右	1	DH	3回裏	一塁	一死	2-2	右安	5	チェンジアップ	144	外低
					コービン・バーンズ	右	1	DH	5回裏	一塁	一死	2-2	一ゴロ	5	カットボール	151	内低
					グレゴリー・ソト	左	1	DH	7回裏	-	二死	1-2	見三振	5	シンカー	155	外中
8/29	ドジャースタジアム	木	D	オリオールズ	ケード・ポビッチ	左	1	DH	1回裏	-	無死	1-2	中直	4	スイーパー	132	外中
					ケード・ポビッチ	左	1	DH	2回裏	一塁	二死	0-2	見三振	3	シンカー	147	外中
					ケード・ポビッチ	左	1	DH	4回裏	二塁	無死	1-0	中飛	2	スイーパー	128	外低
					グレゴリー・ソト	左	1	DH	6回裏	-	無死	3-1	中飛	5	シンカー	151	中高
					マット・ボウマン	右	1	DH	8回裏	一塁	無死	2-0	左飛	3	カットボール	146	外高
8/30	チェイス・フィールド	金	N	ダイヤモンドバックス	ザック・ギャレン	右	1	DH	1回表	-	無死	0-0	右二	1	フォーシーム	152	中中
					ザック・ギャレン	右	1	DH	2回表	一三塁	無死	0-0	死球	1	フォーシーム	152	内高
					ザック・ギャレン	右	1	DH	4回表	-	無死	3-2	空三振	6	ナックルカーブ	130	中低
					ジョー・マティンプリー	左	1	DH	6回表	-	二死	2-2	空三振	6	カーブ	127	内低
					ポール・シーウォルド	右	1	DH	8回表	-	二死	0-2	左中本	3	フォーシーム	150	中中
8/31	チェイス・フィールド	土	N	ダイヤモンドバックス	メリル・ケリー	右	1	DH	1回表	-	無死	3-2	中本	8	カーブ	136	中中
					メリル・ケリー	右	1	DH	2回表	満塁	無死	0-1	中犠飛	2	カットボール	149	内中
					メリル・ケリー	右	1	DH	4回表	-	無死	2-2	一ゴロ	5	チェンジアップ	143	中低
					ジョー・マティンプリー	左	1	DH	6回表	-	一死	0-2	二ゴロ	3	シンカー	142	内低
					AJ・パック	左	1	DH	8回表	一塁	無死	3-2	見三振	6	シンカー	151	中低
					ジャスティン・マルティネス	右	1	DH	9回表	二塁	二死	3-2	右直	6	スプリット	147	中中
9/1	チェイス・フィールド	日	D	ダイヤモンドバックス	ブランドン・ファート	右	1	DH	1回表	-	無死	0-2	空三振	3	チェンジアップ	141	外低
					ブランドン・ファート	右	1	DH	3回表	-	無死	2-2	空三振	5	フォーシーム	153	内高
					ブランドン・ファート	右	1	DH	5回表	一塁	無死	0-0	三邪	1	スイーパー	139	中中
					ジョー・マティンプリー	左	1	DH	6回表	一塁	二死	3-2	見三振	6	シンカー	143	外低
9/2	チェイス・フィールド	月	D	ダイヤモンドバックス	エドゥアルド・ロドリゲス	左	1	DH	1回表	-	無死	2-1	右安	4	シンカー	148	内中
					エドゥアルド・ロドリゲス	左	1	DH	3回表	二塁	無死	2-2	二ゴロ	8	スライダー	135	外中
					エドゥアルド・ロドリゲス	左	1	DH	4回表	三塁	二死	3-0	四球	4	シンカー	149	外低
					ジョーダン・モンゴメリー	左	1	DH	7回表	-	一死	1-0	右安	2	シンカー	148	内中
					スレイド・セコーニ	右	1	DH	8回表	一塁	二死	3-2	四球	7	カーブ	126	内低
					ポール・シーウォルド	右	1	DH	9回表	-	二死	2-2	見三振	6	スイーパー	135	外低
9/3	エンゼルスタジアム	火	N	エンゼルス	リード・デトマーズ	左	1	DH	1回表	-	無死	2-2	一ゴロ	6	フォーシーム	153	外高
					リード・デトマーズ	左	1	DH	3回表	一塁	一死	1-2	右三	6	カーブ	120	中中
					リード・デトマーズ	左	1	DH	5回表	-	一死	3-2	見三振	6	フォーシーム	153	外高
					ホセ・キハダ	左	1	DH	8回表	一塁	無死	1-2	空三振	4	フォーシーム	154	外高
					ロアンジ・コントレラス	右	1	DH	10回表	二塁	二死	-	申告敬遠		ー	ー	ー
9/4	エンゼルスタジアム	水	N	エンゼルス	グリフィン・キャニング	右	1	DH	1回表	-	無死	0-0	三飛	1	フォーシーム	152	外高
					グリフィン・キャニング	右	1	DH	3回表	-	二死	2-2	中飛	5	チェンジアップ	144	外低
					グリフィン・キャニング	右	1	DH	6回表	-	一死	2-2	空三振	5	スライダー	141	内低
					ハンター・ストリックランド	右	1	DH	8回表	-	無死	1-1	三飛	3	フォーシーム	153	中高
9/6	ドジャースタジアム	金	N	ガーディアンズ	マシュー・ボイド	左	1	DH	1回裏	-	無死	1-2	中飛	4	シンカー	150	中高
					マシュー・ボイド	左	1	DH	3回裏	-	一死	2-2	空三振	5	スライダー	128	外低
					マシュー・ボイド	左	1	DH	6回裏	-	一死	1-0	中本	2	シンカー	143	内高
					ハンター・ギャディス	右	1	DH	8回裏	-	一死	0-1	右安	2	フォーシーム	154	内高
9/7	ドジャースタジアム	土	N	ガーディアンズ	ギャビン・ウィリアムズ	右	1	DH	1回裏	-	無死	2-2	遊ゴロ	5	フォーシーム	160	外高
					ペドロ・アビラ	右	1	DH	1回裏	一塁	二死	3-2	二ゴロ	7	フォーシーム	146	外低
					スコット・バーロウ	右	1	DH	4回裏	-	一死	3-2	空三振	7	スライダー	131	内低
					エリック・サブロウスキー	左	1	DH	6回裏	-	二死	1-0	左飛	2	スライダー	142	外高

日付	球場	曜日	デー・ナイター	対戦チーム	対戦投手名	投手左右	打順	ポジション	試合状況	ランナー状況	アウト	カウント	打席結果	投球数	球種名	球速	コース
9/8	ドジャースタジアム	日	D	ガーディアンズ	タナー・バイビー	右	1	DH	1回裏	-	無死	3-2	左飛	6	カットボール	142	内中
					タナー・バイビー	右	1	DH	3回裏	-	二死	3-2	中安	8	カットボール	146	内高
					タナー・バイビー	右	1	DH	5回裏	-	一死	1-0	右本	2	チェンジアップ	135	中高
					ケイド・スミス	右	1	DH	7回裏	-	一死	1-2	空三振	4	フォーシーム	157	外高
9/9	ドジャースタジアム	月	N	カブス	カイル・ヘンドリックス	右	1	DH	1回裏	-	無死	1-2	遊飛	5	チェンジアップ	131	外高
					カイル・ヘンドリックス	右	1	DH	3回裏	-	二死	3-0	四球	4	シンカー	141	外高
					カイル・ヘンドリックス	右	1	DH	5回裏	一塁	一死	2-1	中安	4	カーブ	120	内高
					ドリュー・スマイリー	左	1	DH	7回裏	-	無死	0-0	右安	1	シンカー	149	内中
					タイソン・ミラー	右	1	DH	8回裏	一塁	一死	1-2	空三振	4	カーブ	125	内低
9/10	ドジャースタジアム	火	N	カブス	今永昇太	左	1	DH	1回裏	-	無死	0-0	遊飛	1	フォーシーム	149	外高
					今永昇太	左	1	DH	3回裏	一二塁	無死	2-1	一ゴ併	4	スイーパー	132	中低
					今永昇太	左	1	DH	5回裏	-	二死	0-1	右飛	2	スイーパー	133	外高
					ネイト・ピアーソン	右	1	DH	8回裏	-	一死	0-0	中飛	1	スライダー	144	内低
9/11	ドジャースタジアム	水	N	カブス	ジョーダン・ウィックス	左	1	DH	1回裏	-	無死	1-2	右中本	4	スライダー	138	内中
					ジョーダン・ウィックス	左	1	DH	2回裏	-	無死	3-2	四球	6	シンカー	150	内低
					ジョーダン・ウィックス	左	1	DH	3回裏	二三塁	二死	0-0	中安	1	シンカー	147	中低
					キーガン・トンプソン	右	1	DH	5回裏	二塁	二死	0-0	中飛	1	カットボール	144	内高
					ショーン・アームストロング	右	1	DH	7回裏	一二塁	二死	0-1	右飛	2	カットボール	146	内中
9/13	トゥルイスト・パーク	金	N	ブレーブス	スペンサー・シュウェレンバック	右	1	DH	1回表	-	無死	2-1	中飛	4	カットボール	151	内低
					スペンサー・シュウェレンバック	右	1	DH	3回表	-	一死	1-2	空三振	4	スプリット	138	外低
					スペンサー・シュウェレンバック	右	1	DH	5回表	-	一死	0-1	左飛	2	スライダー	141	中中
					ジョー・ヒメネス	右	1	DH	8回表	-	一死	3-2	空三振	6	フォーシーム	153	中高
9/14	トゥルイスト・パーク	土	N	ブレーブス	クリス・セール	左	1	DH	1回表	-	無死	3-1	四球	5	シンカー	155	内高
					クリス・セール	左	1	DH	3回表	二塁	一死	1-2	見三振	4	フォーシーム	158	中低
					クリス・セール	左	1	DH	5回表	一塁	二死	2-2	投ゴロ	6	スライダー	130	中低
9/15	トゥルイスト・パーク	日	N	ブレーブス	チャーリー・モートン	右	1	DH	1回表	-	無死	0-2	空三振	3	カーブ	133	内低
					チャーリー・モートン	右	1	DH	3回表	-	一死	1-2	見三振	4	フォーシーム	154	内中
					チャーリー・モートン	右	1	DH	5回表	一三塁	二死	0-0	右二	1	フォーシーム	152	内低
					ディラン・リー	左	1	DH	7回表	一二塁	二死	0-2	右二	3	スライダー	140	外低
					ライセル・イグレシアス	右	1	DH	9回表	三塁	二死	-	申告敬遠		―	―	―
9/16	トゥルイスト・パーク	月	N	ブレーブス	マックス・フリード	左	1	DH	1回表	-	無死	3-2	見三振	6	チェンジアップ	142	内低
					マックス・フリード	左	1	DH	3回表	-	二死	3-0	四球	4	フォーシーム	154	外中
					マックス・フリード	左	1	DH	5回表	一三塁	一死	0-0	遊ゴロ	1	フォーシーム	153	外高
					アーロン・バマー	左	1	DH	7回表	満塁	一死	0-0	二野選	1	スイーパー	132	外中
					ルーク・ジャクソン	右	1	DH	9回表	-	一死	1-2	空三振	4	スライダー	143	内低
9/17	ローンデポ・パーク	火	N	マーリンズ	ダレン・マコーガン	右	1	DH	1回表	-	無死	3-2	見三振	6	シンカー	145	中低
					ダレン・マコーガン	右	1	DH	3回表	一塁	一死	1-1	右本	3	スイーパー	132	内中
					アンソニー・ベネツィアーノ	左	1	DH	4回表	-	二死	1-2	空三振	4	フォーシーム	155	内高
					レイク・バカー	右	1	DH	6回表	一三塁	二死	0-2	空三振	3	チェンジアップ	140	外低
					ヘスス・ティノコ	右	1	DH	9回表	-	無死	3-2	一ゴロ	6	チェンジアップ	143	外低
9/18	ローンデポ・パーク	水	N	マーリンズ	ライアン・ウェザーズ	左	1	DH	1回表	-	無死	1-0	左安	2	フォーシーム	154	外高
					ライアン・ウェザーズ	左	1	DH	3回表	-	一死	1-0	遊飛	2	チェンジアップ	139	内中
					ライアン・ウェザーズ	左	1	DH	4回表	一塁	一死	2-2	見三振	5	フォーシーム	155	中中
					クザビオン・カリー	右	1	DH	7回表	-	無死	2-2	右直	6	スライダー	141	外低
					マイケル・バウマン	右	1	DH	8回表	一二塁	二死	0-2	空三振	3	ナックルカーブ	144	中低
9/19	ローンデポ・パーク	木	N	マーリンズ	エドワード・カブレラ	右	1	DH	1回表	-	無死	2-2	右二	5	チェンジアップ	153	中中
					エドワード・カブレラ	右	1	DH	2回表	一二塁	二死	1-0	右安	2	チェンジアップ	150	中低
					アンソニー・ベネツィアーノ	左	1	DH	3回表	一三塁	二死	3-2	中二	6	フォーシーム	153	内高
					ジョージ・ソリアーノ	右	1	DH	6回表	二塁	一死	0-1	右中本	2	スライダー	137	内低
					マイケル・バウマン	右	1	DH	7回表	三塁	二死	1-2	左本	4	ナックルカーブ	143	外低
					ビダル・ブルーハン	右	1	DH	9回表	一二塁	二死	2-0	右中本	3	フォーシーム	110	中高
9/20	ドジャースタジアム	金	N	ロッキーズ	カイル・フリーランド	左	1	DH	1回裏	-	無死	1-2	空三振	5	ナックルカーブ	133	外低
					カイル・フリーランド	左	1	DH	3回裏	-	二死	3-2	中安	6	スライダー	140	中低
					カイル・フリーランド	左	1	DH	5回裏	二塁	二死	3-2	中本	6	フォーシーム	148	内高
					ジェイデン・ヒル	右	1	DH	7回裏	二塁	一死	2-2	一安	5	チェンジアップ	138	外中
9/21	ドジャースタジアム	土	N	ロッキーズ	カル・クアントリル	右	1	DH	1回裏	-	無死	2-2	三ゴロ	5	シンカー	151	外高
					カル・クアントリル	右	1	DH	3回裏	-	二死	3-0	四球	4	シンカー	149	外高
					カル・クアントリル	右	1	DH	4回裏	一三塁	二死	2-2	見三振	5	シンカー	152	中低
					ルイス・ペラルタ	左	1	DH	6回裏	一塁	一死	0-0	死球	1	カーブ	132	内高
					セス・ハルボーセン	右	1	DH	9回裏	-	無死	0-0	中安	1	フォーシーム	158	外中
9/22	ドジャースタジアム	日	D	ロッキーズ	アントニオ・センザテラ	右	1	DH	1回裏	-	無死	3-2	左安	7	フォーシーム	155	外高
					アントニオ・センザテラ	右	1	DH	3回裏	一塁	一死	3-2	右安	6	フォーシーム	155	中低
					アントニオ・センザテラ	右	1	DH	5回裏	-	二死	1-0	一ゴロ	2	チェンジアップ	142	内低
					ジェイデン・ヒル	右	1	DH	7回裏	-	一死	0-0	右安	1	チェンジアップ	137	外低
					セス・ハルボーセン	右	1	DH	9回裏	-	無死	2-1	右中本	4	スプリット	143	外低
9/24	ドジャースタジアム	火	N	パドレス	マイケル・キング	右	1	DH	1回裏	-	無死	0-0	右二	1	フォーシーム	151	内高
					マイケル・キング	右	1	DH	2回裏	一二塁	二死	3-2	四球	6	スライダー	136	内低
					マイケル・キング	右	1	DH	5回裏	-	一死	2-1	左飛	4	スライダー	136	内低
					タナー・スコット	左	1	DH	7回裏	-	二死	0-2	見三振	3	フォーシーム	159	内高
9/25	ドジャースタジアム	水	N	パドレス	ディラン・シース	右	1	DH	1回裏	-	無死	3-0	四球	4	フォーシーム	159	内高
					ディラン・シース	右	1	DH	3回裏	-	無死	3-2	見三振	6	フォーシーム	159	中中
					ディラン・シース	右	1	DH	4回裏	一二塁	二死	0-0	右二	1	スライダー	144	中中
					アドリアン・モレホン	左	1	DH	6回裏	一二塁	二死	2-2	中安	5	シンカー	155	外高
9/26	ドジャースタジアム	木	N	パドレス	ジョー・マスグローブ	右	1	DH	1回裏	-	無死	1-2	遊ゴロ	4	フォーシーム	153	中高
					ジョー・マスグローブ	右	1	DH	3回裏	-	二死	0-2	一ゴロ	3	カーブ	134	外中
					ジョー・マスグローブ	右	1	DH	6回裏	-	無死	1-1	右安	3	カーブ	132	中中
					タナー・スコット	左	1	DH	7回裏	一二塁	一死	1-0	右安	2	スライダー	139	外高
					松井裕樹	左	1	DH	8回裏	-	二死	0-1	左二	2	スライダー	138	外低
9/27	クアーズ・フィールド	金	N	ロッキーズ	カル・クアントリル	右	1	DH	1回表	-	無死	0-0	遊ゴロ	1	シンカー	152	外高
					カル・クアントリル	右	1	DH	2回表	一二塁	一死	2-1	右安	4	スプリット	139	外中
					アンソニー・モリーナ	右	1	DH	4回表	一塁	一死	2-1	右安	4	カーブ	134	内低
					アンソニー・モリーナ	右	1	DH	6回表	二三塁	無死	3-2	右本	6	チェンジアップ	139	中高
					ルイス・ペラルタ	左	1	DH	8回表	-	無死	0-0	左二	1	フォーシーム	153	中低
9/28	クアーズ・フィールド	土	N	ロッキーズ	アントニオ・センザテラ	右	1	DH	1回表	-	無死	1-1	右安	3	スライダー	137	外中
					アントニオ・センザテラ	右	1	DH	2回表	-	二死	0-0	遊ゴロ	1	スライダー	141	外低
					アントニオ・センザテラ	右	1	DH	5回表	-	無死	3-2	四球	6	フォーシーム	154	外高
					ジェフ・クリスウェル	右	1	DH	6回表	-	無死	3-2	右安	6	フォーシーム	154	中低
					エンゼル・チビリ	右	1	DH	7回表	一塁	二死	1-2	右直	4	スライダー	144	内高
					ジャスティン・ローレンス	右	1	DH	9回表	一二塁	無死	1-1	二ゴロ	3	シンカー	153	内低
9/29	クアーズ・フィールド	日	D	ロッキーズ	ライアン・フェルトナー	右	1	DH	1回表	-	無死	2-2	二ゴロ	5	チェンジアップ	137	外中
					ライアン・フェルトナー	右	1	DH	4回表	-	無死	3-1	遊ゴロ	5	フォーシーム	153	外中
					ライアン・フェルトナー	右	1	DH	6回表	-	二死	0-1	二ゴロ	2	フォーシーム	152	内低
					ビクター・ボドニク	右	1	DH	8回表	一塁	一死	1-1	右安	3	フォーシーム	160	中低

※成績はBaseball Savant、MLB公式より

超永久保存版

大谷翔平 2024年シーズン 全本塁打 ベストショット＆データ分析

2024年12月5日　第1刷発行

監修　福島良一
発行人　関川 誠
発行所　株式会社 宝島社
〒102-8388
東京都千代田区一番町25番地
(営業)03-3234-4621
(編集)03-3239-0927
https://tkj.jp
印刷・製本　三松堂株式会社

Printed in Japan
ISBN 978-4-299-06116-4